부동산, 설계된 절망

A Forgotten History of How Our Government Segregated America

THE
COLOR

부동산, 설계된 절망
국가는 어떻게 승자가 정해진 게임을 만들었는가?

OF
LAW

리처드 로스스타인 지음 | 김병순 옮김 | 조귀동 해제

갈라파고스

들어가며

2014년부터 2016년까지 퍼거슨, 볼티모어, 밀워키, 샬럿 등 지에서 일어난 폭동에 세상의 이목이 집중됐을 때, 우리 대다수는 범죄와 폭력, 분노와 가난에 시달리는 이 동네들이 어떻게 흑인 구역과 백인 구역으로 분리되어 왔는지 다 안다고 생각했다. **사실상의 흑인 분리**_de facto_ segregation가 존재하지만, 그것은 법이나 정부 정책 때문이 아니라 백인과 흑인 사이의 사적 관행 탓이라고 말이다.

우리는 미국이 흑인 동네와 백인 동네로 **사실상** 분리된 원인이 다양하다고 여긴다. 아프리카계 미국인들이 퍼거슨 같은 백인 동네로 이사를 오자, 인종적 편견을 가진 일부 백인들이 그 동네를 떠나기로 결정했다. 그러면서 그 동네에 흑인 가구가 점점 늘어났고, 그 결과 동네가 쇠락하면서 "백인 중산층의 교외로의 이주white flight" 현상이 그 뒤를 따랐다. 부동산 중개업자들은 백인들이 흑인들과 이웃 되기를 기피하게 하고, 흑인들 또한 백인들과 이웃이 되기를 꺼려하도록 분위기를 몰아갔다. 은행들은 특별경계지역을 지정해서(레드라이닝redlining이라고도 부른다. 은행과 보험 회사가 특정한 지역에 붉은 선을 그어 경계를 지정하고, 그 지역에 대출과 보험 등의 금융 서비스 제공을 거부하는 행위를 말한다.— 옮긴이) 흑인들에게 대출을 제한하거나 비非우량 주택담보대출의 대가로 지나치게 가혹한 상환 조건을 요구하며 차별적 금융정책을 폈다. 아프리카계 미국인들은 대체로 교육을 제대로 받지 못했기 때문에 백인들처럼 교외에서 살 만큼 돈을 벌 수 없었고, 그 결과 대다수가 도심 인근에 밀집해서 살게 되었다. 게다가 흑인 가구는 흑인 이웃과 어울려 사는 것을 더 좋아한다.

이 말들은 모두 사실이지만 훨씬 더 중요한 무언가가 수면 아래 잠긴 진실의 극히 일부일 뿐이다. 20세기의 마지막 순간까지, 미국의 연방정부, 주 정부, 지방자치체를 불문하고 이들이 시행한 노골적인 인종차별적 정책들은 백인과 아프리카계 미국인이 어디에 살지를 정했다. 오늘날 미국 북부와 남부, 중서부와 서부 지역에 흑인 주거 구역과 백인 주거 구역이 분리된 것은 개인적 선택이나 선의의 법 또는 규제가 의도치 않게 낳은 결과가 아니라, 미국의 모든 대도시 지역에서 드러내 놓고 집행된 차별적 공공정책의 결과다. 그 정책은 매우 체계적이고 강력해서 그 영향이 지금까지도 지속되고 있다. 미국 정부가 명백히 의도적인 흑인 분리 정책을 시행하지 않았더라도 개인적 편견과 백인 중산층의 교외 이주, 부동산 중개업자들의 농간, 은행의 특별경계지역 지정, 소득 격차, 자발적 흑백 분리 성향 같은 요인들은 여전히 존재했을 테지만, 그러한 차별이 표출될 수 있는 기회는 현저히 줄어들었을 것이다. 의도적인 정부 시책에 따른 흑인 분리를 **'사실상'**이라고 표현하는 것은 적절치 않다. 그 대신 "**법률상**_de jure_"이라고 불러야 마땅하다. 흑인 주거 지역 분리를 법과 공공정책에 따른 차별이라고 부르는 것이 옳다는 말이다.

정부의 강제 조치에 따른 흑인 주거 구역 분리 정책은 미국의 헌법과 권리장전을 위배하는 것이다. 미합중국의 건국 시조들이 제정한 수정헌법 제5조는 연방정부가 국민을 불공평하게 대우하는 것을 금지한다. 또 남북전쟁 직후 채택된 수정헌법 제13조는 노예제, 즉 아프리카계 미국인을 2등 국민으로 대우하는 것을 금지한다. 마찬가지로 남북전쟁이 끝난 뒤 제정된 수정헌법 제14조는 주 정부나 자치정부가 국민을 불공정하거나 불공평하게 대우하는 것을 금지한다.

수정헌법 제5조와 제14조가 미국 정부의 주거 차별 정책에 적용될 수 있다는 사실을 이 글을 읽는 독자 대부분은 이해할 것이다. 백인들에게 제공되는 주택 건축 보조금을 아프리카계 미국인들은 쓸 수 없다는 것은 명백히 불공평한 처사이며, 그것이 사실이라면 헌법을 심각하게 위반하는 수준까지 나아간다. 하지만 주거 차별 정책이 수정헌법 제13조에 위배된다는 사실은 놀랍게 여긴다. 대개는 수정헌법 제13조가 오로지 노예제 폐지만을 말한다고 생각한다. 13조 제1절은 노예제 폐지를 선언하고, 제2절은 제1절의 규정을 집행할 권한을 연방의회에 부여한다. 1866년 미국 연방의회는 노예제의 특성들을 존속시키는 것으로 보이는 조치들을 금지하는 공민권법Civil Rights Act을 통과시켜 노예제를 폐지했다. 주거지에 대한 인종차별 정책처럼 아프리카계 미국인을 2등 국민으로 만든 조치들은 그 금지법에 포함되었다.

그러나 1883년에 연방대법원은 연방의회가 수정헌법 제13조를 집행할 권한이 있다는 유권해석을 기각했다. 연방대법원은 제2절이 연방의회에 "미합중국에서 노예제를 나타내는 모든 증명서와 부대조건을 폐기하기 위해 필요하고 적절한 법률을 모두 통과"시킬 권한을 부여했음을 인정했지만, 주택 시장에서 흑인을 배제하는 조치 또한 노예제를 나타내는 "증명서나 부대조건"일 수 있다는 점에 대해서는 동의하지 않았다. 그 결과, 이와 관련된 공민권법상의 보호책은 20세기에 들어서도 마찬가지로 전혀 마련되지 않았다.[1]

  그러나 오늘날 대다수 미국인은 아프리카계 미국인에 대한 편견과 부당한 대우가 느닷없이 튀어나온 문제가 아님을 잘 알고 있다. 인종차별을 지지하는 미국인들의 온갖 고정관념과 태도는 미국 건국의 기반이 된 노예제에 그 뿌리가 있다. 따라서 아프리카계 미국인이 백인과 동등하게 주택을 구매하거나 임차하지 못하는 것이 노예제의 잔재인 2등 국민 신분제를 존속시키는 것이라고 판단될 때, 연방의회가 나서서 그 문제를 바로잡아야 한다는 것은 오늘날 대다수 미국인이 보기에 당연한 일일 것이다. 또한 정부가 적극적으로 흑인 주거 구역 분리 정책을 **조장한다**면, 노예제와 그 잔재 청산을 명시한 수정헌법 제13조를 정면으로 위배한다고 보는 것이 합리적인 해석이다.

  이러한 유권해석은 전혀 터무니없는 생각이 아니다. 실제로 이 해석은 1883년 연방대법원에서 사실상 기각한 것을 1968년에 연방대법원이 다시 뒤집고 채택한 내용과 유사하다. 1965년 조셉 리 존스와 그의 아내 바버라 조 존스는 흑인이라는 이유만으로 그들에게 집을 팔지 않은 세인트루이스의 부동산 개발 회사 알프레드에이치메이어컴퍼니Alfred H. Mayer Company를 상대로 소송을 제기했다. 3년 뒤 연방대법원은 존스 씨의 권리를 인정하고, 흑인에 대한 주거지 차별은 수정헌법 제13조가 연방의회에 철폐 권한을 부여한 노예 지위의 잔재임을 선언한 1866년 공민권법이 유효하다는 점을 분명히 했다.

그러나 역사적인 한 사건 때문에 정책 결정자와 일반 국민, 심지어 민권운동가들조차 '존스 대 메이어Jones vs. Mayer' 판결이 암시하는 중요한 사실들을 충분히 주목하지 못했다. 연방대법원이 해당 판결을 공표하기 두 달 전 연방의회는 공정주거법Fair Housing Act을 가결했고, 이어서 린든 존슨 대통령이 법안에 서명했다. 1866년 공민권법으로 이미 주거 차별이 헌법에 위배된다는 것이 확정됐지만, 그 법에는 강제력이 전혀 없었다. 한편 공정주거법에는 가장 온건한 수준이나마 강제력이 있었고, 이에 민권 단체들은 주거 차별에 맞서기 위해 1866년 법보다 이 새로운 법을 활용했다. 하지만 이로써 공정주거법이 만들어진 1968년부터가 아니라 이미 1866년부터 주거 차별이 반헌법적인 일이었음은 잊히게 된다. 이 102년 동안에도 흑인에 대한 주거지 차별은 불법이었을 뿐 아니라 헌법에 폐기가 명시된 노예제의 증표로 존재했다.

이 책은 흑인에 대한 주거 구역 분리를 법적으로 정당화하기 위해 20세기 중반 미국 정부가 얼마나 일관되게 차별 정책을 펼쳤는지를 보여 준다. 미국에서 흑인과 백인이 함께 어울려 사는 것을 막기 위해 특별히 시행된 정부의 조치들이 많았고, 나는 그것들을 "헌법에 위배되는"것으로 명시한다. 더불어 어떤 조치가 연방대법원의 확정 판결을 받기까지는 "헌법에 위배되는" 것이 아니라는 보편적 견해 또한 나는 단호히 거부한다. 1954년에 연방대법원이 학교에서의 흑인 분리를 헌법에 위배된다고 공표하기 전에는 그것이 헌법에 맞는 행동이었다고 생각하는 미국인은 별로 없다. 연방대법원을 구성하는 대법관 다수가 한때 잘못 판단하여 차별을 인지하는 데 실패했다고 할지라도, 차별은 언제나 헌법에 위배되는 행위였다.

하지만 정부 정책이 헌법에 위배되는 법률상의 흑인 분리 제도를 창출했다는 사실을 전 국민이 알게 되었다고 해서 소송을 통해 이 상황을 해결할 수 있을 거라고 생각한다면 오산이다. 미국의 대다수 아프리카계 미국인이 이러한 **법률상** 제도 아래서 실제로 고통을 겪고 있다 할지라도, 그들은 법정 소송이 요구하는 특정성, 즉 그들이 부당한 피해를 입었다는 특정한 사실들을 증거로 제시해야 한다. 예컨대, 제2차 세계대전에 참전한 수많은 아프리카계 미국인 재향군인은 교외의 주택 구매를 지원하는 정부 보증 주택담보대출을 신청하지 않았다. 미국의 재향군인관리국Veterans Administration, VA이 흑인이라는 이유로 대출을 거부할 것이 분명하므로 신청 자체가 무의미했기 때문이다. 따라서 흑인 재향군인들은 백인 재향군인들처럼 주택 자산 가치 상승으로 부를 늘리지 못했고, 그 후손은 백인들처럼 주택 가격 상승으로 불어난 재산을 물려받을 수 없었다. 물려받은 부가 거의 없는 오늘날 아프리카계 미국인들은 좋은 대학에 입학할 만큼 경제적 여유가 있는 또래 백인들에 비해 일반적으로 능력이 떨어진다. 그런 아프리카계 미국인 후손 가운데 한 명이 자기 조부모가 인구밀도 높은 도심의 아파트를 임대해서 살 수밖에 없었던 이유가 위헌적이고 불법적인 연방정부의 아프리카계 미국인에 대한 은행 대출 금지 때문이라는 사실을 안다고 해도, 그는 소송을 제기할 자격이 없거나 손해배상 책임을 물을 상대를 지명할 수 없다. 연방대법원이 잘못 판단해 승인한 정책에 대해서는 대개 **사법적으로** 구제할 수 있는 방법이 없다. 그렇다고 그런 위헌적 조치들을 헌법에 따라 바로잡을 방법이 전혀 없는 것은 아니다. 그것은 국민 대중의 손에 달렸다. 우리 헌법이 제대로 작동할 수 있도록 선거를 통해 올바른 대표자를 뽑으면 된다.

오늘날 우리는 법률상의 흑인 분리가 사회에 지속적으로 끼치는 심각한 영향 속에 살고 있다는 사실을 인지하지 못함으로써, 그 상황을 역전시켜야 하는 우리의 헌법적 의무와 대면하기를 피한다. 이러한 법률상의 흑인 분리가 지금도 지속되고 있다는 내 판단이 옳다면, 흑인 분리 철폐는 그냥 이루어지면 좋고 아니면 말 그런 정책이 아니다. 그것은 우리가 반드시 수행해야 하는 헌법적, 윤리적 의무인 것이다. 입헌민주주의를 바란다면 "지난 일은 잊어버려라"는 식으로 행동하는 것은 올바른 접근 방식이 아니다.

흑인에 대한 주거 구역 분리는 과거 노예를 소유했던 남부 연맹에 속했던 주들에서만 일어난 일이 아니었다. 20세기 민주당 집권기에 연방정부 지도자들이 설계하고 시행해 미국 전역으로 퍼져 나간 관행이었다. 미국 정부 당국에 의한 공식적인 흑인 분리 제도는 아프리카계 미국인들을 지정된 구역에 살게 만든 법률 하나로 초래된 결과가 아니었다. 오히려 수많은 노골적인 인종차별적 법과 규정, 정부 관행들이 합쳐져서 미국 전역에 걸쳐 도심에 빈민가가 형성되었고, 백인들은 교외로 빠져나가 도심 주변에 정착함으로써 흑인과 백인의 주거 구역이 분리된 모습이 완성되었다고 보는 것이 맞다. 민간에서 개인이 행하는 인종차별도 그 과정에서 어느 정도 역할을 것은 분명하지만, 정부가 그것을 용인하고 강화하는 조치를 취하지 않았다면 그렇게 큰 힘을 발휘하지는 못했을 것이다.[2]

법률상의 흑인 분리가 존재한다는 사실을 반세기 전에 이미 모두가 잘 알고 있었지만, 우리는 억지로 역사적 기억을 묻어 버리고 그것이 전적으로 우연히 그렇게 되었다거나 잘못된 사적 편견 때문에 발생한 일이라고 믿으며 스스로를 달래 왔다. 1970년대부터 현재까지, 연방대법원 다수 의견으로 널리 알려진 **사실상**의 흑인 분리 신화는 오늘날 진보와 보수 양쪽에서 모두 인정하는 전통적인 의견으로 채택되어 왔다.

그것을 뒤집는 전환점이 된 시기는 민권 단체들이 흑인 학교와 백인 학교로 분리된 디트로이트 공립학교들의 현실에 이의를 제기하는 소송을 했을 때였다. 디트로이트에 거주하는 백인 아이들이 별로 없다면, 백인 학교와 흑인 학교를 통합한다는 것 자체가 의미가 없는 일이라는 것을 잘 알고 있었던 고소인단은 흑인 밀집 지역인 도심과 함께 교외의 백인 주거 구역도 포함시켜 학교를 통합할 방안을 강구해야 한다고 주장했다. 1974년 연방대법원은 투표를 통해 5대 4로 소송을 기각했다. 연방대법관들의 다수 의견은 교외 지역에서 발효된 정부 정책이 디트로이트 내 학교를 흑인 학교와 백인 학교로 분리한 것이 아니기 때문에 교외 지역은 학교 통합 대상 지역이 될 수 없다는 내용이었다. 당시 연방대법관 포터 스튜어트는 흑인 학생들이 디트로이트 교외 지역에 흩어져 살지 않고 도심에 모여 있는 것은 "전입이나 출생률, 경제적 변화, 개인 단위에서 누적된 인종적 공포처럼 알려지지 않은, 어쩌면 그 내막을 알 수 없는 요소들" 때문이라고 설명했다. 그는 이렇게 결론지었다. "미국 헌법은 국가 또는 그 정치적 하부 조직들이 어떤 상황을 초래하는 데 기여했다는 사실이 확인되지 않는 한, 그것이 입증될 때까지 연방법원들에 그 상황을 바꿀 권한을 전혀 부여하지 않고 있다. 이 사건의 경우 디트로이트 학생들의 인종 구성과 디트로이트 시내와 주변 지역의 주거지 형태가 상당 부분 정부 활동의 결과로 초래되었다는 것을 보여 주는 어떤 기록도 찾지 못했다."[3]

스튜어트 대법관의 소견에서 가장 납득할 수 없는 부분은 민권 단체 고소인들이 디트로이트 시내와 그 주변 지역의 주거지 형태가 상당 부분 정부 활동의 결과임을 입증하는 증거를 제시했음에도 그 사실을 인정하지 않았다는 점이다. 1심 판사 또한 이 논거에 동의했음에도, 스튜어트 대법관과 그 동료 판사들은 그 사실을 무시하고 그런 증거가 존재한다는 것조차 부인했다.[4]

미국의 인종차별 역사에 대한 이러한 허위 진술, 사실상의 의도적인 무지는 미국 법리학계의 일치된 견해가 되었고, 2007년 연방대법원장 존 로버츠의 판결문에 다시 등장했다. 그는 루이빌과 시애틀의 학군들에서 학교의 차별 철폐 방안에 학생의 인종을 고려 요소로 넣는 것을 금지했다. 이들 도시의 학군에서는 학생들이 스스로 학교를 선택할 수 있었다. 다만 어느 학교에 정원보다 많은 학생이 지원한다면 인종 간 균형을 유지할 수 있는 방향으로 학생을 충원할 수 있게 했다. 다시 말해, 백인 학생이 많은 학교에는 흑인 학생에게 입학 우선권을 주고, 반대로 흑인 학생이 많은 학교는 백인 학생을 우선 충원하도록 했다.

로버츠 연방대법원장은 이들 도시에서 흑인과 백인의 거주지가 분리되어 있는 상황 때문에 인근 학교들도 흑인과 백인 학교로 인종에 따라 나뉘게 되었다는 점을 언급했다. 그는 인종적으로 분리된 지역적 특성이 "사회적 차별"을 초래했을 수도 있지만, "(정부의) 직접적 조치에 기인하지 않은" 차별을 구제하는 것이 반드시 헌법에 따라 수용해야 할 인종차별과 관련된 문제 해결 방안은 아니라고 말한다. "정부의 조치와 다른 요인들로 야기된 인종 불균형을 구분하는 것은 그동안 우리 법리학계에서 매우 중요하게 여겨 온 부분이었다. … (인종 불균형이) 정부의 법적 조치가 아닌 개인적 선택의 산물이라면, 그것은 헌법과 관련된 문제가 아니다." 그는 루이빌과 시애틀의 주거 단지가 개인의 선택에 의해 분리되었기 때문에, 그 지역의 학군들이 스스로 초래한 인종 분리 문제를 역전시키기 위해 의도적으로 어떤 조치를 취해서는 안 된다고 판결했다.

로버츠 연방대법원장은 1992년 조지아의 흑인과 백인 학교 분리와 관련된 재판에서 앤서니 케네디 연방대법관의 판결을 인용하고 있었다. 케네디 대법관은 판결문에 이렇게 썼다. "과거 주 법령에 의해 자행된 인종차별의 잔재들이 오늘날에도 우리 사회와 학교에 엄연히 존재한다. 흑인에게 저지른 과거의 잘못들, 국가와 정부의 이름으로 자행된 잘못들은 지울 수 없는 역사적 사실이다. 그리고 그 엄연한 역사적 사실들은 지금도 계속 남아 끈질기게 작동하고 있다. 그러나 우리가 그러한 역사를 외면할 수 없다고 해도, 법적 책임을 묻는 과정에서 그 결과를 과장하는 것 또한 절대로 해서는 안 된다. 인종차별의 잔재들은 … 매우 미묘해서 감지하기도 어렵고, 뭐라고 딱 꼬집어 말하기도 힘들지만, 그럼에도 그것들은 명백히 실재하기 때문에 바로잡아야 하는 **법률상** 위반 사항과 조금이라도 연결되기 마련이다. 인구 변화에 영향을 끼치는 인구통계학적 요소들이 항상 **법률상** 위반 사항과 실질적이고 근본적인 관련이 있는 것은 아니다.”

나는 이제 케네디 대법관이 표명하고 로버츠 연방대법원장과 그의 동료 판사들이 지지한 이 지나치게 안이한 생각, 즉 국가가 저지른 잘못들이 우리 주변에서 명백히 보이는 주택과 관련된 흑백 차별 문제와 거의 아무 관련이 없다는 주장을 반박할 것이다. 미국의 대도시들을 흑인과 백인 구역으로 인종에 따라 명백히 분리하는 정부 정책들이 과거의 잔재가 아니라는 사실을 실례를 들어 보일 것이다. 그 정책들은 감지하기 어렵거나 딱 꼬집어 말할 수 없는 그런 종류의 것이 아니었다. 그것들은 오늘날 우리 이웃과 학교에 현존하는 법률상 흑인 분리 문제를 명백히 야기하며 치밀하게 작동하고 있었다. 이 책에서 주장하는 핵심 내용은 아프리카계 미국인들이 헌법으로 보장된, 중산층에 통합될 수단과 권리를 박탈당했다는 사실이다. 그러한 박탈이 국가의 뒷받침 속에 이루어졌기 때문에, 그 문제를 해결할 의무도 국가에 있다.

많은 법학자가 '법률상'과 '사실상' 간의 차이를 구분하는 데 회의적이다. 민간에서 개인적 차별이 광범위하게 존재하는 곳에서는 공공정책에 의한 차별을 "사회적 차별"과 구분하기 어렵다고 그들은 주장한다. 예컨대, 아프리카계 미국인들이 자리 잡고 있는 지역을 백인들이 기피하는 것이 지역사회에서 일반적 현상이 된다면, 그것은 법률로 정해진 것만큼이나 강력할 수 있다. 학자들은 공공정책에서의 차별과 사회적 차별을 모두 "구조적 인종차별structural racism"이라고 부르는데, 그러한 상황 아래서는 대부분이라고 할 수는 없지만 많은 국가기관이 아프리카계 미국인들에게 불리한 조치들을 취한다. 이렇게 인종에 따라 달라지는 국가기관의 차별적 영향이 사적 차별 때문인지 공적 차별 때문인지 구분하려는 것은 논점을 흐리는 행위일 뿐이라고 학자들은 주장한다. 정부는 수십 년 전에 그 문제가 무엇 때문에 생겨났든지 간에 구조적 차별 행위를 해결할 의무가 있다.

이 학자들의 주장이 옳을 수도 있지만 이 책에서는 그런 접근 방식을 취하지 않는다. 오히려, 나는 로버츠 연방대법원장과 그의 전임자와 동료, 그리고 그들의 뒤를 따르는 사람들이 주장하는 편협한 법리학 이론을 채택한다. 그들은 민간의 개인적 차별이 아닌, 정부가 지지한 인종차별의 결과에 대한 해결책을 마련하는 것이 헌법에서 요구하는 국가의 의무라는 점에 동의한다. 나는 그들이 주장하는 논리에 따라 그들의 주장을 반박할 것이다. 이 책이 그들의 주장과 다른 점은 그들의 주장을 뒷받침하는 논리가 아니라, 그 근거로 들고 있는 사실들이다. 미국의 헌법이 정부가 지지한 인종차별에 대한 해결책을 요구하는 것은 옳지만, 대부분 인종차별은 그 범주에 들지 않는다고 믿는 사람들에게 나는 로버츠 대법원장과 그의 동료 판사들이 말하는 사실관계가 틀렸음을 보여 주고자 한다. 대부분의 인종차별은 정부가 뒷받침하는 노골적이고 명백한 인종차별의 범주에 **확실히** 들어간다.

본격적으로 논의를 시작하기 전에 이 책에서 사용하는 단어에 대해서 짚어 두고 싶다. 나는 **우리**가 어떤 일을 했다거나 무엇을 해야 한다는 말을 자주 쓸 것이다. 앞에서도 이미 그런 표현을 많이 썼다. 여기서 **우리**는 우리 모두, 미국인 공동체를 의미한다. 이 책은 백인이 가해자이고 흑인이 피해자라는 것을 주장하는 책이 아니다. 우리―백인, 흑인, 남미계, 아시아계, 아메리카원주민을 막론하고 우리 모두―는 오늘날 미국 민주사회의 시민으로서 우리의 헌법을 준수하고 과거의 헌법 위배 행위의 결과가 여전히 악영향을 끼치고 있는 현실을 바로잡을 공동의 책임이 있다. 아프리카계 미국인들은 과거의 잘못이 남들에 의해서 바로잡힐 때까지 마냥 앉아서 기다릴 수 없다. 그리고 미국의 백인들도 그 잘못을 바로잡는 일은 아프리카계 미국인들 몫이라고 떠넘겨서도 안 된다. 우리는 모두 우리 자신에 대해 책임을 져야 한다. 우리 또는 우리의 선조들이 어떤 경로로 이곳에 오게 되었든 간에 오늘날 우리는 동등한 미국 시민으로서 여기에 모두 함께 있다.

지난 수십 년 동안, 우리는 같은 국민으로서 동등한 공민권을 가진 아프리카계 미국인들을 어떻게 차별하고 분리해 왔는지를 잊게 만드는 완곡어법을 개발해 왔다. 정부가 국가 내의 한 소수집단을 한 곳에 몰아넣었을 뿐 아니라, 그들이 그곳을 빠져나가지 못하게 방벽을 세운 구역을 정확하게 묘사하는 단어인 **게토**ghetto에 대해서는 언급하기가 민망할 정도인 상황이 되었다. 과거 동유럽 유대인들이 기회가 제한되고 떠나는 것이 어렵거나 불가능했던 게토 지역에 갇혀 살도록 강요받았다는 역사적 사실을 우리 누구도 부인하지 않는다. 그러나 오늘날 우리는 이 나라에서 그와 비슷한 지역을 가까운 이웃에서 마주치지만, 그곳을 **도심 지역**inner city이라고 고상하게 말한다. 하지만 그것이 무엇을 의미하는지는 모든 사람이 안다(부유한 백인들이 같은 구역을 품위 있게 바꿔 살아도 그 백인 가정을 도심 가구라고 칭하지는 않는다). 부끄럽게도 국가가 아프리카계 미국인들을 게토 지역에 살도록 제한했다는 사실을 인정할 수밖에 없게 되기 전부터, 아프리카계 미국인이든 백인이든 미국 내 인종 관계를 분석하는 사람들은 모두 게토를 공공정책으로 만들어진, 기회 보장도 안 되고 빠져나오기도 어려운 저소득 아프리카계 미국인 거주 구역이라고 초지일관 명확하게 규정했다. 이런 특징들을 모두 아우르며 설명하는 용어로 게토만큼 정확한 용어는 없기 때문에 나도 마찬가지로 이 용어를 사용한다.[5]

우리는 점잖은 사람들의 상류 사회가 인종 배척의 미국 역사에 정면으로 부딪칠 필요가 없는 또 다른 완곡어법들을 개발해 왔다. 백인아이들이 다니는 학교에 아프리카계 미국인 아이들이 매우 적을 때 일어나는 문제들을 다룰 때, 우리는 인종차별 철폐가 아니라 **다양성** 추구라는 말을 사용한다. 그리고 우리는 국가가 아프리카계 미국인을 특별히 겨냥한 인종차별 제도를 주도했다는 비난을 받고 싶지 않을 때, 흑인을 그저 여러 유색인종 가운데 하나일 뿐이라고 그들의 주의를 분산

시킨다. 나는 그런 표현들을 피하려고 한다.

미국 다수 집단의 문화는 아프리카계 미국인을 열등한 존재로 생각하는 경향이 있었기 때문에, 우리가 그들을 묘사할 때 썼던 단어들은 처음에 얼마나 고상해 보였는지는 몰라도 결국에는 경멸적인 용어처럼 들린다. 미국의 흑인들은 자신들의 정체성을 표현하는 새로운 용어에 적극 반응하고 그것의 필요성을 주장한다. 하지만 우리가 그 용어를 받아들일 때쯤이면, 결국 그것도 열등성을 함축하는 것처럼 보인다. 20세기 초 미국의 하위 인종은 **유색인**colored으로 불렸다. 훗날 우리는 그것을 **니그로**Negro라고 생각하게 되었는데, 처음에 이 용어의 머리글자는 소문자 'n'이었다가 나중에는 대문자 'N'으로 바뀌었다. 그것은 다시 항구적 통용성이 있어 보이는 용어인 **흑인**black으로 대체되었다. 하지만 오늘날 우리가 가장 적절하다고 생각하는 용어는 **아프리카계 미국인**African American이다. 이 책에서는 아프리카계 미국인을 가장 많이 쓸 테지만, 흑인이라는 용어도 사용할 것이다. 또한 어떤 역사적 사건을 설명할 때는 과거에 그들 사회에서 즐겨 썼던 표현을 존중하는 뜻에서 니그로라는 용어도 가끔 쓸 것이다.

하지만 이러한 용어의 변천 때문에 여기서 주목해야 할 중요한 진실을 놓치는 어리석음을 범하지 말기를 바란다. 우리는 이 나라에 계급 제도를 만들었다. 미국 정부의 노골적인 인종차별 정책 때문에 아프리카계 미국인들이 착취당하고 지리적으로 격리되는 수모를 겪게 되었다. 이 정책들 거의 대부분이 지금은 명시적으로 남아 있지 않지만, 그로 인한 피해가 배상된 적은 없으며 그 영향은 여전히 지속되고 있다.

차례

사진 1 1948년, 캘리포니아주 리치먼드. 아프리카계 미국인들은 포드자동차 조립 공장에서 백인들과 함께 일했지만 백인들 동네에 함께 사는 것은 금지되었다.

1장

샌프란시스코가 그렇다면 다른 곳은 어련할까?

샌프란시스코 만안 지역은 미국에서도 자유롭고 포용적인 지역으로 꼽히곤 하는 곳이다. 연방정부와 주 정부, 지방자치체가 샌프란시스코 만안 지역의 백인과 흑인 동네를 명백하게 구분하는 노골적인 인종차별 정책을 시행하고 있다면, 그 밖의 다른 대도시 지역에서도 정부가 적어도 그만큼의 강도로 단호하게 인종차별 정책을 시행하고 있다고 보는 것은 당연하고 합리적인 추측이다. 내가 20세기 샌프란시스코와 그 인근 지역에서 펼쳐진 정부의 인종차별 정책에 특별히 관심을 갖게 된 것은 바로 그 이유 때문이다.

샌프란시스코시에서 만을 사이에 두고 그 건너편에 있는 곳이 그 지역에서 아프리카계 미국인들이 가장 많이 모여 사는 동네인 리치먼드다. 리치먼드는 제2차 세계대전 동안 미국에서 가장 거대한 조선소 단지로 주도적 역할을 했고, 그 뒤 대규모 정유 공장 부지로 널리 알려졌다. 나는 거기서 2013년에 프랭크 스티븐슨 씨를 만났다. 국립공원관리청National Park Service 역사에 대한 그의 구술 기록을 읽은 뒤였다. 리치먼드에 있는 그의 집을 방문하기 위해 그에게 전화를 걸었다.

I

스티븐슨 씨는 《타임》지가 한때 "미국에서 가장 가난한 곳"이라고 불렀던 루이지애나주의 레이크프로비던스에서 1924년 일곱 형제 가운데 한 명으로 태어났다. 그러나 그는 당시 남부의 대다수 흑인 청년들에 비하면 특권층이었다. 목사였던 그의 아버지는 20세기 초 남부의 많은 흑인들과 달리 자기 교회인 제1침례교회가 자리 잡고 있던 땅을 소유하고 있었다. 따라서 그는 백인 농부들의 땅을 소작할 필요가 없었다. 스티븐슨 가족은 생계를 위해 그 땅에서 목화와 옥수수를 재배해서 내다 팔고 돼지와 닭을 치고 사냥을 하고 채소밭을 경작했다.

프랭크는 7학년(우리나라로 치면 중학생.—옮긴이)까지 아버지의 교회에서 운영하는 교실이 하나밖에 없는 학교에 다녔다. 교사는 단 한 명으로 스티븐슨 가족과 함께 살았다. 프랭크가 학업을 계속하려면, 읍내에 있는 고등학교에 진학해야 했지만 걸어 다니기에는 너무 먼 거리였다. 1930년대 초 루이지애나 농촌 지역에서 아프리카계 미국인들이 학교에서 교육을 받을 수 있는 기간은 백인들에 비해 훨씬 짧았다. 씨를 뿌리거나 작물을 거둘 때면 프랭크 같은 흑인 아이들도 일손을 거들어야 했기 때문이다. 스티븐슨 씨는 그때를 떠올리며 이렇게 말했다. "사실 사람들은 흑인이 학교에 가든 말든 그다지 상관하지 않았어요. … 백인 학교는 계속 문을 열었지만, 흑인 학교는 수업을 중단하곤 했어요. 흑인 아이들이 농장에서 일하기를 바랐기 때문이죠. … 백인 남자들이 여러 차례 … 아버지를 찾아와서 일주일에 하루 이틀은 우리들이 자기네 일을 도와주게 시키라고 요구했어요."

그사이에 프랭클린 루스벨트의 뉴딜 정책은 산업 관련 법규들을 먼저 손보고 이후에 적정노동기준법Fair Labor Standards Act을 통해 1938년에 남부에서 아동노동을 금지하고 최저임금을 시간당 25센트까지 올려 주당 약 12달러로 정했다. 루스벨트가 그런 경제개혁 관련 법안을 의회에서 통과시키기 위해서는 남부 지역 상하원의원들의 표가 절실했다. 그들은 대통령의 경제개혁 방안에는 동의했지만 단서가 한 가지 있었다. 아프리카계 미국인의 영향력이 두드러진 산업, 이를테면 농업 같은 산업 분야들은 개혁 대상에서 제외시켜야 한다는 것이었다. 그래서 스티븐슨가 형제들은 백인들의 들판에서 일하는 대가로 하루 50센트밖에 받지 못했다.

7학년을 마친 프랭크 스티븐슨은 형들을 뒤따라가 뉴올리언스에서 조선소 노동자들에게 음식을 배달하는 일자리를 찾았다. 그 뒤에도 그는 아프리카계 미국인의 전형적 일자리들을 전전했는데 시멘트 포대를 나르고, 철로를 깔고, 화물을 배에 선적하거나 하역하는 일, 제2차 세계대전이 발발하자마자 위험한 폭발물 군수품을 부리는 일도 했다. 그는 열아홉 살에 형 앨런을 따라 캘리포니아로 가서 마침내 리치먼드에 정착했다. 초기에 조선소를 비롯한 군수산업 분야에서는 백인 남성만을 썼는데, 전쟁이 길어지면서 밀려드는 군수품 주문을 감당할 수 없게 되자 백인 여성에 이어 흑인 남성, 마침내는 흑인 여성까지 채용할 수밖에 없었다.

1940년부터 1945년까지, 전시 산업 노동자들의 유입으로 리치먼드 인구는 2만 4000명에서 10만 명까지 폭발적으로 늘어났다. 리치먼드의 흑인 인구는 270명에서 1만 4000명으로 치솟았다. 리치먼드에 정착하는 전형적인 아프리카계 미국인은 프랭크 스티븐슨처럼 7학년까지 교육을 마친 이주민들이었다. 이들은 교육 수준이 높은 흑인들로 이들이 떠나온 남부의 여러 주들에 남아 있는 아프리카계 미국인들보다 학력이 높았다.[1]

급격한 인구 증가에 비해 주택 공급 속도는 거기 못 미쳤다. 연방정부는 공영주택 건설을 대안으로 제시했다. 하지만 이것은 공식적이고 노골적인 인종차별적 주택 공급 방식이었다. 철로를 따라 조선소 부지 인근에 연방정부 예산으로 건설된 리치먼드의 아프리카계 미국인을 위한 공영주택들은 한시적인 주거지로, 허술하게 지어진 집임을 한눈에 알 수 있었다. 반면에 백인 노동자들을 위한 공영주택은 내륙 쪽으로 더 깊숙이, 기존의 백인 거주 구역 가까이에 지어졌다. 몇몇 주택은 매우 튼튼하게 지어져서 오랫동안 무너지지 않을 정도로 견고해 보였다. 리치먼드는 전쟁이 일어나기 전부터 백인 인구가 압도적으로 많았기 때문에, 흑인 위주의 공영주택을 건설하기로 한 당시 연방정부의 결정은 오늘날까지 이곳에서 지속되고 있는 인종차별적인 생활양식을 확립하는 데 기여했다.[2]

리치먼드 경찰과 주택 당국은 흑인과 백인이 섞여 생활하는 것을 막기 위해 시민들이 취미와 오락을 즐기는 공간들에도 압력을 행사했다. 백인과 흑인들이 공동으로 사용하는 오락 시설과 체육 시설들에서는 아프리카계 미국인들이 사용할 시간을 따로 정해 운영했다. 당국은 다양한 사회 활동 프로그램들, 예컨대 보이스카우트와 걸스카우트 활동과 영화 상영회 같은 행사들을 백인용, 흑인용으로 구분했다. 당국 책임자의 설명에 따르면, "전체 공동체의 사회적 조화나 균형을 유지"하기 위해 인종차별 정책이 채택된 것이다. 또 다른 주택 당국 관리는 "남부에서 온 니그로들은 차라리 그들끼리 있는 것이 더 나을 겁니다"라고 주장했다.[3]

이 기간 동안 리치먼드에 세워진 2만 4000가구를 수용하는 (흑인과 백인 모두를 위한) 20개 주택단지로는 그 지역의 급증하는 주택 수요를 충족할 수 없었다. 연방정부는 백인 노동자를 위해 리치먼드의 백인 가정에 빈방들을 임차해 이들이 이주하게 하는 "전시 산업 노동자 주택 임대war guest" 사업을 벌였다. 정부는 또한 백인 주택 소유주들이 집을 개조해 방 개수를 더 늘릴 수 있도록 저리 융자를 제공했다.

연방정부는 이러한 정책을 원활하게 수행하기 위해, 미국의 대규모 주택단지 개발을 선도하는 부동산 개발업자 중 하나인 데이비드 보해넌을 특별 채용해 리치먼드 교외에 새로운 주택단지인 롤링우드를 짓게 했다. 연방정부 관리들은 건설 재원이 될 은행 융자를 승인하면서, 롤링우드에 들어설 700세대 가운데 단 한 채도 아프리카계 미국인에게 팔려서는 안 된다는 단서 조항을 달았다. 정부는 또한 롤링우드에 있는 주택마다 여분의 방을 하나씩 더 만들고 출입문을 따로 내서 백인 전시 산업 노동자에게 추가로 세를 줄 수 있게 설계하도록 명시했다.

개인적으로 선택의 여지가 별로 없었던 아프리카계 미국인들이 백인들보다 공영주택 의존도가 더 높았다. 하지만 리치먼드 주택 당국의 인종차별적 사업은 아프리카계 미국인 가정의 주택 부족 해소에 상대적으로 방만했다. 따라서 아프리카계 미국인은 한 가구에 거주하는 가구원 수가 백인 가구의 두 배였고 불법 전대 주택에 사는 경우도 많았다. 1947년, 리치먼드의 흑인 인구가 2만 6000명으로 늘어났을 때, 그 지역 인구의 절반은 여전히 전시 상황에 지어진 임시 가옥에서 살고 있었다. 정부가 백인들에게 그런 임시 아파트를 버리고 롤링우드 같은 교외에 영구 거주할 주택을 짓도록 자금을 지원하자, 백인들이 버리고 간 빈집들은 아프리카계 미국인들의 차지가 되었다. 점차 흑인 가정은 리치먼드 공영주택의 거의 유일한 임차인이 되었다. 하지만 백인에게 공급을 한정한 주택단지 세 곳의 튼튼하게 지어진 집들은 예외였다. 백인 거주자들이 집을 버리고 떠나는 것을 원치 않았기 때문이다. 1950년, 전시 산업 노동자를 위해 지어진 집에 살고 있는 흑인 인구의 4분의 3 이상이 그 지역에 거주할 정도로 리치먼드의 게토 지역은 커졌다.[4]

하지만 그런 공영주택 단지에도 들어갈 수 없었던 프랭크 스티븐슨 같은 흑인 노동자들에게 "전시 산업 노동자 주택 임대" 사업 같은 정부 지원책은 아무 소용이 없었다. 인종차별적인 공공사업의 수혜를 받지 못한 리치먼드의 다른 많은 아프리카계 미국인과 마찬가지로 스티븐슨 씨는 지자체 행정구역에 속하지 않아 당국에서 아무런 지원도 하지 않는 노스리치먼드 지역에 살았다. 그는 하숙비를 내는 대신 집을 정기적으로 유지 보수해 주기로 하고 한 늙은 여성의 집에 하숙을 했다.

그러나 프랭크 스티븐슨처럼 운이 좋은 경우가 아닌 노스리치먼드의 다른 흑인 전시 산업 노동자들은 판잣집이나 헛간, 천막에서 살거나 심지어 허허벌판에서 노숙하며 지내야 했다. 전시 산업체에서 꾸준히 임금을 받는 흑인 노동자들은 시 행정구역에 편입되지 않은 노스리치먼드에 작은 땅이라도 사기 위해 은행에 돈을 저축할 수 있었지만, 연방정부가 아프리카계 미국인에게는 주택 건축을 위한 은행 대출 지원을 거부했기 때문에, 이들이 집을 짓기 위해 대출 없이 부담해야 할 돈이 너무 많았다.[5] 일부는 조선소에서 버린 오렌지 상자나 목재 조각들을 모아 집을 지었다. 1950년대 초, 노스리치먼드에 거주하는 4000여 명의 아프리카계 미국인은 여전히 임시변통으로 지은 집에서 살고 있었다.[6]

전쟁 기간에 정부는 흑인들을 차별하는 리치먼드의 민간 단체들과 밀월 관계를 유지했다. 미군민간지원기구United Services Organization, USO는 미군 병사들이 리치먼드에서 이용하는 클럽을 백인용과 흑인용으로 분리 운영하고, 새로 유입된 전시 산업 노동자들을 지원하는 여행자원조협회Travelers Aid 서비스를 흑인이냐 백인이냐에 따라 차별적으로 제공했다. 1943년에 한번은 USO가 백인 거주 구역에서 이용할 수 있는 부지에 아프리카계 미국인을 위한 서비스 센터 건립 계획을 세웠다. 그러자 지역 신문 《리치먼드 인디펜던트》가 이의를 제기했다. 그 계획에 반대하는 탄원 운동이 이어졌고, 시 의회는 사업 진척을 막았다. USO는 예나 지금이나 민간 기구이기는 하지만 (명예 회장 직함을 가진) 루스벨트 대통령이 설립을 주도했고, 거기서 운영하는 일부 클럽이 정부 소유 건물들을 사용했으며, 추진하는 사업들을 미 육군성과 조율했고, 미 의회에서 법률로 통과된 헌장이 있었다. 시 의회의 실력 행사와 함께, 연방정부와의 이런 강력한 유대 관계 때문에 리치먼드(를 비롯한 여타 지역)에서 벌어지는 USO의 인종차별적 조치들은 **법률상** 인정받는, 합법적 양상을 띠게 되었다.[7]

리치먼드 경찰은 군사력 지원을 위한 사회적 자원의 조직화된 동원이 아니라면, 아프리카계 미국인이 리치먼드로 이주하지 못하게 하려 했다. 그러기 위해 거리를 지나는 아프리카계 미국인들을 강제로 세워 고용 상태를 입증하지 못하면 체포해서 감옥에 가두었다. 그래서 프랭크 스티븐슨은 리치먼드에서 형 앨런과 합류한 뒤, 정부가 군용 지프차를 제조하고 부서진 탱크를 개조해 재활용하기 위해 인수한 포드자동차 조립 공장에 재빠르게 취업했다.[8]

1930년대 리치먼드 포드 공장 정문 표지판에는 "멕시코인이나 흑인 노동자는 뽑지 않음"이라는 안내문이 붙어 있었다. 하지만 프랭크 스티븐슨이 그곳에 온 1944년은 인력난이 몹시 심하던 때였다. 3년 전, 전미자동차노동조합United Auto Workers, UAW은 헨리 포드를 단체협상 테이블에 앉혔고, 전쟁이 끝날 때쯤 맺은 단체협약을 통해 포드자동차가 전쟁에서 복귀한 백인 참전 병사나 조선소 등 군수품 생산 공장에서 감원된 백인 노동자들의 일자리를 보장하기 위해 아프리카계 미국인 노동자를 해고하지 못하게 했다. 따라서 육군이 공장에서 손을 떼고 포드자동차 회사가 다시 승용차를 생산하기 시작한 때인 1945년에 전쟁 기간 중 고용된 흑인 노동자들은 안정된 일자리를 보장받으며 회사에 남을 수 있었다.

　캘리포니아 북부에 있던 자동차 조립 공장을 자기네 지역에 유치하기 위해 리치먼드에서 법인세 감면 우대책을 내놓자 포드사는 1931년에 그곳에 공장을 세웠다. 리치먼드는 해안 수심이 깊은 항구도시였다. 전쟁 기간에 그곳이 조선의 중심지가 된 것도 다 그런 이유 때문이었다. 포드는 그곳의 지리적 위치가 마음에 들었다. 리치먼드는 화물선과 철로를 통해 바다와 육지 모두에 접근성이 높았기 때문이다. 회사 입장에서는 승용차와 소형 트럭을 조립할 부품들을 디트로이트에서 리치먼드로 가져온 뒤, 다시 완성품을 리치먼드에서 캘리포니아 북부와 하와이에 있는 판매상들에게 운송할 때 드는 비용을 절감할 수 있었다. 리치먼드 공장은 2층 구조로 부품과 하위 부품들을 1층에서 2층으로 실어 나르는 컨베이어벨트들이 이리저리 연결되어 있었다.

　전쟁 기간 초기에 고용된 흑인 노동자들에게 맡겨진 일은 가장 기술 수준이 낮고 힘든 일뿐이었다. 하지만 노동조합은 아프리카계 미국인들이 더욱 숙련된 기술을 필요로 하는 직무들을 맡아 일할 수 있도록 투쟁했다. 프랭크 스티븐슨은 매우 야심만만하고 능력이 뛰어난 인물이었던 것으로 보인다. 취업한 지 10년 만에 그는 다른 작업장에 있는 노동자들이 점심식사를 하는 동안 그 자리를 충분히 대체할 수 있을 정도로 기술력을 갖게 되었다. 스티븐슨 씨는 이렇게 말한다. "저는 꾀를 내어 쉬는 시간에 다른 사람이 일하는 데 가서 '그거 어떻게 하는 건지 좀 알려 줘요'라고 했어요. 그렇게 해서 여러 가지 일을 할 줄 알게 되었죠."

1950년대, 전후 소비경제가 호황을 맞으면서 자동차 수요가 급증했다. 포드자동차의 리치먼드 공장이 모든 설비를 다 가동해도 더 이상 생산량을 늘릴 수 없을 정도였다. 사방으로 고속도로가 연결되면서 미개발된 농촌 지역에도 자동차를 타고 갈 수 있었고, 땅값이 싸서 널따란 공장 부지를 얻을 수 있었던 까닭에 비효율적인 다층 공장 건물은 불필요하게 됐다. 이에 1953년, 포드자동차는 리치먼드 공장을 폐쇄하고 당시 농촌 지역이었던 새너제이 외곽에 있는 도시 밀피타스에서 남쪽으로 약 80킬로미터 뻗어 나간 곳에 더 거대한 자동차 조립 공장을 신설한다고 공표했다(밀피타스는 오늘날 우리가 실리콘밸리라고 부르는 지역의 일부다). 포드는 산업 시설들을 끌어들여 철도 중심지로 만들 요량으로 약 6.9제곱킬로미터 땅을 사들인 웨스턴퍼시픽철도Western Pacific Railroad로부터 약 65만 제곱미터의 공장 부지를 구입했다.[9]

노동조합 지도부는 포드자동차 경영진을 만나 아프리카계 미국인 노동자 250여 명을 포함해서 총 1400명의 리치먼드 공장 노동자 모두를 새로운 공장으로 배치하는 협상을 진행했다. 포드자동차의 공장 이전 계획이 발표되자 밀피타스가 행정구역상 시로 승격되었고, 주민들은 새로 소집된 시 의회를 통해 아파트 건설을 금지하고 단독주택 건설만 허가하는 긴급명령을 발동하게 했다. 그러자 부동산 개발업체들은 포드자동차 공장뿐 아니라 웨스턴퍼시픽철도가 그 지역에 유치한 다른 공장 노동자들을 위한 값싼 단독주택 단지 건설에 착수했다.

건축업자들은 연방주택관리국Federal Housing Administration, FHA을 찾아가 택지 분할 계획을 인가받은 뒤, 그 승인서를 가지고 은행에서 저리 융자를 받아 주택 건설 자금을 마련했다. 건축 허가를 받은 대로 주택단지가 건설된다면, 연방정부는 일정한 자격 요건을 갖춘 구매자들이 추가적인 부동산 감정평가 없이 담보대출을 받을 수 있도록 보장했다.[10] 평소에도 은행은 부자들에게 정부의 관여 없이도 담보대출을 했지만, 노동자 계층 가정에는 담보물의 안전성이 확보되지 않으면 대출을 해 주지 않았다. 위험 부담에서 자유로워진 은행은 노동자 계층 가정에도 저리 융자를 제공해 쉽게 주택을 구입하도록 해 주었다. 또한 재향군인들에게 정부 인가는 대개 집을 구입할 때 계약금을 내지 않아도 된다는 의미였다. 10년 전 롤링우드에서처럼, 밀피타스에서도 연방정부가 담보대출에 대한 안전성을 확인해 주는 조건으로 공개적으로 내세운 것들 가운데 하나는 아프리카계 미국인에게 해당 단지의 주택을 팔지 않는다는 약속이었다.

밀피타스에는 아파트가 없었고, 그 지역 주택들은 흑인 노동자들에게 출입 금지 구역이었기 때문에—포드자동차 조립 공장에서 일하는 흑인들의 소득과 경제적 환경이 백인 노동자들과 같았지만—포드자동차의 아프리카계 미국인 노동자들은 좋은 일자리를 포기하든지, 아니면 새너제이의 흑인 구역에 있는 아파트에 살든 노스리치먼드에서 밀피타스까지 출퇴근하며 긴 통근 시간을 감내하든 선택해야 했다. 프랭크 스티븐슨은 직장 동료 여덟 명을 더 모아 비용을 분담하여 승합차를 한 대 샀다. 그리고 퇴직할 때까지 무려 20년 동안 날마다 차를 몰아 밀피타스의 공장까지 출퇴근을 했다. 통근에는 1시간이 넘게 걸렸다.

프랭크 스티븐슨과 함께 승합차로 출퇴근하던 직장 동료 여덟 명 가운데 오직 한 명만이 나중에 공장에서 더 가까운 남부 지역으로 이사할 수 있었다. 하지만 1960년대 말까지 그런 일은 꿈도 꿀 수 없었다. 그는 이전에 아프리카계 미국인들에게 굳게 문이 닫혀 있었던 리치먼드와 밀피타스 중간쯤에 있는 헤이워드에 매물로 나온 집을 발견했다.

전후에 민간 주택 부족 현상이 완화되고 롤링우드처럼 정부 보조금으로 건설된 교외의 주택단지가 백인 노동자 계층 가정을 위해 점점 더 많이 건설되면서, 리치먼드 자체는 흑인 인구가 지배적인 도시가 되었다. 노스리치먼드의 흑인 인구가 팽창하면서 아프리카계 미국인들이 리치먼드 남부의 주택 시장에 진입하기 시작했다. 그러자 곧바로 리치먼드 남부도 리치먼드 게토 지역의 일부가 되었다. 딸이 고등학교를 졸업한 이후인 1970년에야 스티븐슨은 마침내 전에 백인만 거주할 수 있었던 리치먼드 남부에 생애 최초의 자기 집을 마련할 수 있었다.[11]

II

제2차 세계대전이 끝났을 때, 샌프란시스코 남부 팰로앨토에 있는 스탠퍼드대학은 학생들에게 창의적 글쓰기를 가르치기 위해 월리스 스테그너를 채용했다. 스탠퍼드대학의 제의는 1943년 대중들에게 큰 찬사를 받은 반자전적 소설 『무릉도원 *The Big Rock Candy Mountain*』 발표 이후 이루어졌다. 몇 년 뒤, 스테그너는 그 책으로 퓰리처와 내셔널북어워드에서 수상하게 된다. 하지만 그가 전쟁이 끝난 직후 팰로앨토에 가

족과 함께 왔을 때는 수입이 변변치 못했다.[12]

당시 미국의 다른 지역과 마찬가지로, 스탠퍼드대학이 있는 지역은 주택 부족으로 큰 어려움을 겪고 있었다. 전쟁 동안 유용한 물자와 노동력을 모두 군수용으로 차출해야 했기 때문에 정부는 리치먼드 같은 도시들에서처럼 군수산업을 위해 설계된 사업이 아니면 민간 주택 건설을 전면 금지했다. 스테그너는 들어가 살 집을 전혀 구할 수 없었던 중산층과 노동자 계층 가정들로 구성된 공동주택조합을 만들고 조직을 이끄는 일에 발 벗고 나섰다. 대체로 당시 대학교수들은 수입이 많지 않았다. 그 조합에는 그와 경제적으로 비슷한 처지에 있는 사람들이 모였는데, 공립학교 교사나 시청 직원, 목수, 간호사 같은 직업을 가진 사람들이었다. 150가구로 구성된 조합원들 가운데 아프리카계 미국인은 단 세 가구뿐이었다.

그 조합은 팰로앨토반도주택조합 명의로 스탠퍼드대학 캠퍼스 인근에 있는 목장 부지 약 1제곱킬로미터를 구입해서 주택 400세대를 짓고 공동소유의 땅에는 각종 오락 시설과 쇼핑센터, 주유소, 음식점을 한 군데씩 건설할 계획을 세웠다. 그러나 은행들은 정부 허가 없이 조합이나 조합원에게 건설비를 조달하거나 주택담보대출을 제공할 수 없다고 했고, FHA도 아프리카계 미국인이 포함된 협동조합에는 대출 보증을 설 수 없다고 했다. 스테그너를 포함한 조합 이사회는 조합을 백인들만으로 재구성하라는 정부 요구에 반대하는 의견을 냈지만, 어떻게든 정부를 설득해 보려 했던 조합원들은 1948년 1월에 투표를 통해 78 대 75로 정부와 타협하는 방안을 가까스로 통과시켰다. 조합은 아프리카계 미국인 조합원의 비율이 캘리포니아주 전체 인구 대비 아프리카계 미국인 거주민의 비율을 넘지 않는다는 것을 약속하는 조합원 할당 제도를 조합 규약과 증서에 명시하는 방안을 정부에 제시했다.

하지만 이 타협안도 정부 관리들의 동의를 얻지 못하면서, 주택 건설 사업은 결국 중단되고 말았다. 스테그너를 비롯한 조합 이사들이 자리에서 물러난 직후 주택조합은 정부의 허가 없이 건설 자금을 마련할 수 없었기 때문에 해산할 수밖에 없었다. 1950년, 조합은 아프리카계 미국인에게 어떤 부동산도 팔지 않는다는 FHA 합의서에 서명한 한 민간 개발업체에 땅을 팔았다. 이후 그 건설업자는 스탠퍼드대학 캠퍼스에 인접해 있는 한적한 동네 '라데라Ladera'에 백인들만 거주하는 단독 주택들을 지었다.

III

그 뒤 몇 년 동안, 팰로앨토와 그 인근 지역에서 일자리와 주택을 찾는 아프리카계 미국인의 수가 급증했다. 하지만 연방정부의 대출 보증에 의존하는 부동산 개발업체들은 그들에게 집을 팔지 않았고, 캘리포니아주에서 면허를 받은 부동산 중개인들 가운데 그들에게 집을 보여 주는 사람은 하나도 없었다. 그러던 중, 1954년에 스탠퍼드대학과 고속도로를 사이에 두고 있는 백인 동네인 이스트팰로앨토에 살던 한 주민이 흑인 가정에 자기 집을 팔았다.[13]

그와 거의 동시에 캘리포니아부동산협회 회장이었던 플로이드 로는 이스트팰로앨토에 부동산 중개사 사무실을 내고 이른바 블록버스팅 blockbusting(흑인이나 소수민족을 전입시켜 백인 거주자에게 불안감을 심어 부동산을 싸게 팔도록 유도하는 투기 수법.—옮긴이)이라고 하는 투기 수법을 이용하여 백인들을 공포에 빠뜨려 집을 서둘러 싼값에 내놓게 했다. 그를 비롯한 부동산 중개업자들은 "니그로의 침탈"이 임박해서 그 결과 부동산 가치가 폭락할 것이라고 경고했다. 얼마 안 있어, 그런 유언비어에 속아 넘어가 헐값에 자기 집을 부동산 중개업자와 투기꾼들에게 넘기는 백인 주택 소유주들이 점점 늘었다. 로를 포함한 부동산 중개업자들은 신문 1면에 "흑인 주택 구매자!"라는 문구를 달아 샌프란시스코 일간지들에 대대적으로 광고를 게재했다. 거주할 집을 구하는 것이 간절한 아프리카계 미국인들은 폭등한 가격으로 집을 구입했다. 어떤 중개인은 혼자서 불과 석 달 만에 아프리카계 미국인들에게 이전에 백인이 소유했던 집을 60채나 팔았다. 캘리포니아 부동산 주무부처장은 공인중개사들의 "비윤리적인 관행"을 금지하는 주 당국의 규정이 있기는 하지만, 다른 인종에 대한 두려움을 이용해서 부동산 거래를 부추기는 행태를 막는 것이 부처의 관할 사항은 아니라고 주장하면서 아무런 조치를 취하지 않았다. 팰로앨토부동산위원회는 평소에 백인 지역의 주택을 백인이 아닌 구매자에게 판 중개인은 누구든 (미국의 부동산 거래 시스템인 다중등록매물서비스multiple listing service를 이용하지 못하게 함으로써) 배척했지만, 대규모 블록버스팅이 개시되자 그런 행위를 규제하기는커녕 오히려 그들을 지원하고 나섰다.[14]

당시 FHA과 VA은 라데라 같은 백인 주거 구역에서 아프리카계 미국인들에 대한 주택담보대출 보증을 거부했을 뿐 아니라, 아프리카계 미국인들이 사는 동네의 백인들에게도 주택담보대출 보증을 서 주지 않았다. 그래서 이스트팰로앨토가 흑인과 백인이 어울려 사는 동네로 바뀌자마자, 그 지역으로 이주하기를 원하는 백인들은 정부가 보증하는 주택담보대출을 더 이상 받을 수 없었다. 에퀴터블생명보험회사Equitable Life Insurance Company와 프루덴셜생명보험회사Prudential Life Insurance Company 같은 정부의 규제를 받는 보험사들도 회사 방침에 따라 흑인과 백인이 어울려 사는 지역의 백인들에게 주택담보대출을 해 주지 않기로 결정했다. 국영 보험 규제 기관들은 보험사들의 이러한 입장에 전혀 이의 제기를 하지 않았다. 뱅크오브아메리카Bank of America와 같은 캘리포니아의 유수 은행들 또한 연방은행 감독 당국의 동의 아래 비슷한 방침을 견지했다.

그 뒤 6년 만에 이스트팰로앨토의 인구는 흑인이 82퍼센트를 차지하게 됐다. 다른 인근 동네에서 살 곳을 찾지 못한 아프리카계 미국인이 이곳으로 몰려들면서 적정 가구원 수보다 갑절이 많은 인원이 한집에 살아야 하는 상황이 되자, 그 지역의 생활환경은 날로 악화되었다. 이스트팰로앨토의 흑인 주택은 비슷한 규모의 백인 주택보다 훨씬 가격이 비싸서 집주인이 세를 놓지 않고는 대출금을 갚아 나가기 어려울 정도였다. 연방정부와 주 정부는 그렇게 이스트팰로앨토에 또 하나의 빈민가를 새로 만들어 냈다.[15]

팰로앨토 지역의 인구 밀집도가 점점 높아지면서, 기존 학교만으로는 늘어나는 학생들을 모두 수용할 수 없었다. 그래서 1958년, 늘어나는 학생 수를 감당하기 위해 제2의 고등학교를 신설하기로 하고 이스트팰로앨토의 게토 지역이 된 곳 중심부에 새 학교를 짓기로 결정했다. 따라서 흑인 학생들은 기존에 백인 학생들과 함께 다니던 학교를 떠나 동쪽 구역에 세워지는 아프리카계 미국인 학교로 등교해야 했다. 백인 학생들은 서쪽 구역에 있는 기존의 학교에 그대로 등교했다. 흑인과 백인 학생이 서로 다른 학교에 분리되어 교육을 받는 상황으로 퇴보한 것이다. 교육위원회는 동서로 구역을 나누어 경계를 짓고 양쪽에 모두 흑인과 백인이 함께 다니는 학교를 세울 것을 호소하는 아프리카계 미국인과 진보 성향 백인 활동가 들의 목소리를 귀담아 듣지 않았다.

이와 같은 방식으로 연방정부와 주 정부, 지방자치체는 의도적으로 미 전역의 모든 대도시 지역을 흑인 구역과 백인 구역으로 분리했다. 진보적 성향의 샌프란시스코가 이런 지경이라면, 그 밖의 다른 지역은 어련하겠는가. 정부 정책으로 샌프란시스코 지역이 이렇게 흑백 구역으로 나뉘었다는 사실은 정말 충격적이다. 시카고나 디트로이트, 클리블랜드, 볼티모어 같은 대도시 지역과 비교할 때, 캘리포니아 북부 지역은 프랭크 스티븐슨 같은 흑인 이주민들이 제2차 세계대전 동안 일자리를 찾아 그곳에 오기 전까지만 해도 아프리카계 미국인이 거의 없었기 때문이다. 정부는 이전부터 존재해 오던 인종차별의 패턴을 따른 것이 아니다. 정부는 과거에 그런 차별의 흔적도 찾아볼 수 없었던 곳에 흑인과 백인의 분리를 강요하고 있었다.[16]

2장

게토가 된 공영주택

연방정부와 지방자치체가 공영주택 단지 공급을 의도적으로 이용해서 아프리카계 미국인들을 도심의 게토 지역에 몰아넣은 것은 미국에서 인종차별과 관련한 **법률상**의 체계를 새롭게 완성하는 데 다른 어떤 것 못지않게 큰 영향력을 끼쳤다.

대다수 미국인에게는 공영주택하면 일반적으로 떠오르는 인상이 있다. 주위에 운동장이나 공원 같은 쾌적한 공간이 거의 없이 고층 건물들만 밀집해 있고, 도심 중심 구역에 집들이 다닥다닥 붙어 있으며, 범죄와 마약이 만연하고, 흑인(또는 라틴아메리카계) 엄마들과 자식들로 가득한 곳. 오늘날 봐도 이런 이미지들은 대체로 부정확하다.[1] 더군다나 20세기 중반에 공영주택이 지어지기 시작했던 때의 실제 모습과는 완전히 동떨어진 모습이다. 당시 공영주택은 대체로 노동 계층과 하위 중산층 백인 가정을 위한 집이었다. 정부의 보조금 지원이 많지 않았기 때문에, 공영주택 유지 보수를 위한 운영비는 세입자들의 임대료로 전액 충당했다. 공영주택의 목적은 본디 임대료를 감당하기 어려울 정도로 가난한 이들이 아닌, 어느 정도 괜찮은 수준의 주택에 살 만한 형편이 되지만 만족스러운 집이 없어서 그런 주택을 구할 수 없었던 사람들에게 주거지를 제공하는 것이었다.[2]

예컨대 뉴욕시의 경우, 제2차 세계대전 시기부터 1955년까지 주택 당국은 정부 보조금이 지급되지 않는 중산층 가정을 위한 대규모 공영 주택 단지를 20군데에 걸쳐 건설했다. 대부분이 우거진 나무와 잔디밭, 공원 벤치가 있는 저층(6층짜리) 건물로 이루어진 매력적인 단지였다. 주택 당국은 재향군인들에게 입주 우선권을 주었고, 세입자로서 부적격 사유가 되는 21가지의 요소를 조건으로 내세웠다. 그 가운데는 비정규직 근무 경력, 한부모 가정, 혼외 자녀, 전과 기록, 마약 중독, 정신 질환, 품행이 불량한 자녀, 나쁜 살림 습관, 충분한 가구 부족 같은 것들이 있었다. 주택 당국은 원치 않는 세입자를 받지 않기 위해, 사전에 중개인들을 분양 신청자들의 집에 보내서 (대개 친척들과 함께 살고 있는) 집 관리를 확인하는 절차를 거쳤다. 결혼한 사람들은 분양 신청이 받아들여지기 전에 혼인증명서를 재출해야 했다. 보스턴 주택 당국도 백인 중산층 가정을 위한 주택단지에 입주할 수 있는 자격 조건을 정해서 관리했는데 이와 별로 다를 바가 없었다.[3]

|

연방정부는 제1차 세계대전 동안 민간인을 위한 주택단지—군사기지 주변에는 이미 오래전부터 주거 구역들이 형성되어 있었다—를 처

음으로 개발했다. 해군 조선소와 군수품 공장들 근처에 군수 산업 노동자들이 거주할 주택들을 짓기 위해서였다. 26개 주에 걸쳐 건설된 83개 주택단지들은 17만 명의 백인 노동자와 그 가족들에게 거처를 제공했다. 아프리카계 미국인들은 거기서 제외되었는데, 흑인 노동자가 상당수를 차지하고 있었던 북부와 서부의 산업 중심지에 있는 주택단지들에서도 그들은 예외였다. 연방정부의 정책은 때때로 아프리카계 미국인을 강제로 인구가 밀집한 빈민가에 밀어 넣는, 과거에도 경험해 본 적 없었던 새로운 인종차별을 유발시켰다. 전쟁이 끝나자 정부는 기존 단지를 민간 부동산 회사들에 매각하고 아직 완공 전인 단지들은 건설 계획을 취소했다.[4]

1930년대 대공황부터 1950년대 초까지, 노동자 계층과 중산층 백인 가정은 아프리카계 미국인 가정과 마찬가지로 심각한 주택 부족 상황에 직면했다. 대공황 시기에는 오직 부자들만이 집을 사거나 새 아파트를 임차할 수 있었다. 따라서 건설업자들은 부자가 아닌 사람들을 위한 주택 공급에 뛰어들 만한 이유가 없었다. 제2차 세계대전은 주택 부족 상황을 더욱 악화시켰는데, 모든 건설 자재가 군수용으로 차출되었기 때문이다. 노동자 계층과 하위 중산층 가정들은 친척들과 한집 살림을 하면서 늘어나는 가족들을 감당하기 어려울 정도로 작은 아파트에서 비좁게 생활했다. 전쟁이 끝나 갈 무렵에는 전장에서 돌아오는 재향군인들이 임시로 묵어가도록 설치한 길쭉한 반원형 퀀셋 막사에서도 지냈다.

이에 대응해 프랭클린 루스벨트 대통령은 뉴딜 정책의 일환으로 군수산업에 종사하지 않는 민간인들을 위한 공영주택 건설 계획을 최초로 발표했다. 여기서 결정적 변수는 인종이었다. 루스벨트 행정부는 아프리카계 미국인을 위한 공영주택 단지를 별도로 건설하거나, 흑인과 백인이 서로 다른 건물에 거주하게 하거나, 또는 아예 그 주택 개발지에서 아프리카계 미국인을 전면 배제하는 방식을 택했다.[5]

행정부의 주택 공급 계획에서의 인종차별은 뉴딜 정책의 건설과 고용, 일자리 부처들이 확립한 패턴을 따랐다. 대공황으로 심각한 고통을 겪었던 지역에 일자리 창출과 경제성장 유발을 위해 1933년에 창설된 테네시강유역개발공사Tennessee Valley Authority, TVA가 그 첫 삽을 떴다. TVA 건물이 자리 잡고 있던 테네시주 노리스에 정부는 쾌적하고 안락한 주택 500세대로 구성된 시범 마을 한 곳을 개발해서 공사 직원과 건설 노동자들에게 그곳 집들을 임대했다. 하지만 그 마을에는 백인들만 입주할 수 있었다. TVA는 거기서 약간 떨어진 곳에 조잡하게 판자로 지은 막사 같은 숙소에 아프리카계 미국인 노동자들이 지내게 했다. TVA의 관료 한 사람은 "니그로는 그 사업의 대상이 아니기" 때문에 그 마을에 백인들만 입주가 가능하다고 설명했다.[6]

정부의 뉴딜 사업을 대행하는 기관들은 다른 사업을 진행할 때도 이와 동일한 방식을 적용했다. 시민공공사업단Civilian Conservation Corps, CCC은 무직 상태이거나 일자리를 잃은 젊은이와 청소년을 구제하기 위한 합숙소를 세웠다. 이 합숙소들은 남부뿐 아니라 북부에서도 흑인용과 백인용으로 분리되어 지어졌다. 예컨대 뉴저지주의 해럴드 호프먼 주지사는 스스로 "지역민의 분노"라고 일컫는 것 때문에 아프리카계 미국인 단원을 위한 합숙소를 자기네 주에 세울 수 없다고 주장했다. 전국 CCC 단장이었던 로버트 페히너는 "공개적으로 반대를 표명한 곳에 흑인 단원들을 절대 강제로 보내지 않는" 정책을 펼쳤다. 초기에 서부와 중서부의 일부 주에서는 지방정부 관리들이 CCC 합숙소에 흑인과 백인이 함께 묵게 했다. 하지만 연방정부 관리들은 이들 합숙소에 대해서도 흑인과 백인을 분리해서 수용하라고 지시했다.

게다가 많은 주와 지방정부에서는 지역 내에 흑인과 백인을 분리 수용하는 CCC 합숙소조차 세우지 못하게 했다. 연방정부 관리들은 아프리카계 미국인 합숙소를 군 기지나 국유림, 공원 부지 인근에 세워달라는 이들의 요구를 수용했다. 한 아프리카계 미국인 사업단은 펜실베이니아주 게티즈버그에서 사적지 복원을 위해 백인 사업단과 함께 일하도록 배치되었다. 그런데 백인 사업단 거처는 마을 바로 옆에 마련된 반면, 아프리카계 미국인 사업단의 거처는 주민들의 반대로 거기서 32킬로미터가량이나 떨어진 외진 곳에 세워졌다.[7]

II

TVA와 CCC의 사례에서 보는 것처럼, 흑인과 백인의 주택 분리 공급은 뉴딜 정책의 경제개발이나 일자리 창출 사업 과정에서 나온 부산물이라기보다는 오히려 루스벨트 행정부의 직접적인 개혁 목표로서 강력하게 시행된 정책이었다. 뉴딜 주택 공급 사업은 루스벨트가 대통령에 취임한 직후인 1933년에 설립된 공공사업관리국Public Works

Administration, PWA의 한 프로젝트로 탄생했다. PWA의 목표는 미 전역의 주택 부족 상황을 완화하는 동시에 건설 부문에서 일자리를 창출하는 것이었다. 그 사업을 진두지휘했던 내무장관 해럴드 이키스는 1920년대에 미국흑인지위향상협회National Association for the Advancement of Colored People, NAACP의 시카고지부장이었고, 인종 문제와 관련해 행정부 내에서 진보적 목소리를 내는 몇 안 되는 인사 가운데 한 사람이었다.[8]

대다수 관리가 중산층과 노동자 계층 백인 가정을 위한 공영주택 공급을 주장했지만, 이키스의 노력 덕에 새로 공급되는 공영주택 단지의 3분의 1이 아프리카계 미국인들의 몫으로 돌아가게 됐다. 역대 어느 정부도 아프리카계 미국인의 주거 요구를 이렇게 수용했던 적은 없었다. 그러나 이키스는 PWA에 흑인과 백인이 어울려 사는 공영주택 단지는 제안하지 않았다. PWA에서 만든 47개 단지 가운데 17개는 아프리카계 미국인을 위한 것이었다. 6개 단지는 흑인과 백인이 거주하는 건물이 분리되어 있었다. 나머지는 모두 백인만을 위한 단지였다.[9]

이키스는 다음과 같은 "지역 주민 구성 원칙"을 정했다. 연방정부의 주택 공급 사업은 이전의 해당 지역 주민의 인종 구성을 반영해야 한다. 백인 지역에 공급되는 공영주택에는 백인만 입주할 수 있고, 아프리카계 미국인 지역에 공급되는 주택은 아프리카계 미국인만 수용할 수 있다. 흑인과 백인이 동시에 주택을 공급받을 수 있는 경우는 이전에 벌써 흑인과 백인이 함께 살던 곳으로 한정되었다. PWA는 앨라배마주 버밍햄에 시 당국이 흑인만 거주하도록 정한 구역에 아프리카계 미국인만 입주하도록 제한하는 공영주택 사업을 계획했다. 연방정부는 마이애미에서도 비슷한 방식으로 지역 도시계획자들이 지정한 흑인 거주 구역에 아프리카계 미국인들만을 위한 공영주택 공급 계획을 승인 했다. 마이애미의 한 지도층 인사는 연방정부 관리들에게 그 부지가 백인 거주지로 예정된 곳에서 "흑인 인구를 완전히 몰아내"기 위해 선택된 장소라고 설명했다.[10]

PWA는 해당 지역 주민의 기존 인종 구성을 준수한다―이 자체로 아프리카계 미국인의 헌법적 권리 침해다―는 명목상 원칙에도 불구하고, 이전에 어떤 형태의 인종차별도 없었던 곳에서조차 흑인과 백인을 분리하는 사업을 시행했다. 당시 미국의 많은 도시 지역에는 흑인과 백인(대개 이민자) 저소득 가정이 함께 살고 있었다. 거주민의 인종도 흑인과 백인이 뒤섞여 있었다. 백인 노동자든 흑인 노동자든 걸어서 통근할 수 있는 시내의 공장 가까이에 살아야 하기 때문이었다.[11]

PWA는 기존에 흑인과 백인이 서로 어울려 살던 많은 지역을 백인 거주 지역이나 흑인 거주 지역으로 지정했고, 그 뒤에―기존에 흑백이 어울려 살던 지역들에 대해서 PWA가 "백인" 구역으로 판단하면 백인만을 위한 공영주택 사업을 진행하고, "흑인" 구역으로 판단하면 흑인만을 위한 사업을 진행함으로써―그렇게 지정된 지역들에 흑인용과 백인용으로 분리된 공영주택을 공급했다.

PWA의 첫 번째 사업인 애틀랜타의 테크우드홈스 사업은 1935년에 시작되었다. PWA는 도심 인접 지역에 1600가구의 저소득 흑인과 백인 노동자들이 함께 뒤섞여 살던 연립주택 건물을 철거한 부지에 공영주택 단지를 건설했다. 그곳 주민 거의 3분의 1은 아프리카계 미국인이었다. PWA는 그 동네를 604세대의 백인 단지로 바꾸었다. 테크우드홈스는 백인만의 지역사회를 만들어 냈을 뿐만 아니라, 아프리카계 미국인 가정에 대한 차별과 분리를 더욱 심화시켰다. 순식간에 자기 집에서 쫓겨난 아프리카계 미국인들은 흑인들이 사는 다른 동네에서만 집을 구할 수 있었기 때문에 기존 흑인 거주 구역은 밀려드는 아프리카계 미국인들로 넘쳐 날 수밖에 없었다. 연립주택에서 추방당한 일부 가구는 나중에 연방정부가 애틀랜타 서부 지역에 조성하기 시작한 흑인 구역 개발지에 정착했다. 그러나 공영주택은 처음부터 빈민층 가정이 아니라 하위 중산층 가정을 대상으로 건설된 것이기 때문에, 허름한 연립주택에서 쫓겨난 사람들 가운데 다수는 그곳에 입주할 소득 수준이 안 되었다. 따라서 많은 흑인 가정은 친척들과 한집에 끼어 살거나, 다른 아프리카계 미국인이 다시 세를 놓은 방을 얻어 살아야 했다. 결국 정부의 공영주택 공급 사업은 아프리카계 미국인의 인구 밀도를 높임으로써 흑인들이 사는 동네를 게토 지역으로 전락시키고 말았다.[12]

1934년, 세인트루이스시는 백인과 아프리카계 미국인 주민이 거의 절반이었던 북쪽의 다세대주택 동네인 디소토카 구역을 완전히 철거할 작정이었다. 그리고 그 자리에 백인만 입주할 수 있는 저층 주택단지를 조성할 것을 제안했다. 연방정부가 아프리카계 미국인들의 입주를 허용하지 않는다는 시 당국의 방침에 반대하자, 세인트루이스시는 따로 흑인들만의 주택단지도 짓겠다고 약속했다. 결국 세인트루이스시는 디소토카 구역에 아프리카계 미국인 단지를 별도로 개발했지만, 이전에 백인과 흑인이 함께 살았던 도심의 남쪽 구역 동네 한군데를 더 허물어 그곳에 백인 전용 주택단지를 새로 짓기로 했다.[13]

PWA는 북동부와 중서부 전역에 걸쳐 흑인과 백인이 어울려 살고 있는 지역을 흑인과 백인 주거 구역으로 분리하는 정책을 펼쳤다. 예컨대 클리블랜드 중심가에 있는 동네는 인구가 조밀하고, 공동주택 건물에 여러 인종이 서로 어울려 살고 있었다. 백인들이 아프리카계 미국인이나 이탈리아와 동유럽 출신의 이민자들과 이웃으로 지냈다. 아프리카계 미국인 시인이자 극작가, 소설가인 랭스턴 휴스는 자서전에서 1910년대 말 센트럴고등학교에 다닐 때 한 유대인 소녀와 사귀었고 가장 친했던 친구가 폴란드 출신이었다고 이야기한다. 하지만 그 뒤 15년 동안 백인 가구가 하나둘 동네를 떠나더니, 그 자리를 아프리카계 미국인들이 점차 메꾸기 시작했다. 그래도 남아 있는 백인들 수는 여전히 많았다.

역사적으로 이 지역에서 흑인과 백인이 공존해 왔음에도 불구하고, PWA는 두 인종을 분리하는 두 개의 단지를 구상했다. 하나는 아프리카계 미국인을 위한 것(오스웨이트홈스 단지)이고, 다른 하나는 백인을 위한 것(시더센트럴아파트 단지)이었다. 그 지역은 옛날부터 다양한 민족과 인종이 한데 어울려 살았지만, PWA는 지역 내 인종 분리를 공고히 했다. PWA는 또한 클리블랜드의 세 번째 사업인 레이크뷰테라스 개발을 진행했다. 사업명으로 알 수 있듯 경치가 무척 좋은 곳에 주택단지를 건설하는 사업이었다. 백인 가구를 위한 PWA 사업 대부분이 그렇듯이—반대로 흑인 가구를 위한 프로젝트에서는 거의 볼 수 없는—
레이크뷰테라스에는 지역 문화센터와 운동장 여러 개, 풍부한 녹지가
있었고 단지 곳곳에 멋진 벽화들이 장식됐다.[14]

PWA 사업들은 디트로이트, 인디애나폴리스, 털리도, 뉴욕의 영세
민 주거 지역에 흩어져 살던 아프리카계 미국인들을 한 군데로 모았다.
그 도시들에서 PWA는 백인을 위한 사업과 흑인을 위한 사업을 따로 진
행해 흑인과 백인 거주 구역을 분리했다. 백인 구역에서 진행한 윌리
엄스버그홈스는 백인용 단지를 짓는 사업이었고, 흑인 구역에서 진행
한 할렘리버하우시스는 아프리카계 미국인용 단지를 짓는 사업이었다.
미국 북동부와 중서부 지역에서 진행된 26개 사업 가운데 16개는 백인,
8개는 아프리카계 미국인을 위한 것이었고 나머지 2개는 동일 단지 내
에 흑인과 백인 거주 구역을 나누는 사업이었다.[15]

1937년 미 의회는 연방정부가 직접 공영주택을 건설하는 PWA 프로
그램을 종료하고, 공영주택 개발 사업의 지속을 원하는 지방자치체에
자체 주무 기구를 설치하라고 명령했다. 그러면 행정부 내에 신설된 미
국주택공사U.S. Housing Authority, USHA가 해당 지방 기구에 연방보조
금을 지원하여 지역에서 자체적으로 공영주택을 지을 수 있도록 하겠
다고 발표했다. USHA는 겉으로는 기존 지역 주민의 인종 구성을 존중
한다고 하면서, 실제로는 새로 건설하는 주택단지를 흑백으로 나누는
정책을 지속해 나갔다. USHA 지침서는 "현재 니그로가 거주하는 지역
에서" 백인 가구를 위한 프로젝트를 진행하는 것은 바람직하지 않다고
강력히 권고했다. 그리고 덧붙여 말하기를 "〔지방 주택〕 당국의 목표는

지역민의 바람에 가장 부합하는 공동체의 구조를 파괴하는 것이 아니라 보존하는 것이어야 한다." 프로젝트 지침에는 이전에 흑인과 백인이 함께 살았던 지역에서 시행되는 공영주택 건설 사업의 경우, 흑인과 백인이 서로 어울려 사는 것을 적극 수용해야 한다고 나와 있었다. 하지만 이 지침은 PWA 사업에서와 마찬가지로 거의 준수되지 않았다.[16]

USHA가 자금을 댄 최초의 프로젝트는 텍사스주 오스틴에서 진행되었다. 무엇보다 그 지역의 하원의원이었던 린든 존슨의 적극적인 유치 활동 덕분이었다. 이스트오스틴의 흑인 동네에는 아프리카계 미국인을 위한 공영주택이 지어졌고, 서쪽 지역에는 백인을 위한 단지가 조성되었다. 다른 지역과 마찬가지로 이런 공영주택 건설 사업은 이전에 존재했던 흑인과 백인 분리 상태보다 더욱 엄격한 분리 상황을 창출하곤 했다. 오스틴의 도시계획자들은 최근에 시 동부에 위치한 하나뿐인 게토 지역으로 시 전역에 흩어져 사는 아프리카계 미국인들을 이주시키는 내용을 포함한 개발 계획을 제안했는데, 공영주택 건설 계획은 이 과정 속에서 나왔다.

아프리카계 미국인 주택 마련을 위한 오스틴 동부 지역 개발 계획으로 조성된 로즈우드코츠는 노예제 폐지를 기념하기 위해 해마다 축제가 열리는 이맨서페이션파크Emancipation Park(노예 해방 공원이라는 뜻.—옮긴이) 부지를 수용해서 세워진 주택단지였다. 그 공원은 트래비스카운티 노예해방기념협회Travis County Emancipation Organization라는 한 민간 지역사회 단체의 소유였다. 주민들은 자신들이 무척 자랑스러워했던 지역 단체가 그런 계획을 받아들인 것에 항의했다. 하지만 놀

고 있는 다른 빈 공간이 있었음에도 불구하고, 주민들의 반대는 아무 소용이 없었다.[17]

PWA나 USHA가 세상에 모습을 드러냈을 때, 이미 많은 도시 지역에는 아프리카계 미국인 동네가 뚜렷하게 자리 잡고 있었다. 그러한 인종차별 상황을 연방정부 기관들에만 책임을 지울 수는 없다. 하지만 그런 상황을 심화하고 강화한 것이 바로 그들이라는 것은 분명한 사실이다. 예컨대, 시카고의 흑인 구역에 사는 상당수의 아프리카계 미국인들이 다른 곳보다 한발 앞서 대공황을 맞았다. PWA는 그 도시에 공영주택 단지를 네 군데 건설했다. 줄리아씨래스롭과 트럼불파크홈스 두 군데는 백인 전용 주거 단지로 이전부터 백인들만 살았던 지역에 지어졌다. 아프리카계 미국인을 위한 공영주택 단지인 아이다비웰스홈스는 한 아프리카계 미국인 동네에 지어졌다. 나머지 한 군데인 제인애덤스하우시스는 대다수 주민이 백인이고 일부가 아프리카계 미국인으로 이른바 흑백 통합 단지라 할 수 있었다. PWA는 제인애덤스 단지에 아프리카계 미국인 주민을 전체 인구의 3퍼센트 정도 배정했지만, 내부적으로 구획 설계 과정에서 흑인과 백인을 분리했다.[18]

만일 뉴딜 공영주택 개발이 없었다면, 이 같은 도시들이 흑인과 백인이 공존하는 대도시로 발전했을 것이라고 주장하는 것은 지나친 발언일 것이다. 그러나 연방정부의 공영주택 개발 지침 때문에 이 도시들의 흑백 주거 구역 분리가 더욱 심화되었다는 것 또한 사실이다. 흑인과 백인이 공존하는 동네는 오늘날 한결같아 보이는 흑백 분리 지역과는 매우 다른, 다양한 미래의 기회들을 보여 주는 경우가 많았다. 그러나 이 도시들에서는 그런 기회들이 결코 포착되지 않았다.

Ⅲ

1940년 미국이 전쟁 준비에 나섰을 때, 의회는 군수산업 노동자들을 위한 주택을 건설할 자금을 마련하기 위해 랜햄법Lanham Act을 가결했다. 랜햄법에 따라 조성된 공영주택 단지는 이전에 아프리카계 미국인이 거의 살지 않았던 도시 지역들—앞서 말한 프랭크 스티븐슨의 리치먼드처럼—을 흑인과 백인 주거 구역으로 분리하는 데 매우 중요한 역할을 했다. 몇몇 도시의 경우 정부는 아프리카계 미국인들을 인구가 밀집된 빈민가에 남겨 두고 취업 기회를 제한하고, 백인들만 입주할 수 있는 전시 공영주택을 공급했다. 그 밖의 도시들에서는 아프리카계 미국인들에게도 전시 공영주택이 공급되었지만, 리치먼드에서와 마찬가지로 흑인과 백인이 분리된 단지였다. 전쟁이 끝날 즈음, 랜햄법은 PWA와 USHA의 공영주택 건설 프로젝트들과 맞물려서 사업을 벌인 모든 대도시 지역을 흑인 주거 구역과 백인 주거 구역으로 새롭게 분리하거나 기존의 분리 상황을 더욱 공고히 했다.

민간 부동산업자들의 공영주택 건설이 재개되면서, 흑인과 백인의 주거 구역 분리는 점점 더 확대되었다. 지방정부들은 연방정부의 지원을 받으며 이러한 흑인 분리 정책을 현장에서 총대를 잡고 수행해 나갔다. 연방정부든 주 정부든 지방자치체든 흑인 분리를 주장하는 그 어떠한 행위도 모든 미국인이 누려야 할 헌법의 권리를 짓밟는 행위였다.

북동부와 중서부, 태평양 해안 지역에 나타난 공영주택 공급 사례들은 전쟁 시기와 그 이후 미국 전역에 걸쳐 만연했던 의도적인 인종차별 정책의 실태를 보여 준다.

1941년, 보스턴에는 오로지 백인 중산층만 입주할 수 있도록 계획된 웨스트브로드웨이 주택단지가 지어지기 시작했다. 그 단지에 사는 사람은 거의 백인들이었고, 아프리카계 미국인도 몇몇 살았지만 그저 명목에 불과했다. 1962년 마침내 민권 단체들은 보스턴 당국이 입주 자격이 있는 아프리카계 미국인들의 입주 신청을 일부러 배제하지 못하게 하기 위한 소송을 제기했다. 1940년대에 지은 보스턴의 또 다른 주택단지 미션힐은 두 개의 구역, 즉 미션힐 단지와 길 건너편의 미션힐 익스텐션 단지로 나뉘어 있었다. 1962년 미션힐에는 1024가구가 살고 있었는데, 그중에 아프리카계 미국인은 단 한 가구도 없었다. 반면에 미션힐익스텐션 단지에 사는 580가구 가운데 500가구가 아프리카계 미국인이었다. 하지만 그로부터 5년 뒤, 보스턴시 당국이 흑인과 백인 주거 구역을 분리해서 개발하지 않겠다고 하고 나서도 미션힐에 사는 주민의 97퍼센트는 여전히 백인이었던 반면에, 미션힐익스텐션 주민 중 아프리카계 미국인 비율은 98퍼센트까지 늘어났다. 이 과정을 지켜본 한 사람은 이렇게 전했다. "임대 사무실에는 창구가 두 군데 있다. 하나는 미션힐 단지 창구고, 다른 하나는 익스텐션 단지 창구다. 거기에 '백인', '흑인'이라고 써 붙인 팻말만 없다뿐이지, 앨라배마주 버밍햄에서 볼 수 있는 모습과 같다. 한 줄은 백인들 줄이고, 한 줄은 흑인들 줄인데 모두 임대료를 내려고 기다리고 있는 줄이다."[19]

하버드대학과 MIT가 있는 케임브리지시 당국 또한 흑인과 백인이 따로 거주하는 공영주택 단지 조성을 요구했다. 1935년, 케임브리지주택공사Cambridge Housing Authority는 PWA와 협력하여 주로 아프리카계 미국인과 유럽계 이민자들이 함께 살고 있던 저소득 공동주택 단지를 철거했다. 주택공사는 그곳에 백인만 임차할 수 있는 뉴타운코트 단지를 조성했다. 그 뒤 1940년에 지방과 연방 기관들이 합작하여 그 인근에 아프리카계 미국인 전용 공영주택 단지인 워싱턴엘름스를 따로 지었다.[20]

디트로이트 인구 가운데 상당수 아프리카계 미국인은 제1차 세계대전 동안 군수품 공장 일자리를 찾아온 사람들이었다. 그들 대다수는 흑인과 백인 주거 구역이 분리된 동네에서 살았다. 1941년 미국이 제2차 세계대전에 참전하기 직전, 정부는 윌로런 지역에 폭격기 공장을 세울 것을 요청했다. 그곳은 기존에 흑인과 백인 주거 구역이 서로 분리되어 있지 않았던 미개발 교외 지역이었다. 그럼에도 불구하고 정부가 그 인근에 공장에서 일할 노동자들을 위한 새로운 주거지를 건설하면서 내세운 방침은 그곳이 백인만 살 수 있는 동네라는 것이었다.[21]

당시 연방사업관리총국Federal Works Agency, FWA은 전시 산업 노동자들을 위한 임시 주택을 건설하는 임무를 맡았다. FWA 국장이었던 클라크 포먼은 디트로이트에 아프리카계 미국인 노동자들이 거주할 주택 단지, 일명 소저너트루스홈스 개발 사업을 제안했다. 그 단지는 민주당 하원의원 루돌프 테네로비츠 지역구에 있었다. 그는 포먼을 해고하고 소저너트루스 단지를 백인 전용으로 바꾸지 않는다면, FWA에 대한 자

금 지원을 중단해야 한다고 동료 의원들을 설득했다.[22]

연방주택관리국(FHA) 국장은 그 지역에 아프리카계 미국인이 살면 인근 동네의 부동산 가치를 떨어뜨릴 것이라고 하며 테네로비츠를 지지했다. 포먼은 자리에서 물러날 수밖에 없었다. 그 뒤, FWA는 디트로이트 주택위원회가 권고한 부지에 아프리카계 미국인 단지를 건설하는 새로운 계획을 발표했다. 그 땅은 백인들에게는 적합해 보이지 않는 산업 지대에 있었다. 하지만 그 계획도 흑인 단지가 백인 단지에서 그다지 멀리 떨어져 있지 않다는 이유로 많은 반대 시위가 일어났다. 영부인 엘리너 루스벨트는 대통령에게 항의했다. FWA는 다시 방침을 바꾸어 아프리카계 미국인을 소저너트루스 단지에 배정했다. 그러자 인근 지역의 백인들이 폭동을 일으켰고, 그 결과 100명(3명 제외 나머지는 흑인)이 체포되고 38명(5명 제외 나머지는 흑인)이 병원에 입원했다.[23]

전쟁이 끝나고 나서 디트로이트의 정치인들은 백인들이 사는 공영 주택 단지에 흑인들이 들어가 살 수도 있다는 우려를 유발시킴으로써 백인 유권자들을 결집시켰다. 에드워드 제프리스 시장은 1945년 선거에서 상대편 후보자인 딕 프랭컨스틴이 당선된다면, 아프리카계 미국인 단지들이 백인 동네 옆에 들어설 수 있다고 경고함으로써 재선에 성공했다. 제프리스의 선거 구호는 "제프리스 시장은 흑백이 함께 사는 주택단지를 반대한다"였다. 선기 기간에 백인 동네에 뿌려졌지만, 마치 아프리카 미국인들에게 보내는 메시지처럼 제작된 한 유인물은 프랭컨스틴에게 표를 주면 흑인들이 백인 동네로 이사해 올 것이라는 암시를 주었다. 유인물 내용은 이러했다.

흑인들은 어디서든 살 수 있다.
프랭컨스틴 시장과 함께 한다면.

흑인들이여— 11월 6일, 당신의 의무를 다하라.

1940년대 후반에 이르면 백인들은 민영주택 시장을 찾는 경우가 점점 많아진다. 이에 따라 백인보다는 흑인이 공영주택에 더 의존하는 상태가 되었다. 백인을 위해 지어진 공영주택 단지에는 빈집이 생길 상황이었고, 그 자리를 채울 사람은 아프리카계 미국인들뿐이었다. 1948년과 1949년에 디트로이트시 의회는 결의안이 상정된 개발 계획 12건에 대한 심리를 연달아 열었다. 그중 7건은 (대부분 백인이 사는) 외딴 지역에 지어질 예정이었다. 이 계획들이 승인된다면, 디트로이트는 돌이키기 어려운 흑인과 백인 거주 구역 통합의 길로 접어들 것이 분명했다. 하지만 제프리스 시장의 뒤를 이어 디트로이트시장이 된 앨버트 코보 또한 공영주택 단지에 "흑인의 침입"에 반대하는 운동을 벌였고, 그는 상정된 개발 계획 12건 가운데 8건을 기각했다. 백인 동네와 관련된 7건이 모두 거기 포함된 것은 물론이었다. 오직 아프리카계 미국인 구역의 프로젝트만 승인이 났고, 그 결과 디트로이트의 흑인과 백인 거주 구역 분리는 더욱 심화되었다.[24]

정부가 주도해서 흑인과 백인 거주 구역을 분리한 지역은 캘리포니아 북부의 리치먼드뿐이 아니었다. 샌프란시스코주택공사San Francisco Housing Authority는 1942년 헌터스포인트해군조선소Hunters Point Naval Shipyard에서 근무하는 노동자와 가족들 1만 4000명의 거처를 마련하기 위한 대규모 개발 사업을 벌여, 무차별 선착순으로 아파트를 공급하려고 했다. 미 해군은 흑인과 백인 거주 구역 통합이 노동자들 사이에 인종 간 갈등을 유발해서 함정 정비 작업에 지장을 초래할 거라고 주장하며 주택공사의 방침에 반대했다. 관리들은 결국 해군의 요구에 굴복해 아프리카계 미국인 노동자 세입자들을 별도 구역으로 이주시켰다.[25]

백인 집주인들의 인종차별은 전시에 군수산업 공장에 취업하기 위해 이주해 온 아프리카계 미국인들을 백인들보다 더 심각한 주택 부족 상황에 직면하게 했다. 이러한 주택공사의 정책으로 백인 구역에는 수많은 빈집이 생겨났지만, 흑인 노동자들은 여전히 주택 부족에 시달려야 했다. 샌프란시스코주택공사는 백인 세입자들을 유치하기 위해 통근용 경전철까지 설치해 빈집을 채우려 노력했다. 반면에 아프리카계 미국인 노동자들은 입주할 임대 아파트가 나올 때까지 오랫동안 기다려야 하는 상황이었다. 백인용 임대주택은 남아도는 반면에 흑인용 임대주택은 극도로 부족한 이 기이한 상황은 미 전역의 공영주택 공급을 특징짓는 현상으로 점점 굳어졌다.

샌프란시스코는 전쟁 기간에 총 다섯 군데에 공영주택 단지를 건설했는데, 모두 다 흑인과 백인 거주 구역을 따로 조성했다. 그 가운데 네 군데—홀리코츠, 포트레로테라스, 서니데일, 발렌시아가든스—는 백인 전용 단지였고 백인 거주 구역 안에 있었다. 마지막으로 웨스턴어디션에 지은 웨스트사이드코츠 단지만 아프리카계 미국인 전용 공영주택이었다.[26]

웨스턴어디션 지역은 여러 인종이 뒤섞여 살던 동네로 일본계 미국인 집단이 크게 한 무리를 이루고 있었다. 그러나 연방정부가 전쟁 상대국 출신인 일본계 미국인 가구를 강제수용소로 이주시키면서 그들이 살던 집이 비게 되었고, 아프리카계 미국인들이 그 집들을 임차할 수 있게 되었다. 따라서 이 동네는 샌프란시스코에서 아프리카계 미국인들이 거처를 찾을 수 있는 몇 안 되는 곳 가운데 하나가 되었다. 샌프란시스코주택공사는 이렇게 여러 인종이 어울려 살던 지역에 흑인 전용 단지를 조성함으로써, 그곳을 거의 흑인만 사는 동네로 급속하게 전환시켰다. 주택공사는 어느 동네든 아프리카계 미국인이 몇 가구라도 살고 있으면, 그곳은 조만간 반드시 아프리카계 미국인 동네가 되어야 한다는 원칙을 따르는 것 같았다.

1942년, 샌프란시스코주택공사는 만장일치로 결의안을 채택함으로써 흑인과 백인 주거 구역 분리 방침을 앞으로도 계속 유지할 것임을 공표했다. "세입자 선정 시 … [우리는] 가능한 한 여러 인종을 뒤섞지 않고, 단지가 조성되는 동네의 기존 인종 구성과 동일한 상태를 유지하고 보존할 것이다." 그 정책(과거 내무장관 해럴드 이키스가 채택한 지역 주민 구성 원칙을 재탕한 것에 불과한)에 반대하는 한 위원은 위원직을 사임했다. 주택공사는 민권 단체와 아프리카계 미국인 주민들의 항의에 호응해서 인종 분리 방침을 중단할 거라고 했지만, 1944년에 웨스트사이드코츠 단지에 있는 주택 146채 가운데 백인 가구가 사는 집은 다섯 채에 불과했고, 그 밖의 다른 개발 단지에 사는 아프리카계 미국인은 단 한 가구도 없었다. 한 샌프란시스코주택공사 임원은 웨스트사이드코츠 단지를 "완전히 흑인 단지로 만들지 않기 위해 소수의 백인 가구가 그곳에 들어가 살도록 애를 썼다"고 설명했다. 제2차 세계대전이 끝날 무렵, 샌프란시스코 시내의 거의 모든 곳에서 민영주택 입주가 거부된 아프리카계 미국인 중 3분의 1이상이 웨스턴어디션 지역의 흑인 전용 공영주택이나 임시로 마련된 헌터스포인트의 판잣집에 거주하고 있었다.

샌프란시스코 만안 지역 인근에 유일한 흑인과 백인 통합 주거 단지는 도심과 골든게이트브리지로 연결되는 마린카운티로 조선소 노동자들의 거처를 제공하는 동네였다. 그곳은 의도적으로 조성된 흑백 통합 주거 단지가 아니었다. 처음에 그곳에 세워진 건물들은 독신 남성을 위한 기숙사였다. 조선소가 매우 빠르게 확장하는 바람에 흑인과 백인의 분리를 고려할 만한 시간적 여유가 없었다. 노동자들이 마구 밀려들어 오면서, 공무원들은 담요와 베개를 나누어 주고 방 배정을 하는 일만으로도 감당하기 어려울 지경이었다. 샌프란시스코의 관리들은 놀랍게도 흑인과 백인이 한 곳에 어울려 사는 것이 노동자들 사이에서 별로 문제가 되지 않는 것을 알고, 노동자들의 가족이 그 단지에 왔을 때에도 그와 같은 기조를 그대로 유지했다. 그러나 몇 년 뒤 그 지역에 백인들을 위한 민영주택이 들어서자, 마린카운티 단지도 마찬가지로 아프리카계 미국인들이 주로 사는 동네로 바뀌었다.

샌프란시스코의 선출직 지도자들과 주택공사 임원들이 흑인과 백인에 대한 공영주택 공급 방침을 이렇게 수시로 바꾸며 엉거주춤한 자세를 보인 것은 자신들이 취한 흑백 주거 구역 분리 정책이 헌법에 위배되는 행동임을 깨달은 것은 아닐지라도, 적어도 잘못된 것임을 알았기 때문일 것이다. 보스턴과 그 밖의 다른 도시도 사정은 마찬가지였다. 1949년, 샌프란시스코감리위원회San Francisco Board of Supervisors는 향후 모든 공영주택 단지에 대해서 "흑인 분리 금지"를 요구하고, 빈집이 생기면 인종에 대한 차별 없이 선착순으로 배정하도록 하는 결의안을 채택했다. 그러나 샌프란시스코주택공사는 그 새로운 방침을 거부했다. 그 결과 시의 공영주택 건설은 모두 유예되었고 양측은 협상을 통해 합의에 이르렀다. 합의에서 주택공사는 앞으로 건설될 공영주택 단지를 흑백 공용 단지로 조성키로 동의하는 한편, 기존 단지들에서는 분리 정책을 유지하기로 했다. 그런데 1952년에 샌프란시스코주택공사가 이미 계획되어 있었던 백인 전용 단지들 가운데 하나를 지으려고 하자, 미국흑인지위향상협회(NAACP)는 법원에 소송을 제기했다.[27]

그 사건은 1953년에 재판에 회부되었다. 샌프란시스코주택공사 사장은 웨스턴어디션에 "흑인의 거주 공간을 배치"해서 백인들이 사는 단지에 아프리카계 미국인들이 거주하지 않도록 하는 것이 자신들이 의도한 바라고 증언했다. 그 뒤에는 한발 물러서며 이렇게 말했다. 비록 백인 동네의 단지에는 백인만 살지라도, 공사는 입주 신청자가 거의 흑인인 웨스트사이드코츠 단지와 헌터스포인트 단지(이곳은 흑인이 사는 건물과 백인이 사는 건물이 따로 나뉘어 있었다)에 백인들이 더 많이 신청하도록 허용할 것이라고 말을 바꾸었다. 하지만 그것은 아무 의미 없는 양보였다. 당시에 교외로 이주할 기회가 점점 더 많아지고 있던 백인들이 굳이 웨스트사이드코츠 단지에 입주 신청을 할 까닭이 없었기 때문이다. 거꾸로 백인 전용 단지에 아프리카계 미국인의 입주를 할당하는 것만이 흑백 주거 구역 분리를 해결할 수 있는 유일한 방안이었지만, 공사는 그런 방안을 전혀 내놓지 않았다. 전쟁 기간에 임시로 조성한 헌터스포인트 단지의 집들에는 전쟁이 끝나고 25년이 흐른 뒤에도 여전히 아프리카계 미국인들이 살고 있었다. 그때까지 헌터스포인트에 살던 백인들은 대부분 그곳을 떠났지만, 아프리카계 미국인들은 그곳 말고는 샌프란시스코 시내와 그 인근 다른 곳에서 살 집이나 아파트를 구할 수 없었다.

소송의 결과는 NAACP의 승리였다. 재판부는 샌프란시스코주택공사가 수정헌법 제14조를 침해했다고 판결했다. 캘리포니아 항소법원은 그 판결을 확인하며 샌프란시스코가 흑인에 대한 차별을 중단하고 웨스턴어디션 이외의 단지들에 흑인 가구를 할당할 것을 명령했다. 하지만 샌프란시스코주택공사는 법원의 명령에 담긴 진정한 의미를 무시한 채, 그때까지 백인 주민이 거의 없던 다른 지역들에 새로운 공영주택 단지 세 곳을 건설했다. 게다가 캘리포니아 법원의 결정은 다른 지역에 널리 영향을 끼치지 못했다. 공영주택의 흑인과 백인의 단지 분리는 미 전역에 걸쳐 하나의 원칙으로 남았다.

IV

해리 트루먼은 1945년 루스벨트의 갑작스런 사망으로 당시 부통령으로서 대통령직을 승계했다. 1948년, 그가 다시 자력으로 대통령이 되었을 때 민간 주택의 부족은 위기상황에 달했다. 제2차 세계대전 종전

후 복귀하는 재향군인들과 그들의 베이비붐 가족 수백만 명이 살 집이 필요했기 때문에 전국적으로 주택 부족 현상은 매우 심각했다. 이에 1949년, 트루먼은 새로운 공영주택 공급 계획을 발표했다. 보수적인 공화당원들은 민간 주택 시장에 어떤 식으로든 정부가 개입하는 것을 오랫동안 반대해 왔다. 그들이 랜햄법을 지지한 것은 그것을 오로지 전쟁 수단으로 생각했기 때문이다. 또한 전시에 군수산업 노동자들을 위해 연방정부가 지은 모든 주택은 전쟁이 끝나면 모두 철거되거나 현지에서 수용할 것이라는 약속이 그 법에 명시되어 있었기 때문이다. 그들은 트루먼 법안을 무산시키기 위해 입법 과정에서 공영주택의 흑백 주거 구역 분리와 인종차별을 금지하는 내용을 추가한 수정안을 제출했다. 공화당 의원들은 그 수정안이 채택된다면, 남부의 민주당 의원들이 그 법안을 부결시킬 것임을 알고 있었다. 이 수정안이 없다면, 남부 민주당 의원들은 거주 분리 상황에 영향을 미치지 않는 법안들을 제안해 온 루스벨트와 트루먼 행정부 기간의 여타 진보적 경제 법안과 마찬가지로 공영주택 건립을 지지할 것이었다. 많은 남부 민주당 의원이, 특히 자기 지역구와 주에 백인 유권자만을 위한 공영주택이 건설되기를 바랐다.

미네소타의 상원의원 휴버트 험프리와 일리노이의 상원의원 폴 더글러스를 필두로 한 민주당 의원들은 흑인과 백인의 주거 구역이 분리된 공영주택 사업 법안을 통과시키든지, 아니면 법안 자체를 폐기하든지 둘 중 하나를 선택해야 했다. 더글러스는 상원에서 이렇게 단호히 말했다. "우리 흑인 동지들이 이 법안으로 얻게 될 주택 물량이 얼마나 많은지에 대해서 이 자리에서 지적하고 싶습니다. … 결국 무산될 수밖에 없을 수정 조항을 법안에 넣는 것보다 계획된 공영주택 사업을 그대로 이행하는 것이 흑인들의 이익에 가장 부합하는 것임을 역사와 시대 앞에 감히 호소합니다." 상원과 하원은 수정 조항이 추가된 흑백 통합 공영주택 법안을 부결시켰다. 그러고는 지방자치체가 흑인과 백인의 공영주택 단지를 서로 분리해서 추진하거나, 같은 단지라도 백인과 흑인 거주 건물 동을 따로 건설할 수 있게 허용하는 1949년도 건축법Housing Act을 통과시켰다.[28]

그러한 공영주택의 흑백 주거 구역 분리가 과연 누구의 이익에 가장 부합했는지는 의심을 품지 않을 수 없다. 그런 공영주택이라도 없었다면, 수만 명의 아프리카계 미국인들이 시에서 정한 최소한의 주거 요건과 보건 법규조차 지키지 못하는 비좁은 공동주택에 살아야 했을 것이다. 하지만 아프리카계 미국인들은 그런 흑인 전용 단지에 분리되어 살게 됨으로써, 그 어느 때보다 미국의 주류 사회에서 더욱 멀어지게 되었다. 그들은 공동체 생활이 불가능한 고층 건물로 이루어진 새로운 게토 지역에 빽빽이 채워졌고, 일자리를 구하거나 사회복지 서비스를 받는 일 또한 더 어려워졌다. 그곳에서는 청소년 선도는 물론 기본적인 지역 자치활동조차 현실적으로 수행하기 어려웠다.

NAACP는 더 많은 주택 공급을 위해 흑백 주거 구역 통합이라는 목표를 포기할 수 없었기에 내부적으로 냉소적인 분위기였음에도 1949년 〔공화당이 제안한〕 흑백 분리 및 인종차별 금지 내용이 포함된 수정안을 지지했다. 뉴욕시의 비토 마르칸토니오가 이끄는 일군의 급

진적 하원의원들도 마찬가지 입장이었다. 그는 하원에서 이렇게 주장했다. "여러분은 공영주택 공급을 빙자해서 시민의 평등권을 침해할 권리가 없습니다. … 주택 공급은 공공복지를 위해서, 그리고 민주주의를 강화하기 위해서 필요한 것입니다. 여러분이 시민의 평등권과 주택 문제를 분리해서 처리한다면, 그것은 바로 공공복지를 약화시키는 행위가 될 것입니다."

의회의 흑인과 백인 거주 구역 통합 반대에 뒤이어, 행정부 관리들은 의회가 분명하게 부결시킨 것을 조례로 시행할 수 없다고 주장하면서, 흑백 거주 구역 분리 방침을 따를 수밖에 없다는 입장만 반복했다. 연방정부 빈민가철거담당부서Division of Slum Clearance의 책임자는 흑인 동네를 철거하고 거기에 백인을 위한 주택을 짓기 위해 재개발 기금을 쓰는 것이 정당하다고 주장하며 말하길, "〔수정안에 대한〕 투표로 확인된 의회의 의사에 비추어 … 우리가 흑백 거주 구역 분리에 반대하는 의견들을 수용할 수 있다고 … 추정하는 것은 합리적으로 보이지 않습니다."[29]

1949년 통과된 건축법의 시행에 따라 조성된 기금으로, 대규모 흑백 분리 고층 공영주택 단지들이 미국 전역에 걸쳐 건설되었다. 시카고의 로버트테일러홈스와 카브리니그린홈스, 필라델피아의 로즌홈스와 스쿨킬폴스타워스, 뉴욕시의 반다이크하우시스, 세인트루이스의 프루이트이고타워스 등이 그런 공영주택 단지들이었다. 공영주택이 아프리카계 미국인만을 위한 주거 공간으로 급속하게 변모하는 중이었지만, 살 곳이 부족했던 백인 노동자들도 여전히 공영주택에서 살고 있었다.

예컨대 이고의 아파트들은 처음에 백인 전용으로 지어진 반면, 프루이트 아파트들은 흑인 전용으로 지어졌다. 하지만 이고에 살던 백인들이 이사를 가고 생긴 빈집에 들어올 다른 백인들을 찾지 못할 때는 흑인 가정이 그곳에 입주할 수 있었다.[30]

캘리포니아, 아이오와, 미니애폴리스, 버지니아, 위스콘신을 포함해 12개 주에서는 교외 지역에 흑백 통합 공영주택 단지를 개발하려는 소수의 공무원이 있었다 할지라도 그런 계획을 실행할 수 없었다. 저소득 가정을 위한 공영주택 단지를 짓기 전에 반드시 지역 주민투표를 거치도록 명령한 1950년대에 개정된 주 헌법 때문이었다. 지역의 백인 중산층들은 그러한 공영주택 단지 개발을 번번이 매우 조직적으로 반대했다. 연방하급법원은 그러한 주민투표 단서 조항이 헌법에 위배된다고 판단했다. 그 조건은 인종차별적 의도를 너무도 명백하게 담고 있었기 때문이다. 예컨대 저소득 노인들을 위한 공영주택 건설에는 그런 주민투표가 필요하지 않았다. 그러나 1971년 연방대법원은 그와 달리 주민투표 관련 조항들이 민주적 의사결정을 준수하는 것이라는 이유로 정당하다는 판결을 내렸다.[31]

트루먼 행정부는 정권 말년인 1952년에 저소득 흑인 가구의 주택 수요에 부응해서 흑인 전용 공영주택 단지들을 공급했던 지방의 주택공사들에 백인 할당 가구들은 빈집이 많은 반면에 아프리카계 미국인들은 입주할 집이 나오기를 하염없이 기다리고 있어야 하는 만연한 현실을 타개할 조치를 취할 것을 요구하는 새로운 "인종 간 형평성 처리 방안racial equity formula"을 가결했다.[32]

1953년, 드와이트 D. 아이젠하워가 트루먼에 이어 미국 대통령이 되었다. 그는 20년 만에 정권을 탈환한 공화당 인사였다. 인종 간 평등 문제와 관련해서 공화당 지지자들이 북부의 민주당 지지자들에 비해 더욱 보수화하면서 정치적 지형 재편이 수면 아래서 진행 중이었다. 새 행정부는 곧바로 루스벨트와 트루먼 행정부가 취했거나 고려했지만 자꾸 중간에 꼬였던 몇 안 되는 인종차별 금지 조치들을 번복하기 시작했다. "따로 그러나 똑같이separate but equal"라는 그동안의 공교육 원칙을 무효화하는 연방대법원의 1954년 판결이 나오자, 미국주택금융공사Housing and Home Finance Agency의 법률자문위원인 버치맨스 피츠패트릭은 그 판결이 주택 부문에는 적용되지 않는다는 입장을 분명히 밝혔다. 아이젠하워 대통령의 주택 정책 담당관은 의회 위원회에 출석해 정부는 연방의 정책 수행에서 인종차별을 없애기 위해 "너무 성급하게 행동하면" 안 된다고 말했다. 아이젠하워 행정부는 아프리카계 미국인과 백인이 동등한 수준의 공영주택을 받는다는 정책을 공식적으로 폐기했다(그 정책은 물론 지금까지 한 번도 시행된 적이 없었다). 그들은 또한 지방의 주택공사들이 인종에 상관없이 경제적으로 가장 어려운 신청자 순으로 입주 우선권을 주는 것, 아프리카계 미국인 가용 주택의 순공급량이 철거 작업으로 줄어들지 않아야 한다는 조건 등을 명목상으로나마 고수해 오던 관행조차 없애 버렸다.[33]

1950년대에 일부 주택공사는 고층 아파트로 이루어진 빈민 게토 지역이 주민들의 절망감을 악화시키고 더 많은 범죄를 유발시켰음을 인지하고, 한 곳에 밀집하는 방식이 아니라 여기저기 분산된 방식으로 공영주택을 지었다. 그들은 또한 흑인 공영주택을 분산시키는 방식을 백인들이 덜 반대하기를 바랐다. 1970년대 중반, 연방정부는 각 도시들이 자체 공영주택 기금을 이런 식으로 사용하도록 권고하기 시작했다. 그러나 가장 극단적으로 시카고와 필라델피아를 비롯해서 대부분 도시는 대개가 저소득 아프리카계 미국인 동네에 계속해서 공영주택을 건설했다. 몇몇 소수의 지방자치체들이 분산된 방식의 공영주택 단지 조성에 기금을 사용하기 시작했지만, 그곳은 대개 저소득 아프리카계 미국인 인구가 적은 도시들이었다.[34]

주택공사들은 새로운 공영주택 개발지로 흑인과 백인의 주거 구역이 분리된 지역들을 골랐을 뿐 아니라, 백인과 흑인이 서로 참고 견뎌내며 함께 살고 있었던 기존의 통합 단지들에서도 흑인과 백인의 주거 구역을 분리하고자 애썼다. 예컨대, 1960년 서배너주택공사는 흑인들과 어울려 살던 프랜시스바토 단지의 백인 세입자들을 내보내고 그곳을 흑인 전용 단지로 만들었다. 서배너주택공사는 전국적으로 (그리고 지방에서도) 주택 공급 부족 상황이 완화되면서 백인들이 다른 곳에서도 집을 쉽게 구할 수 있게 되었고, 아프리카계 미국인들은 공영주택 단지를 더 많이 필요로 했다고 하면서 정책을 정당화했다.[35]

1984년, 《댈러스모닝뉴스》의 탐사 보도팀은 연방정부 자금이 투입된 대도시 지역 공영주택 개발지 47개를 방문했다. 기자들은 전국적으로 거의 1000만 명에 이르는 공영주택 세입자 대부분이 항상 인종별로 분리되어 있었고, 백인이 주로 살고 있는 모든 단지가 각종 시설과 생활 편의 설비, 서비스, 유지 보수 측면에서 흑인이 주로 살고 있는 단지

보다 우월하다는 사실을 확인했다.[36]

V

소수의 백인 가정이 여전히 도심의 공영주택에 살고 있었던 1960년 대까지, 민권 단체들은 당국의 차별적인 세입자 할당에 대해서 문제를 제기할 이유가 거의 없었다. 대신에 그들은 정부가 이미 흑인들만 거주하는 동네에 아프리카계 미국인 단지들을 배치함으로써, 주민들의 인종적 고립을 가중시키는 것에 반대하는 쪽에 초점을 맞추었다.

1976년, 연방대법원은 시카고주택공사가 연방정부의 주택 관계 기관들과 공모하여 시내에 흑인과 백인 주거 구역 분리를 그대로 유지하기 위해 공영주택 부지들을 선정함으로써 헌법을 위배했다고 판단한 하급법원의 판결을 받아들였다. 공사 측은 백인 동네들에 흑인도 함께 살 수 있는 주택 부지들을 선정해서 제시했지만, 그 계획들은 모두 그곳 지방의원들의 반대에 부딪치고 말았다. 맨 처음에 사건 심리를 맡았던 지방법원 판사는 판결문에 이렇게 썼다. "당초 시카고주택공사의 전문가 판단에 기초해서 선정된 백인 구역에 건설키로 한 공영주택 단지에 대해서는 99.5퍼센트 이상이 반대표를 던진 반면, 흑인 구역에 대해서는 불과 10퍼센트 정도만 거부 의사를 밝힌 사실로 판단할 때, 인종 문제 말고는 그 이유를 합리적으로 설명할 수 있는 것은 없다."[37]

최종 판결에 이르기까지 수 년 동안, 시카고시는 법원 명령에 따른 합의 내용과 하급법원의 결정들을 준수하기 위한 시카고주택공사와 주택도시개발부Department of Housing and Urban Development, HUD의 조직적인 노력을 가로막았다. 예컨대 1971년, 공사 직원들은 새로운 공영주택 단지 조성을 위해 대부분 백인이 사는 일부 지역들이 포함된 땅을 찾았다. 공사 측이 과거에 흑인 게토 지역에 공영주택을 집중시키기 위해 세웠던 고층 아파트들과 달리, 이번에 건설될 단지들은 저층 건물을 여기저기 분산해서 짓는 방식이었다. 그러나 그 주택에는 여전히 아프리카계 미국인 세입자들만 입주할 예정이었다. 리처드 데일리 시장은 공영주택은 시민들이 "수용하지" 않는 곳에 세워지면 안 된다고 말하며 그 계획을 거부했다.

제럴드 포드 대통령의 법무차관 로버트 보크는 연방대법원에 출두해서 HUD의 조치를 옹호하며 정부도 백인 구역에 공영주택을 짓는 것에 반대한다는 입장을 표명했다. "원고 측에게 거처를 제공해야 하는 시카고의 무고한 지역 주민들 입장에서 보면 그것은 실로 엄청난 영향을 끼치는 결과를 초래할 것입니다. 그들은 잘못한 것이 전혀 없습니다." 연방정부는 흑인을 차별하지 않는 주택 공급 정책이 무고한 이들에게 내려진 형벌과 같은 것이라고 말했다.[38]

연방대법원은 보크의 이의 신청을 기각하고, HUD가 이후로 시카고 시내와 인근 교외 지역의 백인이 많이 사는 구역에 아파트를 건설해야 한다는 하급법원의 명령을 확정했다. 그러자 주택공사와 HUD는 모두 공영주택 건설을 중단하는 것으로 응답했다. 혹시라도 주택공사와 HUD, 시카고시 당국이 연방대법원의 판결에 따라 시내의 백인 구역에 공영주택을 지었다고 해도 너무 때늦은 조치였을 것이다. 소송이 수 년 동안 이어진 탓에 분산된 방식으로 공영주택을 지을 만한 백인 동네 공한지들은 대부분 개발이 완료된 상태였기 때문이다. 연방대법원의 확정 판결 이후에 시카고에서 아프리카계 미국인 가정의 분리는 오히려 더 심화됐다. 백인과 흑인이 함께 모여 살던 동네의 백인들이 교외 지역으로 옮겨 가면서 시카고에서 아프리카계 미국인만 모여 사는 구역은 더욱 넓어졌기 때문이다.

볼티모어와 댈러스, 샌프란시스코, 용커스 같은 지역에서 내려진 연방법원의 판결이나 합의 명령 또한 HUD나 지방정부들이 흑백 주거 구역 분리를 새롭게 창출하거나 영속화시켰음을 공식적으로 인정했다. 예컨대 마이애미에서는 공영주택 입주 자격이 있는 아프리카계 미국인들이 별도의 단지에 배정되는 반면에, 같은 자격의 백인들은 그들이 속한 지역사회에 산재된 민영 임대 아파트에도 입주할 수 있는 정부 보장 바우처를 받았다. 민권 단체들의 압력으로 아프리카계 미국인들도 같은 조건으로 바우처를 받게 된 것은 1998년에 이르러서였고, 마이애미의 흑인과 백인의 주거 구역 분리를 역전시키기에는 시기적으로 너무 늦었다. 다른 도시 대부분에서 내려진 법원의 판결과 합의 명령들도 연방정부나 주 정부, 지방자치체가 창출하고 방조하여 정착시킨 흑인과 백인 주거 구역 분리를 되돌리기에는 역부족이었다.[39]

VI

부동산업계는 처음부터 어떤 종류의 공영주택이든 격렬하게 반대했고, 의회에서는 공화당 의원들이 이들을 지지했다. 산업 로비스트들은 주택 부문에서의 사회주의가 사기업에 대한 위협이라고 주장했다. 1930년대부터 제2차 세계대전이 끝날 때까지 민간 기업이 노동자 계층과 중산층 가정이 살 집을 지을 생각이 없거나 능력이 없던 때엔 감히 언급조차 어려운 주장이었다. 그러나 일단 주택 부족 상황이 완화되자, 부동산업계의 로비가 먹혀 들어가면서 정부가 지원하는 공영주택 단지는 극빈층 가정에만 제공되는 것으로 한정되었다. 연방정부와 지방 정부는 공영주택에 사는 가정의 소득 상한선을 엄격하게 규제하기 시작했다. 1950년 초, 흑인과 백인을 불문하고 많은 중산층 가정은 이 새로운 기준에 부합되지 않았다. 따라서 그들 가운데 많은 이가 대체로 1949년 이전의 공영주택의 전형적 모습이라고 할 수 있는 드문드문 흩어져 있고 잘 가꾸어진 저층 단지에 그대로 머물러 살고 싶어 했지만 그곳을 떠날 수밖에 없었다.

1960년대 말경에 거의 완성된 이런 정책 변화는 인종 분리 없는 공영주택의 가능성을 완전히 차단해 버렸다. 이 변화로 인해 공영주택 사업은 가난한 사람들을 위한 창고 관리 시스템으로 전락했다. 공영주택 단지의 주거 환경은 급속도로 악화되었다. 한편으는 가족들과 함께 단지에 살며 일했던 주택 공사 소속 유지 보수 노동자의 임금이 공영주택 거주 자격에 맞지 않아, 일하던 단지 내의 아파트를 떠나야 했다. 다른 한편으로는 공영주택에 거주하던 중산층 세입자가 사라지면서 단지를 유지 보수할 예산이 부족한 상황이 발생했다. 연방정부는 정부 보조금에 많은 부분을 의존해야 하는 가정에만 공영주택에 입주할 자격을 부여하는 한편, 그 공영주택을 살 만한 생활공간으로 유지하는 데 필요한 자금 지원은 줄여 나갔다. 공영주택에서의 중산층 세입자 유출은 또한 해당 공영주택 단지의 유지와 생활 편의 시설 운영을 위한 적정 자금을 요구할 정치력을 보유한 유권자의 유출을 의미했다. 그 결과 공영주택의 주거 환경은 점점 더 열악해졌고 그에 따라 공영주택에 대한 평판도 바닥으로 떨어졌다. 1973년 무렵 미국의 공영주택은 대부분 그런 모습으로 바뀌었다. 리처드 닉슨 대통령은 원치 않는 백인 구역에 공영주택을 공급해서는 안 된다고 공언했다. 그는 의회에다 많은 공영주택 단지가 "황폐하고 인구 과잉에다 범죄가 들끓는 소름 끼칠 정도로 암울한 곳"이라고 말했다.[40]

20세기 중반에 걸쳐, 정부가 조성한 공영주택 단지들은 이후 오랜 세월 인종적으로 뚜렷하게 분리된 동네의 특성을 명확하게 보여 주었다. 제2차 세계대전 초기 캘리포니아 공영주택 책임자였던 캐리 맥윌리엄스는 훗날 캘리포니아의 공영주택에 대해 회고하면서 "연방정부는 사실상 '지역 주민의 입장을 존중'한다는 구실로 캘리포니아 전역에 걸쳐 흑인 분리 음모의 씨앗을 뿌려 왔다"고 썼다. 만일 연방정부와 지방정부가 과거에 전혀, 어쩌면 거의 차별이 없었던 곳에 인종차별을 새롭게 만들어 내는 대신에 흑인과 백인이 어울려 사는 삶이 얼마나 성공적일 수 있는지를 보여 주는 사례로 공영주택을 활용했다면, 우리의 도시가 과연 오늘날과 같은 모습이 되었을까 의문이 아닐 수 없다.[41]

3장

격화되는 분리

우리는 미국의 역사가 더 위대한 자유와 평등, 정의를 향해 계속해서 발전해 왔다고 생각한다. 하지만 역사는 때로 뒷걸음질 치기도 했다. 그것도 아주 극적으로 말이다. 미국에서 흑인과 백인이 한 동네에 서로 어울려 사는 모습은 1880년부터 20세기 중반까지 서서히 자취를 감추었다. 그 이후로 상황은 거의 바뀌지 않았다.[1]

|

남북전쟁이 끝난 뒤, 해방된 흑인 노예들은 일자리를 찾기 위해, 또 전후 남부의 폭력으로부터 벗어나기 위해 미 대륙 전역으로 흩어졌다. 이후 수십 년 동안 동부와 중서부, 서부에서는 상대적으로 많은 흑인들이 평화롭게 살았다. 그러나 1877년, 논란이 많았던 그 전년도 가을 대통령 선거는 공화당 후보 러더퍼드 헤이스가 대권을 잡는 것으로 결말이 났다. 대선 승리를 위해 공화당이 남부의 민주당 지지자들에게 공화

사진 2 1916년 세인트루이스. 아프리카계 미국인들이 백인 주거 구역으로 이사 오지 못하도록 주민투표에 참여하라고 촉구하는 전단.

당 대통령 후보를 지지해 주면 그 대가로 남북전쟁에서 패배한 남부연합 지역의 아프리카계 미국인들을 보호하기 위해 파견되어 있었던 연방군을 철수시키겠다는 타협안을 내놓은 것이 주효했다.

그러고 나서 남북전쟁 후 남부의 주들이 미연방에 편입되며 '국가재건 기간Reconstruction'이라고 일컬어진 노예해방의 시대는 마침내 종말을 고했다. 남부에서는 과거 노예 소유주였던 상류층들이 아프리카계 미국인의 예속을 재개했다. 노예해방에 반대하는 폭력 시위에 힘입은 남부의 주들은 흑인을 차별하는 짐크로법Jim Crow Laws을 통과시켰다. 투표권을 인정받지 못하고 대중교통과 공립학교, 민간 숙박 시설 이용에서 차별 대우를 받으며, 린치 같은 다양한 형태의 잔인한 폭력을 당하게 된 남부의 아프리카계 미국인들은 다시 하층민으로 전락했다. 남부에서 대규모 농장을 경영하는 농장주들은 이전에 노예였던 흑인들을 소작인으로 재명명하고 혹독한 조건 아래 일을 시키며 그들을 착취하는 행태를 다시 이어 나갔다.

사우스캐롤라이나 에지필드 인근 아프리카계 미국인 마을인 햄버그에서 벌어진 사건들은 구 남부연합이 주 정부의 통제권을 되찾으려 백인 준군사 조직을 동원해 벌인 전형적인 사건이었다. 그들의 목표는 단순했다. 아프리카계 미국인들이 투표에 참가하는 것을 막는 것이었다. 1876년 7월, 헤이스가 대통령에 선출된 선거가 있기 몇 달 전, 햄버그에서 일어난 폭력이 난무하는 광란은 노예 신분에서 벗어난 자유로운 흑인들의 시민권을 폐기시켜 버렸다. 자칭 붉은셔츠단Red Shirts(이탈리아 통일전쟁에서 가리발디가 이끌었던 붉은 셔츠를 입은 혁명당원을 비유한 미국의 준군사적 무정부주의 테러 단체.—옮긴이)이라는 백인우월주의자 집단은 아프리카계 미국인 남성 6명을 죽였고, 범죄 조직을 동원해 잡아 온 4명의 또 다른 흑인 남성을 살해했다. 붉은셔츠단을 이끈 사람은 벤저민 틸먼이었다. 이 대학살 사건을 계기로 틸먼은 미국에서 가장 심한 독설가이자 인종차별주의자 상원의원으로서 24년 동안 승승장구할 수 있었다.

그 대학살 이후로도 흑인에 대한 테러 행위는 줄지 않았다. 같은 해 9월, 500명이 넘는 백인들의 한 "총기 클럽"이 조지아주에서 서배너강을 건너 햄버그 외곽에 진을 쳤다. 한 지방판사가 주지사에게 아프리카계 미국인의 보호를 요청했지만 아무 소용이 없었다. 그 총기 클럽은 인근의 아주 작은 마을 엘런턴으로 이동해서 아프리카계 미국인을 무려 50명이나 살해했다. 그러자 율리시스 그랜트 대통령은 그곳에 연방군을 파견했다. 상황은 일시적으로 진정되는 듯 했지만, 흑인들에 대한 위협은 끊이지 않았다.

에지필드 자치구의 고용주들과 지주들은 아프리카계 미국인 노동자와 소작인들에게 흑인과 백인의 공존을 지지하는 주 정부에 투표를 한다면 그들을 해고하고 쫓아낼 거라고 위협했다. 1876년 선거가 끝났을 때, 백인들의 부정 투표 의혹이 불거져 나왔다. 에지필드의 총 투표자 수가 그 지역의 전체 유권자 수를 훨씬 뛰어넘었기 때문이다. 사우스캐롤라이나주 전역에 걸쳐 확인된 이와 같은 결과는 민주당을 지지하는 인종차별주의자들이 국가 재건 시기에 정권을 잡은 흑백 공동 주 정부로부터 정권 지배력을 되찾는 데 필요한 만큼의 득표 차를 가져다

주었다. 틸먼 상원의원은 나중에 "[백인들이] 폭동을 일으켜 흑인들에게 교훈을 줄 계기를 흑인들이 직접 만들었는데, 에지필드의 백인 지도자들은 그 기회를 첫 사례로 삼기로" 한 것이라며 자랑스레 떠벌렸다.

비록 검시 배심원단(시신 확인 및 사인을 규명하는 조사에서 검시관을 보조하는 법원 기구로 총 12명으로 구성되며, 사법 관할권에 따라 그 역할과 기능을 달리한다.—옮긴이) 가운데 한 명이 틸먼과 또 다른 93명의 붉은셔츠단원을 살인 혐의로 기소했지만, 결국 불기소처분으로 재판도 받지 않았고 이후로도 계속해서 아프리카계 미국인들을 위협했다. 에지필드에서 벌어진 흑인들에 대한 공격 행위들은 사우스캐롤라이나뿐 아니라 미국 남부 전역에서 연달아 발생한 사건들의 전형적 모습이었다.[2]

아프리카계 미국인들이 참정권을 박탈당하고 백인우월주의자들의 손아귀에 들어간 사우스캐롤라이나에는 다음 세기에도 지속될 미국의 인종차별과 흑인 착취의 확고한 체계가 마련됐다. 1940년, 주 의회는 의사당 경내에 틸먼을 기리는 조각상을 세웠고, 1946년에는 사우스캐롤라이나주립대학 가운데 하나인 클렘슨대학이 대강당 건물 이름을 틸먼 홀로 개명했다. 20세기 전반기에 수십만 명의 아프리카계 미국인이 이전에 남부연합에 속했던 지역을 떠난 것은 바로 이런 환경 때문이었다.[3]

II

남부에서 흑인 차별의 분위기가 격화되면서, 아프리카계 미국인들이 느끼는 공포(나중에 증오로 바뀐)는 그 지역을 넘어 미국 전역으로 번지기 시작했다. 전국적으로 백인들은 흑인을 괴팍하고 열등한 존재라고 생각하기 시작했다. 남북전쟁이 끝나고 아프리카계 미국인 인구가 크게 늘었던 몬태나주 같은 곳에서는 전혀 일어나지 않을 것처럼 보였던 사건을 한번 살펴보자. 1900년대 초, 흑인들은 몬태나주의 백인 거주 구역에서 조직적으로 추방당했다. 공무원들은 이러한 새로운 인종적 질서를 적극 지지하고 촉진했다.

아프리카계 미국인에 대한 퇴출 작업은 서서히 진행되었다. 1890년 무렵 몬태나주 내 모든 자치구에서는 흑인들이 정착해 살고 있었다. 비록 1930년 무렵에는 몬태나주의 56개 자치구 가운데 11개 자치구에서 아프리카계 미국인이 완전히 사라졌지만, 나머지 자치구에는 소수지만 여전히 흑인이 살고 있었다. 몬태나주의 주도인 헬레나의 아프리카계 미국인 인구는 1910년에 420명(3.4퍼센트)으로 최고로 많았다. 그러다 1930년에는 131명으로 줄었고, 1970년에는 남은 인구가 45명밖에 안 되었다. 2010년에는 헬레나의 아프리카계 미국인 수가 113명이었는데, 이는 그 도시 전체 인구의 0.5퍼센트도 안 되는 수준이었다.[4]

20세기 전환기 무렵, 헬레나에 거주하는 아프리카계 미국인 중에는 몬태나의 철도와 광산에서 일하기 위해 온 노동자들과 더불어 중산층으로 확고하게 자리 잡은 계층들도 있었다. 헬레나에서 가장 부유한 백인 동네 가운데 한 곳을 순찰하는 임무를 맡은 경찰관은 아프리카계 미국인이었다. 1894년에 헬레나의 아프리카계감리교성공회교회African Methodist Episcopal Church는 해당 교파의 서부 지역 총회를 개최할 정도로 중요한 위치에 있었다. 헬레나에는 또한 여러 흑인 신문과 흑인 소유 기업들이 있었고, 시인과 극작가, 수필가 들의 작품 발표와 설명을 듣기 위해 한 번에 100명이나 참석하는 흑인 문학회도 한 곳 있을 정도였다. 그러나 1906년, 헬레나의 지방검사는 공권력에 대한 새로운 입장을 표명하면서 "이곳 지역사회의 훌륭한 백인들이 세력을 넓혀 권리를 주장할 때입니다"라고 공언했다. 헬레나의 신문은 그 검사가 한 말을 설득력 있는 훌륭한 연설이라고 치켜세웠다. 그로부터 3년 뒤 몬태나주에서는 흑인과 백인의 결혼이 금지됐다.[5]

이 시기에 전국의 많은 소도시가 도시 경계 지역에 아프리카계 미국인들이 사는 것을 금지하거나 심지어 일몰 뒤에는 시내에 머무는 것조차 막는 정책을 채택했다. 이런 정책들은 지방 조례로 공식화되지는 못했지만, 지역 경찰과 조직화된 군중은 그것을 강제로 집행했다. 일부 소도시에서는 해가 지면 종을 울려 아프리카계 미국인들이 시내를 떠나도록 경고했다. 일몰 뒤에는 시내에 남아 있지 말 것을 흑인들에게 알리는 표지판을 도시 경계 지역에 세운 곳들도 있었다.[6]

1915년 몬태나주 글렌다이브의 한 지방지 기사의 1면 머리기사 제목은 "글렌다이브, 인종차별의 물결에 휩쓸리다"였다. 그 기사에서는 "글렌다이브에서는 해가 떠 있는 동안에 어떤 흑인도 공격하지 않는다"는 것이 시의 정책임을 언급하고, 이제 이 도시의 흑인 인구가 "감소" 추세임을 자랑했다. 소도시 라운드업에도 밤중에 아프리카계 미국 인이 시내에 남아 있는 것을 금지하는 표지판이 세워져 있었다. 마일스 시티에서는 한때 왕성하게 활동했던 아프리카계 미국인 지역사회가 백 인 폭도들의 폭력에 의해 강제 해체되었다. 1910년에 마일스시티의 아 프리카계 미국인 수는 81명으로 도시 전체 인구의 2퍼센트를 차지했는 데, 지금은 겨우 25명으로 전체의 0.3퍼센트에 불과하다.[7]

Ⅲ

남부에서 시작된 백인의 아프리카계 미국인에 대한 새로운 예속은 마침내 연방정부로까지 번져 나갔다. 19세기 말과 20세기 초, 워싱턴 D.C.의 아프리카계 미국인 연방 공무원의 수는 크게 증가하고 있었다. 그중에는 백인 사무직과 육체노동자를 감독하는 지위에까지 오른 이들 도 있었다. 하지만 1912년, 우드로 윌슨이 대통령직에 오르자 그 상황 은 종식되었다. 그는 뉴저지주 프린스턴대학의 총장이었고 그 뒤에 주 지사까지 역임했지만, 남부 출신이었다. 그는 흑인의 열등성을 굳게 믿 는 인종차별주의자였다. 예컨대, 그는 프린스턴에서 아프리카계 미국 인의 입학 심사 자체를 거부했다.

1913년, 윌슨과 그의 내각은 관공서에서 백인과 흑인 공무원의 분 리를 승인했다. 흑인과 백인 사무원을 분리시키기 위해 그 사이에 커튼 이 쳐졌다. 식당도 백인과 흑인용으로 나누었다. 흑인용 화장실은 지하 층에 새로 설치되었다. 백인 직원을 감독하는 아프리카계 미국인을 없애기 위해 흑인 관리자들은 좌천됐다. 이런 인종차별 정책을 집행하는 일을 맡은 공무원 가운데 한 명이 당시 미 해군성차관보였던 프랭클린 델러노 루스벨트였다. 관점에 따라 그는 인종차별에 적극적이었을 수도 있고 아니었을 수도 있다. 하지만 그것은 당시 변화하는 국내 정치문화의 한 측면이었다. 그는 그런 문화 속에서 자라났고, 거기에 이의를 제기할 분위기가 아니었다.[8]

IV

아프리카계 미국인들이 남부에서 백인에게 계속 지배를 받으며 테러 위협에 직면하고, 이전에 백인과 어울려 살며 안전하게 지냈던 전국의 작은 소도시들에서도 내몰리고, 연방정부마저 아프리카계 미국인 공무원들을 저버린 이 20세기 초에, 대도시 지역에서 아프리카계 미국인 집 가까이에 있는 백인 가정을 이주시키기 위해서 지금까지는 볼 수 없었던 공무원들의 헌신적 노력이 있었다는 사실은 놀라운 일이 아니다.

기본적으로 연방정부가 주도하고 지방정부가 일부 참여했던 공영주택 사업과 달리, 백인 가정을 백인만 사는 도시 지역에 분리하는 정부 정책들은 지방 차원에서 시작되었다. 아프리카계 미국인들이 몬태나에서처럼 중서부와 서부의 더 작은 지역사회에서 내몰리기 시작하고 있을 때 다른 많은 도시, 특히 남부와 그 인근 주의 도시들은 이미 흑인 인구가 너무 많아서 그들을 모두 타지로 내쫓는 일은 불가능할 정도였다. 그래서 이 도시들 가운데 많은 곳이 흑인과 백인 가정의 거주 구역을 합법적으로 분리하는 주택 지구 지정 조례들을 제정했다.

가장 먼저 그 일을 시행한 곳은 볼티모어였다. 1910년 볼티모어는 백인이 다수 거주하는 구역에 있는 집을 아프리카계 미국인이 살 수 없고, 그 반대의 경우도 금지하는 법령을 가결했다. 볼티모어 조례를 작성한 변호사 밀턴 대실은 법안을 설명하면서 이렇게 말했다.[9]

> 일반적으로 흑인은 자기 주위로 사람들을 모으는 것을 좋아합니다. 기질이 남과 어울리기를 좋아하고 매우 사교적이기 때문입니다. 하지만, 동료들보다 다소 상층에 있는 흑인들은 그들과 떨어져서 관계를 끊고 싶어 하고, 여건이 된다면 백인들과 더 가깝게 지내기를 바라는 마음이 간절해 보입니다.

이런 일이 일어나는 것을 막기 위해서는 백인과 흑인의 주거 구역 분리를 합법화하는 조례가 필요하다고 그는 덧붙였다.

볼티모어시가 이 조례를 시행하면서 맞닥뜨린 문제들은 그 도시에 이미 백인과 흑인이 얼마나 뒤섞여 살고 있었는지를 잘 보여 주었다. 볼티모어시는 그 조례를 가결한 직후, 서로 자기 인종 구역이 아닌 곳에 사는 주민들을 퇴거시키기 위한 고발을 20건이나 진행했다. 판사들은 백인과 흑인이 절반씩 나뉘어 사는 구역에 아프리카계 미국인이 집을 사도록 허락해야 하는지 같은 문제들을 해결하느라 고심했다. 백인 주택 보유자가 집을 수리하는 동안 다른 곳으로 이사를 가 있다가, 집 수리가 끝난 후 돌아올 수 없는 경우도 있었다. 그 구역의 흑인 주민 비율이 51퍼센트이기 때문이었다. 아프리카계 미국인 신도들이 있는 한 교회의 아프리카계 미국인 목사는 자기 교회가 백인들이 많이 사는 구역에 있기 때문에 자기 후임 목사가 목사관으로 이사하는 것이 금지되었다고 시장에게 항의했다. 결국 그 조례는 완전히 백인 주거 구역이거나 흑인 주거 구역인 경우에만 적용되는 것으로 개정되어, 이미 흑인과 백인이 함께 거주하는 구역에는 영향을 주지 않는 것으로 바뀌었다.[10]

남부와 인근 경계 지역의 많은 도시, 예컨대 애틀랜타, 버밍햄, 데이드카운티(마이애미), 찰스턴, 댈러스, 루이빌, 뉴올리언스, 오클라호마시티, 리치먼드(버지니아), 세인트루이스 등은 볼티모어의 뒤를 따랐고, 비슷한 주택 지구 지정 조례를 제정했다. 북부의 도시들 가운데 그렇게 한 곳은 거의 없었다. 제1차 세계대전으로 촉발된 미국에서의 흑인 대이동Great Migration 이전에는 대부분 북부 도시에서 흑인 인구는 여전히 소수였다. 그럼에도 불구하고 백인 정치인과 여론 주도 세력 사이에서는 흑인과 백인 주거 구역 분리에 대한 지지가 널리 퍼졌다. 1915년, 아직 무르익지 못했지만 일찌감치 미국 진보 운동의 유력한 잡지로 자리 잡은 《뉴리퍼블릭》은 흑인들이 백인과의 "인종 결합"을 더이상 진행하지 않을 때까지, 다시 말해 불가피하게 혼혈아 출산이 이루어지는 관계가 종식될 때까지 흑인과 백인의 주거 구역을 분리할 것을 주장했다. 하지만 그 글을 쓴 사람은 미국에서의 인종 간 결합이 노예 해방 이전 백인 노예주의 상습적인 흑인 노예 강간의 결과로 이미 상당히 진척되었다는 사실을 깨닫지 못했다.[11]

1917년, 연방대법원은 켄터키주 루이빌의 흑백 분리 주택 지구 지정 조례를 승인한 판결을 번복했다. 루이빌은 20세기 들어 흑인과 백인의 주거 구역 분리 문제가 불거지기 이전부터 흑인과 백인이 서로 어울려 사는 동네가 많은 곳이었다. '뷰캐넌 대 월리*Buchanan v. Warley*' 소송은 한 아프리카계 미국인이 이미 흑인 2가구와 백인 8가구가 어울려 살던 동네에 부동산을 구매하려고 한 사건을 다룬 재판이었다. 연방대법원의 다수 의견은 수정헌법 제14조의 주된 목적이 해방된 노예의 공민권을 보호하는 것이 아니라, 자유기업의 기본 수칙인 "계약의 자유"를 보장하는 것이라는 생각에 사로잡혀 있었다. 연방대법원은 이러한 유권해석에 따라, 노동자와 사업주가 개인의 고용조건을 정부의 개입 없이 협상할 수 있는 권리를 침해한다는 이유로 최저임금법과 사업장안전법을 폐기했다. 대법원은 같은 논리로 흑백 분리 주택 지구 지정 조례가 집을 마음대로 팔 수 있는 집주인의 권리를 침해한다고 판시했다.[12]

하지만 남부와 그 경계 지역의 많은 도시는 뷰캐넌 소송의 판결 내용을 무시했다. 1922년, 미국에서 가장 뛰어난 도시계획가 가운데 한 명인 로버트 휘튼은 한 전문지에 뷰캐넌 판결에도 불구하고 "흑인 주택 지구 지정을 통해 가장 강력한 인종 갈등의 원인 가운데 하나를 제거했다"고 썼다. 그는 또한 "흑백 분리 주택 지구 지정은 지극히 정당하다. … 정당한 흑인과 백인 주거 구역 분리는 정상적이고 필수불가결하며 바람직한 일이다"라고 덧붙였다. 그 뒤, 휘튼은 한발 더 나아가 애틀랜타의 흑인과 백인 주거 구역을 분리하는 주택 지구 지정 방안을 설계하면서 시 당국자에게 "흑인들의 침범을 포함해서 부적절한 사용으로 발생할 수 있는 어떠한 가치 훼손도 일어나지 않도록 주택지를 보호해야 한다"고 조언했다. 휘튼이 초안을 만든 주택 지구 지정 계획을 1922년 애틀랜타도시계획위원회가 발표했고, "흑백 분리 주택 지구 지정은 공공의 평화와 질서, 안전을 위해 반드시 필요하며 백인과 흑인 모두에게 복지와 번영을 촉진할 것"이라고 계획의 배경을 설명했다. 이 계획에서는 도시를 "R1 백인 구역"과 "R2 흑인 구역"으로 나누었고 향후 추가 주택 지구 지정 여부는 아직 미정이라고 발표했다.[13]

연방대법원 판결을 거부한 애틀랜타시는 뷰캐넌 판결이 루이빌과 완전히 같은 조례에만 적용될 수 있다며 시 조례를 옹호했다. 애틀랜타시 조례는 기존 지역 거주민의 인종 구성을 고려하지 않고 구역 전체를 흑인 거주지 혹은 백인 거주지로 지정했기 때문에 경우가 다르다는 게 변호인단 주장이었다. 변호인단은 또한 애틀랜타시 조례가 아프리카계 미국인과 백인들이 어디에 살 수 있는지만 다룰 뿐, 누가 부동산을 살 수 있는지를 다루지는 않기 때문에 계약의 자유를 보장한 루이빌의 결정과 같은 내용을 적용할 수 없다고 주장했다. 조지아주 대법원은 휘튼의 계획이 헌법에 반한다고 판결하고 이 주장을 받아들이지 않았다. 하지만 애틀랜타시 당국자들은 이후 수십 년 동안 계속해서 그때 작성된 흑인 주택 지구와 백인 주택 지구로 분리된 시의 지도를 애틀랜타 도시계획의 지표로 활용했다.[14]

다른 도시들도 자기네 조례가 루이빌과 조금씩 다르기 때문에, 연방대법원 판결이 적용되지 않는다고 주장하며, 뷰캐넌 판결 이후에도 흑백 분리 주택 지구 지정 조례를 계속해서 채택했다. 1926년, 인디애나폴리스는 아프리카계 미국인이 백인 구역으로 이사할 때 반드시 그 곳의 백인 주민 다수가 이사를 허락하는 문서에 서명해야만 한다는 조례를 가결했다. 인디애나폴리스의 법무행정관이 그것이 헌법을 침해하한다고 자문했지만 소용이 없었다. 1927년, 연방대법원은 백인이나 흑인이 서로 다른 인종 구역으로 이사할 때 그곳 주민 다수의 동의를 받아야 한다고 명시한 뉴올리언스의 유사한 조례에 대한 하급법원의 승인 결정을 번복했다.[15]

버지니아주의 리치먼드는 뷰캐넌 판결을 교활하게 회피하려고 했다. 1924년, 주 당국은 서로 다른 인종 간 결혼을 금지하는 법률을 통과시켰다. 따라서 리치먼드에서는 기존에 대다수 백인인 동네에 백인과 결혼할 자격이 없는 흑인은 들어와 살 수 없게 되었다. 리치먼드시 측 변호사들은 연방법원에 자기네 시의 주택 지구 지정 조례는 오로지 다른 인종과의 결혼을 막기 위한 것이며 그에 따른 주거 재산권에 대한 침해는 부수적 결과일 뿐이기 때문에, 뷰캐넌 평결과는 무관하다고 주장했다. 1930년, 연방대법원은 이런 논거를 받아들이지 않았다.[16]

애틀랜타와 마찬가지로 버밍햄은 뷰캐넌 사건의 경우 오로지 서로 다른 인종 사람들에게 부동산을 파는 것을 금지한 것이지, 서로 다른 인종이 상대 인종이 사는 구역에 들어와 사는 것을 금지한 것은 아니라고 주장하며 자기네 조례를 변호했다. 버밍햄시는 또한 아프리카계 미국인과 백인이 한 동네에 살면 평화를 위협할 가능성이 매우 높고 심각해서 질서 유지의 필요성이 다른 헌법적 권리보다 우선되어야 한다고 주장했다. 1947년, 하급법원에서 버밍햄의 조례를 금지하자, 버밍햄시는 그러한 금지 판결이 해당 사건과 관련된 부동산에 한해서만 적용되는 것이며 향후 비슷한 위반 사례에 대한 형사처벌이 강화될 것이라 밝혔다. 시 의회 의장은 "이것은 인종 간의 행복을 … 위한 것으로 기존의 법제적 차원을 넘어서는 문제입니다"라고 언명했다. 버밍햄시는 1950년 연방항소법원이 마침내 그 조례를 폐기하는 결정을 내릴 때까지 조례에 따라 흑백 분리 주택 지구 지정 작업을 멈추지 않았다.[17]

플로리다주에서는 웨스트팜비치 흑백 분리 주택 지구 지정 조례가 뷰캐넌 판결이 내려진 지 12년이 지난 1929년에 통과되어 1960년에 폐기될 때까지 유지되었다. 올랜도 교외에 있는 아폽카는 철로의 북쪽에 흑인, 남쪽에 백인이 사는 것을 금지하는 조례를 제정했고, 이 조례는 1968년까지 효력을 발휘했다. 오스틴과 애틀랜타 같은 도시들은 내부 공문서로 아프리카계 미국인 구역을 지정하고 그에 따라 토지의 용도 변경을 감행함으로써 따로 조례를 제정하지 않고도 흑백 주거 구역 분리 정책을 계속해서 수행했다. 캔자스시티와 노퍽은 적어도 1987년까지 이런 정책을 관행적으로 유지했다.[18]

그러나 뷰캐넌 평결을 합법적으로 수용한 도시들에서 흑인과 백인 주거 구역 분리를 지지하는 공무원들은 두 가지 문제에 직면했다. 하나는 저소득층 아프리카계 미국인이 중산층 백인 주거 구역 인근에 사는 것을 어떻게 막을 것인가 하는 문제였고, 또 다른 하나는 중산층 아프리카계 미국인이 중산층 백인 동네로 집을 사서 들어오는 것을 어떻게 막을 것인가 하는 문제였다. 이러한 개별 조건들에 대해서 연방정부와 지방정부는 저마다의 해법들을 찾아 나갔다.

V

2014년, 세인트루이스 교외인 퍼거슨에서 아프리카계 미국인 청년 마이클 브라운이 경찰의 총에 맞아 죽었다. 시위가 연달아 일어났고, 그중 일부는 매우 과격하고 폭력적이었다. 이어진 수사 과정을 통해 세인트루이스 경찰과 시 당국의 아프리카계 미국인 주민들에 대한 조직적인 직권 남용 행위가 있었음이 밝혀졌다. 언론에 보도된 내용은 세인트루이스 대도시 지역이 어떻게 그렇게 흑인과 백인을 차별하게 되었는지 궁금증을 유발했다. 나중에 밝혀졌지만, 흑백 인종차별의 내막을 살짝 가린 경제 구역 설정이라는 위장막이 거기서 중요한 역할을 했다.

지방자치체와 연방정부 관리들은 저소득층 아프리카계 미국인들이 중산층 백인 동네에 들어와 사는 것을 막기 위해, 흑인과 백인을 가리지 않고 저소득층 가구가 경제적으로 감당할 수 없는 중산층 단독주택 단지 건설을 권장하는 주택 지구 지정 조례를 1910년대에 널리 알리기 시작했다. 단독주택 단지에 아파트 건물을 짓지 못하게 한 주택지구법의 중요하고도 어쩌면 기본적인 동기는 확실히 그 자체가 인종적으로 편향된 것이라기보다는 특정 사회계층의 엘리트 의식에 있었다. 그러나 **법률상** 흑인 분리의 역사에 내재되기 마련인 배타적 구역 설정의 배후에는 노골적인 인종차별의 의도가 충분히 녹아 있었다. 제1차 세계대전 이전 미국에서는 배타적 경제 구역 설정이 상당히 드문 일이었다. 하지만 뷰캐넌 판결 이래 오히려 그같은 법의 심판을 회피하기 위한 방법으로서 배타적 경제 구역 설정에 대한 관심이 높아졌다.

세인트루이스시는 1911년에 처음으로 도시계획위원회를 구성했다. 그로부터 5년 뒤, 할랜드 바살러뮤를 상근 도시계획기사로 고용했다. 그의 임무는 시의 모든 건축물을 분류—단독주택, 다가구주택, 상업이나 산업용 건물로—한 뒤, 향후 단독주택 단지에 악영향을 끼치는 다가구주택과 상업이나 산업용 건축물의 건설을 막기 위한 규정과 도시 배치 계획안을 제출하는 일이었다. 만일 어떤 동네가 법적으로 아프리카계 미국인의 거주가 금지된 단독주택들로 이루어져 있다면, 도시계획위원회에서 건축 심의를 할 때, 이 점을 참작하여 그 동네를 "일급 주택 지구"로 확정해서 향후 단독주택 이외의 다른 건축물 건조는 불허함으로써 그 동네를 백인만이 거주하는 구역으로 지키도록 했다.[19]

바살러뮤에게 세인트루이스 주택 지구 지정의 중요한 목적은 "흑인들이 … 더 살기 좋은 주거 구역"으로 이사하는 것을 막는 것이었다. 그는 이전에 주택 지구 지정 조례가 없었다면, 그런 동네는 "가치가 떨어지면서 빈집이 여기저기 생겨나거나 흑인들이 그곳들을 차지하는" 상황이 벌어지면서 황폐해졌을 거라고 특별히 언급했다. 바살러뮤는 주택 지구 지정 조례 초안을 작성하기 전에 설문조사로 각 건물에 입주한 사람들의 인종을 확인하여 열거했다. 바살러뮤는 아프리카계 미국인들이 향후 들어올 수 있는 곳이 어딘지 알아내고자 했다. 위원회가 그들의 지역 확산을 통제할 수 있게 하기 위해서였다.

세인트루이스 주택 지구 지정 조례는 1919년 마침내 통과되었다. 연방대법원이 인종에 따른 주거지 배치를 금지한 뷰캐넌 판결을 내린 지 2년 뒤의 일이었다. 그 조례는 외견상 연방대법원의 판결을 따르는 것처럼 보였다. 바살러뮤의 조사 결과에 따라, 아프리카계 미국인이 많이 사는 동네 안이나 인접 지역의 땅은 향후 산업용 용지로 개발하도록 지정되었다.

그 제도가 시행되자마자, 계획위원회 심의회에는 예외적 허가를 인정해 달라는 요청이 빗발쳤다. 그때마다 대개 인종은 중요한 참작 요인이었다. 한 예로, 1919년에 열린 한 심의회에서는 한 단독주택 건물을 일급 주거지에서 상업용으로 재분류하는 것을 놓고 난상토론이 벌어졌다. 그 지역의 남쪽까지 "흑인들이 잠식"해 들어왔기 때문이었다. 바살러뮤는 심의회에 참석한 도시계획위원들에게 그 건을 예외로 인정하지 말도록 설득했다. 일급 주택 지구 지정을 유지해야만 그 지역의 집값을 비싸게 유지하고 아프리카계 미국인이 그곳을 넘볼 수 없게 함으로써 그들이 더 이상 잠식해 오지 못하게 할 수 있기 때문이라고 말했다.

보통의 경우, 위원회는 아프리카계 미국인 가구가 이사 오기 시작하는 주택지가 있다면, 그곳을 도시 구역상 주택 지구에서 산업 지구로 변경했다. 1927년, 위원회는 이러한 평소 방침을 어기고 주택 지구가 아닌 산업 지구에 공원과 운동장 조성을 인가했다. 아프리카계 미국인 가구가 그 인근에 집을 구하도록 유인하기 위한 조치였다. 20세기 중반까지 그와 비슷한 조치들이 지속적으로 이루어졌다. 1942년에 열린 한 심의회에서 위원들은 한 상점가 지대를 다가구주택 지구로 지정할 예정이라고 설명하면서, 그렇게 하면 "흑인들이 살기 좋은 주택 지역으로 발전"할 수 있을 거라고 했다. 1948년에 그들은 아프리카계 미국인과 백인이 각각 안과 밖에 거주할 수 있는 완충지대를 만들기 위해 U자형 산업 지구를 지정할 예정이라고 설명했다.

배타적 구역 설정은 흑인 분리를 촉진했을 뿐 아니라, 세인트루이스의 아프리카계 미국인 동네를 빈민가로 전락시키는 데 결정적 기여를 했다. 흑인이 사는 동네들에는 산업 지구, 심지어 공해산업이 들어서도록 당국에서 허가했다. 게다가 도시계획위원회는 백인 동네에서는 금지된 여관, 주류점, 나이트클럽, 성매매업소를 아프리카계 미국인 동네에서는 개업할 수 있도록 했다. 단독주택 지구의 택지는 법적으로 구획을 쪼개는 것이 금지되었지만, 산업 지구는 가능했다. 아프리카계 미국인들이 살 수 있는 동네가 몇 군데로 한정되자, 그 동네들에는 과밀한 인구를 수용하기 위해 세를 놓는 집들이 우후죽순처럼 생겨났다.

20세기 후반, 연방주택관리국(FHA)이 전 국민의 자가 소유를 촉진하기 위한 수단으로 보증보험 분할상환 주택담보대출을 개발했을 때, 이런 식으로 구역을 설정하는 관행은 아프리카계 미국인들이 주택담보대출을 받을 수 없게 만들었다. 은행과 FHA가 단독주택 지구 인근에 셋집이나 상업 개발 지구, 산업 지구가 있으면 그 지역의 부동산 가치를 떨어뜨릴 위험이 있다고 여겼기 때문이다. 주택담보대출을 받을 수 없다면 주택 유지를 위한 재원이 마땅치 않은 상태에서 아프리카계 미국인들의 주택 관리에 들어가는 실질적 비용 부담은 비슷한 규모의 백인 동네 주택보다 더 과중할 수밖에 없었다. 따라서 아프리카계 미국인들이 소유한 주택은 점점 더 쇠락해 가고 동네는 서서히 빈민가로 바뀌어 나가기 시작했다.

VI

이제 다른 지방정부 공부원들은 세인트루이스처럼 배타적 경제 구역 설정을 위해 단독으로 힘겨운 시도를 할 필요가 없었다. 1917년 뷰캐넌 판결 이후, 연방정부는 합법적으로 흑인과 백인의 주거 구역을 분리할 수 있는 배타적 경제 구역 지정을 매우 신속하고 적극적으로 추진하기 시작했다. 1921년, 워런 하딩 대통령 시절 상무부 장관이었던 허버트 후버는 주택지구지정자문위원회Advisory Committee on Zoning를 구성하고 모든 지자체가 주택 지구 지정 조례를 제정해야 하는 이유를 설명하는 지침서를 만들게 했다. 자문위원회는 전국의 공무원들에게 이 지침서를 수천 부 배포했다. 몇 달 뒤, 그 위원회는 지자체에서 귀감으로 삼을 주택 지구 지정 법률안을 발표했다. 그 지침서는 주택 지구 지정의 시급성과 중요성에 대한 이유를 대면서 동일 인종끼리 모여 사는 동네를 조성하려는 의도에 대해서는 언급하지 않았다. 하지만 그 자문위원회의 위원들은 강연이나 저작물을 통해 자신들이 주택 지구 지정을 지지하는 까닭이 인종 문제 때문이라고 거침없이 말하는 노골적인 인종차별주의자들이었다.[20]

자문위원회 위원 가운데 프레더릭 로 옴스테드 주니어는 미국도시계획연구소American City Planning Institute 소장과 미국조경사협회American Society of Landscape Architects 회장을 역임한 막강한 영향력을 가진 사람이었다. 제1차 세계대전 중에 옴스테드 주니어는 군수산업체 공장에서 일하는 노동자들이 거주할 주택 10만 가구 이상을 지어 흑인과 백인 구역으로 나눠 관리한 연방정부 주택 공사 소속 도시계획국장이었다. 1918년, 그는 전국도시계획회의National Conference on City Planning에서 훌륭한 주택 지구 지정 정책은 "합법적이냐, 헌법과 합치하느냐는 문제"(뷰캐넌 판결을 의미)와 분리해서 생각해야 한다고 말했다. 그 문제는 그에게 중요하지 않았다. 그 정책만 놓고 봤을 때, 옴스테드는 "어떤 주택 개발 사업이든 성공하려면 ⋯ 인종 분리는 ⋯ 반드시 고려해야 한다. ⋯ 아직 어울릴 준비가 되어 있지 않고, 서로 섞이고 싶어 하지 않는 사람들을 강제로 함께 어우르려고 한다면" 그 개발 사업은 경제적으로 성공할 수 없다고 단언했다.[21]

주택지구지정자문위원회 위원 중에는 전국도시계획회의 의장인 앨프리드 베트먼이 있었다. 1933년, 프랭클린 루스벨트 대통령은 그를 국토이용계획위원회National Land Use Planning Committee 위원장으로 임명했다. 그 위원회는 전국의 도시와 주에 도시계획위원회를 설치하도록 돕는 일을 했다. 베트먼과 그의 동료들은 "국가와 종족 보존을 위해서" 도시계획(즉, 주택 지구 지정)은 필요하다고 설명했다.[22]

후버 위원회의 인종차별적 교감은 전미부동산중개인협회National Association of Real Estate Boards 회장 어빙 하이트를 비롯해 협회 지도부를 차지하고 있던 위원들에 의해서 더욱 강화되었다. 주택지구지정자문위원회가 주택 지구 지정 조례안과 관련 지침서를 처음 발표하고 나서 2년이 지난 1924년, 협회는 다음과 같은 경고를 포함한 윤리 강령을 채택하는 후속 조치를 단행했다. "부동산업자는 동네에 입주할 사람을 소개할 때 결코 보조적 역할에 머물러서는 안 된다. ⋯ 입주자가 어떤 인종이냐 민족이냐가 … 그 동네의 부동산 가치를 결정하는 중요한 요소가 될 것[이기 때문]이다."[23]

영향력 있는 다른 전문가들도 배타적 주택 지구 지정이 인종 배제의 유효한 수단이 되리라는 솔직한 기대를 굳이 감추려고 애쓰지 않았다. 1920년대 미국에서 행정법 분야의 최고 권위자 가운데 하나였던 컬럼비아법학대학원의 언스트 프로인트 교수는 지난 10여 년 동안 미국 전역에서 주택 지구 지정이 널리 확산된 까닭은 그 조치의 정당성을 강조하기 위해 언급되었던 단독주택 지구를 새롭게 조성하기 위해서가 아니라, "흑인들이 그 구역으로 이사 오는 것"을 막기 위함이었다고 주장했다. 프로인트에 따르면, 뷰캐넌 판결로 흑인과 백인의 거주 구역 분리를 "합법적으로 수행할 적절한 근거를 찾기가 불가능"해졌기 때문에, 경제적 조치로 가장된 주택 지구 지정은 동일한 목적을 수행하기 위한 가장 합리적인 수단이었다.[24]

후버 상무부장관과 그의 위원회 위원들, 그리고 도시계획 입안자들은 인종에 대한 어떤 언급도 하지 않은 주택 지구 지정 관련 규정들이 법적으로 전혀 문제되지 않을 거라고 믿었고, 그들의 생각은 옳았다. 1926년, 연방대법원은 처음으로 단독주택 지구에 아파트 건설을 금지한 주택 지구 지정 관련 규정이 헌법에 위배되지 않는지를 검토했다. 클리블랜드의 한 교외 지역의 주택 지구 지정 조례에 대한 연방대법원의 결정은 소유주가 자기 부동산을 처분할 권한을 제한하는 데 반대하는 연방대법원의 평소 입장에서 볼 때 매우 이례적 평결이었다. 연방법원의 입장을 대변한 조지 서덜랜드는 "때때로 아파트는 특정 거주 지역의 특성이 만들어 낸 공공용지와 멋진 주변 환경을 이용하기 위해 건설된 기생 건축물에 불과"하며, 특히 단독주택 지구에 세워진 아파트는 자칫 골칫거리가 되기 십상이라고 설명했다. 연방대법원은 이러한 결정에 도달하면서 주택 지구 지정 조례를 지지하지만 그것의 본래 목적인 인종차별적 주거 구역 분리, 즉 뷰캐넌 판결 위배 사항을 모른 체할 수 없었을 한 지방법원 판사의 평결을 기각해야 했다. 서덜랜드 대법관은 "흑인이나 해외의 특정 인종이 어떤 주거 지구를 침범할 때마다 그곳의 부동산 가치가 하락하고 인구가 밀집한다는 사실은 사법적으로도 충분히 인지할 정도로 널리 알려져 있다"고 설명했다.[25]

1926년 연방대법원의 판결 이후 몇 년 만에 미국 전역에 있는 수많은 소도시 교외의 백인 거주 구역은 저소득층 가구가 그들이 사는 동네의 한가운데로 들어와 사는 것을 막는 배타적 주택 지구 지정 조례를 제정했다. 속물적 계급의식과 인종적 편견이 빈번하게 뒤엉키면서, 미국의 교외 지역에서 그런 조례들을 채택했을 때, 그 숨겨진 동기를 밝혀내고 그러한 배타적 구역 지정이 인종차별을 금지한 헌법을 위배한 것임을 증명하는 일은 불가능했다. 그러나 후버 상무부장관 주변의 많은 전문가들처럼 그곳 사람들이 언제까지고 자신들의 인종차별적 동기를 꽁꽁 감출 순 없었다.

주택 지구 지정을 인종차별의 목적으로 활용하는 일은 20세기 후반까지 꾸준히 지속되었다. 1970년 오클라호마주에서는 흑인과 백인의 거주 구역이 분리되어 있던 소도시 로턴에서 당국이 백인 동네에 다가구주택 개발 반대 탄원서를 주민들에게 돌렸고, 역내에서 진행 중이던 다가구주택 개발 사업을 모든 백인 동네에서 허가하지 않았다. 비록 탄원서 자체에는 인종에 대한 언급이 단 한마디도 없었지만, 시민들의 서명 동참을 촉구하기 위해 인종 문제와 관련된 불만을 호소했다. 아파트 건설을 지지하는 사람들은 인종적 적대감을 표시하는 익명의 전화를 집중적으로 받았다. 그 뒤 이어진 소송에서, 도시계획위원들 가운데 유일하게 아파트 건설에 찬성표를 던진 한 위원은 다른 위원들이 그 계획에 반대한 이유의 근거가 편견이라고 증언했다. 위원회가 아파트 건설 불허 결정을 내리게 된 이유로 인종 문제를 거론하지는 않았지만, 연방항소법원은 그들이 겉으로 내세운 이유들이 핑곗거리에 불과하다는 것을 알았다. 법원은 "시민권을 침해한 증거가 세간의 관심을 받으려는 한 공무원의 불확실한 말에 의존한다면, 수정헌법 제14조는 헌법의 보호를 받고자 하는 사람들에게 아무런 위안도 주지 못한다"라고 결론을 내렸다.[26]

그러나 연방항소법원의 의견은 다른 소송들로 널리 확산되지 못했다. 그로부터 몇 년 뒤, 1977년 연방대법원은 시카고 교외 지역인 알링턴하이츠 주택 지구 지정 조례를 인정했다. 거기서는 별도의 상업 지구에 인접한 곳을 제외하고는 어디에도 다가구주택을 짓지 못하게 하는 조항이 있었다. 그 조례에 따르면, 지정된 주택 지구에 거주할 수 있는 아프리카계 미국인은 거의 없었다. 시 의회는 시민 위원들이 인종차별적인 이유들을 대며 조치를 촉구한 한 회의에서 주택 지구 지정 조례를 통과시켰다. 지역신문에 투고된 글들은 아프리카계 미국인들이 백인 동네로 들어오는 것을 막기 위한 한 방편으로 그 조례에 대한 지지를 강력히 촉구했다. 그 지역의 인종차별적 정서가 노골적으로 표출되었음에도 불구하고, 연방대법원은 시 의원들이 인종을 불문하고 모든 저소득 가정을 대상으로 하지 않고 아프리카계 미국인만을 콕 집어 배제하는 조례를 채택했다는 증거를 전혀 찾을 수 없기 때문에 그 조례는 헌법에 위배되지 않는다고 판결을 내렸다.[27]

나는 법정에서 증거를 채택하는 기준이 무엇인지를 놓고 논쟁을 벌이려는 것이 아니다. 다만, 오늘날 대도시 지역에서 볼 수 있는 흑백 인종 사이의 철저한 주거 구역 분리가 어떤 과정을 거쳐 이루어졌고, 그런 특정한 주거 형태를 창출하기까지 정부는 어떤 역할을 해 왔는지에 관심이 있을 뿐이다. 알링턴하이츠를 비롯한 여러 도시의 시 의원들이 마음속으로 무슨 생각을 하고 있었는지 증명할 수 없다. 하지만 수많은 주택 지구 결정 과정을 살펴보면 그 이면에 인종적 요소가 자리 잡고 있음을 보여 주는 정황증거들은 충분하다. 만일 아프리카계 미국인들이 백인 가정의 이웃이 되는 것을 막으려고 애쓴 지방 공무원들과 그들을 뒤에서 지지한 국가 지도자들이 그렇게 헌법에 위배되는 행위를 갈망하지 않았다면, 흑인이 살 수 없는 백인들의 교외 주택 지구가 오늘날처럼 많지는 않았을 거라 단언할 수 있다.

VII

아프리카계 미국인들이 사는 동네를 순식간에 빈민가로 전락시키고, 심지어 유독성 폐기물까지 버릴 수 있는 산업 지구로 지정하는 행태는 세인트루이스에서만 일어난 일이 아니었다. 이런 일은 20세기가 진행되면서 생산 시설이 도시 지역에서 증가하는 가운데 미국 전역에서 점점 일반화되었다. 미국 회계감사원General Accounting Office, GAO은 1983년 분석 보고서에서 전국에 걸쳐 상업용 폐기물 처리 시설이나 단속의 손길에서 벗어난 쓰레기 하치장들이 백인 주택 지구보다 아프리카계 미국인 동네 인근에서 발견될 가능성이 더 많다고 결론을 내면서 산업 지구 지정에 일정한 패턴이 있음을 확인했다.[28]

연합그리스도교회 인종정의위원회와 그린피스가 GAO 보고서 발표와 거의 동시에 수행한 연구들은 통계적으로 유해 폐기물 시설 위치를 아주 정확하게 예측할 수 있는 변수가 인종이라는 결론을 내렸다. 무작위로 추출한 장소들의 인종 분포를 보면 소각로 근처에 살고 있는 백인은 1만 명 중에 1명에 불과하며, 같은 조건에서 살고 있는 소수 인종의 비율은 전국 평균보다 89퍼센트 이상 더 높았다. 이런 자료의 신빙성을 의심하는 사람들은 아프리카계 미국인들이 이런 시설들이 생겨난 뒤에 그곳으로 이주했다고 추측했다. 비록 때로 그것이 사실이었을 수도 있지만—어쨌든, 대다수 아프리카계 미국인들은 주거지 선택이 제한되어 있었다—그것으로 모든 상황을 설명할 수는 없다. 기존에 세워진 것들이 아닌, 건설 예정인 소각로들 옆 동네는 대개 소수 인종의 몫이었다. 그런 동네는 백인보다 흑인 동네일 가능성이 훨씬 더 높았다.

아프리카계 미국인 거주 구역에 유독성 폐기물 시설을 짓도록 허가한 결정들이 일부러 그 지역을 빈민가로 전락시킬 여건들을 강화하기 위한 의도로 내려진 것은 아니지만, 결과적으로는 그런 꼴이 되었다.

이런 결정들이 초래한 인종차별적 측면은 아프리카계 미국인 동네를 대안으로 삼아 백인 동네의 환경이 나빠지는 것을 피하려던 바람이 근본적 원인이라고 볼 수 있다. 아프리카계 미국인들의 복지는 이러한 정책 결정 과정에서 고려 대상이 아니었다. 아프리카계 미국인 주거 구역에 위험 또한 오염 산업의 유치를 허가하기 위해 주택 지구 지정 심의위원회는 종종 세인트루이스에서처럼 주택지에 적용하는 규정에 대한 명백한 예외를 인정하곤 했다.

예컨대, 1940년대 로스앤젤레스의 사우스센트럴 지역에 조성된 한 흑인 동네를 살펴보자. 그 동네에는 전부터 일부 유해 산업체들이 있었다. 하지만, 시 당국이 상업용 또는 산업용 시설들을 짓기 위한 "구역" 재지정 절차를 시작하면서, 이 동네는 주거지의 모습과 점점 더 거리가 멀어졌다. 이제는 아프리카계 미국인 동네에서 아주 흔히 폐차장을 볼 수 있게 되었다. 1947년, 점점 게토 지역으로 바뀌고 있던 이 동네에서 발생한 전기도금 공장 폭발 사고로 지역 주민 다섯 명이 죽고 100채가 넘는 인근 주택들이 파괴되었다. 물론 백인 공장 노동자도 열다섯 명이 사망했다. 그해 말 한 아프리카계 미국인 교회의 목사가 자기 교회에 인접한 부동산을 산업용으로 재지정한 것에 항의하자, 도시 구역 재지정의 최종 결정권자인 로스앤젤레스시 의회의 도시계획위원회 위원장은 그 지역이 이제 "상업용 부지"가 되었다면서 "다른 곳에 있는 교회를 사는 게 어때요?"라고 답했다.[29]

대개 법원에서는 인종차별적 이유 때문에 아프리카계 미국인에게 해를 끼치려 한다는 명백하고 확실한 의도를 입증할 만한 증거가 없는 한, 시 당국의 유독물 처리 장소 지정에 대해서 기각 결정을 내리는 경우는 없었다. 1979년에는 이미 비정상적일 정도로 많은 유해 폐기물 처리장을 두고 있던 휴스턴의 한 아프리카계 미국인 동네가 폐기장 추가 건설에 반대했다. 연방법원 판사는 그 계획이 "불행하고 배려심이 전혀 없기"는 하지만, 명백하게 인종차별과 관련된 동기를 입증할 증거가 없기 때문에 그것을 금지할 수 없다고 여겼다. 1991년에는 노스캐롤라이나의 워런카운티에서 유사한 소송이 제기되었다. 그곳의 전체 인구 분포는 백인과 아프리카계 미국인이 각각 절반 정도였다. 그곳에는 이미 쓰레기 매립지가 세 군데 있었는데, 모두 아프리카계 미국인 거주 구역에 있었다. 새로운 쓰레기 매립지를 백인 거주 구역에 배치하려고 하자, 주민들이 반대했고 지방 공무원들은 매립지 신설 허가를 내 주지 않았다. 그러나 그 쓰레기 매립지를 아프리카계 미국인 거주 구역에 신설하는 계획이 제출되자, 카운티 당국은 주민들의 반대를 무시하고 그 계획을 인가했다. 연방법원의 판사는 카운티 당국의 결정에 차별적 영향이 있기는 하지만 노골적인 인종차별의 의도는 찾아볼 수 없다면서 그 결정을 승인했다.[30]

1991년, 환경보호국Environmental Protection Agency은 미국 전역에 걸쳐 유독성 폐기물 시설이 아프리카계 미국인 거주 구역에 압도적으로 많다는 사실을 확인하는 보고서를 발간했다. 그러자 빌 클린턴 대통령은 앞으로 한 집단에 지극히 유리한, 그런 차별적 영향을 유발하는 결정들이 내려지지 않도록 요구하는 행정명령을 내렸다. 그러나 그 명령은 기존의 유독성 폐기물 시설이 배치된 지역들에 대해서는 어떤 보상

적 조치도 취하지 않았다.[31]

택지를 잘게 분할한 소형 주택들과 셋방을 여러 개 놓은 건물이 늘어선 아프리카계 미국인 동네에 즐비한 공해산업체와 유독성 폐기물 공장 들은 아프리카계 미국인들이 쉽게 이사 와서 살 수 있는 동네의 이웃에 사는 백인들의 눈에 아프리카계 미국인들이 빈민가 주민이라는 인상을 주었다. 그런 까닭에 아프리카계 미국인들이 교외 지역으로 이주하려고 하면 백인들은 그곳을 떠나는 현상이 반복해서 일어났다.

주택 지구 지정에서는 양면성이 드러난다. 그 한 면은 노골적으로 인종차별적인 배타적 구역 설정을 금지하는 현행법을 회피하기 위한 구실로 개발된 것으로, 주로 저소득층 가구인 아프리카계 미국인들이 값비싼 백인 동네로 이사하기 어렵게 함으로써 아프리카계 미국인의 백인 동네 진입을 원천 차단했다. 또 다른 한 면은 산업적으로나 환경적으로 위험한 사업체가 백인 동네에 들어오지 못하게 함으로써 그 지역의 주거 환경이 훼손되고 악화되는 것을 막으려고 했다. 이런 식으로 신설이나 이전이 금지된 공해산업은 아프리카계 미국인들이 거주하는 지역에 공장을 짓는 것 말고는 대안이 없었다. 앞서 말한 첫 번째 측면은 교외 지역에 배타적 백인 동네 조성의 유인이, 두 번째 측면은 도심에 아프리카계 미국인 빈민가 형성의 유인이 됐다.

4장

"자기 집을 소유하라"

배타적인 주택 지구 지정 조례는 저소득층 아프리카계 미국인들, 사실은 모든 저소득층 미국인 가구가 중산층 동네에 와서 사는 것을 막을 수 있었고, 실제로도 매우 성공적이었다. 그러나 미국에서 흑인과 완전히 떨어져서 살고 싶어 하는 사람들에게 주택 지구 지정 조례는 반쪽짜리 해법에 불과했다. 단독주택으로 구성된 동네를 만들어 낸 주택 지구 지정만으로는 중산층 아프리카계 미국인 가구가 백인 동네에 이주하는 것을 막을 수 없었기 때문이다. 인종 문제에 중립적 입장을 취하는 것처럼 보였던 허버트 후버의 주택 지구 지정 권고 지침은 집값이 비싼 동네에 살만큼 경제적 여유가 있는 아프리카계 미국인들이 그곳으로 이사와 사는 것을 막을 수 없었다.

초기에 백인 중산층 동네로 들어가 백인들과 어울려 살고자 했던 아프리카계 미국인들은 대개 백인 이웃들보다 사회적 신분이 높은 경우가 많았고, 반대인 경우는 드물었다. 볼티모어가 인종차별적 주택 지구 지정 조례를 채택하게 된 것은 저명한 아프리카계 미국인 변호사 한 명이 백인 주택단지에 이주하려고 한 사건 때문이었다. 특정 인종을 배제하지 않는 경제 구역 지정은 프랭크 스티븐슨이나 그의 아프리카계 미국인 직장 동료들이 포드자동차 공장의 백인 노조원들이 살고 있던 밀피타스의 자그마한 셋집으로 이주하는 것을 막을 수는 없었다.

프랭크 스티븐슨과 그의 친구들이 백인 동네로 이사 오는 것을 막기 위해서는 다른 수단이 필요했다. 연방정부는 헌법적 의무를 완전히 무시하고 그 방법들을 개발해 냈다. 우선 정부는 가능한 한 많은 백인 가구가 도심 아파트에서 교외의 단독주택 지구로 이주하도록 권유하는 계획에 착수했다. 교외 지역으로 백인 주거지들이 옮겨 가는 흐름이 본격화되자, 정부는 노골적으로 인종차별적 의도를 드러내며 아프리카계 미국인들이 뒤따라 교외 지역으로 이주하는 것을 거의 불가능하게 하는 조치를 취했다.

|

연방정부의 인종 배제 정책은 20세기 초부터 뿌리내리기 시작했으며, 그 첫발을 뗀 것은 윌슨 행정부였다. 1917년 러시아혁명에 심각한 위협을 느낀 정부 관료들은 가능한 한 많은 백인 미국인이 자기 집을 소유하게 함으로써 미국에서 공산주의가 발흥하는 것을 막아 낼 수 있을 거라고 믿었다. 자기 집을 소유한다는 것은 자본주의 체제에서나 가능하기 때문이었다. 그래서 1917년 연방정부의 노동부는 "자기 집을 소유하라"라는 캠페인을 전개했다. 초등학생들에게 "우리는 집이 있다"

는 문구가 새겨진 배지를 나눠 주고, 집을 세놓거나 셋방살이하기를 멈추고 단독 가구가 거주할 주택을 짓는 것이 "애국자로서의 의무"라고 말하는 홍보 책자를 배포했다. 노동부는 200만 부가 넘는 포스터를 제작해서 여러 공장과 사업장에 붙이게 하고 전국에 걸쳐 모든 신문에 단독주택 소유를 권장하는 광고를 게재했다. 그 포스터와 신문광고에는 모두 백인 부부나 가정의 이미지가 담겨 있었다.[1]

여기서도 마찬가지로 허버트 후버 상무부장관은 중요한 역할을 했다. 1921년 그는 장관직에 오르고 나서 배타적 구역 지정을 장려하는 캠페인을 개발했을 뿐 아니라, 그러한 정부의 노력을 보완하기 위해서 베터홈스인아메리카Better Homes in America라는 새로운 단체를 이끌었다. 그 단체는 명목상 민간 단체였지만, 후버가 그 단체의 장을 맡았다. 상임 이사는 제임스 포드가 맡았는데, 그는 제1차 세계대전 때 백인 전용 공영주택 사업을 설계한 프레더릭 로 옴스테드 주니어를 관리, 감독했다. 그 단체의 자문위원회 회장은 부통령인 캘빈 쿨리지였고, 당시 미국건설평의회American Construction Council의 의장이었던 프랭클린 루스벨트도 자문 위원 가운데 한 명이었다.[2]

후버는 그 단체가 "자기 집을 소유하는 방법"이라는 안내 책자를 발간하고 여러 가지 홍보 활동을 펼친 "상무부의 실질적 지휘, 감독을 받았다"고 자랑했다. 그 단체는 "인종 간의 갈등"을 피하는 방법을 포함해서 주택 소유에 따른 이익을 널리 알리기 위해 전국에서 개최한 지역사회 토론회를 후원했다. 베터홈스 대표들은 아마 청중들에게 교외 지역에 있는 단독주택으로 이사하면 그런(인종) 갈등을 피할 수 있다고 말했을 것이다. 1923년, 상무부에서 발간한 또 다른 홍보물은 앞으로 집을 살 사람들에게 주택 구매 전에 "이웃에 사는 사람이 대략적으로 어떤 유형의 사람"인지 고려할 것을 촉구함으로써 민족적, 인종적 동질성을 유지할 것을 권장했다.[3]

훗날, 후버는 대통령이 되어 "근면 절약하는 가정은 모두 자기 집을 가질 천부적인 권리가 있다"는 사실은 "자명하다"고 역설했다. 그는 대공황이 한창인 때 주택 건설과 거래가 다시 활기를 찾아 되살아나기를 바라며 주택 건설과 주택 소유와 관련해서 대통령 주재 대책회의를 소집했다. 그는 개회사에서 단독주택이 "국민적 열망, 즉 자기 집에서 살아야 한다는 우리 국민 모두의 가슴 속 깊은 정서의 표현"이라고 말했다.[4]

그 회의가 열리기 전날, 베터홈스인아메리카는 자기 단체 지도자들의 주택에 대한 권고들을 한데 묶은 개요서인 『더 나은 집 안내서*The Better Homes Manual*』를 발간했다. 제임스 포드는 아프리카계 미국인과 유럽 이민자의 "무지막지한 인종적 습성" 때문에 종종 정원을 초과하는 아파트는 최악의 주택 형태라고 설명했다. 대책회의 의장이었던 존 그라이스와 당시 상무부 주택부문장이었던 제임스 테일러는 주택 구매자들이 반드시 고려해야 할 항목 30가지를 추려서 언급했다. 믿을 만한 부동산 전문가를 활용하라, 직장까지 이동할 편리한 교통수단이 있는지 확인하라와 같은 내용들 가운데 열아홉 번째 항목은 다음과 같았다. "지역사회에 적극 가담하라. '백인 전용 주택 지구restricted residential district'는 그곳에 입주할 수 있는 자격에 제한이 있고 그 제한이 일시적이 아니라면, 어울리지 않았으면 하는 사람들로부터 당신 가족을 보호하는 구실을 하기도 한다." 그들이 대면하고 싶지 않은 사람들이 누구일지는 명약관화했다.[5]

미국에서 가장 심한 인종차별주의자들이 작성하고 널리 알린 대책회의 문건들은 백인 전용 주택 지구의 목표를 분명히 했다. 그 대책회의체에는 자가 소유를 위한 대출 위원회 의장이자 메트로폴리탄생명보험사Metropolitan Life Insurance Company 회장이었던 프레더릭 에커도 있었다. 연방정부가 채택하고 공표한 그의 보고서는 "공존할 수 없는 소유권 보유incompatible ownership occupancy"를 막기 위해 주택 소유권 양도를 제한—일반적으로 아프리카계 미국인에게 집을 파는 것을 금지하는 것을 의미하는 것으로 이해되는 문구—함으로써 기존의 주택 지구 지정 관련 법률들을 보완해야 한다고 권고했다. 대책회의가 끝나고 몇 년 뒤, 에커의 지휘 아래 메트로폴리탄생명보험사는 미국에서 가장 큰 신도시 개발 사업을 진행했다. 그 신도시는 뉴욕시의 파크체스터로 아프리카계 미국인의 진입이 금지되었다. 한 임대 아파트 가구가 흑인 가정에 집을 다시 세를 놓자, 에커는 그들을 강제 퇴거시켰다.[6]

후버 대통령 대책회의 산하 새로운 필지 분할 기획 위원회에는 연방대법원의 뷰캐넌 판결을 무시하고 1922년 애틀랜타에 흑백 분리 주택 지구 지정 계획을 입안한 로버트 휘튼이 포함되어 있었다. 당시 백인 동네에서 부동산 중개인들이 아프리카계 미국인에게 집을 파는 것을 금지하는 윤리 강령을 채택한 전미부동산중개인협회의 협회장에 당선된 로런스 스티븐슨도 그 위원회에 속해 있었다. 위원장을 맡은 할랜

106

드 바살러뮤는 10년 전에 주택 지구 지정을 통해 뷰캐넌 판결을 무력화시키고 인종차별을 강요하는 세인트루이스 도시계획위원회를 이끌었던 인물이었다.

대책회의 산하 31개 위원회 가운데 하나는 흑인 주택 관련 보고서를 작성하는 위원회였다. 보고서는 저명한 사회학자인 찰스 존슨이 아프리카계 미국인 전문가들의 도움을 받아 작성했다. 보고서에는 이전에 백인 동네로 이주하려고 했던 아프리카계 미국인들에 대한 폭력 행위가 상세히 기록되어 있었지만, 그것을 막기 위한 어떤 조치도 요구하지 않았다. 보고서는 주택 지구 지정을 비롯해 차별을 위한 다른 법적 장치들에 대한 법원의 허가에 단지 찬성하지 않는다고 언급하는 수준에 그쳤다. 이 보고서는 "흑인 거주지를 제한하는 법률의 철폐"와 "흑인들이 도시 공동체의 추세에 맞춘 현대식 주택들이 들어설 구역으로 이주하게 할 것"을 권고하는 것으로 마무리되었다. 그 보고서는 그 제안이 상급기관인 대책회의가 흑인과 백인의 주거 구역 분리를 공식적으로 지지한다는 사실과 모순된다는 문제는 다루지 않았다. 존슨의 보고서는 아프리카계 미국인들이 북부 도시들에서 어쩔 수 없이 살아야만 하는 도심 아파트들의 주거 품질을 개선할 것을 권고하는 것에 지면 대부분을 바쳤다.[7]

흑인 주택에 대한 존슨의 보고서는 거의 주목을 받지 못했다. 뉴딜 정책이 시행되는 동안, 아프리카계 미국인들을 단독주택으로 이루어진 교외 지역에서 배제하는 연방정부의 입장은 더욱 노골적이 되었다. 시민공공사업단(CCC)의 공영주택 사업과 함께, 연방정부의 자기 집 갖기 운동은 흑인과 백인의 주거 구역 분리 정책과 떼려야 뗄 수 없는 관계가 되었다.

II

연방정부가 14년이 넘도록 중산층 가구들에게 단독주택 구매를 권유하며 몹시 많은 노력을 기울였지만, 그 캠페인은 1933년 프랭클린 루스벨트가 대통령에서 물러날 때까지 거의 성과를 거두지 못했다. 자기 집 소유는 노동 계층과 중산층 가구에서는 아직도 꿈도 못 꿀 정도로 힘든 일이었다. 은행의 주택담보대출은 대개 전체 대출금의 50퍼센트를 먼저 갚고 이자만 상환하다가 5~7년 안에 원금 전액을 상환해야 하기 때문에, 돈을 빌린 사람은 그때 다시 자금 조달을 하거나 다른 은행을 찾아가 새로운 담보대출을 받아야 했다. 그런 은행의 요구 사항을 맞출 만한 재정 능력이 있는 노동 계층과 중산층 가구는 거의 없었다.[8]

대공황은 주택 위기를 더욱 심화시켰다. 담보대출을 통해 주택을 소유하고 있던 많은 가구들이 대출금을 갚지 못해 집을 압류당했다. 게다가 그 밖의 대다수 사람은 아예 집을 소유할 엄두도 내지 못했기 때문에 건설업은 완전 침체 상태에 빠졌다. 뉴딜 정책 당국은 한편으로 주택담보대출금을 갚을 수 없는 주택 소유자들을 지원하고, 다른 한편으로 중산층 가운데 최초로 집을 사는 사람들을 지원하는 프로그램을 개발했다.

1933년, CCC는 채무불이행으로 파산 위기에 처한 가정들을 구제하기 위해 주택소유자융자회사Home Owner's Loan Corporation, HOLC를 설립했다. 이 새로운 융자회사는 압류 시점이 임박한 기존 주택담보대출 증권을 사들인 뒤, 최장 15년까지(나중에는 25년까지로 연장) 상환을 늦출 수 있는 담보대출 증권을 새로 발행해 주었다. 게다가 HOLC의 담보대출 증권은 매달 원리금을 일부 분할 상환하다가 대출 원금을 모두 갚게 되면, 담보로 잡힌 집의 소유권을 주인이 완전히 넘겨받을 수 있었다. 따라서 노동자 계층과 중산층 주택 소유자들은 집이 담보로 잡혀 있는 동안에 그 집에 대한 지분을 서서히 늘려 갈 수 있었다.[9]

HOLC 주택담보대출은 이자율이 낮았지만, 돈을 빌린 사람들은 정기적으로 대출금을 갚아 나가야 했다. 따라서 HOLC는 대출을 받을 사람들이 돈을 제때에 갚아 나갈 능력이 되는지 신중하게 판단하지 않을 수 없었다. HOLC는 담보 부동산의 위험 요소를 평가하기 위해 해당 주택과 그 인근 주택들에 대해 조사했다. 담보 물건이 앞으로도 현재의 가치를 유지할 수 있을지를 파악하기 위해서였다. HOLC는 지역의 부동산 중개인들을 감정평가사로 고용해 기존 채무를 상환해 주고 신규 대출을 내주어도 될 만한 주택인지 평가를 맡겼다. 전미부동산중개인협회가 이 중개인들에게 흑백 주거 구역 분리를 지지하는 윤리 강령을 요구했다는 점을 고려하면, HOLC가 담보 부동산의 위험 요소를 판단할 때 동네의 인종 분포를 중요하게 생각했다는 것은 전혀 놀라운 일이 아니다. HOLC는 전국의 모든 대도시 지역을 색깔로 표시한 지도를 제작했다. 가장 안전한 동네는 초록색으로 표시하고, 가장 위험한 동네는 빨간색으로 표시했다. 아프리카계 미국인이 살고 있는 동네는 단독주택들로 이루어진 확실한 중산층 동네일지라도 빨간색으로 표시되었다.

예컨대, 세인트루이스의 백인 중산층 교외 지역인 라듀는 초록색으로 표시되어 있었다. 1940년 HOLC의 한 감정평가사에 따르면 그곳에 "외국인이나 흑인이 단 한 명도 없었기" 때문이었다. 반면에 비슷한 중산층 교외 지역인 링컨테라스는 "오늘날 그 지역의 중요한 요소가 되는 인종 문제로 … 부동산 가치가 거의, 또는 전혀 없기" 때문에 빨간색으로 표시되었다. HOLC가 지도에 빨갛게 표시된(특별경계구역으로 지정된) 동네에 사는 주택 소유자에게 구제금융을 제공하는 것에 늘 부정적이지는 않았지만, 그 지도는 의사 결정에 매우 큰 영향을 끼쳤고, 연방정부는 순전히 인종만을 이유로 아프리카계 미국인들에게 신용 불량자 딱지를 붙였다.[10]

미 의회와 루스벨트 대통령은 중산층 세입자들이 돈이 없어 단독주택을 구입하지 못하는 문제를 해결하기 위해, 1934년에 연방주택관리국(FHA)을 창설했다. FHA가 보증하는 은행 주택담보대출은 구매가의 80퍼센트를 보장하고, 20년 만기로 대출금 전액을 분할상환할 수 있었다. FHA가 제공하는 보증보험 가입을 위해서는 해당 물건에 대해 채무 불이행 위험도를 확인하는 FHA의 자체 평가를 받아야만 했다. FHA의 심사 기준은 백인만이 통과할 수 있는 조건들을 포함하고 있었기 때문에, 이제 흑인과 백인의 주거 구역 분리는 연방정부의 주택담보대출 보증 제도의 공식적인 요구사항 가운데 하나가 되었다. FHA는 보증 신청을 한 주택이 흑인과 백인이 함께 사는 동네에 있다면, 아니 심지어 향후 통합될 가능성이 있는 흑인 동네 인근의 백인 동네에 있다고 해도,

그 주택은 담보 보증서 발행에 부적합하다고 판단했다.

은행이 FHA에 담보대출에 대한 보증서 발행을 신청하면 FHA는 자체 부동산 심사를 진행했는데, 그것 또한 FHA가 고용한 해당 지역의 부동산 중개인이 수행할 가능성이 컸다. 은행들의 보증서 발행 신청이 증가하자, FHA는 이전부터 하청계약을 맺고 있던 민간 부동산 중개인들을 직접 자체 감정평가사로 고용했다. FHA는 그들의 업무 수행을 도와줄 〈보증업무지침서Underwriting Manual〉를 만들어 배포했다. 1935년에 처음 발행된 그 지침서의 서문은 다음과 같았다. "어떤 동네가 안정성을 유지하려고 한다면, 동일한 사회계층과 인종이 그곳의 부동산을 계속해서 점유해야 할 것이다. 그 지역의 부동산을 점유하고 있는 사람들의 사회계층이나 인종의 변화는 대개 주택 가격의 불안과 하락으로 이어진다." 감정평가사들은 "악영향을 끼치는 것들을 막을 보호 장치가 있는" 곳에는 높은 등급을 주라는 이야기, "함께 살기 어려운 다른 인종이나 민족 집단의 침입은 … 악영향을 끼치는 중요한 요소"라는 이야기를 귀에 못이 박히게 들었다. 그 지침서는 "〔그런〕 악영향으로부터 안전한 부동산 담보대출은 모두 그 안전도에 따라 높은 등급을 받을 것이다"라고 결론지었다.[11]

FHA는 은행들이 새로 조성되는 교외 주택단지가 아닌 기존의 도심 지역에서 담보대출을 내주는 것에 반대했다. 〈보증업무지침서〉에 따르면, "주택 연식이 높아질수록 … 하층계급 소유 비율이 급격히 높아지는 경향"이 있기 때문이다. FHA가 선호하는 곳은 큰길이나 고속도로가 아프리카계 미국인들이 사는 동네와 백인들이 사는 동네를 갈라놓는 지역이었다. "자연적이든, 인위적이든 가로놓인 장벽이 있으면 … 하층계급이 들어와 사는 것과 공존이 어려운 다른 인종 집단이 … 침입하는 것을 막을 수 있기 때문에 … 그 동네와 집들에 나쁜 영향을 끼치는 것을 막는 데 매우 효과적이다"라는 것이 FHA의 공식 입장이었다.[12]

FHA는 학교에서 인종 분리를 폐지하는 것에 대해서 특별히 우려했다. FHA 지침서는 아이들이 "학생 다수 또는 상당수가 매우 낮은 사회 계층이나 공존할 수 없는 인종 집단으로 구성된 학교에 등교할 수밖에 없는 동네로 이사하려고 한다면, 그곳은 그렇지 않은 동네보다 훨씬 덜 안정적이고 바람직하지 않기" 때문에 그런 동네에 주택담보대출을 내주는 것은 위험하다고 경고했다.[13]

이후 1940년대에 개정판으로 나온 〈보증업무지침서〉들에서도 이런 내용이 반복됐다. 1947년, FHA는 "함께 살기 어려운 인종 집단"이라는 용어를 지침서에서 삭제했지만 이것이 정책 변화를 의미한다고 보기는 어려웠다. 그 지침서는 여전히 "동네 주민들 사이의 공존 가능성"이 부족한 경우 그곳의 부동산 가치를 낮게 평가했다. 그것이 전혀 오해가 아님을 확인시켜 주는 것으로, 의회 발언 중 FHA의 수장은 자기들이 주택담보대출 보증 제도를 집행하면서 인종을 차별하지 말라고 요구할 권한이 없다고 말했다. 1952년판 〈보증업무지침서〉에는 담보 부동산의 가치를 평가할 때, 부분적이기는 하지만 "동네 주민들 사이의 공존 가능성"이 있는 동네에 위치해 있는지 여부를 여전히 평가 기준으로 삼았다.[14]

FHA 정책은 일관되었다. 1941년, 뉴저지주 뉴어크에서 서쪽으로 약

32킬로미터 떨어진 교외에 새로 개발된 주택단지 팬우드에서 중개업을 하는 한 부동산 중개인이 중산층 아프리카계 미국인들에게 주택 12채를 매각하려고 했다. 이들은 모두 신용 등급이 높아서 은행에서는 FHA 승인만 받을 수 있다면 주택담보대출을 내줄 용의가 있었다. 그러나 FHA는 "흑인들이 구입하는 개발 단지 주택에는 대출을 허가하지 않는다"는 뜻을 분명히 밝혔다. 은행에서는 FHA 보증이 없는 한 주택담보대출을 내줄 수 없다고 부동산 중개인에게 이야기하자, 그는 프루덴셜 생명보험사를 찾아갔다. 하지만 그곳 역시 보증 신청자들의 신용 등급이 충분하다 할지라도 FHA가 승인하지 않는다면, 주택담보대출을 내줄 수 없다고 했다. 오늘날 팬우드 주택단지가 속한 카운티의 흑인 인구는 약 25퍼센트지만, 그 단지 내 흑인 인구는 5퍼센트에 불과하다.[15]

1958년, 샌프란시스코의 백인 교사 제럴드 콘은 버클리의 엘름우드 개발 지구에 있는 주택 한 채를 FHA가 보증서를 발행한 주택담보대출로 구입했다. 입주 마감일이 다가왔지만, 콘은 아직 입주할 준비를 마치지 못한 까닭에 담보대출을 계속 유지하는 한편 동료 교사인 아프리카계 미국인 앨프리드 시먼스에게 집을 임대했다. 버클리 경찰국장은 연방수사국(FBI)에 시먼스가 어떻게 백인 동네에 들어가 살게 되었는지 조사해 달라고 요청했다. FBI는 샌프란시스코에서 제럴드 콘의 이웃들을 찾아가 물었지만 그가 사기를 쳐서 주택담보대출을 받아 냈다는, 다시 말해 그가 버클리의 주택을 구입한 것이 그 집에 입주해 살기 위한 것이 아니라 처음부터 계획적으로 아프리카계 미국인에게 세를 주기 위한 것이란 증거를 발견하지 못했다. FBI는 그 건을 연방검사에게 위임했고, 법률 위반이 아니었기 때문에 불기소처분을 내렸다. 하지만 FHA는 그 뒤 제럴드 콘을 블랙리스트에 올리고 그에게 앞으로 "연방 주택관리국 보증 제도를 이용하지 못할 것"이며 다시는 정부가 지원하는 주택담보대출도 받을 수 없다고 고지했다. FHA 샌프란시스코지사 장은 그에게 이렇게 통지문을 보냈다. "귀하와 귀하가 10퍼센트의 지분을 보유하고 있는 회사가 우리 기관에 주택담보대출 관련 보증을 요청할 경우, 1959년 4월 30일 우리 지사가 내린 부적합 위험 평가 결정에 따라 모두 거부될 것임을 알려드립니다."[16]

팬우드와 버클리 사이의 수많은 지역사회에 적용된 FHA 정책은 거의 예외 없이 동일했다. 아프리카계 미국인들이나 그들에게 집을 임대하려고 하는 백인들에게는 신청자의 신용도에 상관없이 어떤 종류의 담보대출 보증서도 발급하지 않았다.

III

수년 전, 나는 조지아주의 교사인 팸 해리스에게서 편지 한 통을 받았다. 그는 내가 전에 한 라디오방송 프로그램에 출연해 이웃에서 일어나는 인종차별의 역사에 관해 토론한 내용을 들었다. 공교롭게도 백인들의 테러 위협으로 아프리카계 미국인들이 그들의 안전과 신변 보호를 위해 북부 지방으로 피신할 수밖에 없었던 사우스캐롤라이나의 햄버그가 해리스 가족의 고향이었다. 그의 가족사는 프랭크 스티븐슨의 가족사와 마찬가지로 **법률상** 흑인 분리가 오늘날 우리가 알고 있는 다양한 인종 분리 상황들을 확립하는 데 어떻게 작용했는지를 여실히 보여 준다.

해리스는 붉은셔츠단의 대학살이 끝나고 14년 뒤 햄버그에서 태어난 큰아버지 리로이 메러데이에 대해서 내게 이야기했다. 리로이의 아버지는 벽돌 공장 노동자였고, 리로이는 제1차 세계대전 때 프랑스에서 기병대의 말발굽에 편자를 박는 일을 하게 되었다. 거기서 그는 당시 미 육군의 병참부대에 복무 중이던 미국 철도계의 거물 오거스트 벨몬트 2세의 눈에 들었다. 열정적인 경마 애호가였던 그는 뉴욕 롱아일랜드에 벨몬트경마장을 지었다. 리로이 메러데이의 편자 기술에 깊은 인상을 받은 벨몬트는 메러데이에게 자기 경마장에서 일해 달라고 요청했다. 메러데이는 그곳에서 능력을 인정받아 당대 최고의 경주마인 매너워Man o' War의 말발굽에 편자 박는 일을 도맡아 했다.

그는 경마장에서 멀지 않은 헴프스테드에 셋방을 마련했다. 그리고 곧바로 남동생 찰스를 불렀고, 찰스는 이어서 또 다른 남동생 아서와 로버트, 여동생 릴리, 그리고 부모님까지 북쪽으로 오라고 했다. 찰스는 가족들뿐 아니라 급우들도 불러 모았다. 메러데이의 대가족을 비롯해서 햄버그를 떠나온 흑인들은 처음에는 모두 헴프스테드의 한 동네에 모여 살았다. 그곳은 롱아일랜드의 아프리카계 미국인 초기 정착촌이 되었다.

형제들 가운데 막내인 로버트 메러데이는 색소폰 연주자였는데, 1930년대 유명한 재즈 밴드의 일원이었다. 제2차 세계대전 동안, 연방 정부는 군인들과 군수산업체 노동자들을 위문하기 위해 미군민간지원

기구(USO)를 후원했다. 그러자 그는 USO 소속 밴드에 들어가서 롱아일랜드 베스페이지에 있는 그러먼항공사Grumman Aircraft 공장에서 노동자들을 위한 공연을 펼쳤다. 그 회사는 거기서 맺은 로버트 메러데이와의 인연으로 아프리카계 미국인으로는 처음으로 그를 고용했다. 캘리포니아 리치먼드의 포드자동차와 마찬가지로 그러먼항공사는 백인 노동자만으로는 미 공군과의 계약 일정을 맞출 수 없었기 때문에 아프리카계 미국인들을 고용하기 시작했던 것이다.

로버트 메러데이는 그러먼에서 일하며 돈을 모았고, 전쟁이 끝났을 때 그 돈으로 트럭 운송 사업을 할 수 있었다. 그는 불하된 군용 트럭들을 헐값으로 사서 무거운 짐을 실어 나르는 운송용 트럭으로 개조했다. 1946년, 윌리엄 레빗이 롱아일랜드 로슬린으로 귀환할 참전 용사들을 위한 주택을 짓고 있을 때, 메러데이의 회사는 그 개발지의 오물 구덩이를 만드는 데 필요한 시멘트 블록을 실어 나르는 일을 담당했다. 곧이어 레빗은 인근의 거대한 레빗타운 구획을 개발하기 시작했고, 로버트 메러데이는 그 건설 현장에 석고보드나 합판 따위를 운송하는 계약을 따냈다. 사업이 점점 확대되면서 메러데이가 보유한 트럭은 6대로 늘어났다. 조카들이 군복무를 마치고 집으로 돌아오자 그는 그들을 직원으로 받았다.

로버트 메러데이는 1940년대 말에 중산층으로 확고하게 자리 잡았고, 조카들에게도 먹고 살 만큼의 봉급을 줄 수 있었다. 그는 결혼도 하고 가정을 꾸리고 있었지만, 레빗을 비롯한 미국의 부동산 개발업자들은 메러데이 가족은 물론 전국의 교외 지역에 주택단지를 건설하는 일에 기여하고 있었던 어느 아프리카계 미국인들에게도 집을 팔지 않았다. 아프리카계 미국인들은 그 주택 소유에 필요한 자격을 갖추지 못했기 때문이다. 메러데이 가족들의 경제적 수준은 레빗타운의 입주자들이 된 백인 노동자와 퇴역한 참전 용사들의 경제적 수준과 별반 다를 게 없었다. 그러나 메러데이의 한 아들이 훗날 회상한 것처럼, 그의 아버지와 대다수 친척들은 레빗타운의 주택들이 아무리 매력적이고 잘 설계되었다고 할지라도 애써 그 집들을 분양받으려고 하지 않았다. "흑인들이 그 개발 단지의 주택을 살 수 없다는 것은 이미 누구나 아는 사실이었죠. 한곳에서 자라고 지내다 보면 그곳의 규칙이 어떻다는 것은 다 알 수 있어요."

그럼에도 당시 그의 트럭 운송 회사의 직원이었던 조카 빈스 메러데이가 그곳에서 집을 사려고 했다. 레빗타운으로 이주한 사람들 대다수와 마찬가지로 빈스 메러데이도 참전 용사였다. 그는 제2차 세계대전 때 해군으로 복무했는데, 시카고 외곽에 있는 오대호해군훈련소Great Lakes Naval Training Center에 배치되어 있었다. 제2차 세계대전 발발 직전, 미 해군성장관 프랭크 녹스는 루스벨트 대통령에게 전통적으로 아프리카계 미국인들이 군 안에서 맡았던 일 즉, 취사병이나 장교들 시중을 드는 일 외에 이들에게 다른 역할을 맡기도록 해군에 강요한다면 자신은 자리에서 물러날 것이라고 말했다. 그러나 진주만 공습 때 가장 영웅적인 활약을 벌인 미국인 수병이 아프리카계 미국인인, 주방에서 일하던 도리 밀러 이등병이었다는 사실이 널리 알려지면서—그는 선장을 안전한 곳으로 피신시키기 위해 기름에 불이 붙어 타오르는 갑판을 가로질러 달려가 기관총을 잡고 일본 공군기를 격추시켰다—여론의 압박에 직면한 녹스는 결국 두 손을 들고 말았다. 하지만 오대호 해군훈련소에서 아프리카계 미국인 신병들은 여전히 백인 신병들과 함께 훈련을 받지 못했다. 해군은 아프리카계 미국인 신병들을 위해 분리된 훈련소를 만들었다. 빈스 메러데이는 조종사 자격시험을 통과했지만 아프리카계 미국인은 비행 훈련에 참여하는 것이 금지되어 있었기 때문에 전쟁 기간 내내 정비공 보직에 머물렀다.[17]

1945년 마침내 일본이 항복을 선언하자 퇴역한 빈스 메러데이는 삼촌이 운영하는 회사로 들어가 레빗타운에 건설 자재를 운송하는 일을 했다. 그는 그 개발 단지에 지어진 주택을 한 채 사려고 했지만 그의 보증 신청은 반려되었다. 그래서 그는 대신에 동네 주민이 거의 흑인인 교외 지역의 주택단지 레이크뷰에 있는 집을 샀다. 레빗타운의 주택 소유자들은 계약금도 없이 저리의 재향군인관리국(VA) 주택담보대출로 집을 살 수 있었지만, 레이크뷰에서 빈스 메러데이는 같은 재향군인이면서도 거액의 계약금을 내고 높은 시장 금리가 적용되는, 정부 보증이 되지 않는 주택담보대출을 받아야 했다. 군 생활과 주택 시장에서의 인종차별 경험은 그에게 죽을 때까지 잊지 못할 큰 상처를 주었다.[18]

윌리엄 레빗이 빈스 메러데이에게 주택 판매를 거부한 것은 단순히 건설업자 한 사람의 편견에 따른 행동이 아니었다. 그가 생각을 달리 해서 레빗타운을 흑인과 백인이 어울려 사는 단지로 조성했다면, 연방정부는 그가 필지를 분할해 주택 분양하도록 허가하지 않았을 것이다. 제2차 세계대전이 끝나고 이후 수십 년 동안, 미 전역의 교외 지역—밀피타스와 팰로앨토, 레빗타운 같은—은 이런 방식으로 신도시로 개발되었다. FHA는 미국의 모든 대도시 지역에서 흑인과 백인의 주거 구역 분리를 공고히 하는 노골적인 인종차별 정책을 펼쳤다.[19]

IV

제2차 세계대전이 끝나고 신설된 VA 또한 퇴역 군인들을 대상으로 주택담보대출의 보증을 서 주기 시작했다. VA는 FHA의 정책을 그대로 답습했다. VA의 감정평가사들은 FHA의 〈보증업무지침서〉를 따랐다. 1950년대, FHA와 VA가 발행한 보증서는 미국 전역에서 발행된 모든 주택담보대출 보증서의 절반을 차지했다.[20]

FHA가 흑인과 백인의 주거 구역 분리에 가장 큰 영향을 끼친 방식은 주택담보대출 보증 신청자들에 대한 차별적 평가를 통해 개별적으로 영향력을 발휘하는 방식이 아니라, 인종적으로 배타적인 백인 거주 구역 전체 필지에 대해, 대개의 경우 해당 교외 지역 전체에 대한 자금 조달에 막강한 영향력을 행사하는 방식이었다. 프랭크 스티븐슨이 일터를 따라 밀피타스로 주거지를 옮기는 일이 좌절된 것은 FHA가 그에게 주택담보대출 보증을 서 주지 않았기 때문이다. 빈스 페러데이가 레빗타운에서 살 기회를 박탈당한 것은 VA의 감정평가사가 그의 주택담보대출에 보증을 서는 것이 너무 위험성이 높다고 판단했기 때문이다. 하지만 이 두 경우 말고도 수많은 다른 지역에서 대규모 주택단지를 개발하는 건설업자들은 교외 지역을 개발할 자금을 조달하기 위해 그 단지가 모두 백인 거주지일 것을 요구하는 FHA나 VA의 담보대출 보증 조건을 맞춰야 했다. 따라서 프랭크 스티븐슨과 로버트 메러데이가 이해한 것처럼, 그리고 빈스 메러데이가 깨달은 것처럼, 아프리카계 미국인들은 굳이 교외 지역의 주택단지에 새로 지은 단독주택을 분양받기 위해 안달복달할 이유가 없었다.

레빗타운은 1만 7500세대를 공급하는 대규모 개발 프로젝트였다. 그것은 전쟁이 끝나고 귀향하는 참전 용사들의 주택 문제를 해결할 수 있는—방 두 개에 대략 70제곱미터 넓이인 주택을 계약금 없이 8000달러에 대량 공급하는—야심찬 계획이었다. 윌리엄 레빗은 그 프로젝트를 투기라고 생각했다. 이것은 집을 살 사람이 회사에 자금을 대고 그 돈으로 집을 짓는 방식이 아니었다. 레빗은 집을 먼저 짓고 그 뒤에 집을 살 사람을 찾아야 했다. 따라서 FHA와 VA 없이는 그런 엄청난 프로젝트를 벌일 자금을 절대 모을 수 없었다. 그러나 제2차 세계대전 동안, 그리고 그 후에도 정부는 레빗 같은 대규모 주택 건설업자들에게 그들이 제안한 필지 분할과 개발 비용의 거의 전액을 은행에서 대출받을 수 있도록 보증할 권한을 가지고 있었다. 1948년, 미국 전역에 건설된 주택 대부분은 이런 정부의 자금 지원으로 지어진 것이었다.[21]

레빗이 레빗타운을 계획하고 설계를 끝내자마자, 그의 회사는 건축 허가를 위해 FHA에 설계 도면과 시방서를 제출했다. FHA의 허가가 떨어진 뒤, 그는 건축과 토지 매입을 위한 비용을 조달하기 위해 은행들과 저리 대출 협상을 벌이는 데 이 허가서를 활용했다. 은행에서는 레빚을 비롯한 대규모 주택 건설업자들에게 할인율이 적용된 대출을 기꺼이 내주었다. FHA의 사전 승인은 이어서 실제로 주택을 구매하는 사람들에게 담보대출을 해 줄 때 해당 주택에 대한 감정평가를 다시 하지 않아도 된다는 것을 의미했기 때문이다. 이것은 지역의 감정평가사들이 〈보증업무지침서〉를 들고 담보대출의 보증을 원하는 개별 담보물을 점검하기 위해 현장에 나가는 대신에—현장을 방문해 보면 거기에는 아무 것도 없이 빈터밖에 볼 것이 없었다—FHA는 사전 건설 계획 허가서를 기반으로 거의 기계적으로 최종 주택 구매자들에게 주택담보대출을 내주었다. 따라서 은행들 입장에서 이런 종류의 부동산 담보대출 제공은 위험 요소가 거의 없었다.

레빗타운을 비롯해서 전국의 그러한 개발 단지들에 대해서 FHA가 눈여겨 살펴보는 계획들은 승인된 건축 자재 여부, 설계 시방서, 예상 판매 가격, 지역의 개발 제한 사항(예컨대, 산업이나 상업 지구 개발 금지), 그리고 아프리카계 미국인에게 주택을 팔지 않는다는 약속 같은 것들이었다. FHA는 심지어 개발 예정지 **근처**에 아프리카계 미국인 동네가 있어서 흑인이 신규 개발 단지로 들어올 위험이 있으면 건축 승인을 취소하기도 했다. 요컨대, FHA가 레빗타운에 건설 자금을 제공하는 대가로 내세운 조건은 전쟁 기간 중에 조성된 주택단지인 롤링우드의 교외 지역 리치먼드처럼, 백인 전용 단지여야 하고 앞으로 다른 인종이 그곳에 들어올 가능성이 전혀 없어야 한다는 것이었다.

이 과정에서 FHA는 매우 적극적으로 개입했는데, 정부에서 파견된 감독관들이 레빗타운 같은 단지들이 개발되고 있는 건설 현장에 상주할 정도였다. 윌리엄 레빗이 1957년 의회에 나와 이렇게 증언했다. "우리는 100퍼센트 정부가 하라는 대로 합니다."[22]

1960년, 뉴저지주 법원에서는 자기네 주에서 진행 중인 레빗의 개발 사업에 미치는 FHA의 영향력이 매우 막강하기 때문에 "공적 재원의 지원을 받는 주택 공급 사업"이라 할 수 있고, 따라서 뉴저지주 법령에 따라 아프리카계 미국인에게 그 주택을 파는 것을 거부할 수 없다고 판결했다. 법원의 판결 소견에는 정부가 레빗의 프로젝트에 깊이 관여했다는 것을 인정한 사실 말고도 FHA가 그 프로젝트의 설계, 건설, 자금 조달을 총괄 감독한 여러 가지 방법들에 대한 상세한 설명이 들어 있었다. 하지만 그 판결이 미 전역에 효력을 미치지는 못했다. 아프리카계 미국인에게 주택을 팔라고 하는 법원의 명령은 연방법이 아니라 뉴저지주 법령에 따른 것이었기 때문이다.

레빗타운은 전후 미국 도시 인구의 주거지가 교외로 이동한 현상의 상징이 되었지만, 그렇다고 그곳이 FHA와 VA가 자금을 지원해서 개발한, 최초 또는 유일한 백인 전용 단지는 아니었다. 정부가 정책적으로 미국 전역의 대도시 지역의 교외에 그런 주택단지들을 건설했기 때문이다. 교외 지역에 조성된 최초의 백인 전용 주택단지는 1946년 휴스턴의 북서쪽에 신도시로 개발된 오크포레스트였다. 곧이어 캔자스시티 인근에 개발된 프레리빌리지 또한 FHA의 보증으로 재원을 마련해서 신도시로 조성된 곳이다. 제2차 세계대전 이후 수십 년 동안 캘리포니아를 비롯한 서부 지역의 급속한 성장은 이처럼 연방정부가 흑인 배제를 조건으로 제공한 재원을 바탕으로 이루어졌다. 1950년 샌프란시스코 남쪽 데일리시티에 개발된 웨스트레이크, 1949년과 1953년 사이에 로스앤젤레스 남쪽에 레빗타운보다 약간 작은 규모로 건설된 레이크우드, 전쟁 때 전함을 만들던 회사에서 갈라져 나온 카이저커뮤니티 홈스Kaiser Community Homes가 로스앤젤레스 남쪽에 개발한 신도시 웨스트체스터, 샌퍼낸도밸리의 파노라마시티 또한 모두 FHA 지원으로 조성된 백인 전용 주택단지였다.[23]

V

세인트루이스에서 일어난 일은 FHA 정책이 얼마나 냉혹할 수 있는지를 잘 보여 준다. 찰스 배터럿은 세인트루이스카운티 서쪽에 단독주택 지구를 조성하기 위해 FHA의 사전 보증을 받아 낸 지역의 건축업자였다. 배터럿은 그가 개발하는 단지 이름을 세인트앤이라고 붙였다. 그는 그곳을 하위 중산층 가톨릭 가정이 모여 사는 동네, 특히 전쟁을 끝내고 돌아오는 재향군인들의 주거지로 만들 생각이었다. 1943년에 착공한 이 단지는 가톨릭 신자들에게 주택을 분양하기 위해 특별한 노력을 기울였지만, 가톨릭을 믿지 않는 백인들에게 분양을 금지하지는 않았다. 다만, FHA가 요구하는 대로 흑인들에게는 분양을 금지했다.[24]

배터럿은 인종 문제에 대해서 상대적으로 중도적 입장이었고, 아프리카계 미국인들에 대한 주택 공급 또한 별도의 사업으로 반드시 처리되어야 한다고 믿었다. 그래서 그는 세인트앤이 완공된 뒤, 거기서 멀지 않은 브레켄리지힐스에 아프리카계 미국인을 위한 주택단지 데포레스를 건설했다. 그는 트럭 운전사에서 약사에 이르기까지 세인트앤의 입주자들과 비슷한 소득과 직업을 가진 아프리카계 미국인들에게 데포레스의 주택을 팔 생각이었다. 이들은 백인이었다면 세인트앤이나 전후 세인트루이스카운티 전역에 조성된 주택단지들에 입주할 수 있었을 그런 부류의 잠재 구매자들이었다.

그러나 데포레스는 아프리카계 미국인들을 위해 지어진 단지였기 때문에, 배터럿은 FHA의 지원으로 건설 자금을 마련할 수 없었다. 그 결과, 공사는 부실했고 주택 설계는 세인트앤보다 모자란 점이 많았다. 데포레스의 잠재 구매자들은 FHA나 VA의 주택담보대출 보증을 받을 수 없었기 때문에, 그곳에 지어진 집들 중 상당수는 임대를 줄 수밖에 없었다. 이에 배터럿은 FHA나 VA의 주택담보대출을 받지 못한 가정들이 돈을 모아서 집을 구매할 수 있도록 도와주는 특별 저축 제도를 마련했다. 하지만 데포레스의 주민들은 세인트앤의 주민들과 달리 이런 과정을 통해서 자본을 축적할 수 없었다. 또한 아프리카계 미국인들을 위해 개발된 데포레스에는 세인트앤에는 있는 공원과 운동장 같은 공공시설들이 없었다.

VI

FHA는 아프리카계 미국인들이 거주할 수 있거나 향후 흑인과 백인이 함께 사는 동네가 될 우려가 있는 데포레스 같은 주택단지의 개발 계획들을 승인하지 않으면서, 그 이유가 인종 문제 때문이라는 사실을 숨기려고 하지 않았다. 예컨대 1940년 디트로이트의 한 건축업자는 아프리카계 미국인 동네 근처에 주택단지를 건설하려는 계획에 대한 FHA의 융자 보증을 받아 내는 데 실패했다. 그 뒤 그는 그 흑인 동네와의 내왕을 막기 위해 약 800미터에 걸쳐 약 1.8미터 높이, 30센티미터 두께로 콘크리트 벽을 세웠다. 그러자 FHA는 그 건축업자의 융자를 승인했다. 때때로 FHA의 융자를 받은 사람들이 채무불이행 상태에 빠지기도 했는데, 그러면 FHA는 그 부동산을 압류한 뒤 재판매했다. 그럴 경우에도 FHA는 자기네 흑백 주거 구역 분리 방침을 어기지 않았음을 확인하기 위해 부동산 중개인들과 아프리카계 미국인에게 해당 부동산을 팔지 않겠다는 계약을 맺었다.[25]

　아주 드문 경우지만, FHA가 아프리카계 미국인 전용으로 개발된 주택단지에 대한 담보대출을 승인한 때도 있었다. 1954년, 아프리카계 미국인의 심각한 주택 부족에 대응하고 민권운동의 기세가 꺾이기를 기대하면서 당시 뉴올리언스시장이었던 드레셉스 모리슨은 FHA가 전문직에 종사하는 중산층 흑인들을 위한 주택 개발 사업에 보증을 서줄 것을 부탁했고, 그 대신에 그곳의 주택들을 백인에게 절대 팔지 않을 것임을 약속했다. 미국흑인지위향상협회(NAACP) 뉴올리언스지부는 즉각 그 흑인 전용 주택단지 개발에 항의했다. 하지만 FHA는 그 항의를 묵살했고, 마침내 새로 개발되는 단지는 아프리카계 미국인 가구만 수용하는 1000채의 주택으로 이루어졌는데, 공원과 골프장, FHA 보증을 받아 건설된 백인 전용 단지에 인접해 있었다. 1955년, FHA의 대변인은 50개 도시를 순회하며 아프리카계 미국인들을 대상으로 강연을

사진 3 재향군인관리국(VA)은 1950년 로스앤젤레스 남동쪽에 백인 재향군인만
을 위한 주택단지인 "선키스트가든스" 개발 사업에 보조금을 제공했다.

했는데, 자신들이 뉴올리언스에서 이룬 성취에 대해서 자랑하면서 그러한 흑백 주거 구역 분리 주택단지 건설 사업이 "FHA가 원하던 형태"라고 청중들에게 말했다.[26]

다음에 나오는 사례들은 한 가지 패턴을 보여 준다. 인종에 따라 주거 구역을 분리하는 정책에 정부가 매진하는 상황은 남북전쟁이 끝나고 1877년 이후 국가 재건 기간에 백인들의 흑인에 대한 폭력적인 억압이 전파되는 양상을 따라 전국으로 확산되기 시작했다. 1917년 연방대법원이 배타적 주택 지구 지정 조례를 통한 인종차별 정책의 1차 파고를 막았지만, 연방정부는 남부 지역과 그 인근의 주들뿐 아니라 미 전역의 도시들이 그 판결을 회피할 수 있는 방법들을 제시하기 시작했다. 1920년대 하딩 행정부의 주택지구지정자문위원회는 단독주택 지구와 다가구주택 지구를 구분하는 주택 지구 지정 조례들을 통과시키는 일에 매진했다. 정부가 공식적으로 그렇게 말한 적은 없지만, 그 위원회 사람들은 자기들 목적이 인종 간의 통합을 막기 위한 것이라는 사실을 굳이 숨기려 하지 않았다. 동시에 1920년대와 후버 행정부 임기(1929년~1933년) 내내 정부는 백인 중산층 가정을 향해 기존에 살던 아파트를 떠나 단독주택으로 이사 갈 것을 설득하는 선전 활동을 펼쳤다. 1930년대 루스벨트 행정부는 모든 대도시 지역의 지도를 만들었고, 지도에 압류 위험 지구를 표시했는데 이는 주민들의 인종도 위험도를 가리는 기준이 되었다. 그런 다음 정부는 아프리카계 미국인이 이사 올 위험이 거의 없는 백인만 사는 동네의 집주인들에게 주택담보대출 보증서를 발행해 주었다. 제2차 세계대전이 끝난 뒤, 연방정부는 한

발 더 나아가 미국의 도시들 주변을 둘러싸게 된 교외 지역에 백인 주택단지를 짓는 대규모 건설업자가 은행 융자를 받을 수 있게 도와줌으로써 모든 대도시 지역의 교외에 백인 주택단지를 조성하는 데 박차를 가했다.

1973년, 미국인권위원회U.S. Commission on Civil Rights는 "정부가 보조하고 지원한 주택산업이 흑인과 백인을 차별하는 주택 공급이라는 유산을 남긴 것에 대해서 기본적으로 책임을 져야 한다. … 정부와 민간 업체는 결국 흑백 주거 구역 분리 체계를 창출한 공모자였다"고 결론을 내렸다.[27]

5장

민간 계약과 정부의 강제집행

     연방주택관리국(FHA)이 20세기 중반에 백인만 거주하는 교외의 주택단지 건설을 본격적으로 후원하기 전, 이미 많은 도시의 동네는 인종별로 사는 구역이 나뉘어 있었다. 주택 소유자들과 건축업자들은 개별 부동산 등기권리증과 주민들 간 계약서에 향후 아프리카계 미국인들에게 집을 팔지 않는다는 문구를 넣음으로써 흑인과 백인의 주거 구역을 분리하는 제반 환경을 일찌감치 만들어 놓았다. 그런 제한 조치들을 지지하는 사람들은 그러한 인종차별적 배척이 자신들이 소유한 부동산의 가치를 높인다고 굳게 믿었다. 그들은 그런 부동산 등기권리증이 주 정부의 인종차별적 조치를 금지한 헌법에 위배되지 않는, 사적으로 이루어지는 단순한 민간 계약에 불과하다고 생각했다. FHA는 이 두 가지 논리를 모두 수용했다.

     그러나 1948년 연방대법원이 부동산 등기권리증과 합의 계약서에 포함된 인종차별 항목은 민간 계약이라도 정부가 법적 효력을 반드시 인정해야 하는 것은 아니라고 판결을 내리자, FHA를 비롯한 유관 정부 기관들은 그 판결을 회피하고 뒤엎으려고 애쓰면서, 적어도 이후 10년 동안 정부가 후원하는 흑백 주거 구역 분리 정책을 계속 끌고 나갔다.

|

19세기 초, 메사추세츠 브루클라인에서는 부동산 등기권리증을 "흑인이나 아일랜드 출신에게는" 전매할 수 없었다. 이런 조문은 1917년 연방대법원이 뷰캐넌 소송에서 흑백 분리 주택 지구 지정 조례를 위헌이라고 결정하자 그것을 회피하기 위한 수단으로 즐겨 쓰이게 되면서 1920년대에 미 전역으로 확산되었다.[1]

부동산 등기권리증에 쓰인 이런 문구는 부동산 구매자들이 반드시 지켜야 할 "의무 약정restrictive covenants" 가운데 하나였다. 창문 테두리를 무슨 색으로 칠해야 하는지, 집 앞 화단에는 무슨 나무를 심어야 하는지 같은 것들이 집주인이 지켜야 할 약정에 포함되어 있었다. 그것은 지금도 마찬가지다. 20세기 전반기까지 이 긴 약정 목록에서 한 가지 변하지 않고 남아 있었던 항목은 아프리카계 미국인에게 절대 집을 팔거나 임대하지 않는다는 약속이었다. 1925년 뉴저지 북부 교외 지역의 한 주택의 등기권리증에 기재된 다음과 같은 내용은 당시에 집을 사고팔 때 적용된 아주 전형적인 의무 약정 문구였다.

상기 건물 부지에는 제1당사자의 서면 동의 없이 도축장이나 대장간, 단조용 용광로, 증기기관, 황동 제조소, 못이나 쇠를 녹이는 주물 공장, 화약이나 접착제, 니스, 황산, 테레빈유 제조소, 또는 가죽을 무두질하거나 무두질한 가죽을 손질하는 장소, 유해하거나 위험하거나 불쾌한 일을 수행할 장소를 만들거나 유지, 관리할 수 없다. 옥외 화장실에는 적당한 가림막을 갖춰야 하며, 상기 건물 부지 어느 곳도 정신병자나 술주정꾼 같은 사람들을 수용하는 병원, 묘지 등 매장 장소로 쓰일 수 없고, 백인 주거지 이외에 다른 어떤 구조물로도 사용될 수 없다.

이런 문서에는 거의 대부분 함께 거주하는 가정부나 보모에 대한 예외 규정이 있었는데, 1950년 캘리포니아 데일리시티의 교외 단지 웨스트레이크의 한 집 등기 문서에 나온 문구가 바로 그런 내용을 잘 보여 준다.

상기 부동산이나 그곳의 일부 어느 곳을 백인이나 코카서스 인종이 아닌 사람이 차지하거나 사용하거나 거주할 수 없다. 다만, 백인 코카서스인 소유주나 세입자, 부동산 사용자가 고용한 하인이나 가정부 같은 사람들의 경우는 예외로 한다.

그러나 인종차별적인 의무 약정을 담고 있는 주택 등기권리증의 효력은 제한적이었다. 백인 가구가 아프리카계 미국인에게 집을 판다고 해도, 이웃집이 그 거래를 뒤집기 위해 소송을 제기해서 그 아프리카계 가구를 내쫓는 일은 (불가능하지는 않았지만) 어려웠다. 그 기존 의무 약정은 현재 주인과 전 주인 사이의 계약 사항이었기 때문이다. 현재의 주인이 계약을 위반했다면, 직접적 피해를 입은 소송 당사자는 이웃집이 아니라 그 집의 전 주인이었다. 등기권리증에 최초로 해당 의무 약정 문구를 넣은 부동산 개발업자가 소송을 제기할 수 있었지만, 대개 일단 집을 판 사람은 대개 그 뒤에 그 집이 누구 소유로 넘어가든 더 이상 관심이 없었다.

그래서 20세기 들어 인종차별적 의무 약정은 점점 한 동네의 주택 소유주 전체를 대상으로 하는 계약의 형태를 띠기 시작했다. 이런 조건 아래서는 아프리카계 미국인 가정이 그 동네의 어느 한 집을 살 경우 이웃집에서 소송을 제기할 수 있었다. 때때로 일부 소유주는 그런 형태의 계약서를 만들어 동네 전체 또는 대다수 이웃의 서명을 받으려 했다. 그러나 이것 또한 완벽하지는 않았다. 그 계약서에 서명하지 않은 사람 가운데 어떤 이가 소송 제기 여부에 상관하지 않고 아프리카계 미국인에게 집을 팔지도 모르기 때문이었다.

이 문제를 해결하기 위해 많은 부동산 개발업자가 집을 최초로 분양하기 전에 지역 주민자치회를 구성했다. 그리고 주택 분양 조건으로 구매자들을 그 자치회 회원으로 가입하게 했다. 지역 주민자치회의 규약은 대개 백인만을 위한 조항으로 이루어졌다. 이러한 전략은 1920년대 부동산 개발업자 J. C. 니컬스가 캔자스시티에 주택 6000채, 아파트 160동, 주민 3만 5000명을 수용하는 컨트리클럽디스트릭트를 건설하면서 전국적으로 널리 알려졌다. 니컬스는 그곳의 주택을 분양받는 사람들에게 지역 주민자치회 가입을 요구했다. 자치회 규약은 흑인들에게 집을 팔거나 임대하는 것을 금할 뿐 아니라, 그 단지 내 대다수 집주인들 동의 없이 이러한 인종 배제 정책을 수정할 수 없게 되어 있었다. 니컬스의 주택단지 사례는 모범적인 흑인 분리 사례로, 이후 곧바로 캔자

스시티의 다른 모든 주택 개발지 분양 계약서에 적용되었다.[2]

브루클라인에서 확고하게 자리 잡은 패턴은 미국 북동부 지역에 깊이 스며들었다. 예컨대, 뉴욕시를 둘러싸고 있는 교외 지역인 퀸스와 나소카운티, 웨스트체스터카운티에서 1935년과 1947년 사이에 지어진 300개 주택단지에 대한 한 조사는 그중 56퍼센트가 계약서에 흑인의 입주를 배제하는 의무 약정 조항을 담고 있음을 보여 주었다. 단지 규모가 큰 경우(분양 주택 75가구 이상)는 85퍼센트가 그런 상황이었다.[3]

중서부 대도시들도 상황은 마찬가지였다. 1943년, 시카고 지역에 결성된 지역 주민자치회 가운데 약 175곳에서 아프리카계 미국인에 집을 팔거나 임대하는 것을 금지하는 주택 등기권리증 제도를 시행하고 있었다. 1947년, 시카고에서 아프리카계 미국인 지역 외곽에 있는 백인 주택 지역의 절반이 주택 등기권리증에 그러한 의무 약정을 담고 있었다. 1943년부터 1965년까지 디트로이트에서는 백인 주택 소유주, 부동산 중개인, 부동산 개발업자 들이 백인 동네에 흑인이 입주하는 것을 지속적으로 막기 위해 지역 주민자치회를 192곳에 조직했다.[4]

로키산맥 동부 캐나다 접경의 대초원 지대인 그레이트플레인스 지역도 상황은 다르지 않았다. 오클라호마주 대법원은 1942년에 흑인이 살 수 없도록 제한한 의무 약정이 있는 집을 산 아프리카계 미국인의 주택 구입 계약을 무효로 판결했을 뿐 아니라, 집을 판 백인 때문에 발생한 소송과 변호사 비용을 포함한 재판 비용 전액을 모두 흑인 구매자에게 부과했다.[5]

서부 지역의 많은 도시와 그 교외 지역에서도 흑인을 배제하는 인종차별적 약정들이 포괄적으로 적용됐다. 1935년과 1944년 사이에 항공사 보잉Boeing의 창업자 W. E. 보잉은 시애틀 북부 교외 지역을 개발했다. 이 기간, 그리고 제2차 세계대전이 끝난 뒤, 사우스시애틀랜드컴퍼니South Seattle Land Company, 퓨젓밀컴퍼니Puget Mill Company 같은 부동산 개발업체들이 더 많은 교외 지역에 새로운 주택단지들을 개발했다. 이 건설업체들은 모두 그들이 개발한 단지의 주택 등기권리증에 특정 인종을 배제하는 조항을 삽입했다. 그 결과, 아프리카계 미국인 인구를 교외 지역의 백인 주거 구역이 둘러싸고 있는 형태의 도시가 만들어졌다. 예컨대, 보잉이 개발한 단지의 주택 등기권리증에는 이렇게 쓰여 있었다. "덧붙여서 어떤 부동산도 그 전체나 일부를 백인이나 코카서스 인종이 아닌 사람에게 팔거나 양도하거나 임대할 수 없다." 그러나 아프리카계 미국인 가정부의 경우는 그 집에 입주해 일할 수 있었다. 시애틀만 해도 20세기 전반까지 그런 인종차별적 의무 약정을 찬성하는 지역 주민자치회가 수없이 결성되었다.[6]

캘리포니아 오클랜드의 디윗 버킹엄은 제2차 세계대전 때 육군의무부대의 대위였던 훌륭한 아프리카계 미국인 내과 의사였다. 전쟁이 끝난 뒤, 그는 오클랜드시의 아프리카계 미국인 지역사회를 위해 일하는 의사로서 입지를 확고히 다졌다. 1945년, 한 백인 친구가 캘리포니아대학 교수와 행정 직원 들이 많이 사는 버클리의 한 동네 클레어몬트에 있는 집을 샀다가 버킹엄에게 다시 팔았다. 그 집의 실제 구입자가 누구인지 밝혀지자, 동네 입주민을 "순수한 코카서스 인종 혈통"으로 제한하는 계약서 조항에 대한 관리, 감독 권한이 있는 지역 주민자치회 조직인 클레어먼트번영회Clarement Improvement Club는 소송을 제기했다. 그러자 주 법원은 버킹엄에게 그 집에서 퇴거할 것을 명령했다.[7]

1937년부터 1948년까지 로스앤젤레스에서는 지역 주민자치회가 자기 동네의 주택매매계약서에 기재된 흑인의 입주를 막는 조항을 강제집행하기 위해 아프리카계 미국인들을 살던 집에서 쫓아내려고 제기한 소송이 100건이 넘었다. 1947년에는 그러한 조건을 어기고 구입한 집에서 퇴거하라는 주민자치회의 요구를 거부한 한 아프리카계 미국인 남성이 구치소에 수감된 경우도 있었다.[8]

캘리포니아대학 LA캠퍼스(UCLA) 옆에 있는 동네 웨스트우드는 그런 식으로 흑인과 백인의 주거 구역이 분리된 곳이다. 훗날 미 하원의원이 된 조지 브라운은 열아홉 살 UCLA 학생이던 1939년 당시 협동조합주택연대 대표를 맡고 있었고, 단체가 입주할 건물을 찾고 있었다. 그 시절 아프리카계 미국인과의 주택 계약 금지에 반대하는 집단에게 부동산을 팔 사람은 아무도 없었다. 그러나 그 단체는 계속 건물을 찾았고, 마침내 보통 입주해서 함께 사는 가정부에 대한 예외를 인정하는 인종차별적 약정이 담긴 등기권리증이 있는 건물 한 채를 구입했다. 브라운의 협동조합은 학생들이 저마다 일주일에 다섯 시간씩 청소와 조리, 장보기 같은 일을 해야 한다는 규칙을 정했다. 그래서 그 단체의 구성원들 모두가 실제로 법적으로 가정부 지위를 인정받았고, 아프리카계 미국인 학생들도 거기에 합류할 수 있었다. 그러나 이 술책은 웨스트우드의 흑백 주거 구역 분리와 같은 인종차별 상황을 전반적으로 뒤집는 데는 아무런 기여도 하지 못했다.[9]

　정부는 점점 모든 차원에서 흑인의 입주를 금지하는 의무 약정을 널리 알리고 약정의 강제집행에 깊이 관여하게 되었다. 미국 전역에 걸쳐, 법원들은 아프리카계 미국인들에게 그들이 구입한 집에서 퇴거할 것을 명령했다. 주 대법원들은 그 명령에 이의를 제기하면 관행을 들어 이의를 기각했다. 앨라배마, 캘리포니아, 콜로라도, 캔자스, 켄터키, 루이지애나, 메릴랜드, 미시건, 미주리, 뉴욕, 노스캐롤라이나, 웨스트버지니아, 위스콘신에서 그런 일들이 일어났다. 그와 같은 수백 건의 소송과 관련해서 판사들은 흑인의 입주를 막는 계약서의 약정들이 모두 민간에서 이루어진 사적 계약이기 때문에 헌법을 위배하지 않는다는 견해를 지지했다.[10]

　지방정부들은 그런 식으로 작성된 계약서를 적극 장려함으로써, 그 계약의 약정 내용이 순전히 사적 문서에 불과하다는 사실을 불식시켰다. 예컨대, 1917년 뷰캐넌 판결이 내려진 뒤, 볼티모어시장은 시의 수석법무담당관이 지휘하는 "흑백주거분리위원회Committee on Segregation"라는 조직을 공식적으로 출범시켰다. 그 위원회의 활동 가운데 하나는 그러한 계약 내용을 채택하는 지역 주민자치회들을 조직하고 지원하는 일이었다. 1943년, 주민이 모두 백인인 로스앤젤레스의 교외 도시 컬버시티는 공습 대피 지도원 회의를 열었다. 그들의 임무는 일본군 폭격기가 공습 표적을 발견하지 못하도록 하기 위해 저녁 때 모든 가정이 불을 끄거나 등화관제용 커튼을 쳤는지 확인하는 일이었다.

컬버시티의 법무담당관은 회의에 참석한 공습 대피 지도원들에게 그들이 등화관제를 위해 각 가정에 방문할 때 집주인들이 아프리카계 미국인들에게 집을 팔거나 세를 주지 않겠다고 약속하는 문서도 배부하라고 지시했다. 그들은 특히 아직까지 장기 계약을 맺지 않은 집주인들을 집중적으로 공략하라는 이야기를 들었다.[11]

그러나 무엇보다도 그런 활동을 가장 강력하게 지원한 주체는 주정부나 지방자치체들이 아니라 연방정부였다. 1926년, 연방대법원은 배타적 구역 설정과 흑인의 입주를 막는 의무 약정이 담긴 계약서는 자발적으로 맺은 사적 계약이지 정부 조치가 아니라고 평결하면서 둘 다 합법으로 인정했다. 이러한 연방대법원의 결정에 따라, 이후 구성된 행정부들은 그 의무 약정서를 미국을 흑인과 백인으로 분리하고 차별하는 수단으로 받아들였다.[12]

1931년 후버 대통령이 주재한 국민의 주택 소유 관련 대책회의에서 할랜드 바살러뮤가 지휘하는 필지분할기획위원회는 새로 조성되는 동네에 모두 "적절한 제한 조치"가 필요하다고 권고했다. 바살러뮤는 "적절한"이라는 용어를 정의하기 위해 회의 참석자들에게 1928년에 작성된 등기권리증 검토 결과가 담긴 보고서를 회람하게 했다. 그 검토 결과를 보면, 당시 신규로 개발된 주택단지 40곳 가운데 38곳이 아프리카계 미국인들에게 주택을 팔거나 그들의 거주를 금지했음을 알 수 있었다. 그 보고서는 등기권리증에 기재된 흑인을 배척하는 문구들이 "최근 몇 년 사이에 흑인들의 급속한 유입을 경험한 동부와 북부의 대도시들 인근 지역에 매우 일반적으로 사용"되었음을 보여 주었다. 보고서에 따르면, 이러한 금지 조치는 부동산 개발업자에게나 주택 소유주에게나 모두 이득이었다. 부동산 개발업자의 경우는 그러한 금지 조항이 향후 주택을 분양받을 고객들에게 자신의 개발 계획을 더욱 매력적으로 보이게 만들었고, 주택 소유주의 경우는 "이웃에 달갑지 않는 사람이 들어와 영향력을 행사하는 것을 원천 차단함으로써" 자기가 보유한 부동산을 보호할 수 있었기 때문이다. 1928년 검토 보고서는 기획위원들에게 그러한 인종차별 조항들이 정부가 개입하지 않은 개인적 행위를 요구하는 것이기 때문에 합법적이라는 점을 확신하게 했다.[13]

이러한 확신의 배경이 되는 한 가지 주목할 만한 사실은 인종차별적 주거 구역 분리와 관련해서 정부가 개입할 경우 그것은 헌법을 위배하는 행위가 될 것이라는 인식이었다. 거기에는 최근에 연방대법원이 "사적인" 등기권리증에 기재된 인종과 관련된 용어는 헌법적으로 용인될 수 있다고 판결을 내린 것에 대한 방어적 측면이 분명히 있었다. 이것은 바살러뮤 보고서가 왜 자체적으로 직접 인종차별적 흑인 배제 권고를 하지 않고 대책회의에 참석한 사람들에게 1928년 검토 보고서를 참조하게 함으로써 간접적으로 권고했는지 그 이유를 설명할 수 있을 것이다. 그러나 정부가 이렇게 우회 전략을 쓰기는 했지만, 새로운 주택단지에 적용되는 "적절한" 규약에 흑인을 배제하는 내용이 들어간 보고서를 연방정부가 주관하는 대책회의에서 채택했다는 점에서 이것을 정부의 개입이 아니라고 말할 수는 없는 노릇이었다. 그러나 훗날 프랭클린 루스벨트 행정부는 그 규약을 단순한 권고가 아닌 필수 조건으로 바꿨다.

III

FHA는 처음부터 지역 감정평가사들을 통해 해당 동네나 그 인근에 아프리카계 미국인이 살고 있지 않은 지역의 주택담보대출 신청자들은 신용 등급을 높여 주고, 등기권리증에 흑인에게 팔지 않는다는 조항을 넣은 주택에 대해서는 위험 지수를 낮게 매겼다. FHA가 초기에 발간한 〈보증업무지침서〉들은 "지역에 나쁜 영향을 끼치는 것들을 막기 위해 적절한 배타적 구역 설정과 등기권리증에 적당한 제약 규정이 있고 그 규정이 집행되는" 곳에 대해서 좋은 등급을 부여할 것을 권고했다. 그리고 "특히 서로 어울려 살기 어려운 인종이나 민족 집단들이 침투하는 것은 … 지역에 나쁜 영향을 끼치는 아주 중요한 요소다"라고 덧붙였다.[14]

그 지침서에 따르면, 배타적 구역 설정의 범위 안에 들어가는 집—예컨대, 주변에 단독 가구 주택만 지을 수 있도록 허가된 집—이라면, 높은 신용 등급을 받을 만한 가치가 있을 거라고 했지만, 그 조례만으로는 충분하지 않았다. 그것으로 아프리카계 미국인 중산층이 그 동네의 집을 사는 것을 막을 수는 없었기 때문이다. 그래서 FHA는 자기네가 발행하는 주택담보대출 보증서를 받으려면 해당 주택의 등기권리증에 아프리카계 미국인에게 집을 팔지 않는다는 내용을 명시할 것을 권고했다. FHA는 1936년판 지침서를 통해 산하 감정평가사들에게 다음과 같이 교육했다.[15]

284 (2). 세심하게 만들어진 배타적 구역 설정 규정은 거기에 해당되는 주택뿐 아니라 그 주변 지역에까지 통제권을 행사하기 때문에 매우 효과적이다. 하지만 동질적이고 사이좋은 동네를 보장하기에는 아주 충분하다고 할 수 없다.

284 (3). 배타적 구역 설정 조례를 강화하고 보완하기 위해서는 등기권리증에 제한 규정을 기재해야 한다. … 기재 사항으로 권장하는 내용은 … 당초 계획에 없는 인종의 주택 점유를 금지하고, 그에 반할 경우 강제집행을 할 수 있는 적절한 단서 조항이다.

여기서 FHA가 말하는 "강제집행을 할 수 있는 적절한 단서 조항"이란 배타적 구역 설정이 된 동네의 주택을 아프리카계 미국인이 구입하거나 임차 계약을 맺을 경우, 동네 사람들이 해당 주택 구입자나 세입자의 퇴거 명령을 법원에 요구할 권리를 의미했다.

FHA는 새로운 주택단지를 개발하는 건축업자에게 건설 자금을 조달해 주는 조건으로 부지에 지어지는 주택의 등기권리증에 흑인의 입주를 금지하는 의무 약정을 넣도록 권고—대개의 경우, 필수 사항으로 요구—했다. 연방정부는 데이비드 보해넌에게 캘리포니아 리치먼드 외곽에 백인만 거주할 수 있는 롤링우드 주택단지를 짓는 책임을 맡기면서 아프리카계 미국인에게 주택을 팔지 못하게 했을 뿐 아니라, 그 단지 내 모든 주택의 등기권리증에 흑인을 배척하는 조항을 넣도록 요구했다. 윌리스 스테그너의 펠로앨토반도주택조합이 FHA의 인종차별 정책 때문에 흑인이 포함된 협동조합을 해산할 수밖에 없게 되자, 라데라 부지를 매입한 한 민간 부동산 개발업자는 흑인에게 집을 팔지 않는다는 의무 약정을 넣는 것을 조건으로 은행 융자를 위한 FHA의 보증 승인을 받았다. 세인트루이스의 부동산 개발업자 찰스 배터럿이 시 교외 지역에 세인트앤 주택단지를 짓기 위해 FHA가 보증을 서는 은행 융자를 받을 때, 그는 그 주택단지의 모든 부동산 등기권리증에 "코카서스 인종을 제외한 다른 어떤 인종도 상기 부지나 그 위에 지어진 건물의 전체 또는 일부를 팔거나 임대하거나 거기에 거주하지 못한다"로 시작하는 문구를 넣어야 했다. 그리고 레빗타운 개발을 위한 건설 융자에 대해 FHA가 보증을 설 때도 그 단지의 모든 주택의 등기권리증에 아프리카계 미국인 거주를 배제하는 약정 조항을 넣는 것을 전제로 했다.[16]

새로운 주택단지를 건설하는 건축업자는 대개 은행 융자로 건설 자금을 마련하기 위해 FHA의 보증서를 받기 전에 사전 승인을 받기 마련인데, 그럴 때마다 해당 단지의 부동산 등기권리증에 "연방주택관리국의 요구에 따르면, 상기 부지에 대한 담보대출은 앞서 언급한 제한 조건들의 적용을 받고 예속되므로"와 같은 표현이 삽입된 서문이 들어가는 것은 흔한 일이었다. 그리고 제2차 세계대전이 끝난 뒤, 재향군인관리국(VA)도 주택담보대출을 보증하기 시작하면서, FHA와 마찬가지로 부동산 등기권리증에 흑인의 거주를 배제하는 의무 약정을 기재할 것을 권고했는데, 대개는 그것을 필수 조건으로 요구했다.[17]

연방대법원은 6년 후인 1954년에 '브라운 대 교육위원회*Brown vs. Board of Education*' 판결이 미국의 교육 분야에 획기적인 변화를 초래한 것과 같은 정도로 주택 정책에 거대한 변동을 몰고 온 판결을 내렸다. 1948년, 연방대법원은 1926년 흑인의 입주를 막는 배타적 의무 약정을 인정한 자신들의 판결을 파기하고 주 법원에 의한 강제집행이 헌법에 위배되는 조치임을 인정했다. 개인이 인종차별을 하는 행위와 관련된 '셸리 대 크레머*Shelley v. Kraemer*' 재판에서 연방대법원이 내린 판결이 바로 그 내용이었다. 아프리카계 미국인에게 집을 파는 것을 금지한 등기권리증은 주 법원이 백인 동네에서 집을 산 흑인 가구에게 퇴거 명령을 내려서 그들이 강제로 집을 떠나게 할 때만 효과를 발휘할 수 있었다. 다시 말해서, 흑인에게 집을 파는 것을 막는 의무 약정의 효력은 전적으로 사법제도의 협력에 의존했다. 따라서 주 법원의 명령에 의한 흑인과 백인의 강제 주거 구역 분리는 주 정부의 인종차별 행위를 금지하는 수정헌법 제14조 위배였다.[18]

연방대법원은 또한 같은 날 함께 판결한 내용에서 워싱턴 D.C. 같은 연방정부의 땅과 관련된 계약 조항들을 강제집행하기 위해 연방법원을 통하는 것을 금지했다. 이 판결의 논리적 귀결은 연방법원의 인종차별 공모 행위가 법률상 흑인 분리의 구성 요건이 된다면, FHA 같은 행정부 산하 기관들의 차별 행위 또한 당연히 법률상 흑인 분리에 해당된다는 사실이었다. 그럼에도 불구하고 연방정부는 셸리 사건과 연방

정부 토지와 관련된 연방대법원 판결의 효력을 훼손시킬 방법을 찾는데 몰두했다.[19]

나중에 브라운 판결의 결과로 일어난 일처럼, 연방대법원의 판결 내용은 엄청난 반발을 몰고 왔다. 그러나 셸리 판결의 경우, 반발의 발원지가 주 정부가 아닌 연방정부 산하 기관들이었다.

연방대법원 판결이 나고 2주 뒤, FHA 국장 프랭클린 리처즈는 셸리 사건의 판결이 "당 기관의 사업들에 전혀 영향을 끼치지 않을 것"이며, "우리의 기본적인 구상이나 진행 과정에 어떤 변화도 주지 않을 것"이라고 언명했다. 리처즈는 "국민주택법National Housing Act의 시혜를 받았다는 명목으로 개인들에게 자기 판단에 따라 자기 재산을 처분할 권리를 포기하라고 요구하는 것은 정부의 정책"이 아니라고 덧붙였다. 6개월 뒤, 당시 미국흑인지위향상협회(NAACP)의 법률 자문이었던(훗날 연방대법관이 된) 서긋 마셜이 대단위 개발 단지 레빗타운의 등기 권리증에 흑인의 입주를 제한하는 약정을 넣도록 요구하는 FHA 정책에 이의를 제기했을 때, 리처즈는 이렇게 응답했다. "법에 명시된 권한 없이 약정을 맺고, 그 약정에 대해 강제집행을 청구하지 않은 사람에게 정부나 그 산하 기관이 마땅히 제공해야 할 통상적인 보호와 혜택을 거두어야 한다는 내용은 셸리 사건 판결문 어디에도 없다."[20]

셸리 판결 이후 1년 뒤, FHA의 상급 기관인 미국주택금융공사의 최고자문위원 버치맨스 피츠패트릭은 연방정부 관리들이 그 판결을 전혀 개의치 않고 있음을 잘 보여 주었다. 그는 특정 동네의 집주인들이 이제 더 이상 거주자의 인종 문제로 FHA의 보증 자격을 얻지 못하는 일은 없을 것이라면서, 앞으로 "인종 문제 때문에 발생한 가치 하락을 인정할 수 있는 구체적이고 객관적인 기준들이 나와야 한다"고 단언했다. 피츠패트릭은 "인종 문제 때문에" 담보대출을 거부하는 것을 정당화할 수 있는 객관적 기준이 무엇인지에 대해서는 설명하지 않고, 아프리카계 미국인 가정이 이웃에 살면 부동산 가치가 예외 없이 하락한다는 FHA의 확신을 한 점 의심도 없이 되뇌고만 있었다.[21]

FHA의 현장 실무자들은 피츠패트릭이 무슨 의미로 그런 말을 했는지 아주 잘 알고 있었다. 1948년, 한 무리의 가족들이 시카고에서 서쪽으로 32킬로미터쯤 떨어진 교외 지역인 일리노이주 롬바드에 주택 60채를 짓고 거주하기 위해 협동조합을 만들었다. 앞서 월리스 스테그너가 캘리포니아에서 이끌었던 주택협동조합처럼, 롬바드의 조합은 인종을 구분하지 않았기 때문에 조합에 아프리카계 미국인 가정이 2가구 포함되어 있었다. 스테그너와 그의 조합원들이 담보대출 보증을 간절히 요청했을 때 그랬던 것처럼, FHA는 조합원 가운데 백인이 아닌 인종이 있다는 이유로 롬바드 조합에도 보증을 거부했다. FHA 부국장 윌리엄 J. 록우드는 협동조합에 보낸 답신에서 당 기관은 "[흑인의] 침투가 지역의 부동산 시장에서 용납될 수 없기" 때문에 그 단지 개발 사업에 융자 보증을 설 수 없다고 했다. 서굿 마셜이 트루먼 대통령에게 보낸 짧은 서신에서 지적했듯이, 지역의 부동산 시장을 앞세워 헌법상 국민의 권리를 능멸하도록 방치하는 것은 이미 20년 전 위헌적 행위로 판명된, 주민투표로 흑인 가정의 입주 여부를 결정할 수 있었던 배타적 구역 설정 조례들과 전혀 다르지 않았다.[22]

연방대법원의 셸리 판결 이후 1949년, 롬바드 조합 대표단은 FHA에 결정 재고를 설득하기 위해 노력했다. 그들은 FHA 시카고지부 책임자와 그 지역의 FHA 소속 보험사정사 대표를 만났다. 조합 대표단은 셸리가 막으려고 했던 그런 종류의 인종차별적 주거 구역 분리를 연방정부가 야기하고 있다고 항의했다. 그러자 FHA 관리들은 자기들은 "사회 정책에 대한 책임이 없으며" 오로지 "있는 그대로의 사실과 위험 요소들"만을 고려할 수 있는 "기업 조직일 뿐"이라고 하면서 "여러 인종이 혼재된 공동체는 위험 요소가 높은 불량 고객"이기 때문에 FHA가 보증을 설 수 없다고 응수했다.[23]

셸리 판결 후 1년 반이 지난 1949년 12월 2일, 미국 법무차관 필립 펄먼은 FHA가 이제 더 이상 배타적 의무 약정이 있는 부동산에 대한 담보대출 보증을 할 수 없다고 발표했다. 그러나 그는 다만 새로운 정책은 1950년 2월 15일 이후—발표한 날로부터 두 달 반 뒤, 즉 연방대법원 판결 후 거의 2년 뒤—시행되는 건들에 대해서만 효력을 가진다고 말했다. 이러한 유예는 아직까지 배타적 약정을 설정하지 않은 주택 소유자들에게 최종 기한이 다가오기 전에 서둘러 그런 약정을 설정할 기회를 주기 위한 것이었을 수 있다. 펄먼 법무차관은 그 새로운 준칙이 "이미 효력이 발생한 담보대출 보증에는 영향을 미치지 않으며, [두 달 반의 유예] 뒤에 진행되는 계약과 담보대출 보증이 필요한 부동산에 대해서만 적용"될 것이라고 확인해 주었다. FHA 이사회는 법무차관의 발표를 듣고 나서 "[배타적 의무 약정을 전제로 한 담보대출 보증을 금지하는 새로운 준칙을] 위반한다고 해서 기존의 보증이 무효화되

지 않을 것임을 명백하게 밝혀 주었다"고 확신하면서 그 새로운 규칙에 개의치 않을 거라고 발표했다.[24]

펄먼의 발표가 있은 다음날, FHA 국장 리처즈는 기관 소속 모든 현장 사무소에 메모를 보내 많은 지역에서 새롭게 의무 약정이 기재되어 있지는 않지만, (그의 표현에 따르면) "신사협정"으로 그런 약정이 인정되는 부동산에 대한 담보대출 보증은 계속 유효하다고 강변하면서, 새로운 정책은 FHA가 이미 보증을 약속했거나 융자를 신청했으나 계류 중인 부동산들에는 적용되지 않는다고 했다. 그런 다음, FHA가 새로운 규칙의 정신을 얼마나 많이 반대하는지 강조하기 위해 리처즈의 메모는 FHA가 "주택 소유주가 어떤 세입자를 들일지, 또는 자기 집을 누구에게 팔지 결정하는 데 어떤 관여도 하지 않을 것"이라고 덧붙였다. 연방대법원의 판결에 대해서 정부 관리들이 얼마나 경멸하는지는 명백했다. 그 메모를 다룬 《뉴욕타임스》의 기사 헤드라인은 "FHA 업무 변화는 전혀 없어"였다.[25]

1950년 2월, FHA가 셸리 판결에 따라 마지못해 새로운 규칙을 준수하기 시작했을 때, 노골적으로 인종차별을 드러내 놓지 않은 약정 내용이 담긴 부동산에 대해서는 담보대출 보증을 계속 진행했다. 대신에 이런 계약들은 연방대법원의 의도를 피하기 위해 동네 모든 주택의 거래에 대해서 이웃들이나 주민자치위원회의 승인을 얻도록 했다. 그로부터 1년 반이 지난 뒤, FHA 부국장은 "집을 팔거나 세입자를 정할 때 상대방의 인종이나 피부색, 종교를 중요하게 여길 수도 있는 사람들에게 차별을 금지하거나 국민주택법이 정한 혜택을 인정하지 않는 것이 당

초 이 준칙의 목적은 아니었다"고 공언했다.[26]

펄먼 법무차관이 1949년에 새로운 준칙을 발표했을 때, 익명의 "FHA 관리들"은 《뉴욕타임스》에 FHA는 셸리 판결 내용을 뛰어넘어 의무 약정이 없음에도 아프리카계 미국인에게 집을 팔지 않거나 임대를 놓지 않는 부동산 개발업자들에게 융자 보증을 서지 않을 것이라고 말했다. 하지만 이는 전혀 사실이 아니었다. FHA는 1950년대 내내 아프리카계 미국인에게 주택 분양을 하지 않는 신규 개발 주택단지들(그중 하나가 캘리포니아 데일리시티의 웨스트레이크 단지다)에 대한 자금 지원을 계속했다. 1962년 존 F. 케네디 대통령이 주택 문제에서 흑백 인종차별을 지지하는 곳에 연방 기금 사용을 금지하는 행정명령을 내리자, 비로소 FHA는 노골적으로 흑인들에게 주택 판매를 거부하는 부동산 개발업체의 주택단지에 대한 재원 조달 지원을 중단했다.[27]

헨리돌거건축회사의 의무 약정서

서명인 헨리돌거건축회사는 캘리포니아주 샌마테오카운티 데일리시티에 소재한 특정 부지의 소유주로서,

상기 부동산을 살기 좋은 거주 지역으로 만들고 유지하기 바라는 까닭에, 그러한 목적과 함께 상호 간에 맺은 모든 계약과 약정들을 고려해서, 이 문서의 날짜부터 1975년 1월 1일까지의 기간에 당시 상기 부지의 소유주 대다수가 투표로 상기 부지와 거기 딸린 모든 것들의 전부 또는 일부에 대한 기존 계약 사항들을 변경하거나 파기하는 것에 동의하지 않는 한, 다음에 기재된 제약 조건과 약정, 제한 사항들을 따라야 한다

는 것에 동의한다. 즉,

(a) 상기 부동산을 비롯해서 거기 딸린 어떤 부속물도 백인이나 코카서스 인종이 아닌 어떤 이가 점유하거나 사용 또는 거주하지 못한다. 단, 백인 코카서스 소유주나 세입자, 입주자가 고용한 하인이나 가정부의 경우는 제외한다.

상기 지역의 부지나 대지의 소유자가 코카서스 인종이 아닌 사람에게 자기 부동산을 팔거나 양도하거나 장기 또는 단기 임대할 경우, 그 부동산과의 사이에 도로나 길이 있든 없든 가장 인접한 부지 여덟 군데 소유주는 그렇게 자기 부동산을 팔거나 양도하거나 장기 또는 단기 임대한 소유주에 대해서 손해배상 소송을 제기할 권한이 있다. 이웃 소유주들이 입은 피해가 실제로 얼마나 되는지 정확하게 확인하기가 불가능하거나 극도로 어렵다는 점을 감안해서, 그들이 1인당 입은 피해액을 코카서스 인종이 아닌 사람을 대상으로 한 매매나 양도, 임대 건별로 일금 이천 달러($2,000.00)로 간주한다.*

1948년 셸리 사건의 판결로 지방법원들이 강제퇴거 명령을 내리지 못하게 되었지만, 그런 배타적 의무 약정을 맺은 당사자들은 이후 5년 동안 협약을 위반하고 계약한 동네 사람들에게 계속해서 손해배상 소송을 제기했고, 주 대법원 두 곳이 손해배상금 부과가 타당하다고 인정

---

* 연방대법원이 의무 약정의 강제집행을 금지하는 판결을 내린 뒤에도, FHA는 아프리카계 미국인에게 집을 파는 사람들에게 벌금을 부과하는 주택개발사업에 지속적으로 재원 조달했다. 캘리포니아 데일리시티의 웨스트레이크 단지의 경우, 벌금은 1만 6000달러로 일반 주택 매매가보다 더 금액이 높았다.

했다. 그중 한 곳이 다름 아닌 셸리 소송이 제기된 주인 미주리주 대법원이었다. 미주리주 법원은 기존 의무 약정을 위반하고 집을 판 사람의 이웃들이 집을 산 사람을 쫓아내기 위한 법원의 퇴거 명령을 더 이상 받아 낼 수는 없지만, 집을 판 사람에 대해서는 손해배상 소송을 제기할 수 있다는 입장을 취했다. 또 다른 한 곳은 오클라호마주 대법원이었는데, 여기는 한 단계 더 나아가서 연방대법원의 셸리 판결을 인정한다고 하더라도 해당 집을 팔고 산 사람 둘 다 한통속으로 동네의 부동산 가치를 떨어뜨리는 데 기여한 이유로 이웃들에게 고소당하는 것은 당연하다고 판결했다. 오클라호마 소송에서 고소인 자격의 백인 주택 소유주들은 "〔아프리카계 미국인의〕 부동산 매입이나 장, 단기 임대가 같은 구역에 있는 나머지 다른 부동산의 가치를 최소한 50퍼센트에서 75퍼센트까지 하락시킨다는 것은 … 일반적으로 널리 알려져 있는 사실"이라고 주장했다.[28]

FHA는 아프리카계 미국인에게 집을 판 것을 취소하거나 퇴거시키는 것이 아니라 의무 약정을 위반하고 집을 판 사람에게 터무니없이 많은 손해배상금을 물게 하는 노골적인 인종차별적 약정 계약을 맺는 주택 개발 사업에 대한 담보대출을 계속해서 보증하기도 했다. 웨스트레이크 단지의 경우, 최초로 분양된 주택들은 1949년에 약 1만 달러에 팔렸다. 1955년에 그 주택들의 평균 매매가는 약 1만 5000달러였다. 아프리카계 미국인에게 집을 팔면, 그 집에 가장 인접한 이웃집 여덟 곳에 각각 2000달러씩 손해배상금을 물어줘야 하는 의무 약정이 있는 주택 단지라면, 집을 판 사람이 물어야 할 배상금은 그 집 자체의 매매 가격

보다 더 많았다.[29]

　1953년, 연방대법원은 셸리 판결을 이렇게 교묘하게 우회하지 못하게 할 판결을 내렸다. 연방대법원은 수정헌법 제14조로 인해 의무 약정을 무시하고 집을 산 아프리카계 미국인을 주 법원이 강제로 퇴거시키지 못할 뿐 아니라, 그렇게 주택을 매각한 집주인에게 손해배상을 청구하는 소송 재판도 할 수 없다고 판결했다. 하지만 연방대법원은 그러한 사적 계약이 불법이라거나, 하다못해 관청에서 그런 계약 내용을 담은 등기권리증을 내주지 말아야 한다는 점은 분명히 하지 않았다.[30]

　마침내 연방항소법원이 그러한 약정 자체가 공정주거법을 위반한 것이며, 그런 문구를 등기권리증에 기재하는 것이 수정헌법 제14조를 위반하는 주정부의 불법행위를 구성한다고 판결을 내린 것은 19년이 더 흐른 뒤였다. 법원이 인정한 것처럼 그런 단서 조항들에 법적 효력이 없다고 해도, 흑인 구매자들이 여전히 백인 동네에 집을 사서 들어가는 것을 주저하게 만들었다. 그런 조항이 기재된 등기권리증은 인종차별적 금지를 암묵적으로 인정하고, 집을 사는 사람에게 자신을 원치 않는 곳에서 굳이 살아야 하는가 하는 의문을 공식적으로 던졌기 때문이다. 1950년대 이후로 의무 약정을 새롭게 기재하는 경우는 거의 없어졌고, 대부분 주에서 이전부터 있던 의무 약정이 법적 효력을 잃었지만, 막대한 소송 비용을 들이지 않고는 그 내용을 등기권리증에서 지우는 일은 결코 만만치 않았다.[31]

　흑인의 백인 동네 거주를 막는 배타적 의무 약정에 대한 법원의 강제집행을 금지한 셸리 대 크레머 판결은 6대 0 만장일치였다. 연방대법원 대법관 아홉 명 가운데 세 명은 판결에 참여하지 않았다. 이들이 살고 있는 집에 대한 등기권리증이 그러한 인종차별적 의무 약정을 담고 있는 까닭에, 재판 결과의 객관성을 훼손시킬 수도 있다고 판단했기 때문이다.[32]

6장

백인 중산층의 교외 이주

FHA는 부동산업계 및 주 법원들과 함께 아프리카계 미국인이 백인 동네에 있는 집을 사거나, 백인 동네 안이나 근처에 흑인이 거주하면 백인 소유 부동산의 가치가 하락한다고 주장함으로써 인종차별적 정책—자체 부동산 감정평가 기준과 배타적 의무 약정 권고 사항—을 정당화했다. 하지만 이것은 거꾸로 FHA의 손실을 증대시켰다. 백인 가구에서 주택담보대출을 갚지 못해 채무불이행 상태에 빠지는 경우가 더 많았기 때문이다. FHA는 이런 정책을 펼친 30년 동안, 흑인과 백인이 어울려 사는 것 때문에 부동산 가치가 하락한다는 주장을 뒷받침하는 증거를 끝내 제공하거나 발견하지 못했다.[1]

그와 관련해서 FHA가 취한 최대 조치는 기껏해야 1939년, 주택 공급 전문가이자 FHA 수석 경제학자인 호머 호이트가 쓴 "건전한 공공 및 민간 주택 공급과 주택 자금 정책"의 원칙을 정리한 보고서를 낸 것이 다였다. 호이트는 여기서 인종 간의 주거 구역 분리가 전 세계적인 현상이기 때문에 흑백 주거 분리는 필수불가결한 일이라고 설명했다.

이런 그의 주장을 뒷받침하는 유일한 근거는 중국에서 미국인 선교사와 식민지 시대 유럽 관리들이 거주하는 곳이 중국인들이 사는 동네와 떨어져 있다는 사실이었다. 이를 근거로, 그는 "서로 다른 인종은 자기들끼리 모여 산다. … 다른 인종들이 섞여 사는 것은 토지의 가치를 떨어뜨리는 효과를 낳는 경향이 있다"고 결론지었다.[2]

|

통계자료에 따르면, 아프리카계 미국인의 거주가 백인이 소유한 부동산 가치를 떨어뜨린다는 FHA의 추정은 전혀 사실이 아니었다. 흑인과 백인이 어울려 사는 곳의 부동산 가치가 올라가는 경우는 흔한 일이었다. 대부분의 교외 주택가에서 노동 계층인 중산층 아프리카계 미국인들을 배제하는 정부 정책이 펼쳐지면서, 인구가 밀집한 도심 환경을 벗어나고자 하는 그들의 열망은 전국의 도심 게토 지역의 변두리에 있는 단독주택이나 두 세대용 땅콩주택에 대한 수요로 이어졌다. 이 중산층 흑인 가구들에는 대안이 거의 없었기 때문에, 공정한 시장가치보다 훨씬 높은 가격이라도 기꺼이 그런 주택을 구입하고자 했다. 요컨대, 교외 주택가에 아프리카계 미국인이 들어가 사는 것을 막는 FHA의 정책 아래서 아프리카계 미국인이 거기에 있는 집을 사려는 행위가 그 동네의 집값 하락을 '방어'하는 역할을 했다.[3]

1942년 워싱턴 D.C.의 연방항소법원은 매우 이례적으로 한 부동산 계약 문서의 의무 약정 조항이 그 본래의 목적인 부동산 가치를 보호한다는 자체 목적을 훼손했기 때문에 그 약정을 계속 인정할 수 없다는 판결을 내렸다. 법원은 그러한 의무 약정 조항을 강제로 집행하는 것은 백인보다 더 높은 가격을 기꺼이 지불하고자 하는 아프리카계 미국인 구매자를 배제시킴으로써 오히려 집값을 떨어뜨리는 결과를 초래할 것이라고 했다. 1948년 FHA의 한 관리는 "흑인이 동네에 들어와 집을 소유하고 거주하는 것이 부동산 가치를 올리고 지역의 안정성을 높이는 경향이 있다"고 주장하는 보고서를 발표했다. 1952년 샌프란시스코의 주택 거래에 관한 한 연구는 주민의 인종 구성이 다채롭게 바뀌는 동네와 인종 구성의 변화가 거의 없이 안정적으로 통제되는 동네의 주택 가격을 비교했다. FHA 관리를 비롯해서 주택 전문가들이 즐겨 보는 정기 간행물인 《감정평가 저널》에 실린 내용에 따르면, "이 결과는 인종 구성의 변화에 따른 시장가격의 하락은 발생하지 않았음을 보여 준다"고 결론지었다. 실제로 그 연구는 아프리카계 미국인들이 비슷한 형태의 주택에 대해서 백인들보다 더 많은 돈을 지불하고라도 기꺼이 구매할 의향이 있기 때문에, 아프리카계 미국인들이 집을 살 수 있는 동네의 부동산 가치가 그렇지 못한 동네보다 대개 더 높아진다는 사실을 확인해 주었다. 하지만 FHA는 이와 같은 연구 결과들을 애써 무시하며 이후 적어도 10년 동안 더 인종차별적 주택 정책을 계속 밀고 나갔다.

II

한편 부동산 가치에 대한 FHA의 논리는 자신들이 바라는 바를 스스로 정책에 반영시킨 것이라 볼 수 있었다. 다시 말해, 아프리카계 미국인의 유입이 그 동네의 집값을 떨어뜨린 것은 바로 FHA 주택 정책의 직접적 결과였다. 아프리카계 미국인 가구가 교외 지역의 주택을 살 때 주택담보대출을 받을 수 없는 상황은 투기꾼과 부동산 중개인들이 공모해 블록버스팅이라는 협잡질을 할 기회를 제공했다. 이스트팰로앨토를 비롯해서 미국 전역에 걸쳐 횡행했던 이 블록버스팅은 투기꾼들이 흑인 거주 지역과 백인 거주 지역 경계에 부동산을 사들여 그것을 아프리카계 미국인 가정에 시장가격보다 비싸게 팔거나 임대를 준 뒤, 이 지역에 살고 있는 백인 가정에는 인근 지역이 아프리카계 미국인 빈민가로 바뀌는 중이므로 얼마 안 있어 부동산 가치가 급격히 떨어질 것이라고 소문을 퍼뜨려, 공황 상태에 빠진 백인들이 시세보다 낮은 가격으로 집을 내놓으면 그것을 사들이는 투기 수법이었다.[4]

투기꾼들의 블록버스팅 수법 중에는 아프리카계 미국인 여성들을 고용해서 아기를 태운 유모차를 밀고 백인 동네를 활보하게 한다든지, 아프리카계 남성들을 고용해서 음악을 시끄럽게 튼 채 자동차를 몰고 백인 동네를 통과하게 하는 방법들이 있었다. 또 아프리카계 미국인 남성들에게 돈을 주고 부동산 중개인과 함께 남의 집 문을 두드리며 혹시 집을 매물로 내놓았는지 묻거나, 백인 동네 거주자들에게 무작위로 전화를 걸어 흔한 아프리카계 미국인 이름인 "조니 메이Johnnie Mae"라는 여성을 바꿔 달라고 말하기도 했다. 투기꾼들은 또한 아프리카계 미국인 신문에 매물로 나오지 않은 백인 동네 부동산을 판다는 가짜 광고를 냈다. 그 광고의 목적은 주택 구매 의향이 있는 아프리카계 미국인들이 그 광고를 보고 블록버스팅을 하려는 백인 지역을 돌아다니게 하는 것이었다. 1962년 《세터데이이브닝포스트》에 게재된 한 기사에서, ("노리스 비첵"이라는 가명을 사용하는) 한 부동산 중개인은 한 백인 동네에 빈집 털이범들을 일부러 침입하게 해서 자기 동네가 안전하지 않다고 믿게 해 주민들을 불안에 떨게 만들었다고 털어놓았다.

그런 뒤, 부동산업체는 그렇게 새로 획득한 부동산을 주거 영역을 넓히려는 아프리카계 미국인들에게 크게 부풀린 가격으로 팔았다. 대다수 흑인 가정은 FHA와 은행의 정책에 따라 주택담보대출을 받을 수 없었기 때문에, 부동산 중개인들은 대개 그 집들을 분할 구매하게 했다. 하지만 찰스 배터럿이 데포레스에 개발한 단지처럼, 계약금이나 월 단위로 분납되는 중도금 지불에 따른 구매자의 소유권 지분의 증가는 전혀 없었다. 약정 매입 판매 방식contract sales으로 알려진 이러한 계약 방식에서는 대개 소유권이 15년이나 20년 뒤에 구매자에게 이전된다. 하지만 만일 중간에 한 달이라도 중도금을 내지 못하면 투기꾼은 그 당시로 소유권 지분이 전혀 없는, 장차 집주인이 될 거주자를 가차 없이 내쫓을 수 있었다. 계약할 때 시세보다 훨씬 높게 매겨진 주택 가격은 구매자가 제때 중도금을 분납하지 못할 가능성을 훨씬 더 높게 만들었다. 그러면 기존 소유주인 투기꾼은 그 집을 다른 구매자에게 되팔 수 있었다.

그 전체 흐름은 이랬다. 처음에 흑인이 백인 동네에 들어올 때, 백인보다 더 많은 돈을 지불하고도 집을 사고자 하는 아프리카계 미국인의 욕구 때문에 부동산 가격이 올랐다. 그러나 투기꾼들이 백인 집주인들을 공황 상태에 빠뜨려 헐값으로 집을 내놓게 한 뒤에는 부동산 가치가 급락했다.

다시 말해서, FHA는 투기꾼들이 블록버스팅으로 백인들을 공포에 몰아넣어 백인 동네의 집값을 떨어뜨린 것을 아프리카계 미국인들이 백인 동네에 들어와서 부동산 가치가 하락한 것이라고 본 것이었다. 그러나 FHA가 인종차별적이고 위헌적인 주택 정책을 쓰지 않았다면, 아프리카계 미국인들은 블록버스팅이 활개 치는 몇몇 지역에만 거처를 마련하려고 하기보다는 백인들과 마찬가지로 대도시 지역 곳곳에 두루 흩어져 살 수 있었을 것이다. 그렇게 되었다면, 투기꾼들이 백인들에게 동네가 온통 흑인들로 가득 찰 것이라는 공포감을 주어 그것을 미끼로 백인 집주인들을 등쳐 먹는 일도 일어나지 않았을 것이다.

III

FHA의 특별경계지역 지정 때문에 통상적인 주택담보대출을 받을 수 없게 된 흑인 주택 소유주들은 분납 계약으로 집을 살 수밖에 없었다. 그리고 이것이 결국 흑인들이 사는 동네를 쇠락시키는 조건을 만들었다. 마크 새터는 1960년대 초에 분납 계약으로 집을 사서 중도금을 내지 못해 퇴거 위기에 직면한 사람들을 대리한 시카고의 변호사였는데, 대체로 그런 재판에서 이기지 못했다. 럿거스대학 역사학 교수가 된 그의 딸 베릴은 회고록 『가산*Family Properties*』에서 자기 아버지가 당시에 마주해야 했던 조건들을 설명했다.[5]

흑인 분납 계약 구매자들은 자기 집을 얼마나 쉽게 잃을 수 있는지 알기 때문에 달마다 내야 하는 엄청나게 비싼 중도금을 벌기 위해 무진 애를 썼다. 남편과 아내 모두 2교대로 일을 했음에도 기본적인 생활도 유지하기 어려웠다. 그들은 살고 있는 아파트에 세를 놓아 세입자를 최대한 많이 들였고, 가능한 한 임대료도 비싸게 받았다. … 백인들은 새로 온 흑인 이웃들이 한 집에 너무 여럿이서 살면서 주택 관리는 거의 하지 않는다고 생각했다. 동네에 사는 사람이 너무 많아지면 학교도 과밀해진다는 의미였다. 시카고의 학교 당국은 "2교대 등교" 방식(오전반, 오후반)으로 대응했다. 아이들은 종일 학교생활을 할 수 없었기 때문에 방과 후에는 그냥 방치된 상태로 지내야 했다. 이런 조건에서 아이들은 패거리를 지어 몰려다니며 말썽을 부리게 되고, 상점 주인이나 주민들을 공포에 떨게 했다.

마침내 백인들은 그 동네를 떠났는데, 단순히 흑인 가정의 유입 때문만이 아니었다. 그에 따른 인구 과밀과 학교의 붕괴, 그리고 범죄 증가 … 에 매우 당혹했기 때문이다. 그러나 흑인 분납 계약 구매자들에게 쇠락하고 있는 동네를 떠난다는 선택지는 없었다. 집값을 완납하지 못했기 때문이었다. 그 상태에서 이사를 간다면 지금까지 그 집에 투자했던 모든 것을 잃을 것이었다. 백인들은 떠날 수 있었지만 흑인들은 남아야 했다.

이러한 계약 방식은 시카고뿐 아니라 볼티모어, 신시내티, 디트로이트, 워싱턴 D.C.를 넘어 그 밖의 다른 모든 지역까지 폭넓게 퍼져 있었다. 마크 새터의 시대에 시카고에서 아프리카계 미국인들이 구입한 모든 주택의 거의 85퍼센트가 분납 계약 방식으로 팔린 집들이었다. 그가 변호사로 일했던 시카고 웨스트사이드의 론데일이라는 동네는 당시 주민의 절대 다수가 백인에서 흑인으로 바뀌고 있는 중이었는데, 주택 거래의 절반 이상이 분납 계약 방식으로 체결되었다.[6]

　은행과 저축 대부 조합들은 보통 아프리카계 미국인 집주인이나 흑인과 백인이 함께 사는 동네의 평범한 주택 소유주들에게 주택담보대출을 내주지 않았다. 하지만 그런 동네에서 블록버스팅을 자행하는 투기꾼들에게는 주택담보대출을 내주었고, 연방정부의 금융 규제 당국자들은 헌법적 책임을 방기하고 그런 행태를 승인했다. 주 정부의 부동산 규제 당국자들도 의무를 게을리하기는 마찬가지였다. 그들은 블록버스팅에 가담한 부동산 중개업자들에게 공식적으로 면허를 내주었다. 반면에, 백인들이 안정되게 모여 사는 동네에서 아프리카계 미국인에게 집을 판 중개인들은 부동산중개인협회에서 면허를 취소했다.[7]

　블록버스팅 행위, 그 뒤 투기꾼들의 공포 조장에 따른 집값 하락, 이어서 아프리카계 미국인들이 과도하게 부풀려진 집값을 지불할 수밖에 없게 되면서 동네가 쇠락하고, 그 결과 아프리카계 미국인과 빈민가가 동일시되고, 이런 상황이 일어날 가능성을 피하기 위해 백인들은 교외 지역으로의 탈주하는 일련의 과정은 연방정부의 정책에 그 기반을 두고 있었다. 블록버스팅은 아프리카계 미국인이 공정한 시세로 집을 살 수 있는 동네를 찾을 수 없게 만든 FHA의 정책이 아니었으면 절대 일어날 수 없는 일이었다.

7장

국세청과 금융 감독 기관의 책임 방기

공영주택 개발 사업으로 아프리카계 미국인들은 도심으로 몰아넣고, 백인 가정은 교외의 단독주택들로 분산시키기 위해 연방정부가 담보대출 보증을 서 주면서, 연방정부와 주 정부, 지방자치체들이 시행한 각종 인종차별적 정책들은 대도시 지역의 흑인과 백인 주거 구역 분리를 정착시키고 강화하는 데 큰 역할을 했다. 그런 정책들 가운데 하나가 미국 국세청Internal Revenue Service, IRS이 자진해서 교회, 병원, 대학, 지역 주민자치회 같은 단체들에 비과세 자격을 부여한 정책이었다. 이런 단체들은 흑인과 백인의 주거 구역 분리를 촉진하는 데기여한 집단들이었다. 그리고 또 하나는 인종차별적인 조치를 취하는보험사와 은행들을 감독해야 할 규제 기관들이 그런 조치들을 제지하기는커녕 오히려 그들과 공모했다는 사실이다.

이 책은 단순히 정부가 민간 기업을 감독하기 때문에 기업 활동은국가의 행위가 되며, 만일 그 기업 활동이 차별적이라면 그것은 법률상의 흑인 분리를 인정하는 것이나 마찬가지라고 주장하려는 것이 아니다. 그러한 주장은 공공과 민간 영역 사이의 차이를 없애고 자유로운 민주 사회에 반하는 것이 될 것이다. 노예제의 유산 때문에 미국의 헌법은 아프리카계 미국인들에게 특별한 보호 조치를 제공한다. 남북전쟁이 끝난 뒤 채택된 수정헌법 3개 조항—제13조, 제14조, 제15조—은 아프리카계 미국인도 백인과 같은 신분임을 보장하기 위해 특별히 만들어졌다. 정부의 규제와 간섭이 너무 심해서 조직적인 인종 배제가 불가능할 거라 생각할 때, 규제 당국은 오히려 그들의 헌법적 책임을 방기하고 법률상의 흑인 분리에 이바지했다.

부동산 중개업자들은 단순히 정부가 면허를 발부한다는 것 때문에 정부의 대리인이 되지는 않는다. 주 정부의 부동산위원회가 지방과 전국부동산협회 회원들에게 면허를 발급하는 조건으로 인종차별 내용을 담은 윤리 강령의 유무를 확인하면서, 법률상의 흑인 분리가 확고히 자리를 잡기 시작했다. 마찬가지로 대학과 교회 같은 비영리단체들도 그들이 정부로부터 비과세 혜택을 받는다는 이유만으로 정부를 대변하는 활동을 했으리라 볼 수는 없다. 그러나 그런 비영리단체들이 명백하게 노골적이고 강력하게 인종차별을 옹호하는 활동을 벌였을 때, 국세청이 특별한 감시 속에서 당연히 그들의 비과세 자격을 취소할 거라고 생각하는 것은 당연하다.

|

국세청은 인종차별을 옹호하는 단체에 부여된 비과세 혜택을 취소

할 의무가 있었지만, 그런 일이 일어난 적은 거의 없었다. 국세청은 법령에 따라 특별히 "편견과 차별을 몰아내고" "법이 보장하는 인권과 민권을 지키는" 단체들에 대해서 기부금 공제 혜택을 부여한다. 국세청 수뇌부는 1967년에 아프리카계 미국인들을 받아들이지 않았다는 이유로 한 복지시설의 비과세 혜택을 취소함으로써 이 사실을 확인시켜 주었다. 그러나 '브라운 대 교육위원회' 판결 이후 16년이 지난 뒤인 1970년까지도 국세청은 그 판결 내용을 무시하고 남부 지방 전역에 걸쳐 설립된 백인 사립학교들에 비과세 혜택을 부여했다. 국세청은 민권 단체들이 소송을 제기해서 법원의 금지 명령을 받아낸 경우에 대해서만 마지못해 비과세 혜택을 취소했을 뿐이다.[1]

1976년, 국세청은 밥존스대학이 서로 인종이 다른 학생들의 교제를 금지했다는 이유로 그 학교에 대한 비과세 혜택을 취소했다. 그러자 그 대학은 국세청 조치에 반발하여 법원에 소송을 제기했다. 그 소송이 연방대법원까지 가자, 레이건 행정부는 국세청 편들기를 거부했다. 그래서 연방대법원은 외부 변호사 윌리엄 T. 콜먼 주니어를 임명해서 당연히 정부가 옹호했어야 마땅할 주장을 펼치게 했다. 콜먼이 변론 취지서에 적은 주장은 이랬다. "실제로, 만일 [국세청 규정의 자선단체 조항이] 인종차별을 자행하는 학교에 비과세를 허용하는 것으로 해석된다면, 그 조항은 수정헌법 제5조를 위배하는 것입니다. 정부는 그런 학교에 제공되는 상당한 지원을 철회할 헌법적 의무가 있음이 명백합니다."[2]

연방대법원은 널리 알려진 1983년 판결에서 국세청의 결정을 지지하면서 "비과세 자격을 얻으려는 기관은 공공의 목적에 부합해야 하며 기존 공공정책에 반하지 않아야 한다"고 결론지었다. 연방대법원은 이런 의견의 정당성을 입증하기 위해 헌법을 거론한 콜먼의 주장을 채택하지 않았지만, 그것을 각하하지도 않았다. 연방대법관 워런 버거의 판결문에 따르면, 콜먼을 포함해서 법정에 변론 의견을 제출한 많은 사람이 "인종차별을 하는 학교들에 대한 비과세 자격 박탈이 수정헌법 제5조의 평등 보호 조항과 관련이 있다고 주장한다. 하지만 이 소송에 대해 우리가 내린 결론에서는 그 문제까지 다루지 않는다." 그러나 콜먼의 주장은 단호했다. 그는 국세청의 비과세 정책이 흑인과 백인의 주거 구역 분리를 얼마나 강화했는지 정면으로 부각시켜 수십 년 동안 소극적으로 대응해 온 국세청의 태도를 넌지시 질타했다. 서로 다른 인종 간의 교제 금지에 대한 지지는 명백히 헌법 위반이지만, 그것의 국가 정책적 의미는 비영리단체들이 아프리카계 미국인들이 백인 동네로 이사하는 것을 막기 위해 배타적 의무 약정을 홍보하는 것과 같은 활동을 펼칠 때 그것에 대해 아무런 조치도 취하지 않은 국세청의 처사에 비하면 사소했다.[3]

교회와 유대교 회당, 그리고 그곳의 목회자들이 그런 일에 앞장 서는 일은 아주 흔했다. 배타적 의무 약정에 대한 법원의 강제집행 명령을 금지한 1948년 연방대법원의 '셸리 대 크레머' 판결은 아주 중요한 판례를 제공한다. 이 소송은 아프리카계 미국인 부부 제이디와 에셀 셸리가 이웃집을 사서 이사 오는 것에 반대하는 세인트루이스의 백인 집주인인 루이스와 핀 크레머 부부가 제기한 것이다. 그 지역은 코티브

릴리언트장로교회Cote Brilliante Presbyterian Church가 후원하는 마커스가街번영회Marcus Avenue Improvement Association라는 백인 주택 소유주 단체가 만든 배타적 의무 약정 계약서가 적용되는 동네였다. 교회 이사들은 그 아프리카계 미국인 가정을 동네에서 내쫓기 위해 제기한 크레머 부부의 소송을 지원하기 위해 교회 기금을 출연했다. 인근의 또 다른 교회 왜거너플레이스 남부감리교성공회교회Waggoner Place Methodist Episcopal Church South도 그러한 의무 약정을 지지하는 집단이었다. 그 교회의 목사는 당시 성공한 아프리카계 미국인 변호사였던 스코블 리처드슨이 교회 근처의 집을 구입하면서 제기된 1942년 소송에서 배타적 의무 약정을 옹호했다.[4]

교회의 개입과 주도적 역할은 지역의 흑백 주거 구역 분리를 유지하기 위해 조직된 부동산 소유주 단체들에서 흔했다. 1942년 노스필라델피아의 한 목사는 아프리카계 미국인들이 자기 지역에 사는 것을 막기 위한 운동의 선봉에 섰다. 같은 해 뉴욕주 버펄로에 있는 한 폴란드계 미국인 성당의 신부는 아프리카계 미국인 전시 산업 노동자들을 위한 공영주택 건설에 반대하는 운동을 진두지휘하여, 계획된 단지 개발 사업을 2년 동안 지연시켰다. 그 도시의 바로 남쪽에 연방정부가 관리하는 백인 노동자들을 위한 주택 600세대가 빈 채로 있었지만, 아프리카계 미국인 노동자들은 적당한 집을 구할 수 없었다.[5]

로스앤젤레스의 상류층 백인들이 다니는 월셔장로교회Wilshire Presbyterian Church의 목사 클래런스 라이트는 월셔를 순수한 백인 동네로 보존하기 위해 앞장섰다. 그는 1947년에 흑인 거주가 제한된 자기 동네로 이사 온 한 아프리카계 미국인 재향군인을 내쫓기 위해 개인적으로 소송을 제기했지만, 지고 말았다. 주 법원이 그러한 의무 약정들을 위헌이라고 판결한, 셸리 판결 이전에 있었던 몇 안 되는 사례 가운데 하나였다. 그 소송을 주관한 판사는 널리 알려진 판결문에서 "'지배자 민족master race'론(우생학적으로 우월한 아리아인종인 게르만족이 세계를 지배하는 민족이 되어야 한다는 나치의 이론.—옮긴이)에 근거해 사람들을 살던 집에서 내쫓는 것보다 더 도덕적으로 비난받을 만한 비미국인적인 행위는 없다"고 말했다. 그러나 미국 국세청은 그 판결을 무시했다. 라이트 목사의 행동으로 그의 교회가 받는 비과세 혜택이 위태로워지는 일은 없었다.

세인트루이스 더킹가톨릭교회St. Louis the King Catholic Church에 본부를 둔 한 주택 소유주 단체는 디트로이트에서 소저너트루스 공영주택 사업에 반대하는 폭력 시위를 조직했다. 그 교회의 목사 콘스탄틴 징크는 그 단체를 대표해서 해당 사업을 취소해 달라고 미국주택공사에 여러 차례 항의했다. 징크 목사는 "유색 인종을 위한 … 싸구려 주택단지를 인근에 건설하는 것은 … FHA에 주택담보대출을 받은 많은 주민을 완전히 파산시키는 일입니다. 뿐만 아니라 우리의 백인 소녀들이 위협받게 될 것입니다"라고 하며 이렇게 경고의 말을 덧붙였다. "장차 일어날 인종 폭동을 막기 위해 이 사업에 대해 반대한다는 것이 인근 주민 모두의 생각입니다."[6]

시카고 사우스사이드 지역에서는 1928년에 세인트앤셀름가톨릭교회St. Anselm Catholic Church의 목사와 베스제이컵회중교회Congregation

Beth Jacob 랍비, 그리고 그 지역의 부동산 소유주 단체의 사무총장이 일일이 동넷집들을 방문하여 배타적 의무 약정에 서명을 받아 냈다. 삼위일체회중교회Trinity Congregational Church도 거기에 힘을 보탰다. 1946년, 파크매너회중교회Congregational Church of Park Manor는 이전에 순수 백인 동네였던 곳에 아프리카계 미국인 내과의가 집을 산 것을 취소시키기 위해 애쓰는 한 지역 번영회를 지원했다.[7]

또 시카고 니어노스사이드 지역에 적용된 한 의무 약정은 1937년에 무디성서학교, 루이빌장로회신학교, 감리교성공회 해외선교위원회Board of Foreign Missions of the Methodist Episcopal Church 같은 비과세 혜택을 받는 종교 단체들 주도로 만들어졌다. 또한 뉴베리도서관과 시카고미술아카데미 같은 비영리단체들도 여기에 참여했다.[8]

종교 재단을 가진 학교든 아니든, 비과세 혜택을 받는 대학들도 이러한 흑인과 백인의 주거 구역 분리를 촉진시키는 활동에서 적극적 역할을 수행했다. 로스앤젤레스의 교외 지역 휘티어에서는 퀘이커교 재단이 운영하는 휘티어칼리지가 그 지역에 적용되는 배타적 의무 약정에 참여했다.[9]

시카고대학은 흑인 가구가 그 지역 인근으로 이사 오는 것을 전력을 다해 막았던 부동산 소유주 단체들을 조직하고 지도했다. 시카고대학은 그 단체들에 운영자금을 지원했을 뿐 아니라, 1933년부터 1947년까지 배타적 의무 약정의 정당성을 변론하고 그 동네로 이사 온 아프리카계 미국인들을 내쫓기 위한 소송비용으로 10만 달러를 지출했다. 이러한 대학의 활동에 세간의 비판이 일자, 1937년 당시 시카고대학 총장이었던 로버트 메이너드 허친스가 내놓은 답변은 이랬다. 대학은 "학교가 있는 동네를 학생과 교직원들이 기꺼이 살고 싶은 지역으로 안정화시키기 위해 노력해야" 하고, 따라서 대학은 주변 지역에 배타적 의무 약정을 "적용하고 지킬 권리"가 있다는 것이었다.

||

보험회사들 또한 흑인과 백인의 주거 구역 분리에 적극 참여했다. 이 회사들에는 투자를 위해 적립해 둔 막대한 자금이 있었고, 이들이 벌이는 사업은 정부의 엄중한 규제 아래 있었다. 그렇기에 보험사들의 주택 개발 사업 계획에는 정부 정책 입안자들이 직접 개입하기 마련이었다.

1938년, 메트로폴리탄생명보험사 회장 프레더릭 에커는 뉴욕시에 1만 2000세대 규모로 파크체스터 아파트 단지를 건설하려 했지만, 보험사들이 저소득자를 위한 임대주택을 짓는 데 투자할 수 있도록 주 정부의 보험법을 고치지 않고는 진행할 수 없었다. 주 의회는 그것이 아프리카계 미국인들을 합법적으로 격리시킬 개발 사업임을 금방 알아채고는 해당 법규의 수정안을 통과시켰다.[10]

파크체스터 단지가 1942년에 완공된 뒤, 메트로폴리탄생명보험은 맨해튼 동쪽에 9000세대 규모의 주택단지 스타이브샌트타운 건설 사업에 착수했다. 개발을 위해서 뉴욕시는 시유지 18개 구역 부동산을 수용처분해서 메트로폴리탄생명보험에 넘겨주었다. 시 당국은 또한 메트로폴리탄생명보험에 25년 동안 세금을 깎아 주는 혜택을 주었는데, 그것은 민간자금보다 훨씬 많은 공적자금이 그 사업에 투자되었음을 의미했다. 스타이브샌트타운이 파크체스터와 마찬가지로 "백인 전용" 단지가 될 거라는 메트로폴리탄생명보험의 공식적 발표에도 불구하고 시 당국의 각종 장려금 지원은 계속되었다. 에커는 뉴욕시예산위원회에 "흑인과 백인은 서로 어울리지 않아요. 만일 흑인들을 이 개발 단지에 입주시킨다면 … 주변 부동산 가치가 모두 하락할 겁니다"라고 조언했다. 그 사업에서 아프리카계 미국인 수용을 거부했기 때문에, 예산위원회에서는 그 사업의 진행을 허용할지 말지를 두고 의견이 갈렸다. 마침내 위원회는 이후 진행되는 시 주도의 "빈민가 철거"에 따른 후속 개발 사업에서는 인종에 따른 주거 구역 분리를 용납하지 않는다는 조례 제정과 함께 그 사업을 허가했다. 메트로폴리탄생명보험은 아프리카계 미국인들을 스타이브샌트타운에 입주하지 못하게 하는 정책에 반대하는 시민들의 시위에 대한 대책으로 할렘 지역에 아프리카계 미국인을 위한 주택단지 리버턴하우시스를 건설했는데, 스타이브샌트타운보다는 작은 규모였다. 그 주택단지는 새로 제정된 조례에 따라 백인들에게도 개방되었지만, 실제로는 거의 대부분 아프리카계 미국인 가정에 임대되었다.[11]

1947년, 뉴욕주 법원은 스타이브샌트타운의 흑인 배제 정책에 대한 이의 신청을 기각했다. 그 결정은 1949년 항소심에서도 유지됐고, 연방대법원은 재심을 거부했다. 이듬해, 뉴욕주 의회는 세금 면제나 저가 토지 매각, 시유지 수용을 통한 토지 확보 같은 주 당국의 지원으로 공급된 주택 분양에 대해서는 인종차별을 금지하는 법령을 제정했다. 같은 해, 메트로폴리탄생명보험은 마침내 스타이브샌트타운 중 "일부" 아파트를 "자격 심사를 통과한 흑인 세입자"에게 임대하는 데 동의했다. 하지만 그때는 이미 그 단지의 주택 분양이 완료된 상태였다. 뉴욕시의 임대료관리법은 기존 세입자에게 시세보다 훨씬 낮은 임대료를 보장함으로써 임대주택의 세입자 전환을 늦추는 데 기여했다. 또한 아파트 임대료의 급등은 빈 아파트가 생기더라도 임대료가 너무 비싸진 탓에 중산층 가정이 그곳에 입주할 가능성을 낮췄다. 이러한 제반 조건들은 스타이브샌트타운의 초창기 흑백 분리 주거 상황을 거의 영구적으로 만들었다. 2010년 인구조사에서 스타이브샌트타운 주민 가운데 불과 4퍼센트만이 아프리카계 미국인이었다. 뉴욕 대도시 지역에 거주하는 아프리카계 미국인의 인구 비율이 15퍼센트인 것에 비하면 매우 적은 비율이었다.[12]

다른 사례들에서와 마찬가지로, 시 당국이 스타이브샌트타운 개발을 위해 철거한 저소득층 동네는 이전에 여러 인종이 어울려 살던 안정된 지역이었다. 그곳에서 쫓겨난 사람들의 약 40퍼센트가 아프리카계 미국인이나 푸에르토리코 출신으로 시내나 시외의 백인이 없는 유색인종들만 사는 동네 말고는 이사 갈 곳이 없었다. 뉴욕시는 이후 공적 자금이 투입된 주택 개발 사업에서 인종차별을 멈추었지만, 기존에 발생한 주거 구역 분리 상황을 개선하기 위한 노력은 전혀 하지 않았다.[13]

III

연방주택관리국(FHA)이나 재향군인관리국(VA)이 주택담보대출 보증에 관여하지 않았을 때에도, 일반은행과 저축은행들은 인종차별 정책을 계속 밀고 나갔다. 하지만 이들 기관은 민영 기관이다. 그렇다면, 이들의 인종차별적 대출 방식이 법률상 흑인과 백인 주거 구역 분리에 기여했다고 말하는 것은 타당할까? 나는 그렇다고 생각한다.

정부의 예금보험 제도는 일반은행과 저축은행의 이익을 보증한다. 그 대신에 정부는 그 기관들의 대출 관행에 대한 광범위한 감독 권한을 행사한다. 연방준비제도Federal Reserve와 미국통화감독청Office of the Comptroller of the Currency, OCC, 연방예금보험공사Federal Deposit Insurance Corporation, FDIC, 미국저축기관감독청Office of Thrift Supervision의 감독관들은 정기적으로 일반은행과 저축은행, FDIC, 대출 업체들이 대출을 건전하게 진행했는지 확인하기 위해 각 기관의 대출 신청서를 비롯한 각종 재무 기록을 검토했다. 일반은행과 저축은행들은 최근까지도 아프리카계 미국인들의 대출 요청을 거부할 수 있었는데, 그것은 연방정부와 주 정부의 감독 기관들이 허용하지 않았다면 결코 일어날 수 없는 일이었다.

예컨대, 연방주택대출은행이사회Federal Home Loan Bank Board는 뉴딜 초창기부터 저축 대부 조합들을 허가하고 보증하고 감독했지만, 1961년까지 아프리카계 미국인들에게 주택담보대출을 하지 않는 행태에 반대하지 않았다. 새로 도입된 인종차별 없는 정책을 시행하지 않은 것이다. 대출 자격 심사에 "경제적" 요소를 고려해야 한다는 이사회의 주장과 충돌했기 때문이었을 것이다. 이들은 FHA와 마찬가지로 흑인이기 때문에 아프리카계 미국인들의 신용도를 낮게 평가하면서도 그런 평가가 인종적 판단이 아니라 경제적 판단이라고 주장했다. 결과적으로 이 기관들은 금융업계의 흑인과 백인의 주거 구역 분리에 대한 지속적인 지지를 바로잡을 수 없었다.[14]

1961년, 미국인권위원회는 규제 감독 기관들이 은행들의 특별경계지역 지정 관행에 공모하고 있다고 이의를 제기했다. 당시 (국립은행의 인가, 감독, 규제, 심리 책임이 있는) 미국통화감독청 청장이었던 레이 M. 기드니는 거기에 대해서 "우리 청은 국립은행들의 부동산 대출과 관련된 인종차별에 대해서 어떠한 방침도 가지고 있지 않습니다"라고 대답했다. FDIC 사장 얼 코크는 그의 감독 아래에 있는 은행들이 아프리카계 미국인들에게 대출을 거부하는 것이 적절한 조치라고 주장했다. 흑인 이웃이 생기면 백인 소유의 부동산 가치가 떨어질 수 있기 때문에 그렇다고 했다. 그리고 연방준비제도이사회 의장 윌리엄 맥체스니 마틴도 "연방준비제도이사회를 비롯한 어떤 은행 감독 기관이라도 은행 임직원에게 그들의 판단에 반하는 대출을 강요할 권한이 없으며 또한 그렇게 해서도 안 됩니다"라고 단언했다. 마틴의 말은 비정상적인 대출의 승인을 금지해야 한다는 것일 뿐, 정상적 대출을 승인할 때 인종차별을 하지 말아야 한다는 것을 의미하는 것은 아니었다. 마틴은 만일 어떤 흑인 가정이 인종 문제 때문에 대출을 거부당한다면, 그가 "경쟁력"이 있을 경우 다른 은행이 대출을 해 주겠다고 나설 것이라고 주장했다. 모든 은행이 연방준비제도이사회의 회원이고 그가 그 은행들에 대한 감독권을 쥐고 있으며, 그 은행들이 서로 유사한 인종차별적 대출 관행을 유지하고 있었음을 감안할 때, 마틴은 자신의 주장이 거짓임을 확실히 알았음이 틀림없었다(알았어야만 했다).[15]

정부의 규제 감독 기관이 인종차별에 조직적으로 가담할 때, 정부의 통제가 극도로 강력할 때, 그리고 규제 기관들이 감독해야 할 부문에서 자행되는 인종차별 행태를 공개적으로 지지할 때, 정부의 규제 감독 기관들은 그들이 옹호할 것을 맹세한 시민권을 무시하고 법률적인 인종차별에 기여하기 마련이다. 언젠가 미국 연방대법원은 연방정부가 인가한 은행들에 대해서 이렇게 언급한 적이 있다. "국립은행은 공공의 목적을 위해 창출된 연방정부의 대행 기관이다."[16]

IV

정부의 인종차별적 행태는 50년 전에 끝난 게 아니었다. 오히려 일부 행태는 21세기에도 계속되고 있다. 더욱 곤혹스러운 사실 가운데 하나는 은행들의 "역逆 특별경계지역 지정"—아프리카계 미국인 지역에서의 약탈적 대출에 대한 지나친 마케팅 활동—에 대해서 규제 감독 기관들이 손을 놓고 있었다는 점이다. 이로 인해 비우량 주택담보대출인 일명 서브프라임 모기지subprime mortgage 대규모 채무불이행 사태가 초래됐고, 이는 2008년 미국의 금융 시장 붕괴의 중요한 원인이 되었다. 은행들의 그러한 약탈적 대출 행태는 하위 중산층에 속한 아프리카계 미국인 동네들을 황폐화시켰다. 집을 차압당한 그 동네 주민들은 하층민 지역으로 되돌아가는 것 말고는 다른 방법이 없었다. 2000년대 초, 미국의 금융 감독 기관들은 그러한 역 특별경계지역 지정을 용인하거나 못 본 척 눈감아 주었다.[17]

일반은행과 저축은행, 그리고 기타 민간 대출업체들은 채무불이행 위험이 높은 채무자들을 위해 서브프라임 모기지 상품을 개발했다. 금융기관들은 서브프라임 대출자들에게 시중 금리보다 더 높은 이자율을 부과했는데, 신용 위험도가 높음에도 대출을 받을 수 있도록 배려한 것에 대한 반대급부였다. 서브프라임 모기지 그 자체로는 합법적인 대출 상품이었다. 그러나 결과적으로는 연방정부의 감독 아래 있는 은행과 대출기관들이 부담스러운 상환 조건을 달아 상환이 어렵도록 고안된 서브프라임 대출을 양산한 셈이었다. 이런 상품에는 부동산 매매 시 발생하는 수수료와 중도상환수수료가 높고 초기에 낮은 "담보할인율teaser rate"이 적용되었기 때문에, 할인 기간이 지나면 대출자들의 금리 부담은 크게 높아졌다. 또 어떤 서브프라임 대출은 마이너스상각negative amortization 방식 상품이었는데, 이 방식은 처음 일정 기간 동안 본래보다 낮은 이자율을 적용해서 월 상환액 부담이 낮지만, 결국 유예된 나머지 이자가 상환해야 할 원금에 더해지기 때문에 최종 상환이 더욱 어려웠다.[18]

대출을 받기 전에 상환 조건과 제때 상환할 수 있는지를 대출자가 주의 깊게 살펴봐야 했지만, 이들도 그 세부 내용을 명확하게 알 수 없었고—때로는 일부러 그렇게 설계됐다—결국에는 시장의 희생양이 될 수밖에 없었다. 예컨대, 담보대출 중개인 보상 체계에는 서브프라임 모기지의 영향을 소상히 밝히지 않고 대출자들을 끌어들이는 중개인에 대해서는 인센티브를 제공하는 내용이 들어 있었다. 은행에서 공식적으로 권고하는 요율보다 높은 이자율로 동일한 유형의 대출 고객을 유치한 중개인은 사실상 리베이트에 해당하는("수익 증대 장려금yield spread premiums" 또는 YSPs라고 부르는) 보너스를 받았다. 그런 중개인들에게서 서브프라임 모기지를 사들인 규제 감독 기관과 은행 들은 중개인들에게 은행의 요율 표에 명시된 내용을 대출 신청자들에게 밝히도록 요구하지 않았다. 2010년 도드프랭크Dodd-Frank금융개혁법과 소비자보호법에서는 YSPs를 금지했다. 연방준비제도이사회가 관련 법에 명시된 금지 조항을 이행할 시행규칙을 발표하는 데는 거기서 1년이 더 걸렸고, 이전에 리베이트 관행에 기만당한 대출자들은 소급 적용을 받지 못했다. 하지만 의지만 있었다면, 연방준비제도이사회는 이미 수년 전에 이 관행을 금지할 수 있었다.

담보대출 중개인과 대출 담당자 들이 쓰는 수법은 이랬다. 주택 가치는 계속 높아질 것이니 담보할인율 기간 만료 전에 이자율이 더 낮은 대출로 갈아타면, 주택 가격 상승분(이중 일부는 이자 명목으로 대출 기관 몫이 된다)을 현금으로 인출할 수 있다고 설득했다. 그러나 이런 담보대출은 대개 주택 가격 상승에 따른 재산 증식이 거의 혹은 전혀 없는 궁핍한 동네에 사는 아프리카계 미국인들이 주 홍보 대상이자 고객이었다. 심지어 주택 가격 거품이 꺼지기 전부터 그랬다. 비록 전국적으로 부동산 호황이 지속된다고 해도 부동산 가치가 오를 가능성이 없어 보이는 이들 지역에서는 가망이 없는 계획이었다.

이러한 인종차별적 대출 관행은 적어도 1990년대 말부터 거의 주 정부나 연방정부 차원의 규제, 감독 없이 금융계 전반에 걸쳐 널리 확산되었다. 흑인과 백인 간의 불평등한 대출 격차를 보여 주는 다양한 자료들은 이 차별이 경제적 지위가 아닌 인종에 근거했음을 시사한다. 서브프라임 거품이 커지고 있던 2000년에 기존 담보대출을 갚기 위해 다시 대출을 낸 주택 소유자들 가운데 서브프라임 대출을 받을 가능성이 있는 사람은 저소득층 아프리카계 미국인이 같은 계층의 백인보다 두 배 이상 많았고, 고소득층 아프리카계 미국인의 경우는 세 배 가까이 되었다. 가장 극단적인 사례는 뉴욕 버펄로에서 발생했는데, 아프리카계 미국인 가운데 담보대출을 다시 받은 사람 중 4분의 3이 서브프라임 대출을 받았다. 시카고에서는 인구조사에서 흑인이 주로 사는 지역의 대출자들 가운데 서브프라임 대출을 받은 사람이 백인이 주로 사는 지역보다 네 배나 많았다.[19]

2000년 시점에 서브프라임 대출을 받은 사람들 가운데 41퍼센트는 이자율이 낮은 기존의 주택담보대출을 받을 수 있는 대출자들이었는데, 2006년에는 그 비율은 61퍼센트로 늘어났다. 당시 아프리카계 미국인이 받는 서브프라임 대출의 이자율은 백인이 받는 주택담보대출의 이자율보다 세 배 높았다. 고소득층 아프리카계 미국인의 경우는 같은 계층의 백인들보다 네 배나 이자율이 높은 서브프라임 대출을 받았다. 연방준비제도이사회는 2005년 자체적으로 조사한 결과 그와 비슷한 인종 간의 편차를 확인했음에도 불구하고 별다른 조치를 취하지 않았다.

연방준비제도이사회는 자체 조사 결과로 나온 데이터가 명백하게 보여준 인종차별 문제를 손 놓고 바라봄으로써, 아프리카계 미국인들이 합법적으로 정당하게 누려야 할 헌법적 권리를 침해했다.[20]

2010년, 미국 법무부는 "유색인종의 거주지가 백인의 거주지와 분리될수록, 주택 소유자들이 압류 위험에 직면할 가능성은 점점 더 높아진다. 가장 불량한 대출 상품을 팔러 다니는 대출업체들이 그런 동네들을 표적으로 삼았기 때문이다"라는 의견에 동의했다. 주택도시개발부 장관 숀 도너번은 부동산 대부업체 컨트리와이드Countrywide(훗날 뱅크오브아메리카의 자회사가 됨)를 상대로 한 소송을 처리하면서, 컨트리와이드를 비롯한 대부업체들의 관행 때문에 "뉴욕의 퀸스 자메이카에서 캘리포니아의 오클랜드까지, 경제적으로 안정된 중산층 아프리카계 미국인 동네들에서 몇 년이 아니라 몇 달 만에 거의 20년 동안의 상승세가 역전되는 모습을 보았다"고 언급했다. 그렇게 집을 압류당하고 길거리로 나앉은 사람들이 많아지면서, 노숙자와 친척집에 더부살이하는 사람들이 더욱 늘어났고 가난한 하층민들이 몰려 사는 경제적으로 불안정한 동네의 아파트에 세를 들어 사는 사람이 더 많아졌다.[21]

정부는 컨트리와이드에 소송을 제기하면서, 인종과 담보대출 조건 사이의 통계적 인과관계가 너무도 명백하기 때문에 은행의 최고 책임자들이 인종차별적 동기를 인지하지 못했을 리 없다고 주장했다. 그런데 만일 은행 최고 책임자들이 그 사실을 인지했다면, 정부의 규제 감독 기관 역시 그 사실을 몰랐을 리 없었다. 법부부가 컨트리와이드 건에 개입한 것은 2007년에 정부 인가 내용 변경으로 미국저축기관감독청이 연방준비제도이사회로부터 컨트리와이드를 감독할 책임을 넘겨받았기 때문이었다. 저축기관감독청은 컨트리와이드와 관련된 인종차별적 통계 자료들을 확인하고는 법무부에 이 컨트리와이드를 고발했다. 이들의 인종차별적 대출 관행이 연방준비제도이사회의 감독 아래서 수년 동안 지속되었다는 사실이 밝혀진 것이다.

그 밖에 여러 도시에서 은행을 상대로 한 소송이 이어졌다. 아프리카계 미국인들에게 들이닥친 주택 압류 대란이 도시를 엄청나게 황폐화시켰기 때문이다. 멤피스시가 웰스파고은행Wells Fargo Bank을 상대로 제기한 소송에서는 서브프라임 대출을 "게토 대출"이라고 부르는 은행 직원들의 법정진술서가 증거로 채택되었다. 은행 관리자들은 영업사원들에게 아프리카계 미국인들이 모여 사는 동네를 대상으로 해당 대출 상품을 적극적으로 판매할 것을 지시했다. 그곳 주민들은 자신들이 약탈당하고 있다는 것을 알아챌 정도로 "충분히 똑똑하지 못했기" 때문이다. 한 영업자 집단은 노년층 아프리카계 미국인들을 집중 공략했는데, 이런 비싼 대출 상품을 그들에게 특히 쉽게 팔 수 있을 거라고 믿어 의심치 않았기 때문이다.[22]

볼티모어시가 제기한 유사한 소송은 웰스파고은행이 아프리카계 미국인 직원들만으로 구성된 영업 조직을 만들어서 흑인 교회들을 돌아다니며 서브프라임 대출을 팔도록 지시했다는 증거를 제출했다. 그 은행이 백인 시설들을 대상으로 유사한 영업을 펼친 사례는 없었다.[23]

2008년, 클리블랜드시는 씨티코프Citicorp, 뱅크오브아메리카, 웰스파고 같은 은행들을 포함해서 수많은 서브프라임 대출업체를 상대로 대규모 소송을 제기했다. 시 당국은 그 대출 기관들이 클리블랜드의 궁핍한 흑인 동네들에서 서브프라임 대출 상품을 팔지 말아야 했다고 주장했다. 흑인 동네의 높은 빈곤과 실업률, 늘 낮은 부동산 가치를 생각해 보면, 그곳의 대출자들이 충분한 주택 가격 상승을 통해 초기의 낮은 "담보할인율" 기간이 만료되자마자 갚아야 할 높은 변동금리를 감당할 것이라고 대출업체들이 상정한다는 것은 불가능한 일이었기 때문이다.[24]

클리블랜드의 소송은 은행들이 스스로 창출한 해악에 대해 책임을 져야 한다고 주장했다. 압류당하고 버려진 수많은 건물과 함께 그 동네들에서의 세수 감소와 마약 거래 같은 각종 범죄의 증가 문제들에 대해서 말이다. 시 당국은 금융회사들이 사회적 골칫거리를 만들어 냈다고 비난했다. 연방법원은 그 소송을 기각했는데, 주택담보대출은 연방정부와 주 정부의 엄격한 감독 아래 있기 때문에 "클리블랜드에서 서브프라임 대출 상품을 파는 것은 '법이 인정하는' 행위였다"고 판결을 내렸다.

흑인을 주 대상으로 하는 서브프라임 대출의 폐해는 계속해서 쌓여 갔다. 주택 가격의 거품이 꺼지면서 아프리카계 미국인의 주택 소유 비율은 백인보다 훨씬 많이 낮아졌다. 엄청난 융자 상환금을 지불하지 못해 채무불이행으로 파산한 가구는 더 이상 일반 대출도 받을 수 없다. 이제 1960년대의 약정 매입 제도가 이런 가구들에게 재개되고 있다. 서브프라임 모기지 사태로 아프리카계 미국인들을 약탈했던 기업들 가운데 일부는 현재 자신들이 압류한 부동산들을 저소득층과 중간 소득 가구들에 되팔고 있는데, 이 가구들 역시 높은 이자율과 계약금을 물어야 하고 계약 기간이 만료될 때까지 소유권 이전도 받지 못하며, 중도금을 한 차례라도 내지 못하면 가차 없이 쫓겨날 수도 있다.[25]

은행의 인가 의무 사항인 공공의 목적을 이행하도록 감독하는 데 실패한 정부의 규제 감독 기관들은 오늘날 아프리카계 미국인 사회에 대한 역 특별경계지역 지정에 대한 책임을 피할 수 없다. 연방정부와 주 정부의 금융 감독 기관들이 인종차별 정책을 드러내 놓고 펼치는 일반은행과 저축은행 들을 인가해 주었다는 점에서, 그들은 미국 헌법이 부여한 의무를 스스로 방기했다고 볼 수밖에 없다.[26]

8장

공공서비스와 학군이 심화시키는 차별

새로 지은 포드자동차 공장에 다니는 프랭크 스티븐슨과 그의 카풀 동료들이 공장 근처에 집을 구하려고 했을 때, 리치먼드와 오클랜드의 아프리카계 미국인 동네들과 밀피타스 사이 지역은 연방주택관리국(FHA)과 재향군인관리국(VA)의 지원을 받아 아파트를 짓고 있는 필지들로 급속하게 채워지고 있었다. 그 지역 개발에 가장 적극적으로 나선 부동산 개발업자는 데이비드 보해넌이었는데, 그는 1943년에 리치먼드 바로 외곽에 백인만 거주하는 롤링우드 주택단지를 건설한 사람이었다. 이듬해, 그는 오클랜드 분계선에서 남쪽으로 약 8킬로미터 떨어진 지점에 백인만 사는 대단위 단지 샌로렌조빌리지를 조성했다. 약 5000세대 규모로 주민 수가 1만 7000명이 넘는 샌로렌조빌리지는 전시에 정부가 보증하는 국책 사업으로는 가장 규모가 큰 프로젝트였는데, 해군 조선소와 군수품 지원 공장에 근무하는 노동자를 위한 주택단지였다. 그 단지 내 주택들에는 롤링우드의 주택과 마찬가지로 따로 출입구가 있는 방이 한 칸씩 있었는데, 집주인은 그 방을 또 다른 전

시 노동자에게 세를 줄 수 있었다.[1]

그 대단위 개발 사업에는 FHA가 보증하고 뱅크오브아메리카와 아메리칸트러스트컴퍼니American Trust Company가 융자하는 700만 달러가 조달됐다. FHA가 보증을 서는 다른 주택 개발 사업들에서와 마찬가지로, 이 단지에서 분양되는 주택들도 전시 산업 노동자들이 조달할 수 있는 금액 범위 안에서 상대적으로 낮은 가격으로 판매되었다. 그리고 향후 아프리카계 미국인들에게는 집을 팔지 않겠다는 부동산 양도증서에 날인하는 것도 빠지지 않았다. 밀피타스로 통근하기 좋은 거리에 있는 샌로렌조빌리지는 포드자동차 노동자들에게는 아주 이상적인 위치였다. 포드 노동자들이 인근 지역에서 집을 찾고 있었던 1950년대 중반, 초기에 그들에게 배포된 주택 분양 안내 책자에는 "먼 미래를 내다보고 주민을 보호하기 위한 각종 제한 장치들이 … 당신의 투자 이익을 영원히 지키기" 때문에 그 단지는 "안전한 투자처"라는 홍보 문구가 있었다.[2]

|

1955년, 보해넌은 밀피타스에 주택단지를 개발하는 서니힐스 사업에 착수했다. 웨스턴퍼시픽철도가 밀피타스에 새로운 산업 단지 조성 계획을 발표하자, 다른 건설업자들도 그 지역에 백인만 거주하는 단독 주택 단지를 건설하기 위해 FHA의 보증을 받아 냈다. 밀피타스 경계 바로 바깥쪽에 있는 개인 소유 부지에 1500세대 규모의 주택을 지은 밀

포드빌리지 단지의 경우는 VA에서 보증을 받았는데, 분양 계약자가 다달이 내는 할부금 액수가 매우 적었고, 재향군인들의 경우는 계약금도 거의 없었다.[3]

밀피타스 지역에 개발된 주택단지들 가운데 흑인 노동자들에게 팔리거나 임대된 주택이 하나도 없다는 사실이 확인되자, 인종차별 반대운동에 매진하는 퀘이커교도 단체인 미국퀘이커봉사위원회American Friends Service Committe, AFSC는 당시 포드 공장 노조 주택위원회 위원장이었던 벤 그로스를 도와 흑인과 백인이 함께 거주하는 주택단지를 개발하는 데 동의하는 건축업자를 찾아냈다. AFSC는 공영주택 공급에 대한 인종차별을 철폐하고 연방정부가 전시 프로젝트들을 해체하면서 보금자리를 잃게 된 아프리카계 미국인들에게 백인들과 함께 어울려 살 수 있는 적절한 주거 공간을 제공하도록 리치먼드시에 압력을 가하는 운동을 (성공적이지는 못했지만) 줄기차게 진행했다. 그 단체는 또 노스리치먼드에서 방과 후 공부방과 댄스 교실 같은 청소년 오락 활동, 엄마들을 위한 육아 상담, 맞벌이 부모를 둔 아이들을 돌보는 주간 탁아 프로그램, 걸음마를 시작한 아기를 위한 작은 놀이터, 지역사회 단체들의 회의실 제공과 같은 일을 하는 복지관을 운영했다. 포드자동차 노동자들은 이러한 활동에 모두 관련되어 있었다.[4]

밀피타스 지역의 급성장은 일부 단지에 지나치게 많은 집을 짓는 결과를 낳았다. 그래서 새로 조성된 몇몇 단지에는 미분양 주택들이 생겼는데, 포드자동차 노동자들이 살 수 있는 가격대였다. 하지만 미분양 주택들이 남아 있음에도 불구하고, AFSC는 부동산 개발업자들이 아프

리카계 미국인들에게 주택을 판매하도록 설득하는 데 실패했다.[5]

AFSC와 최초로 계약을 맺은 건축업자는 밀피타스에서 남쪽으로 16킬로미터쯤 떨어진 산타클라라카운티의 한 동네인 마운틴뷰 남쪽에서도 지자체 소유지가 아닌 한 부지를 선택했다. 그곳은 실리콘밸리의 성장하고 있는 산업 지대들과 접근성이 좋았다. 하지만 AFSC는 샌프란시스코만과 새너제이 지역 금융기관들 가운데서 아프리카계 미국인에게 분양을 허용하는 새로운 주택단지 개발에 자금을 댈 의향이 있는 기관을 찾지 못했다. 몇 달 뒤, AFSC의 한 임원이 퀘이커교도인 메트로폴리탄생명보험사의 부회장을 만나러 비행기를 타고 뉴욕으로 향했다. 그 부회장은 교외에 흑인과 백인이 함께 거주하는 주택단지 건설 가능성에 회의를 보였지만, 최초 건설 자금 대출에는 동의했다. AFSC가 재정적 약속을 얻어 낼 수 있었던 것은 오로지 퀘이커교도 인맥 덕분이었다. 이것은 물론 뉴욕시 당국과 주 입법기관들이 인종분리 정책을 돌연 바꿈으로써 메트로폴리탄생명보험이 질타를 받은 것 때문에 가능했을 수도 있다.

그러나 그 건축업자가 흑인과 백인 모두에게 해당 개발 단지의 주택들을 분양하려고 한다는 사실이 알려지자, 산타클라라 감리위원회는 그 부지의 용도를 주거용에서 산업용으로 바꾸었다. 건축업자가 두 번째 부지를 발견하자, 마운틴뷰의 공무원들은 그에게 절대로 건축 허가를 내 주지 않을 거라고 말했다. 그는 그 뒤 포드 공장 인근의 또 다른 소도시에 세 번째 건설 부지를 찾았다. 그 소도시의 공무원들은 그 개발 사업에서 흑인과 백인의 주거지를 분리하지 않을 거라는 사실을 알고는 건축 개발을 위한 최소 필지 면적을 약 557제곱미터에서 743제곱미터로 늘리는 새로운 토지이용제한법을 통과시켰고, 그 결과 노동자 계층의 부담이 너무 커지는 바람에 세 번째 계획 또한 무산되었다. 그 뒤, 건축업자는 다시 네 번째 부지를 찾아 개발을 시도했는데, 이번에는 그 개발 사업이 흑인과 백인 모두에게 분양되는 주택단지 건설이라는 것을 안 땅 주인이 토지 매각을 취소했다. 결국 그 건축업자는 개발 사업을 포기했다.[6]

벤 그로스는 그 뒤 또 다른 건축업자를 고용했는데, 그는 노조에 두 개 단지를 제안했다. 하나는 백인과 흑인이 함께 거주하는 단지이고, 다른 하나는 백인만 거주하는 단지였다. 백인 구매자들은 백인만 사는 단지로 몰릴 것이기 때문에, 명목상으로 흑인과 백인이 함께 사는 단지 개발 계획은 흑인만 분양 신청을 할 것이 명백했다. 그 건축업자는 교외 지역에는 백인만 거주하는 단지를 건설하고, 거주 환경이 그다지 좋지 않은 부지─중공업 시설용 두 군데 부지와 포드 공장 사이에 끼인 땅─에는 흑백 통합 단지를 짓겠다고 제안했다.

전미자동차노동조합(UAW)에 속한 포드자동차 노동자들은 이 제안의 수용 여부를 두고 둘로 나뉘었고, 지부장 선거에서도 이 프로젝트에 반대하는 후보자와 찬성하는 후보자가 맞붙었다. 조합원들에게 흑인과 백인이 분리된 주거 공간이라도 제공할 것인지, 아니면 흑인이든 백인이든 어떤 조합원에게도 새로운 주거 공간을 제공하지 못할 것인지를 결정하는 선거였기에 무척 어려운 결정이었다. 이것은 휴버트 험프리를 비롯한 의회 내 진보주의자들이 트루먼 대통령의 주택 공급 계획 법안을 통과시키려고 했을 때 직면했던 것과 비슷한 딜레마였다. 그러나 포드자동차 노조는 의회의 진보주의자들과는 다른 결정을 내렸다. 백인 조합원 수가 압도적으로 많았음에도 노조는 오로지 흑인과 백인이 함께 거주하는 주택단지를 건설할 부동산 개발업자들만 지지하는 노선을 택했다.

부동산 개발사업 경험이 없는 새너제이의 한 정육업자가 데이비드 보해넌의 백인 전용 주택단지 서니힐스에 인접한 부지를 확보해서 그곳에 흑인 전용 주택단지를 짓겠다고 제안을 하자 UAW와 AFSC는 이러한 계획을 알고는 그 개발업자에게 흑인만 사는 곳이 아닌 흑인과 백인이 함께 어울려 사는 주택단지를 지으라고 설득했다. 그러면 노동조합이 앞장서서 아프리카계 미국인 조합원뿐 아니라 백인 조합원을 대상으로 그 단지를 적극 홍보할 거라고 약속했다. 여섯 달 동안 그 사업가는 자금 조달을 위해 백방으로 뛰었지만, 그가 만난 일반은행과 저축은행 모두 FHA의 보증을 받지 못할 것임을 알고 아프리카계 미국인에게 문호를 개방하는 단지에 대출을 해 줄 수 없다고 하거나, 흑백 통합의 대가로 추가로 5.5퍼센트에서 9퍼센트까지 더 높은 이자를 지불한다면 대출을 해 주겠다고 했다. 그런 이자 부담 수준이라면 사업비가 크게 늘어, 주택을 구입하려는 노조원들이 감당하기 어려운 수준이 될 것이 분명했다. 그 사업가는 계획을 포기해야 할 거 같다고 UAW에 공식 통보했다. 노동조합에서는 그를 만나 노조가 대출 기관을 선정할 책임을 맡을 테니 사업을 계속 진행하라고 설득했다. UAW와 AFSC 대표단은 다시 뉴욕으로 가서 메트로폴리탄생명보험에 건설 자금 지원을 요청했고, 보험사의 동의를 얻어 냈다.

1955년 1월, 포드자동차가 리치먼드 공장 노동자들에게 그들의 일터가 밀피타스로 공장 이전을 고지한 지 1년이 훌쩍 지나고, 이전까지 꼭 한 달 반이 남은 시점이었다. UAW는 리치먼드에 있는 흑인 노조 합원들에게 아구아칼리엔테Agua Caliente(스페인어로 따뜻한 물이라는 뜻.—옮긴이)라고 이름 붙인 인종차별이 없는 주택단지 개발이 밀피타스 지역에서 진행될 거라고 알릴 수 있었다. 이즈음, 백인 노동자들 다수는 이미 백인만 거주하는 산타클라라카운티에 집을 구한 상태였다.

그러나 데이비드 보해넌의 회사는 서니힐스에 인접한 곳에 흑인과 백인이 어울려 사는 단지를 짓는 사업에 여전히 거세게 반대하고 있었다. 샌프란시스코의 한 신문이 "샌프란시스코 만안 지역에서 인종차별 없이 흑인 가정에도 주택을 분양하는 최초의 단지"를 지을 계획이라는 기사를 게재하자, 보해넌의 회사는 아구아칼리엔테 단지 건설을 막기 위해 새로 구성된 밀피타스시 의회에 압력을 넣어 그 단지의 하수관을 역내 하수처리 시설에 연결하지 못하게 하려는 술책을 썼다.

밀피타스 하수처리관리소는 그곳 소장이 밀피타스시장, 시 의원과 함께 산타클라라카운티 감리위원회의 위원이었는데, 아구아칼리엔테를 개발하는 건축업자에게 하수처리장 사용료로 약 4000제곱미터 당 100달러를 내라고 공지했다. 아구아칼리엔테 단지가 하수처리장 용량의 약 3퍼센트를 쓸 거라는 예측에 근거한 금액이었다. 노조와 건축업자는 사업비를 재산정하고 이 수치를 사용해서 분양가를 정했다. 메트로폴리탄생명보험은 거기 근거해서 재원을 확대했다. 데이비드 보해넌의 압력을 받은 하수처리관리소 임원들은 긴급이사회를 열어 하수처리장 사용료를 10배 이상으로 높이는 조례를 통과시켰다.[7]

갑작스러운 사용료 인상으로 단지 건설은 지연되었다. 건축업자는 하수종말처리장를 비롯해 보해년의 압력 아래 있는 기관들과 협상을 시도했지만, 그 기관들의 대표들은 이 새로운 조례의 목적이 소수 인종이 서니힐스 인근에 사는 것을 막기 위한 거라는 사실을 잘 알기에 협상은 성공적이지 못했다. 그러나 밀피타스시장은 자신이 하수처리 시설 사용료 인상에 동의한 것이 인종차별적 동기에 따른 것이 아니라고 주장하며, 자신은 포드자동차 노동자들의 주택단지가 밀피타스의 부동산 가치를 떨어뜨릴 것이기 때문에 그 필지를 개발하지 않았다면 더 좋았을 거라고 생각한 사람이라고 부언했다. 부동산 중개인이기도 한 시장은 주택 공급에 대해 문의하는 흑인들이 자기들을 원하는 곳이 아니면 가길 원하지 않는다고 말했다고 주장했다. 그는 그저 그들이 바라는 대로 해 주었을 뿐이며, 그래서 그들에게 시내의 부동산들을 안내하지 않았다고 했다.

UAW의 건축업자가 하수처리 시설 연결료의 인상에도 불구하고 아구아칼리엔테 사업을 지속하겠다는 의향을 밝힌 뒤에도 해결해야 할 문제가 많았다. 보해년 무리는 그 지역을 따라 연결되어 있는 배수로를 아구아칼리엔테 사업에 사용하지 못하게 하려고 소송을 제기했다. 이것은 오로지 방해를 위한 불법 소송이었다. 그 배수로는 보해년 소유가 아니라 카운티 소유이기 때문이었다. UAW는 서니힐스 프로젝트를 공식적으로 반대하는 대중운동을 전개했다. UAW 소속 조합원들은 서니힐스 단지 내 주택 구입을 중단했을 뿐 아니라, 모델하우스로 몰려가 백인들이 주택 계약을 하지 못하게 했다. 그 사이에 UAW와 AFSC는 캘리포니아주 법무장관 에드먼드 C. (팻) 브라운을 만났는데, 그는 밀피타스에 보좌관을 보내서 하수처리 시설 사용료 논란을 조사하게 했다. 그러자 브라운은 "그동안 자행되었을지도 모를 정부 기관들에 의한 모든 인종차별 행위를 무력화시키는 데" 일조하겠다고 약속했다.[8]

아구아칼리엔테 단지 개발을 추진하는 건축업자는 이제 더 이상 사업을 늦출 수 없었다. 그는 더 버틴다면 발생하게 될 소송비용을 감당할 여력도 없었다. 보해넌의 회사도 어쩌면 법무장관의 암묵적 위협의 영향을 받은 탓인지 더 이상 싸움을 지속하기 어려웠다. 서니힐스 단지에 대한 준공 검사까지 다 끝났지만 미분양된 주택이 여전히 남아 있어 회사가 어려움에 처한 것은 노조의 보이콧 운동이 크건 작건 영향을 끼친 것이 분명했다. 1955년 11월, UAW와 계약을 맺은 새로운 부동산 개발업자는 아구아칼리엔테의 건축업자와 보해넌의 사업을 모두 넘겨받아 하수처리 시설 사용료 논란을 종식시키고, 마침내 두 개의 개발 사업을 하나로 통합했다.

이 통합 개발 프로젝트 사업명은 보해넌 프로젝트에 붙었던 이름인 서니힐스로 정해졌다. 캘리포니아의 일반은행과 저축은행들은 여전히 추가 금리를 보태지 않거나 FHA 보증이 없다면, 흑인과 백인을 가리지 않고 서니힐스 단지 내 주택 구입을 위해 대출을 받으려는 사람들에게 개인 주택담보대출을 승인하지 않았다. 처음에는 UAW의 자체 연기금이 아프리카계 미국인 노동자들의 대출을 보증했다. 그러다 마침내

FHA는 분양 필지에 대한 지분을 주택 소유자들이 개별적으로 소유하는 것이 아니라 공동으로 소유하는 협동조합 형태로 전환한다면 유리한 금리로 주택담보대출을 제공하겠다고 제안했다. 노동조합과 서니힐스 주택을 분양받으려는 조합원들은 그 제안을 받아들이기로 했다. 이로써 그 단지의 최초 분양 물량 500채 가운데 20채가 아프리카계 미국인 가정에 팔렸다.[9]

하지만 이때는 벌써 밀피타스의 포드자동차 공장이 가동에 들어간 지 거의 1년이 다 된 시점이었다. 따라서 공장 인근 지역으로 이주하기를 원했던 백인 노동자 대다수는 이미 집을 얻어 이사를 끝낸 상태였다. 사업 지체로 인한 비용, 변호사 비용, 자금 조달 문제 때문에 흑백 통합 단지가 된 서니힐스 프로젝트 사업비는 이제 가장 고도로 숙련된 고임금 노동자가 아닌 일반 노동자들은 감당할 수 없을 정도로 높이 치솟았다. 아프리카계 미국인 노동자들 가운데 다수는 밀피타스 지역에서 집을 구하기를 포기하고 프랭크 스티븐슨처럼 리치먼드에서 동료들과 카풀을 해서 날마다 160킬로미터가량을 오가며 공장에 다녔다. UAW와 지역 노조들은 마지막 대안으로 지방정부 당국에 임대주택 공급을 늘려 달라고 압력을 가했다. 하지만 그 구상은 지역 금융계와 부동산업계의 강력한 저항에 직면했다. 역내의 저축대출기관연합회는 그것을 "우리의 미국식 생활방식을 위협하는" 조치라고 했다. 따라서 카운티 당국 또한 행동에 나서기를 거부했다.[10]

그 뒤 몇 년 동안, 밀피타스에서 아프리카계 미국인이 사는 주택은 1960년대에 두 군데 고속도로와 극도로 혼잡한 주요 쇼핑 간선도로 사이에 세워진, 주거지로는 그다지 적절치 않은 주택단지와 서니힐스에 한정되었다. 포드자동차 공장은 1984년에 문을 닫았다. 밀피타스는 이 제 더 이상 백인만 사는 동네가 아니다. 지금은 라틴아메리카계와 아시아계 사람도 많이 살고 있지만 과거 인종차별의 영향은 그대로 남아 있다. 오늘날 그 지역 전체 인구 가운데 아프리카계 미국인은 2퍼센트에 불과하다.

  밀피타스 지역이 점점 발전하면서, 오클랜드와 리치먼드 사이의 길게 뻗은 지대에 있던 다른 공장들이 그곳으로 이전해 왔다. 그 가운데 하나가 1955년 버클리에서 이전한 트레일모빌Trailmobile 공장이었다. 그 공장의 공장장은 이전 직후 자사의 고용 정책을 바꿀 것이라고 발표했다. 새로 충원할 노동자는 공장 인근에 사는 사람으로만 뽑을 것이라고 했다. 물론 그 인근에 사는 사람은 거의 백인이었다. 공장장에 따르면, 오클랜드 지역에서 통근하는 흑인 노동자들은 장거리 운전 중 자동차 사고가 날 가능성이 매우 높아서 결근하는 사람이 지나치게 많아질 수 있다는 이유로 바뀐 정책이었다. 공장 이전 전에 버클리에 있던 공장에서는 전체 노동자의 16퍼센트가 아프리카계 미국인이었다. 하지만 1967년 흑인 노동자의 비율은 6퍼센트에 불과했는데, 새로운 고용 정책이 채택되기 전부터 꾸준히 감소한 결과였다.[11]

II

  밀피타스 사례는 아프리카계 미국인들이 백인 동네로 이주하는 것을 막으려는 정부 관리들이 집요하다고 할 정도로 모든 차원에 걸쳐 기발한 창의성을 발휘했음을 잘 보여 준다. **법률상** 흑인 분리를 만들어 낸 것은 연방정부의 대규모 공영주택 계획과 주택담보대출 금융 제도만이 아니었다. 수없이 많은 정부의 자잘한 조치와 행태들이 그러한 인종차별에 기여했다. 그것들 가운데는 아프리카계 미국인들의 전기나 수도 같은 공공시설 이용을 거부하는 것 같은 사소한 조치들이 포함되어 있었다. 예컨대, 아프리카계 미국인들이 집을 지으려고 하면, 그 부동산은 공원 용지라고 결정을 내린다든지, 아프리카계 미국인의 집으로 들어가는 도로가 "사유지"임을 밝혀냈다. 또한 백인 동네와 경계선을 긋거나 아프리카계 미국인의 주택 위치를 다른 곳으로 옮기기 위해 해당 지역에 주 사이를 연결하는 간선 고속도로를 새로 내기도 했다. 그리고 아프리카계 미국인이 자녀들을 학교에 보내고 싶다면, 어쩔 수 없이 흑인 동네로 이사할 수밖에 없도록 학교 부지를 정하는 등 다양한 방식으로 부당한 조치를 취했다.

이것들을 따로 떼어 놓고 보면 일탈적 행동으로 치부하기 쉽다. 하지만 전체적으로 보면, 그러한 조치들이 아프리카계 미국인들을 하층계급 신분으로 존속시키기 위한 연방정부의 노력을 주 정부와 지방자치체가 보조하는 국가 체제의 일부라는 사실을 금방 알 수 있다. 주택 공급에서의 인종차별은 노예제의 증표이자 그것을 상징적으로 보여 주는 사건인 것이다.

밀피타스와 그 주변 소도시들에서 아프리카계 미국인들의 거주를 막기 위해 사용한 수단들은 제2차 세계대전이 끝나고 미국 전역에서 벌어진 공통된 인종차별 술책이었다. 수많은 사례에서, 지방자치체들은 아프리카계 미국인들이 자기네 관할 구역에 거주하는 것을 막기 위해 해당 부동산에 부적합 판정을 내리거나 용도 변경 결정을 했다.

예컨대, 1954년 한 펜실베이니아대학 교수와 그의 아내가 필라델피아 바로 외곽에 있는 소도시 스와스모어에 부지를 샀다. 두 사람은 거기에 중산층 주택 28채를 지어 아프리카계 미국인과 백인 모두에게 팔 계획이었다. 그 부부가 그런 계획을 세운 까닭은 "이웃 간에 인종과 피부색, 종교가 서로 달라도 조화롭게 함께 어울려 살 수 있다"는 것을 증명하기 위해서였다. 스와스모어부동산소유주협회Swarthmore Property Owners' Association는 자치구의회에 진정서를 제출하며 스와스스모어가 사회적 실험을 위한 "실험실"이 되는 것을 원치 않는다고 주장했다. 그러자 자치구의회는 공인 자격증이 있는 건축 기사의 설계 도면이 없으면 주택 신축 계획을 허가하지 않는다는 결정을 내렸다. 그것은 이전에 다른 어떤 개발 사업에도 적용된 적이 없는, 비용이 많이 들어가는 허가 조건이었다.[12]

부부가 설계 도면을 제출하자, 이번에는 마찬가지로 최근 어떤 프로젝트에도 고려된 적이 없었던 여러 가지 문제를 제기하며 해당 부지 개발에 반대했다. 자치구의회는 해당 부지의 일부 주택들로 이어지는 사설 진입로 건설을 막고, 추가 비용이 많이 드는 새로운 하수처리 시설 설치를 요구했다. 교수와 그의 아내는 사설 진입로 건설을 위한 요구 조건들을 피하기 위해 계획을 축소해 개발을 밀고 나갔다. 그러자, 인근 부동산 소유주들은 그 개발 부지가 사용하는 주 도로 또한 사유지이기 때문에 그 개발 사업을 계속 진행하면 안 된다고 주장했다. 하지만 과거에 자치구가 주민들을 위해 그 도로를 보수 공사했을 때는 아무도 그런 문제를 제기하지 않았다. 동네 사람들이 이런저런 이유를 들어 개발 사업을 중단시키기 위해 소송을 제기했을 때, 자치구 공무원들은 배후에서 동네 사람들 편을 들면서 분쟁에 직접 끼어들지는 않았다. 그러한 방해가 영원히 끝날 것 같지 않아 보이자, 교수와 그의 아내는 결국 사업을 포기했다.

이와 유사한 상황이 시카고 교외에 있는 백인 거주 지역인 일리노이의 디어필드에서도 일어났다. 1959년, 한 부동산 개발업자는 공지로 있는 두 군데 택지를 산 뒤, 여러 필지로 나누어 주택 51채를 지어서 그 가운데 10채를 아프리카계 미국인에게 팔 계획이었다. 그런데 그가 특별히 디어필드를 선택한 이유는 그곳이 기존의 아프리카계 미국인들이 모여 사는 동네와 멀리 떨어져 있기 때문이었다. 그는 백인 주민들을 공황 상태에 빠뜨려 마구 집을 팔고 동네를 떠나게 만드는 부동산 투기꾼들의 관심을 덜 끌기 위해서는 그런 곳이어야 한다고 생각했다. 디어필드에서는 새로 들어설 단지에 흑인과 백인이 함께 거주할 거라는 사실을 알지 못한 채, 부동산 개발업자의 계획을 승인하고 수도와 하수처리 시설, 가로 정비를 진행했다. 그 동네의 공무원들이 개발업자의 의

도를 알아챘을 때는 이미 두 종류의 모델하우스를 짓기 시작한 상황이었다.[13]

투기꾼들은 그 사실을 알자마자 거의 곧바로 그 동네로 몰려와서 마을 주민들 사이에 공포를 조장하며 시세의 절반밖에 안 되는 가격으로 집을 팔라고 부추기고 다녔다. 동네에는 주민위원회가 구성되었고, 시위대 600명이 주민대표회의가 열리는 학교 체육관에서 가두행진을 벌였다. 시위대는 손을 위로 뻗으며 흑백 통합 단지 건설 반대를 단호하게 외쳤다. 경찰들은 모델하우스 파손을 막지 못했고, 또 막을 의지도 없었다. 디어필드 주민을 대상으로 설문조사를 한 결과, 새로운 단지 건설에 반대와 찬성 비율은 거의 8 대 1이었다.

설문조사 결과가 발표된 다음 날, 마을 공원관리소는 그 개발 부지를 수용하겠다고 공표했다. 그 구상은 새로운 것이 아니었다. 몇 달 전, 관리소가 그 땅을 수용하겠다고 했을 때 반대표를 던졌던 주민들이 이제는 그 제안을 현실화하기 위한 공채 발행에 압도적인 지지를 보냈다. 연방법원은 공원관리소가 지역사회의 흑백 통합 단지에 대한 적대감을 이용한 것이 불법이 아니라고 판결했다. 공원관리소의 결정이 인종차별적 의도에서 나온 것이 아니기 때문이었다. 아프리카계 미국인이 그곳의 주택을 구입할 수 있다는 사실이 알려지기 전에, 이미 그런 계획이 있었지만 주민들 반대로 무산된 사실을 법원이 인정한 것이다. 법원은 유권자들이 투표를 할 때 인종 문제와 관련된 의사 표시를 하지 못하게 강제할 수는 없다고 결론지었다. 하지만 이 논리대로라면, 민주적 투표 절차를 거치기만 하면 어떤 인종차별적 행위에도 법적으로 이의 제기를 할 수 없었다. 권리장전과 남북전쟁 이후 제정된 수정헌법 조항들은 바로 이런 대중 다수를 제한하게 위해 고안된 것이다.

IV

이즈음 아프리카계 미국인 주거용 택지를 공원 용지로 수용하는 것은 백인만 사는 동네를 유지하기 위해 아주 유용한 수단이었다. 1959년 미주리주 항소법원이 판결한 것처럼, 토지 수용의 목적이 공적인 것이라면, 사법제도는 그 수용의 동기가 무엇인지 따질 수 없었기 때문이다. 그런 점에서 공원은 확실히 공적인 공간이었다. 미주리주에서는 아프리카계 미국인 부부 한 쌍이 세인트루이스의 백인 교외 지역인 크리브쿠어에 집을 한 채 지으려고 했다. 여기서도 건축 허가가 나서 공사가 시작되었을 때, 비로소 지역 주민들이 그 대지의 구매자가 아프리카계 미국인이라는 사실을 알았다. 그러자 서둘러 주민위원회가 소집되었고 그들은 그 부동산을 재구매하기 위한 모금을 시작했다. 백인 부동산 소유주 단체들은 흑백 주거 통합 문제에 직면할 때마다 이러한 술책을 썼다. 로레인 핸즈베리의 1959년 희곡, 「태양 속의 건포도A Raisin in the Sun」에서, 시카고 백인 지역사회의 한 부동산 소유주 단체는 이웃에 사는 아프리카계 미국인의 집들을 이와 비슷한 방식으로 인수한다. 핸즈베리의 희곡에 등장하는 인물처럼 크리브코어의 그 흑인 부부는 그 제안을 거부했다. 그러자 시 당국은 그들의 사유지를 공공 휴양 용지로 수용했다.[14]

아프리카계 미국인들이 집을 짓는 것을 막기 위해 사유지를 강제수용하고 토지의 용도를 변경하는 수법은 1950년대와 1960년대에 거의 일상적으로 쓰였다. 그러나 그중에도 특히 한 사례가 전 국민의 관심을 사로잡았다. 1969년, 감리교단이 후원하는 한 비영리단체가 아직 지자체로 인정받지 못한 세인트루이스카운티의 백인 교외 지역 블랙잭에 중-저소득층 가정을 위한 흑백 통합 주택단지를 연방정부의 보조금을 받아 지을 것을 제안했다. 그러자 블랙잭 주민들은 주민 투표를 통해 자기네 동네를 세인트루이스카운티의 지자체에 정식으로 편입시키고, 향후 약 4000제곱미터 당 집을 3채 이상 짓지 못하게 하는 주택 지구 지정 조례를 통과시켰다. 이러한 조치는 기존에 지어진 보통 소득수준인 가정의 주택 외에 새 주택을 지을 수 없게 만들었다. 세인트루이스시의 몇몇 아프리카계 미국인이 이 조치에 소송을 제기했다. 그들은 지금까지 게토 지역 밖에서 살 수 있는 괜찮은 집을 구할 수 없었기 때문에 점점 교외로 빠져나가는 일자리를 얻을 기회가 거의 없었다고 주장했다. 이 사건은 전국적인 관심을 불러일으켰고, 닉슨 행정부는 주택 지구 지정 조례를 금지하는 정부 소송을 제기할지 여부를 두고 여러 달을 고심했다.[15]

마침내 행정부는 소송을 제기했고, 연방항소법원은 블랙잭 지자체에 흑백 주거 통합을 추진하는 단체가 일을 지속할 수 있게 승인할 것을 명령했다. 연방항소법원은 해당 개발에 대한 적개심은 "지방법원이 지자체(세인트루이스카운티를 말함.—옮긴이) 편입 운동을 주도했다고 밝힌 사람들과 주민들에게 진정서를 돌린 개인들, 그리고 주택 지구 지정과 관련된 행정관들에게서 인종차별적 언어로 반복해 표현됐다"고 말했다. 항소법원은 이어서 "수차례 열린 공청회에서 〔제안된 개발에 대해〕 인종 문제와 관련된 비난이 이어졌고 그 비난에 참석자들이 환호했다. 개발 반대의 모든 과정에 걸쳐, 지자체로의 편입을 정식 추진하고 토지 용도를 변경하는 결정을 내리는 데 있어 인종 문제가 가장 중요한 역할을 했음을 보여 주는 명백한 증거들이 있다"고 진술했다.

연방항소법원은 미 전역에서 일어난 이와 비슷한 사례들을 인용하면서 블랙잭의 여러 조치들은 "흑인들을 도심의 저소득층 주거 구역에 묶어 두는 또 하나의 요인에 불과한데, 그에 따라 세인트루이스 수도권은 도심에 흑인들을 몰아넣고 그 주위를 둘러싼 고리 형태의 지역은 백인들이 차지하는 도넛 모양으로 바뀌는 과정이 지속적으로 진행되었음을 확인했다"고 결론지었다. 법원은 더 나아가 블랙잭의 조치들이 "대체로 부동산업계와 **연방정부, 주 정부, 지방자치체의 관계 기관들에 의한** 주택 시장에서의 계획적인 인종차별의 결과"인 흑백 주거 구역 분리를 악화시키고 있다고 지적했다. 이것이 바로 우리가 **법률상** 흑인 분리라고 말하는 것이다.

그러나 감리교단 조직은 최초로 흑백 통합 주택단지 건설 계획을 제안하고 나서 5년이 흐른 1974년까지 법정에서 승소하지 못했다. 그 무렵, 재정은 바닥이 나고 이자율은 급상승한 반면, 연방정부의 흑백 통합 주택단지에 대한 보조금 지원 의지는 약해졌다. 교단 소속 변호사들은 법원의 판결에도 불구하고 "제정신인 부동산 개발업자라면 그 누구도" 그런 강력한 반대 앞에서 그 프로젝트를 계속 밀고 나갈 수

"없다"고 했다. 결국 그 계획은 백지화되었다. "때늦은 정의는 정의의 부정과 마찬가지다." 아프리카계 미국인들이 백인 동네에 집을 구하기 위해 법정 다툼을 벌일 때마다 겪는 일이 바로 이런 경우였다.

V

수많은 법률상 흑백 주거 구역 분리 정책이 아프리카계 미국인들을 백인 주거 구역에서 멀리 떨어뜨려 놓는 동안, 정부 공무원들도 백인 통근자와 쇼핑객, 기업 경영자 들이 흑인들과 마주치지 않도록 아프리카계 미국인 인구를 도심의 상업 지구에서 멀리 떼어 놓았다.

"빈민가 철거"는 이 목적을 이루기 위한 방법이다. 20세기 중반, "빈민가"와 "황폐한 지역"은 아프리카계 미국인 동네를 완곡하게 표현하는 용어로 널리 이해되었다. 정부가 백인들이 사는 교외 지역에 흑인들이 들어가 사는 것을 막고, 흑인 가정을 몇몇 도심 지구에 집중시키는데 성공하자, 흑인 지역사회는 정말로 황폐화됐다. 대개의 경우, 빈민가 철거는 좋은 아이디어일 수 있었다. 소득이 적은 가난한 아프리카계 미국인들이 살고 있는 불결하고 불량한 건물들을 부수고 여러 인종이 어울려 사는 동네에 제대로 된 새집을 제공한다는 계획은 실로 적절하고 타당한 생각이 아닐 수 없었다. 하지만 대다수 정책 결정자가 생각하는 재배치는 그런 그림과는 완전히 달랐다. 빈민가 철거는 아프리카계 미국인들의 빈곤화와 함께 그들의 공간적 분리를 더욱 강화하며 결국 더욱 더 흑백 거주 분리를 조장하는 방향으로 나아갔다. 아프리카계 미국인들이 궁핍해질수록, 이들을 환영하는 백인 중산층 동네는 점점 더 줄어들기 때문이었다.

그러한 빈민가 철거 방식 가운데 하나가 주와 주 사이를 연결하는 연방정부의 주 간 고속도로 체계 구축이었다. 대개 주 정부와 지방자치체는 연방정부의 묵인 아래 주 간 고속도로의 구간을 도심의 아프리카계 미국인 동네를 파괴하는 경로로 설계했다. 고속도로 설계자들은 그런 인종적 동기를 숨기지 않았다.[16]

이런 계획은 1938년 연방정부가 처음으로 주 간 고속도로 건설 지원을 고려한 때부터 시작된 것이었다. 당시 농림부장관이었던 (이후 부통령이 된) 헨리 월리스는 루스벨트 대통령에게 여러 도시를 관통하는 고속도로 건설은 "보기 흉하고 불결한 도심 구역들을 소거하는" 효과도 달성할 수 있다는 의견을 냈다. 이후 20년 동안 고속도로 건설과 아프리카계 미국인의 도시 추방 사이의 연관성은 연방정부의 도로 건설 사업을 따내기 위해 경쟁하는 건설업자들이 늘 앞세우는 주제였다. 도심 상업 구역과 그 주변을 백인들을 위한 공간으로 만들기 위해 고속도로 건설이 필요하다고 강조하는 것이 가장 효과적인 설득 방법이라는 것을 건설업자들은 이미 간파했다. 각 도시의 시장을 비롯해서 그 지역의 정치 지도자들도 여기 가세해, 아프리카계 미국인들을 도심 인근의 백인 동네로부터 멀리 격리시키는 것을 금지하는 헌법 조항을 회피할 수단으로 고속도로 건설을 이용했다.

1943년, 미국콘크리트협회American Concrete Institute는 "빈민가와 황폐 지구 제거"를 위해 도시 간 고속도로 건설을 촉구했다. 1949년, 미국토목기사협회American Road Builders Association는 트루먼 대통령에게 수도권을 통과하는 주 간 고속도로의 노선이 적절하게 설계된다면 "도시에서 빈민가와 불량 지구를 없애는 데 실질적으로 크게 기여"할 수 있다는 의견서를 보냈다. 시가지연구소Urban Land Institute는 국가 고속도로 체계 법제화와 관리에 중요한 영향력을 발휘하는 기관이었는데, 1957년 거기서 발행한 회보는 여러 시 당국에 "도심의 황폐 지구를 개발하면 얼마나 적절한 고속도로 노선을 제공할 수 있는지"를 조사하도록 권고했다. 1962년 고속도로조사위원회Highway Research Board는 주 간 고속도로가 "빈민가를 없애고" "황폐 지구를 되살리고" 있다고 자랑했다.

미국주도로교통행정관협회American Association of State Highway Officials의 사무총장 앨프리드 존슨은 1956년 고속도로법Highway Act 법안을 작성한 의회 위원회에 가장 깊이 관여한 로비스트였다. 훗날 그는 "일부 도시 행정관은 도시를 통과하는 주 간 고속도로가 역내의 '흑인 지구'를 제거할 좋은 기회를 제공할 거라는 1950년대 중반식 사고방식을 감추지 않았다"고 회상했다. 이런 그의 짐작은 맞아떨어졌다.[17]

예컨대 미시건주의 햄트래믹은 디트로이트를 둘러싸고 있는 소수민족 집단 거주 지역으로 폴란드계 미국인들이 압도적으로 많이 살고 있었다. 1959년 시의 종합 개발 계획에는 소수의 아프리카계 미국인 주민을 가리키는 것으로 이해되는 "특정 주민 감소 프로그램"이 포함되어 있었다. 1962년, 햄트래믹은 연방정부가 지원하는 도시 재개발 기금을 받아 아프리카계 미국인 동네들을 철거하기 시작했다. 최초의 프로젝트는 크라이슬러 자동차 제조 공장 확장을 위해 부지를 확보하는 작업이었다. 그 뒤, 연방정부의 지원금은 그 공장으로 이어지는 크라이슬러 간선도로(I-75)를 구축하기 위해 더 많은 주택을 철거하는 데 쓰였다. 사전에 미국인권위원회는 그 간선도로 건설을 위해 약 4000가구가 이주해야 할 거라고 경고했다. 그리고 그들 가운데 87퍼센트가 아프리카계 미국인이었다.[18]

그로부터 12년 뒤, 한 연방항소법원은 주택도시개발부(HUD) 공무원들이 그 간선도로를 건설할 경우 아프리카계 미국인의 집들을 대거 헐어야 하는데, 그들이 새로운 셋방을 얻을 수 있도록 지원하기 위한 어떤 관련 규정도 없다는 사실을 이미 알고 있었다고 판결을 내렸다. "HUD가〔햄트래믹의〕민영주택 시장에 만연한 인종차별적 관행과 **도시 재개발 사업 수행에 깊이 관여한 시 관계자들 사이에 공공연한 편견의 징후들**을 확실히 알고 있었다고 판단할 기록들이 많다." 법원이 명령한 구제책은 그 프로젝트로 쫓겨난 사람들과 여전히 소송 중인 사람들 가운데 햄트래믹에 기꺼이 다시 돌아올 의향을 표시한 사람들에 한해서 그들이 살 새 주택을 시내에 짓는 것이었다. 하지만 소송이 장기화되면서, 피해를 입은 사람들 가운데 끝까지 남은 사람은 극소수에 불과했고, 대부분은 디트로이트의 게토 지역으로 이주하는 것 외에 다른 방도가 없었다.

연방정부의 주 간 고속도로 건설은 미국 전역에 있는 도시들에서 흑백 주거 구역 분리에 힘을 실어 주었다. 1956년, 플로리다주도로부Florida State Road Department는 I-95(미 동부 해안을 따라 남북으로 연결된 주 간 고속도로.—옮긴이)를 건설함으로써 20년 전 마이애미가 위헌적 주택 지구 지정 조례 제정을 통해 시도했지만 실패한, 다시 말해서 시내 중심가에 인접한 지역에서 아프리카계 미국인을 쫓아내는 데 성공했다. 이주민 수를 줄일 수 있는, 도로 오른쪽에 있는 폐기된 철로 구간을 되살리는 대안이 있었지만 거부되었다. 1960년대 중반에 마침내 그 고속도로가 완공되었을 때, 이전에 4만 명에 이르던 역내 아프리카계 미국인 수는 8000명으로 줄었다.[19]

뉴저지주 캠던에서는 1963년부터 1967년까지 주 간 고속도로가 저소득층 주택 3000채를 없애 버렸다. 뉴저지주 법무장관실에서 낸 보고서는 이렇게 결론을 내렸다. "교통 계획을 보면 교외에 사는 백인들이 용이하게 출퇴근하도록 혜택을 줄 고속도로를 건설함으로써 … 흑인과 푸에르토리코 이주민이 사는 게토 지역을 없애려는 시도가 진행 중이라는 사실을 단번에 알 수 있다."[20]

로스앤젤레스에서 1954년 산타모니카고속도로를 건설하면서 시내에서 가장 번창하던 흑인 중산층 지역이었던 슈거힐을 철거한 일은 여러 곳에서 너무도 익숙하게 볼 수 있는 사건들 가운데 하나다. 1938년 보험사 임원이었던 한 아프리카계 미국인이 처음으로 그 동네에 이사 왔을 때, 그 지역 부동산소유주협회는 그에게 다른 곳에 가서 사는 게 더 나을 거라고 넌지시 충고했다. 그가 조언을 듣지 않자, 그 단체는 그에게서 부동산을 되사기 위해 기부금을 모으려고 했지만 실패했다. 1945년, 소수의 중산층 아프리카계 미국인들이 슈거힐에 정착했고, 협회는 흑인의 자기 동네 입주를 막는 배타적 의무 약정을 적용해서 그들을 쫓아내기 위한 소송을 제기했다. 그러나 연방대법원의 셸리 사건에 대한 판결이 3년쯤 뒤에 나올 것을 예상한 캘리포니아주 판사는 그 약정의 집행이 수정헌법 제14조를 위배한다고 판결을 내렸다. 더 많은 중산층 아프리카계 미국인이 그 지역에 집을 사자, 로스앤젤레스시 의회는 슈거힐에 이미 입주해 사는 부유한 아프리카계 미국인들의 반대를 무릅쓰고 그 지역에 임대주택을 지을 수 있도록 토지 용도를 변경했다. 그러자 저소득층 흑인 가구들이 점점 더 많이 동네로 이사를 왔다. 하지만 다른 모든 수단의 실패에도 결국 흑인 지역사회를 무너뜨린 것은 슈거힐을 통과하는 산타모니카고속도로 건설이었다. 아프리카계 미국인 지도자들은 고속도로 노선을 좀 더 북쪽으로 옮길 것을 주장했지만, 시의 토목공사를 관할하는 최고책임자는 해당 부동산들이 최종 수용되기까지 5년이 걸리므로 그동안에 충분히 새집을 마련할 수 있다고 주장하며 그들의 염려를 묵살했다.[21]

이런 경우들 가운데 정부 기관이 보금자리를 빼앗긴 아프리카계 미국인들에게 적절하고 안전한 새집 마련을 지원한 사례는 거의 없다. 1956년 통과된 주 간 고속도로 건설 계획 법안에는 연방정부나 주 정부가 고속도로 건설로 집이 철거된 주민들을 지원해야 한다는 명목상의 의무조차 없었다. 그 법안은 하원에서 철거된 집의 세입자들에게 이주비를 지급할 수 있도록 수정되었지만(이주비를 반드시 주도록 명시한 것은 아니다), 아이젠하워 행정부는 그 수정안을 반대했다. 대통령경제자문위원회의 의장 아서 번스는 고속도로 건설이 늘면서 해마다 거의 10만 명이 집을 잃게 될 것으로 예측했고, 이주비 보상은 고속도로 건설의 "사업비 급증"을 초래할 것이라고 경고했다. 그러자 미 상원에서는 최종 입법 과정에서 보상비 지급이 가능하다는 문구를 삭제했다. 1965년에 이르러서야 연방정부는 앞으로 주 간 고속도로를 건설할 때는 강제로 이주해야 하는 사람들에게 새집을 마련해 줄 것을 요구하기 시작했지만, 그때는 이미 주 간 고속도로 체계가 거의 완비되어 가는 시점이었다.[22]

VI

노예제를 채택한 남부의 여러 주와 일부 북부 주에서는 연방대법원이 1954년 브라운 사건 판결을 하기 전, 노골적으로 흑인 학교와 백인 학교를 나누는 것이 관행으로 이어져 왔다. 그런 지역의 지방자치체 당국은 거기에 더해 다른 주에는 없는 새로운 흑백 주거 구역 분리 술책을 개발했다. 그것은 아프리카계 미국인 동네로 지정된 지역에만 아프리카계 미국인 아이들이 다닐 학교를 만들고 다른 동네에 사는 흑인 학생들에게는 거기까지 통학할 차량을 제공하지 않는 수법이었다. 그러니 자녀를 학교에 보내려는 아프리카계 미국인 가정은 새로 조성된 흑인 동네에다 집을 구하는 것 말고는 다른 선택지가 없었다.

1928년, 텍사스주 오스틴에서는 시의 동쪽인 이스트사이드 구역에 아프리카계 미국인 동네를 한 곳 조성할 것을 제안하는 도시 종합 계획을 채택했는데, 그 계획서에는 1917년 연방대법원의 뷰캐넌 판결에 대해 노골적으로 분통을 터뜨리는 내용이 포함됐다. 그 문서는 "다른 많은 도시와 마찬가지로 오스틴에서도 인종 간 주거 구역 분리 문제에 대해 말이 많았다. 이 문제는 현재 우리가 알고 있는 어떤 토지 이용 제한법으로도 해결될 수 없다. 그러한 모든 시도가 사실상 위헌으로 판명 났기 때문이다"라고 지적했다.[23]

따라서 오스틴시의 도시 종합 계획은 노골적으로 흑백 주거 구역 분리를 합법화할 수 없는 상황에서, "이 〔이스트사이드〕 구역으로 흑인 주민들이 이주하도록 유인하기 위한 장려책"을 마련할 것을 제안했다. 그 장려책은 아프리카계 미국인들을 위한 학교를 비롯해서 각종 공공 시설을 거기에 유치하는 것이었다. 이러한 조치들은 매우 효과적이어서, 금방 오스틴의 거의 모든 아프리카계 미국인들이 이스트사이드로 이주했다. 예컨대, 1930년에 여러 인종이 섞여 사는 동네였던 휘츠빌은 아프리카계 미국인 주민이 16퍼센트였는데, 1932년에 그 동네의 흑인 학교가 문을 닫자, 1950년 그곳에 사는 아프리카계 미국인 수는 1퍼센트로 줄었다.

오스틴시 당국은 아프리카계 미국인 거주지로 지정된 이스트사이드 지역 밖의 다른 모든 흑인 학교와 공원을 폐쇄했다. 대신에 이스트사이드 지역에 새로운 흑인 도서관, 공원, 시설 좋은 흑인 고등학교를 세움으로써 아프리카계 미국인들을 추가로 끌어들이려고 했다. 그 뒤, 1938년에 오스틴시 도시계획위원회가 흑인만 거주하는 공영주택 단지인 로즈우드코츠를 이스트사이드에 짓기로 결정하면서 오스틴의 주거 구역 분리는 더욱 심화되었다. 그 단지 개발을 성공적으로 이끌어 낸 사람은 당시 하원의원이었던 린든 존슨이었는데, 그는 동시에 도시 중심가 근처에 오스틴의 백인 주민들을 위한 공영주택을 짓는 계획도 확정지었다.

아프리카계 미국인들이 이스트사이드로 몰려간 것이 확인되자, 오스틴시 당국은 그곳에 제공되던 공공서비스를 축소했다. 예컨대, 오스틴시의 다른 구역에 비해 이스트사이드의 거리는 포장이 안 된 곳이 더 많았고, 하수처리 시설은 관리가 잘 안 되어 자주 막혔다. 이스트사이드를 다니는 버스 노선은 텍사스대학을 경유했는데, 대학 여름방학 즈음이면 버스를 타는 학생들이 없다는 이유로 버스 운행을 중단했다. 주택가 주민들을 보호하기 위한 토지 이용 제한 법규들도 이스트사이드 지역에는 강제 적용되지 않았던 까닭에, 각종 산업 시설들이 그 지역에 세워졌다.

흑인 거주 구역을 지정하기 위해 그곳에 학교를 전략적으로 배치하는 수법은 주로 오랫동안 흑인과 백인 학교를 따로 운영해 온 남부 도시들에서 애용되었지만, 북부 도시들에서도 그 방식을 쓰는 곳들이 종종 나타났다. 1920년대 인디애나폴리스는 흑백 주거 구역 분리를 위해 학교 위치를 정하는 정책을 활용했다. 인디애나폴리스 교육위원회는 백인 학생들만 다니는 일류 고등학교를 흑인 거주 구역에서 멀리 떨어진 백인 동네로 옮겼다. 그 결과 백인 동네와 흑인 동네의 경계 지점에 있던 이전의 고등학교는 방치되었지만, 교육위원회는 그 학교를 아프리카계 미국인을 위한 학교로 지정하는 것에 반대했다. 그리고 백인 거주 구역에서 멀리 떨어진 곳에 있는, 접착제 공장과 쓰레기 하치장 인근에 아프리카계 미국인 학생들을 위한 학교를 새로 지었다.

노스캐롤라이나주 롤리와 그 주위를 둘러싸고 있는 웨이크카운티의 사례는 특히 주목할 만한데, 최근 몇 년 사이에 흑백 학교 통합 운동가들이 학교 내 다양성을 높이기 위해 통학 버스를 운영하는 웨이크카운티에 대해 칭찬을 아끼지 않았기 때문이다. 연방대법원이 학교를 노골적으로 인종에 따라 나누는 것을 금지한 이래, 롤리의 시내와 교외 지역을 포함하는 그 지역 학군은 웨이크카운티의 남쪽과 동쪽에 사는 저소득층 아이들을 북쪽과 서쪽의 중산층 동네에 있는 학교까지 통학 버스로 실어 날랐다. 그런데 공교롭게도, 남동부에 사는 아이들은 대부분이 흑인인 반면, 북서부의 아이들은 대부분이 백인이었다. 흑백 차별을 극복하기 위해 고안된 통학 버스 운영이 결국 흑백 차별의 형태를 취하게 된 것은 결코 우연이 아니었다. 그것은 20세기 초 인종차별적 학교 배치 결정이 초래한 결과물 가운데 하나였다.[24]

시카고의 세인트제이비어대학의 역사학자 캐런 벤저민은 학교 배치 결정이 어떻게 롤리와 휴스턴, 애틀랜타의 흑백 주거 구역 분리를 강화하는 데 기여했는지를 보여 주는 기록들을 찾아냈다. 20세기 초 롤리 전역에는 흑인과 백인이 밀집해 사는 동네들이 흩어져 있었다. 그 가운데 비교적 부유한 아프리카계 미국인 동네 두 곳도 포함되어 있었다. 시의 북동부에 위치한 아이들와일드와 컬리지파크가 바로 그 두 곳이었다. 자가 소유인 단독주택들로 구성된 이들 중산층 동네는 지금은 사라지고 없는데, 1920년대에 시 교육위원회가 흑인 학생들이 다니는 학교들을 모두 시의 남동쪽 끄트머리로 이전시키는 결정을 내렸기 때문이다. 도시계획자들은 롤리의 아프리카계 미국인들을 그곳에 격리시키기를 바랐다. (설상가상으로, 교육위원회는 아이들와일드와 컬리지 파크의 중산층 주민의 자녀들이 다닐 학교를 신설하면서, 그 도시의 쓰레기 하치장과 물이 가득 고여 있는 채석장 옆에 학교 부지를 잡았다.) 그와 동시에 교육위원회는 북서쪽 끄트머리에 있는 동네들에 백인 학생들이 다닐 최신 시설을 구비한 학교들을 신설했다. 이 지역에는 여전히 개발되지 않은 땅들이 많이 남아 있었는데, 부동산 투자에 관심이 있는 백인 가구들을 그 땅에 유치하고 싶어 했다.

그들은 학교 부지를 정하는 과정의 배후에 인종 문제가 있다는 사실을 전혀 감추지 않았고, 이런 과정들은 상당한 논란을 불러왔다. 중도 성향 지역신문인《롤리타임스》사설란에는 이런 글이 실렸다.

롤리에서 흑인들이 시위를 하고 있는 가장 중요한 이유는 인종 문제다. 시위대 다수가 이미 흑인 인구가 많은데도 계속 흑인 인구가 늘고 있는 북동부 지역 사람들이다. 그들 대다수가 그곳에 자기 집을 소유하고 있는데, 자부심이 강하고 끊임없이 발전하고 있는 지역사회가 무엇 때문에 파괴되는지 누구보다 잘 알고 있다. … 그 북동부 지역 채석장 인근에 신설이 예정된 학교 설립을 피하는 것이 거기 사는 중산층 흑인들의 바람이라는 것은 잘 알려진 사실이다.

애틀랜타 교육위원회 또한 과거에 흑인과 백인이 일부 뒤섞여 살던 도시를 인종별로 분리 하는 데 일조했다. 제1차 세계대전 발발 전, 흑인과 백인 거주 구역은 시내 중심부에 뒤죽박죽 섞여 있었다. 하지만 종전 후, 도시계획자들은 도시 발전을 위해 흑인과 백인 거주 지역을 엄격하게 분리하기로 결정했다. 법원이 1924년에 애틀랜타의 노골적인 인종차별적 주택 지구 지정 조례를 폐기했지만, 이후 20년 동안 애틀랜타 교육위원회는 학교의 폐쇄와 신설을 결정할 때, 당시 도시계획 설계자들이 그려 놓은 흑백 거주 분리 지도를 활용했다.[25]

아프리카계 미국인 주거 단지로 예정된 구역에 있는 백인 학교들이 서서히 문을 닫고 있는 가운데, 백인 거주 구역으로 예정된 곳에 있는 아프리카계 미국인 학교들도 하나둘 문을 닫기 시작했다. 백인 학생들이 다니는 학교는 새로 개발되고 있던 백인 교외 지역에 세워졌는데, 자녀들을 최신 시설을 갖춘 학교에 보내고 싶은 백인 가정은 그 지역으로 이사를 갈 수밖에 없었다. 마찬가지로, 아직까지 흑인 거주 구역으로 이주하지 않은 흑인 가정들도 자녀들을 현대식으로 지은 학교로 보내려면 그곳에다 새집을 구할 수밖에 없었다.

1919년, 애틀랜타 교육위원회는 그러한 정책이 아직 완성되지 않은 상태에서 게토 지역으로 계획된 시 서쪽의 애슈비스트리트스쿨을 백인 학교에서 아프리카계 미국인 학교로 전환시켰다. 하지만 당시 교육위원회의 회의록에 따르면, "그 지역에 사는 백인 주민들에게 집을 팔 시간을 주기 위해" 백인 자녀들이 그 학교에 1년 동안 더 다닐 수 있게 하는 발의안이 통과되었다. 이는 "그 학교가 그해 말에 흑인들에게 인계될 것임을 의미"했다.

흑인과 백인이 혼재되어 있는 도심 지역에 있던 백인 고등학교 두 곳이 문을 닫고 북부의 교외 지역으로 이전하는 사이에, 애틀랜타 최초의 흑인 고등학교 한 곳이 현재도 여전히 상대적으로 미개발된 지역이고 아프리카계 미국인들이 사는 도심의 서쪽 끄트머리에 세워졌다. 애틀랜타 교육위원회는 컬럼비아대학의 전문가 두 명에게 연구 용역을 의뢰했는데, 그들은 당시 초등학교 과밀학급 문제가 가장 심각한 도심의 북서쪽, 인구가 밀집한 동네에 백인 중학교를 신설할 것을 권고했다. 하지만 이 지역은 흑인과 백인이 혼재하는(그리고 향후 아프리카계 미국인 거주 지역으로 예정된) 곳이었기 때문에, 위원회는 권고를 받아들이지 않았다. 교육위원회는 대신에 철로로 가로막힌 북쪽 끄트머리에 백인 중학교를 새로 건설했고, 청소년 자녀를 둔 백인 부모들은 자녀 교육을 위해서 어쩔 수 없이 흑인과 함께 사는 동네를 떠날 수밖에 없게 됐다.

휴스턴의 경우는 1920년대 도시계획위원회가 "인종 제한 구역"을 구상하면서 지도를 제작했다. 휴스턴시는 조지아 법원이 애틀랜타의 주택 지구 지정 조례를 각하하는 것을 보고, 공식적으로는 그 지도를 채택하지 않았다. 그러나 애틀랜타에서처럼, 휴스턴 교육위원회는 그것을 학교 배치 지침으로 활용했다. 20세기 초, 휴스턴의 많은 동네에서 흑인과 백인이 혼재해 살았고, 상당수의 아프리카계 미국인과 백인 아이들이 시내 6개 구에 분포해 살고 있었다. 구마다 백인 학교 인근에 아프리카계 미국인 학교가 있었는데, 일부 구에서는 두 학교가 같은 구역에 있는 경우도 있었다. 아프리카계 미국인 자녀의 4분의 1 이상이 적어도 전체 주민의 70퍼센트가 백인인 학군에 살았다. 그러나 휴스턴의 도시계획상으로는 휴스턴 서쪽을 백인 주거 구역으로 개발하는 한편, 서쪽에 사는 아프리카계 미국인들을 남쪽과 북동쪽에 개발하는 게

토 지역으로 밀어낼 예정이었다.[26]

이 목표를 달성하기 위해, 휴스턴 교육위원회는 1920년대와 1930년대에 도시 서쪽에 백인 학생들을 수용할 최신 시설을 갖춘 학교들을 신설했다. 그리고 중산층 흑인 가정들이 이주하도록 유인하기 위해 도시 남쪽 끄트머리에 아프리카계 미국인을 위한 현대식 고등학교를 하나 새로 지었다. 휴스턴시 당국은 아프리카계 미국인들의 이주를 더욱 촉진하기 위해 신설 고등학교 근처에 흑인 병원도 새로 지어 주었다. 휴스턴 교육위원회는 서쪽에 있던 아프리카계 미국인 초등학교를 폐쇄하고 노동자 계층이 사는 북동쪽 동네들에 시설이 더 좋은 학교들을 신설했다. 교육위원회는 남쪽과 북동쪽에 상대적으로 예산을 많이 배정해 시설 좋은 아프리카계 미국인 학교들을 지은 반면에, 서쪽에 아프리카계 미국인 초중등학교들에는 시설 보수를 위한 예산을 거의 책정하지 않았다. 마찬가지로, 아프리카계 미국인 거주 지역으로 예정된 지역의 백인 학교들은 알아서 문을 닫거나 시설 보수가 필요해도 교육 당국에서 아무 조치를 취하지 않았다. 교육위원회가 아프리카계 미국인 학생들이 다닐 학교들에 대한 결정을 내릴 때마다 그들이 중점적으로 고려하는 사항은 "백인 구역 근처"를 피하는 것이었다. 벤저민 교수는 휴스턴의 "학교 신설 계획은 오래 전에 브라운 사건 판결이 위헌으로 밝힌 흑인과 백인 학교의 분리를 보존하는 열쇠였다"고 결론을 내렸다.

9장

국가 묵인 폭력

　　1952년, 건설업자 윌버 게리는 캘리포니아 리치먼드의 공영 주택 단지들 가운데 한 곳에 가족과 함께 살고 있었다. 그는 아프리카 계 미국인 해군 참전 용사로 과거에 조선소 노동자로 일했고 미국재향 군인회에서 부지부장을 맡고 있었다. 게리 가족은 새로 집을 구해야 할 상황을 맞았다. 전시에 군수산업 노동자들을 위해 지은 정부의 주택단 지들은 임시적 조치로, 전쟁이 끝나면 철거해야 한다는 랜햄법에 따라 그가 사는 아파트 단지가 철거될 예정이었기 때문이다. 소령 출신 해군 참전 용사이자 게리의 동료인 시드니 호건은 당시 마침 살던 곳을 떠나 이사를 가려던 참이었다. 호건이 살던 롤링우드는 제2차 세계대전 시 기 조성된 리치먼드에 인접한 동네로 연방주택관리국(FHA)의 요구에 따라 흑인 거주를 제한하는 약정의 적용을 받는 교외 지역이었다. 하지 만 이미 4년 전에 연방대법원이 흑인 거주 제한 약정이 강제가 아니라 고 판결했기 때문에, 호건은 살던 집을 게리 부부에게 팔았다.[1]

　　그럼에도 불구하고, 롤링우드의 주택소유주 단체인 롤링우드번영회Rollingwood Improvement Association는 그 약정에 따라 자신들이 아프리카계 미국인들을 동네에서 쫓아낼 권리가 있다고 주장했다. 미국흑인지위향상협회(NAACP)는 게리 가족을 도우러 와서 롤링우드번영회가 그 위헌적 약정을 강제로 집행하려고 하는 것에 맞섰다. 그러자 동네 주민들은 게리 가족이 주고 산 가격보다 15퍼센트 더 높은 가격으로 그 집을 되사려고 했다. 게리 가족과 NAACP는 그 제안을 거부했다.

게리 가족이 그 집으로 이사를 오자마자, 약 300명의 백인이 무리를 지어 집 밖에 몰려와서 큰소리로 욕설을 내뱉고, 벽돌을 던지고(그중 하나는 전면 유리창을 깨뜨리고 실내에 떨어졌다), 마당에서 십자가를 불태웠다. 그 뒤 며칠 동안, 경찰과 카운티 보안관 대리는 사태 개입을 거부했다. 그래서 NAACP는 자체 경비대를 조직할 필요를 절감했다. 공산당 계열 민권 단체들 또한 발 벗고 나서 도왔다. 기자였던 제시카 미트퍼드는 저서 『첨예한 해묵은 갈등*A Fine Old Conflict*』에서 그 단체들이 벌인 활동에 참여했던 경험에 대해 썼다. 그는 게리 가족들이 일터와 학교에 가는 길을 호위하고, 인근 거리에서 순찰을 돌며 혹시라도 위협을 가할지 모를 군중들이 있으면 게리 가족에게 경계 신호를 보내는 일을 도왔다.

그러는 사이에, NAACP는 캘리포니아주지사 얼 워런과 주 법무장관 브라운, 지방검사가 사태 해결에 나설 것을 강력히 요구했다. 마침내 그들은 그 요구를 받아들여 시경과 카운티 보안관에게 게리 가족을 보호하라는 명령을 내렸다. 하지만 다음 달에도 여전히 그들 가족에 대한 시위와 괴롭힘이 끊이지 않자, 윌버 게리와 민권 단체들은 경찰이 직접 개입해서 괴롭힘을 막아 줄 것을 줄기차게 탄원했다. 하지만 체포된 사람은 아무도 없었다. 카운티 보안관 측에서는 폭력 행위를 막을 충분한 인력이 없다고 주장했다. 다만, 딱 한 번 시위대를 체포한 경우가 있었는데, 시위 군중들을 해산시키기 위해 취한 조치였던 것으로 보인다.

I

거의 같은 시기에, 레빗의 회사는 필라델피아의 교외 지역, 펜실베이니아주 벅스카운티에 두 번째 대규모 개발 단지를 짓기 시작했다. 그러나 셸리 판결 이후에 지어지는 펜실베이니아 단지에는 흑인의 입주를 제한하는 의무 약정을 적용할 수 없었다. 하지만 FHA는 레빗을 비롯한 부동산 개발업자들이 아프리카계 미국인에게 분양하지 않는다는 조건 하에서만 그들을 지원하는 관행을 지속했다. 레빗의 롱아일랜드 개발 사업에 건설자재를 운반하는 아프리카계 미국인 트럭 운전사였던 로버트 메러데이는 벅스카운티 부지에 석고보드를 운반하는 회사와 또 다른 계약을 맺었다. 그는 브리스틀 인근에 있는 아프리카계 미국인 동네에 가족을 정착시켰다. 그의 아들 로버트 주니어는 브리스틀고등학교에 다녔고, 1955년에 졸업했다. 로버트 주니어에게는 같은 학교에 다니는 셸리 윌슨이라는 여자 친구가 있었다. 그는 윌슨 가족이 레빗타운으로 이사하려고 했지만 레빗의 회사가 퇴짜를 놓는 바람에 무산된 것을 기억했다. 레빗의 회사는 윌슨 가족의 이주를 거부하는 것이 몰고 올 부정적 여론을 알고도 그렇게 했다.[2]

나는 그런 일들이 역사가들이 기록할 수 있는 것보다 더 흔하게 일어났기 때문에 그것을 "작은 소동"(로버트 메러데이 주니어가 윌슨 가족의 사건을 회상하면서 쓴 용어)이라고 말한다. 그런 사건들은 아프리카계 미국인들의 주거 선택권이 제한되는 방식에 대한 그들 사회의 인식에 깊이 영향을 주었다. 그럼에도 아프리카계 미국인 가정들이 벅스카운티의 레빗타운에서 시도했던 것처럼, 백인들만 누리던 교외 생활에 끊임없이 진입하려고 애썼다는 사실은 매우 놀라운 일이다.

1950년대 말, 레빗타운을 떠나고 싶어 하는 백인 주택 소유주들은 백인들보다 더 많은 돈을 내고라도 간절히 그들 집을 사려고 하는 아프리카계 미국인들에게 집을 파는 것이 자신들에게도 이익이라는 사실을 깨달았다. 1957년에 실제로 그런 일이 일어났는데, 아프리카계 미국인 재향군인인 빌 마이어스와 그의 아내 데이지는 레빗타운의 한 주택 소유주가 그들에게 집을 팔 의향이 있다는 것을 알았다.

레빗타운 주민 대다수처럼, 마이어스는 제2차 세계대전 때 군인으로 복무했다. 그는 하사로 제대해서 뉴저지주 트렌턴 인근에 있는 한 공장의 기술부 실험실 기사로 안정된 직업을 갖고 있었다. 데이지 마이어스는 대학 졸업자였고, 빌 마이어스는 전기공학 학위를 따려고 대학에 다니는 중이었다. 마이어스 가족이 흑인이라는 이유로 그들에게 주택담보대출을 제공하는 은행이 한 군데도 없었을 때, 뉴욕시의 독지가 한 사람이 그들에게 개인 주택담보대출을 제공하겠다고 제의했다. 마침내 빌과 데이지 부부는 세 자녀와 함께 새집에 입주할 수 있었다.

며칠 뒤, 연방정부 산하 우정사업부U.S. Post Office의 한 집배원이 담당 구역 내에 아프리카계 미국인 가정이 있음을 눈치챘다. 그는 담당 구역을 돌면서 "흑인들이 레빗타운에 들어왔다!"라고 소리치고 다녔다. 600여 명의 백인 시위대가 그 집 앞으로 모여들었고 그의 가족과 집을 향해 돌멩이를 던졌다. 시위대 중 일부는 마이어스의 집의 바로 옆집에 세를 내어 클럽하우스를 열고, 문 앞에 펄럭이는 남부연합기를 달고 밤새도록 쿵쾅거리는 시끄러운 음악을 틀었다. 경찰이 출동했지만 아무 소용이 없었다. 빌 마이어스가 24시간 보호를 요청했지만, 경찰서장은 그런 임무를 맡을 수 없다고 했다. 주민자치위원회 위원들은 경찰이 사태 해결을 하지 못하면 기동대가 파견될 것을 알았기에 주 경찰이 자기네 일도 아닌 일에 "쓸데없이 개입"한다고 비난했다. 하지만 그것은 불필요한 우려였다. 기동대 또한 임무 수행을 거부했기 때문이다.

두 달 동안 시위대가 마이어스의 집에 돌을 던지고, 십자가를 불태우고, 클럽하우스 담벼락에 KKK단 상징이 그려지고, 마이어스 가족을 지지하는 한 가정의 집이 훼손되는 상황에서도 경찰은 수수방관했다. 마이어스 가족을 보호하는 임무를 맡은 경찰관들 가운데 일부는 폭도들과 함께 서서 농담을 나누거나 심지어 시위에 참여한 사람들을 격려하기도 했다. 경사 계급의 한 경찰관은 폭도들을 방해하지 말라는 상관의 명령을 거부했다는 이유로 순찰대로 좌천당했다.

지방검사는 빌 마이어스를 찾아와서 그가 지불한 금액보다 훨씬 더 높은 가격으로 집을 팔라고 권유했다. 폭도들을 이끄는 지도자들이 누구인지 경찰은 잘 알고 있었지만, 몇 주 동안 경찰은 그들을 체포하거나 클럽하우스를 폐쇄하려는 시도조차 하지 않았다. 연방정부는 시위를 촉발했던 집배원을 징계하거나 질책하지 않았다. 결국, 펜실베이니아주 법무장관은 그 폭도들 가운데 일부를 희롱과 괴롭힘 명목으로 기소하고, 행위를 계속하지 못하게 하는 가처분신청을 내렸다. 그러나 마이어스 부부는 그 후로도 4년이나 더 신변의 위협을 느끼며 살아야 했다. 1961년, 그들은 레빗타운의 집을 팔고 이전에 살았던 펜실베이니아주 요크의 아프리카계 미국인 동네로 되돌아갔다.[3]

경찰이 게리 가족과 마이어스 가족을 보호하지 못할 때, 우리는 그것을 정부가 후원하는 **법률상**의 흑인 분리를 구성하는 한 요소라고 말할 수 있지 않을까? 경찰관들이 이들 가족이 받은 협박을 막지 않고 수수방관하고 있는 모습을 보면서, 우리는 그로 인해 아프리카계 미국인 가정의 헌법적 권리가 침해되었다고 말하는 게 맞을까, 아니면 그것을 그저 불량 경찰관들의 엇나간 행동에 불과할 뿐, 국가의 책임은 전혀 없다고 말하는 게 맞을까? 인종차별적 편향에 사로잡힌 경찰관들이 벌이는 모든 행동을 정부의 책임으로 돌릴 수 없다는 것은 분명하다. 하지만 그 경찰관들이 그랬던 것처럼, 합법의 탈을 쓰고 인종차별 행위를 했다는 사실을 그들의 상급자들이 인지했음에도 그런 움직임을 부추겼다거나, 아니면 그런 행동을 제지하기 위한 적절한 조치를 취하지 않았다면, 그것은 더 이상 일부 불량 경찰관들의 일탈된 행동이 아니라 정부의 정책이 정당한 법 절차와 법의 평등한 보호를 보장하는 수정헌법 제14조를 위반한 것이다.

만일 우리가 롤링우드와 레빗타운에서 취한 경찰의 행동에 그 기준을 적용한다면, 결국 법을 공정하게 집행해야 하는 경찰관들이 게리 가족과 마이어스 가족의 시민권을 침해하는 일에 공모했으며, 그러한 음모에 적절한 조치를 취하지 않은 정부 당국자들이 법률상의 흑백 주거 구역 분리, 다시 말해서 그들이 주민들의 행복을 책임지고 돌봐야 하는 지역사회를 흑인 주거지와 백인 주거지로 분리하는 데 기여했다고 결론을 내릴 수밖에 없다.

II

게리 가족과 마이어스 가족이 겪은 수모는 단순한 일탈이 아니었다. 20세기 내내, 흑백 주거 구역 분리를 유지하기 위해 십자가를 불태우고, 기물을 파괴하고, 방화를 일삼는 각종 폭력 행위를 눈감아 주고 심지어 옹호했던 경찰의 행태는 매우 조직적이고 전국적이었다.

선출직 공무원과 경찰관 들의 용인 아래, 흑백 주거 구역 분리를 깨뜨리기 위해 앞장 선 아프리카계 미국인 선구자들에 대한 공격은 같은 동네의 하층계급 이웃들에 대한 백인의 불안감에서 기인한 것이 아니었다. 게리 부부와 마이어스 부부는 누가 뭐래도 중산층이었다. 흑인 중산층은 더 부유한 동네로 가는 길이 막혀 있었기 때문에, 폭도들의 행패에 피해를 입은 아프리카계 미국인들은 대개 그들을 공격한 백인 동네 사람들보다 직업 등 사회적으로 더 높은 계층에 속했다. 이러한 정황은 흑백 거주 통합에 대한 반발이 동네가 쇠락할 것에 대한 주민들의 두려움에 기초하고 있다는, 그동안 자주 반복되었던 주장이 거짓임을 보여 준다. 실제로 아프리카계 미국인들이 과거 백인 동네에 성공적으로 안착한 경우를 보면, 그들은 사전에 백인들의 불평을 야기할 원인이나 구실을 제공하지 않기 위해 그들의 집 주변과 잔디 마당을 그 구역의 어느 집보다 잘 관리하기 위해 무척 애를 썼다.

시카고의 경우는 다른 곳들보다 아주 약간 더 심한 상황이었다. 흑백 거주지 통합을 막기 위한 정부 묵인하의 폭력은 제2차 세계대전이 끝난 뒤 가장 빈번했지만, 20세기 전환기인 짐크로 시대Jim Crow era(미국의 공공장소에서 흑인과 백인의 분리와 차별을 규정한 짐 크로법이 존재했던 1876년부터 1965년까지의 시기를 말한다.—옮긴이) 초반부터 시작된 것이었다.[4]

1897년, 시카고 우드론의 백인 주택 소유주들은 아프리카계 미국인들에 대해 "전쟁을 선포했다." 그들은 정부 당국의 묵인하에 폭력을 휘두르며 역내의 아프리카계 미국인 가정을 모두 몰아냈다. 그로부터 10년 뒤, 우드론에 인접한 하이드파크에서는 하이드파크번영수호협회Hyde Park Improvement Protective Club가 역내에 거주하는 아프리카계 미국인들에게 물건을 파는 상점에 대한 불매운동을 시작했다. 이러한 술책이 성공하지 못한 경우, 백인들은 아프리카계 미국인 집 창문에 돌을 던지는 야만적 파괴 행위도 서슴지 않았다. 하이드파크번영수호협의회의 회장은 유명한 변호사였고, 흑백 주거 구역 분리를 옹호하는 소식지도 발행했다. 정부 당국이 마음만 먹으면 그들을 막는 것은 어렵지 않았을 테지만, 당국은 아무런 조치도 취하지 않았다.

1917년과 1921년 사이는 시카고에 처음으로 게토 지역이 뚜렷하게 윤곽을 드러낸 시기였다. 이때 교외의 백인 지역으로 이주한 아프리카

사진 4 1954년, 펜실베이니아주 레빗타운. 백인들만 사는 신 개발지에 최초로 이사 온 아프리카계 미국인 가정을 괴롭히기 위해 군중들이 집 앞에 집결해 있다.

계 미국인 가정 가운데 58가구가 화염병 공격을 받았다. 그 결과, 아프리카계 미국인이 두 명이나 죽었음에도 불구하고 체포되거나 기소된 사람은 아무도 없었다. 한번은 백인 동네에 집을 산, 셰익스피어 연극 전문 흑인 배우로 유명한 리처드 B. 해리슨의 집에 폭발물이 투척되기도 했다. 폭탄이 던져진 곳은 해리슨의 집 바로 옆 건물로, 문이 잠긴 빈 아파트였다. 경찰은 범인을 찾는 일에 소홀했고, 심지어 그 건물 입주자들을 대상으로 탐문 조사도 벌이지 않았다. 물론 용의자들이 그 아파트에 들어갈 가능성은 거의 없었지만 말이다.[5]

58건의 화염병 투척 사건 가운데 거의 30건이 1919년 봄 여섯 달 동안 집중적으로 일어났다. 그 결과 미국 역사상 최악의 인종 폭동 가운데 하나가 발생했는데, 그 사건은 평소 백인들만 이용하는 것으로 알려진 해수욕장 구역으로 헤엄쳐 가던 한 아프리카계 미국인에게 한 백인 청년이 돌을 던지면서 시작되었다. 헤엄을 치던 흑인은 결국 익사했는데, 그 장면을 목격한 경찰관들은 가해자를 체포하지 않았다. 이를 계기로 백인과 흑인 사이에 다툼이 이어지면서 38명의 사망자가 생겼고(그 가운데 23명이 아프리카계 미국인이었다), 이후 몇 년 동안 시카고의 흑백 관계는 악화일로를 걸었다.

흑인과 백인 간의 폭력 사태는 조금도 수그러들지 않고 계속됐다. 제2차 세계대전이 끝나고 처음 5년 동안 일어난 것으로 보고된 357건의 크고 작은 "사건들"은 모두 아프리카계 미국인들이 백인들이 사는 교외 지역에 집을 사거나 세를 내려고 한 경우에 일어났다. 1944년 중반부터 1946년 중반까지, 시카고에서 인구가 밀집한 흑인 동네 옆의 백인 동네에 있는 아프리카계 미국인 집에 대한 공격은 46건이었다. 이 가운데 29건은 화염병 투척에 따른 방화였는데, 이 방화 사건들로 최소 3명이 죽었다. 1947년에는 10월까지 26건의 방화 사건이 발생했는데도 체포된 사람은 단 한 명도 없었다.[6]

1951년, 시카고의 버스 운전사이자 공군 출신 재향군인인 아프리카계 미국인 하비 클라크는 백인들만 거주하는 시카고 교외의 시서로에 있는 아파트 한 채를 세냈다. 처음에 경찰은 그와 그의 아내, 두 명의 어린 자녀가 그 집에 입주하는 것을 강력하게 막으려고 했다. 그들은 그를 체포하겠다고 협박하고, 가족과 함께 떠나지 않으면 더 심각한 상황이 발생할 것이라고 경고했다. 경찰서장은 그에게 아파트를 임대한 부동산 중개인에게 "시서로를 떠나"라고 하면서 "다시는 돌아올 생각 말고 … 안 그러면 당신 몸에 총알이 박힐 거요"라는 말을 덧붙였다. 하비 클라크가 법원으로부터 경찰이 그의 입주를 방해하는 일체의 행위를 멈추고, "그를 억누르는 어떤 시도도 모두 막고 보호"하라는 가처분명령을 받아 냈지만, 경찰은 그것을 무시하고 아무 조치도 취하지 않았다. 예컨대, 그들은 떼 지어 몰려와서 그의 아파트 창문에 돌을 던지는 10대 청소년들을 제지하지 않고 방관했다. 클라크 가족이 이주를 거부하자, 약 4000명의 폭도들이 아파트에 난입하여 세간을 부수고 물건들을 창밖으로 내던지고 마당에 모아 불태웠다. 현장에 출동한 경찰관들은 거기서 아무도 체포하지 않았다. 《타임》지는 당시 경찰이 "마치 미식축구 경기장에서 넘쳐 나는 관객들에게 공손하게 좌석을 안내하는 사람들처럼 행동했다"고 보도했다.[7]

일리노이주 주지사 아들라이 스티븐슨은 질서 회복을 위해 주 방위군을 동원했다. 비록 118명의 폭도들이 체포되었지만, 쿡카운티의 대배심(미국에서는 법원이 선정한 일반 시민 20여 명이 배심원이 되어 기소 여부를 최종 결정한다.—옮긴이)은 그중 단 한 명도 기소하지 않았다. 오히려 그들은 하비 클라크와 그의 부동산 중개인과 NAACP 변호사, 그리고 그에게 아파트를 임대한 백인 여성과 그의 변호사를, 폭동을 조장하고 그 지역의 부동산 가치를 하락시키는 데 공모한 혐의로 기소했다. 그로부터 36년이 지난 뒤 한 아프리카계 미국인 가족이 다시 또 시서로로 이주하려고 하자, 폭탄을 투척하고 소총을 발사하는 사건들이 발생했다. 이때도 마찬가지로 이러한 공격으로 유죄 판결을 받은 사람은 아무도 없었다. 시서로시 의회 의장은 그런 충돌이 있은 후에 "지역이 매우 안전하게 지켜지고 있다"고 자랑했다.[8]

1953년, 시카고주택공사는 백인만 사는 동네인 사우스디어링에 지어지는 트럼불파크 단지 아파트를 처음으로 아프리카계 미국인 가정에 임대했다. 하지만 이후 10년 동안 폭도들의 산발적인 공격이 뒤따랐다. 아프리카계 미국인 가정들은 그 기간 내내 경찰에 보호를 요청했다. 한 무리의 폭도들이 들고 일어난 날, 1200명에 이르는 경찰관들이 아프리카계 미국인 가정들을 지키기 위해 동네에 배치되었지만 가해자들을 체포하거나 기소함으로써 그러한 공격을 종식시키려는 조치는 거의 없었다. 그 동네 지역단체인 사우스디어링번영회는 폭력 사태를 주동했지만, 그곳 경찰관들은 아무런 죄도 묻지 않았다. 화염병을 투척한 몇몇 폭도들이 체포되기는 했지만, 경찰은 그들이 화염병을 던지는 것을 적극적으로 제지하지 않고 그냥 지켜보다 상황이 끝난 뒤에야 비로소 공권력을 행사했다. 그들은 아주 경미한 혐의로 조사받았을 뿐이다. 그 광경을 지켜본 한 목격자는 "일반 경찰관들의 백인 폭도들에 대한 지지와 공감은 … 극도로 높았다"고 말했다. 시카고공원지구경찰대 대장은 사우스디어링번영회 회의에서 연설하면서 "흑인들이 여기에 오기로 결정한 것은 유감스러운 일입니다"라며 청중들을 위로했다. 폭도들의 공격은 성공적이었다. 시카고주택공사는 과거 백인들만 살던 단지 내에 아파트를 아프리카계 미국인들에게도 임대하는 것을 인가한 상임이사 엘리자베스 우드를 해임했다.[9]

1964년, 시카고시장 리처드 J. 데일리가 사는 백인 동네 브리지포트에서 한 백인 민권운동가가 아프리카계 미국인 대학생들에게 아파트를 임대했다. 그러자 한 무리의 군중이 모여들어 그 아파트에 돌을 던졌다. 경찰은 그 아파트에 들어와서 거기 사는 학생들 물건을 집밖에 내놓고는 그들이 학교에서 돌아오자 퇴거 조치를 통보했다.[10]

디트로이트와 그 주변 교외 지역에서도 비슷한 사건들이 일어났다. 종전 직후, 디트로이트에서는 대다수 주민이 백인인 동네로 아프리카계 미국인이 이주하는 것을 막기 위한 협박과 폭력 사건이 200건 이상 발생했다. 그런 사건이 급속도로 확산될 수 있었던 것은 경찰이 그러한 공격 행위를 멈추기 위한 조치를 전혀 취하지 않고 수수방관하고 있었기 때문이다. 1968년, 미시건민권위원회의 한 임원은 "우리가 경험한 바로는 디트로이트의 교외 지역으로 이주하려고 한 거의 모든 흑인 가정이 끊임없는 폭력과 위협적인 공격에 직면했다"고 전했다.[11]

필라델피아 지역에서도 마이어스 가족이 받은 공격과 같은 일들이 일상적으로 발생했다. 1955년 상반기 여섯 달 동안, 213건의 폭력 사건이 발생하면서 대다수 아프리카계 미국인은 노스필라델피아의 게토 지역을 떠날 엄두도 내지 못했다. 그중에는 마이어스 가족 사례처럼 아프리카계 미국인들이 백인 동네로 이주하자 발생한 폭력 사건도 있었고, 그 외에 백인 10대들이 아프리카계 미국인들이 자기 동네로 넘어오지 못하도록 마을 경계를 지키다 벌어진 사건들도 있었다. 일부 사건에서는 가해자를 식별하기 어려웠지만, 경찰이 반복되는 충돌을 막을 방법을 찾을 수 없을 정도는 아니었다.[12]

로스앤젤레스 지역에서는 아프리카계 미국인들이 기존에 살던 흑인 지역을 조금이라도 벗어난 동네에서 살 집을 찾을 경우, 십자가를 불태우고, 다이너마이트를 투척하고, 창문에 돌을 던지고, 낙서와 같은 기물 파괴 행위를 남발하고, 수없이 전화를 걸어 위협하는 행위가 어김없이 그들을 맞았다. 1945년, 백인 동네로 이사 온 아프리카계 미국인 가정에 폭발물이 투척돼 가족 전원—부모와 두 자녀—이 몰살당하는 사건이 발생했다. 1950년과 1965년 사이에 로스앤젤레스에서 일어난 폭탄 투척과 기물 파괴 사건은 100건이 넘었는데, 그 가운데 범인이 체포되고 기소된 사건은 딱 한 건밖에 없었다. 그 한 건도 지방경찰과 검찰이 범인을 찾을 수 없다고 주장한 뒤, 캘리포니아주 법무장관이 그 사건을 인계받았기에 가능했다.[13]

1968년 공정주거법이 통과되어 흑인들이 백인 동네로 이사하는 것을 막기 위해 행사하는 폭력을 연방정부 차원의 범죄로 인정한 이후,

그에 따라 법무부가 여러 건을 기소했지만 흑인 지역을 떠나려는 아프리카계 미국인들에 대한 공격은 1980년대까지 끊이지 않았다. 미국 남부빈곤법률센터Southern Poverty Law Center는 1985년과 1986년에는 이런 사건들 가운데 약 4분의 1만이 기소되었는데, 1985년부터 1990년까지 그런 사건의 기소율이 75퍼센트까지 급상승했음을 발견했다. 이런 급격한 기소율 증가는 경찰과 검찰이 그동안 그러한 범죄를 얼마나 관대하게 처리했는지를 보여 준다. 센터는 흑인 가정 이주 관련 폭력 사건이 1989년 한 해에만 130건이나 발생했음을 기록으로 확인했다.[14]

20세기 중반에 지방경찰과 FBI는 조직범죄 집단에게 하듯 진보, 좌파 정치단체들에 몰래 잠입해서 조직을 붕괴시키는 데 혈안이 되어 있었다. 이들이 백인 동네였던 곳에 진입하려던 아프리카계 미국인들에 대해 벌어진 전국적인 테러 사건들에는 그처럼 몰두하지 않았다는 사실로 미루어, 적어도 그들이 그러한 폭력에 공모한 것으로 간주해야 마땅하다. 만일 폭력 가해자들이 몇몇 잘 알려진 사건들에서나마 적절한 책임 추궁을 당했다면, 그와 유사한 수많은 다른 사건은 일어나지 않을 수도 있었을 것이다.

폭도들의 공격을 억제하는 데 실패한 책임도 상관의 노골적 허락 없이는 행동할 수 없는 경찰관들에게만 지울 수 없는 일이었다. 최근 몇 년 동안 우리는 유사한 상황 속에서 문제가 되는 공무원들이 어떻게 처리되었는지 보았다. 경찰관이 명백하게 인종차별적 동기로 아프리카계 미국인 남성을 죽이거나 폭행했다면, 우리는 그의 상관이 당연히 그를 해고할 거라고 생각한다. 만일 시민권 침해 여부가 명확하지 않은 상황이라면, 상관은 그 경찰관의 직무를 정지시키고 철저한 조사를 진행해야 할 거라고 믿는다. 그럼에도 그런 조치를 내리지 않는다면, 더 높은 자리에 있는 사람들이 그 일에 개입할 거라고 여전히 기대한다. 하지만 그들도 그렇게 하지 않는다면, 우리는 당연히 그 경찰관이 한 행동이 그의 상관들이 정당하다고 생각하는 범위 안에 있는 것이며, 정부의 정책을 반영한다고 판단할 수밖에 없다.

III

1954년, 전기 시공을 하는 아프리카계 미국인이자 한국전 해군 참전 용사인 앤드루 웨이드는 켄터키주 루이빌에 있는 한 중산층 아프리카계 미국인 동네에 집을 구매하려고 했다. 마음에 드는 적당한 집을 찾지 못하던 중에 그의 친구이자 저명한 좌파 활동가였던 칼 브레이든이 그에게 백인 중산층 동네로 이사를 고려해 보라고 제안했다. 브레이든과 그의 아내 앤은 앤드루 웨이드와 그의 아내 샬럿을 위해 집을 한 채 사기로 했다. 웨이드 부부는 백인만 사는 교외 지역의 동네 샤이블리에서 마음에 드는 집을 하나 발견했다. 그러자 브레이든 부부가 그 집을 사서 그 소유권을 웨이드 부부에게 양도했다.[15]

웨이드 부부가 어린 딸을 데리고 이삿짐을 나르고 있을 때, 한 무리의 군중이 집 앞으로 모여들었다. 그러고는 옆집 공터에서 십자가를 불태웠다. 이사 첫날 가족이 집에서 저녁 시간을 보내고 있을 때, 돌멩이 하나가 앞 유리창을 깨고 날아왔다. 돌멩이에는 "깜둥이는 꺼져"라는

사진 5 위: 1954년 켄터키주 샤이블리에 있는 자기 집 창문이 폭도들의 돌 세례를 받아 깨진 뒤, 그 앞에 서서 기록을 남기는 샬럿과 로즈메리, 앤드루 웨이드 가족. 아래: 웨이드 가족의 집이 다이너마이트 공격을 받은 뒤, 한 경찰관이 그 피해 상황을 조사하고 있다.

문구가 적힌 쪽지가 묶여 있었다. 그날 밤 늦게 부엌 문 유리창을 깨고 소총 10발이 발사되었다. 그 집을 호위하는 경찰관 한 명이 지켜보는 가운데 시위는 한 달 동안 지속되었는데, 그러다 마침내 누군가 다이너 마이트를 던져 집을 파손시켰다. 하지만 지키고 있던 경찰관은 당시 아무 것도 보지 못했다고 했다. 웨이드 가족이 이사한 뒤 딱 한 번 그곳에서 누군가가 체포되었는데 다름 아닌 앤드루 웨이드와 그의 친구였다. 그 두 사람이 체포된 이유는 친구가 방문할 거라는 사실을 앤드루 웨이드가 경찰관에게 미리 알리지 않았기 때문에 "치안 방해죄"라는 것이었다. 그곳 경찰서장은 웨이드의 집을 폭파시킨 데 책임이 있는 자들이 다음에는 칼 브레이든의 집을 표적으로 삼고 있다는 사실을 본인에게 경고할 정도로 폭탄을 던진 범인들과 잘 알고 있었다.

경찰서장은 다이너마이트를 던진 사람과 십자가를 불태운 사람들이 자백했다는 사실을 인정했지만, 자백한 사람들은 기소되지 않았다. 대신에 대배심은 아프리카계 미국인들에게 집을 팔아 인종 갈등을 유발한 혐의로 고발당한 다른 네 명과 함께 브레이든 부부를 기소했다. 공식적인 혐의는 "소요죄"였다. 15년 징역형을 선고받은 칼 브레이든을 제외하고 나머지 사람들에 대한 기소는 기각되었다. 칼 브레이든도 이후 항소재판을 받고 석방되었다. 결국 웨이드 가족은 루이빌의 아프리카계 미국인 거주 지역으로 되돌아갔다.

켄터키주에서의 폭력 행위는 1950년대에도 끝나지 않았다. 1985년, 로버트와 마사 마셜 부부는 당시 여전히 백인만 거주하던 루이빌의 또 다른 교외 지역 실베이니아에 집을 한 채 샀다. 그들이 이사한 날 밤,

집으로 화염병이 날아왔다. 그로부터 한 달 뒤, 두 번째 공격으로 집이 불탔다. 방화 사건이 있고 몇 시간 뒤, KKK단 집회가 열렸는데, 거기서 한 연사는 실베이니아에는 단 한 명의 아프리카계 미국인도 살지 못할 것이라고 자랑스럽게 말했다. 마셜 가족은 그 뒤 KKK단원으로 확인된 카운티 경찰관 한 명을 고발했다. 그 경찰관은 자기 말고도 KKK단원인 경찰이 자기 부서에 40명쯤 더 있는 것으로 알고 있으며, 그 상관들은 그 정보가 세상에 알려지기 전까지 그들이 KKK단원이라는 사실을 알고도 모른 척했다고 진술했다.[16]

수년 전, 나는 앤 브레이든이 자기 남편과 함께 백인 동네에 앤드루 웨이드가 살 수 있도록 도와준 혐의로 켄터키주에 고발당한 상황을 상세히 적은 그의 회고록 『사이의 벽 The Wall Between』을 읽었다. 2007년 미국 연방대법원이 루이빌의 흑백 주거 구역 분리가 "국가의 통치 행위가 아닌 개인의 사적 선택의 산물"이라는 것을 근거로, 루이빌 학군을 흑백 통합하려던 계획을 금지시켰을 때, 나는 그 책의 이야기가 머릿속에 떠올랐다.

국가가 암묵적으로 지원하는 폭력은 정부가 루이빌을 비롯한 많은 곳의 흑백 주거 구역 분리를 유지하기 위해 사용한 여러 수단들 가운데 하나였다. 웨이드 가족과 마셜 가족은 흑인과 백인의 주거 구역 분리 경계선을 뛰어넘으려고 당시 적대적인 국가 권력에 맞섰던 두 중산층 가정에 불과했다. 얼마나 많은 루이빌의 중산층 아프리카계 미국인이 스스로 선택한 동네에 거주하려고 하다 위협을 당했는지 아는가? 그들의 다음 세대 또한 흑백 통합을 추구하다가 언제 어떻게 국가 폭력에 희생당할지 모른다는 두려움을 부모 세대에게서 물려받지는 않았을까? 그런 사건들에 대한 기억은 얼마나 오랫동안 지속될까? 그 기억들은 얼마나 오랫동안 그들을 계속해서 위협할까?

10장

억눌린 소득

  지금까지 **사실상**의 흑백 주거 구역 분리가 형성될 수밖에 없는 이유를 설명했던 공통된 논리는 대부분의 흑인 가정이 백인이 주로 사는 중산층 동네에서 살 정도의 경제적 여력이 없었다는 것이다. 오늘날에도 여전히 그런 논리가 주를 이룬다. 그 주장에 따르면, 아프리카계 미국인의 격리는 **법률상**의 흑백 주거 구역 분리 때문이 아니라, 흑인들의 소득이 낮기 때문에 초래된 결과다. 이러한 흑백 주거 구역 분리는 더 많은 아프리카계 미국인이 더 많은 교육을 받고 극빈층 동네를 벗어날 수 있을 정도로 충분한 돈을 벌 수 있을 때까지 지속될 것이다.

  이 설명은 일견 타당해 보인다. 하지만 20세기 전반에 걸쳐 의도적으로 흑인 소득을 낮게 유지시킨 정부의 정책들을 살펴보지 않고는 아프리카계 미국인과 백인 간에 굳건하게 유지되고 있는 소득과 부의 격차를 이해할 수 없다. 정부가 이러한 정책들을 실시하는 순간 바로, 흑인과 백인의 경제적 격차는 영구적으로 벌어지게 되었다. 자식들이 자기 부모보다 소득분포상 더 높은 위치로 올라가는 일이 불가능한 일은 아니다. 하지만 미국인의 경우 흑인이든 백인이든 그런 경우가 드물다. 생활수준은 세대가 바뀌면서 높아질 수 있지만, 개인의 상대 소득—현세대 내 다른 사람과 비교할 때의 자기 소득—은 그의 부모와 부모 세대의 다른 사람을 비교했을 때와 매우 유사하다.

따라서 법률상의 흑백 주거 구역 분리를 설명할 때는 공공정책이 지리적으로 아프리카계 미국인과 백인을 어떻게 분리했는가 하는 문제뿐 아니라, 연방정부와 주 정부의 노동정책이 노골적인 인종차별의 차원에서 어떻게 아프리카계 미국인의 임금을 억제했는지에 대해서도 반드시 살펴봐야 한다. 게다가 일부, 아마 실제로는 많은 지방자치체에서 백인보다 아프리카계 미국인에게 세금을 더 무겁게 징수했다. 이러한 정부 조치들은 서로 복합적으로 작용했는데, 흑인과 백인의 임금과 세율이 동일했다고 하더라도 흑백 주거 구역 분리 자체가 백인 가구보다는 아프리카계 미국인 가구에 더 높은 비용을 부담하게 했기 때문이다. 그 결과 흑인들은 소득에서 쓰고 저축할 수 있는 돈이 줄어들 수밖에 없었고, 따라서 부를 축적할 기회를 잃게 되면서 중산층 동네에 집을 마련하는 일은 꿈도 꿀 수 없게 되었다.

정부가 의도적으로 아프리카계 미국인의 소득 증가를 억제한 결과로 소득에 비해 터무니없이 높은 집값 때문에 흑인들이 주류 주택 시장에 진입하지 못하게 되었다면, 이러한 경제 정책들은 법률상의 흑백 주거 구역 분리 체계를 구성하는 일부로서 역시 중요하게 다루어져야 마땅하다.

노예해방 이후 오랜 세월이 흘렀지만, 대다수 아프리카계 미국인은 자유롭게 노동시장에 접근할 수 없었고 따라서 저축을 할 정도로 충분한 임금을 받지 못했다. 이러한 접근 거부는 의회가 일찌감치 끊어 냈어야 할 노예제의 흔적이 여전히 남아 있음을 보여 주는 또 다른 증표였다.

남북전쟁 이후, 국가 재건의 시대가 끝나고 강화된 계약 노동자 소작제는 과거 노예제의 여러 측면을 영속화하는 방향으로 전개되었다. 소작인들은 소작료에서 식비를 비롯한 각종 생활비를 차감해야 했기에 항상 자기가 받을 소작료보다 더 많은 돈을 농장주에게 빚져야 했다. 지역의 보안관들은 소작인들이 다른 곳에서 일자리를 구하는 것을 막기 위해 떠나려고 하는 사람들을 체포하거나 폭행하거나 죽이기까지 하고, 농장주가 끊임없이 자행하는 폭력을 묵인하면서 이런 노예제적 상황을 강화해 나갔다.[1]

많은 경우, 아프리카계 미국인들은 대개 사소한 잘못이나 날조된 범죄(흑인들은 쉬는 날 시내에 가면 부랑자로 체포되었다) 혐의로 체포되었는데, 그들이 돈이 없어 벌금과 법원 인지대를 내지 못하면 교도소장은 때때로 죄수들을 대농장이나 광산, 공장에 팔아 버렸다. 더글러스 블래크먼은 저서 『다른 이름의 노예제Slavery by Another Name』에서 국가 재건의 시대가 끝나고 제2차 세계대전 때까지 이런 식으로 노예가 된 흑인이 10만 명이 넘었다고 추산한다. 유에스스틸US Steel이 운영하는 광산들에 팔려 나간 아프리카계 미국인 죄수 수만 따져도 수만 명에 이르렀다. 이런 행태는 제2차 세계대전 동안 조금씩 약화되었지만, 미 의회가 수정헌법 제13조의 의무를 다해 그러한 행태가 불법임을 명확히 한 1951년까지 완전히 사라지지 않았다.[2]

일부 아프리카계 미국인들은 20세기 초에 가까스로 북부로 탈출했지만, 나머지 다수는 그러지 못하게 감시를 받거나 협박을 당했다. 그러나 제1차 세계대전이 터지면서 유럽의 비숙련 노동자 이민이 급격히 감소하자, 북부의 공장주들은 부족한 노동력을 보충할 사람들을 남부 지역으로 파견했다. 이들은 지역 보안관들에게 들켜 억류되지 않기 위해 보험 외판원 등으로 위장하고 남부 지역을 돌아다녔다. 이 기간 동안, 60만 명이 넘는 아프리카계 미국인들 대부분이 북부와 중서부에서 일자리를 찾기 위해 남부를 떠났다. 역사가들은 이것을 1차 흑인 대이동First Great Migration이라고 부른다.[3]

제2차 세계대전은 1940년부터 1970년까지 진행된 2차 흑인 대이동Second Great Migration의 단초를 제공했다. 이 동안, 400만 명이 넘는 아프리카계 미국인들이 남부를 떠났다. 그 후 유럽 출신 이민자 집단이 미국의 임금 경제 체제에 편입되고 한참 지난 꽤 최근까지도 대다수 아프리카계 미국인은 집을 살 자본을 축적할 엄두도 내지 못했다. 또한 남부를 떠나 온 아프리카계 미국인들이 북부의 노동시장에 진입하자, 연방정부와 주 정부, 지방자치체들은 흑인들에게 백인들보다 임금을 덜 주고 더 낮은 처우를 제공하려는 민간 고용주들과 공조했다.

1930년대, 프랭클린 D. 루스벨트 대통령은 자신이 원하는 뉴딜 정책을 찬성하는 의회 내 다수표를 확보하기 위해 백인우월주의를 열렬히 신봉하는 남부의 민주당 의원들을 끌어안지 않을 수 없었다. 그 결과, 사회보장과 최저임금 보호, 노동조합 인정과 같은 개혁 법안에서는 흑인들이 지배적으로 많은 직업군, 즉 농업이나 가사 서비스 같은 분야를 모두 배제했다. 주 정부와 지방자치체들도 연방정부와 비슷한 행태를 보였다. 예컨대, 1930년대 중반 세인트루이스시에 아프리카계 미국인 전용 병원을 지을 때, 한 건설 시공업자가 흑인 타일공 한 명을 고용했다. 백인 노조원들이 들고 일어나 항의하자, 세인트루이스시는 그 시공업자와 계약을 해지하고 다시는 아프리카계 미국인 노동력을 쓰는 업체와는 계약을 맺지 않을 것이라고 선언했다.[4]

테네시강유역개발공사(TVA)는 공사장에서 일하는 노동자들이 사는 주택뿐 아니라 일자리까지 흑인과 백인으로 분리했다. 공사 현장에서 아프리카계 미국인들은 다른 인부들과 떨어져 일해야 했다. 그것도 인력이 모자라 정원을 채워야 할 상황이 발생한 현장에만 아프리카계 미국인 노동자가 고용되었다. 그렇지 않으면 아프리카계 미국인들은 전혀 일자리를 구할 수 없었다. 또한 아프리카계 미국인은 TVA에서 현장 주임과 같은 공사 감독직에는 절대 오를 수 없었다. 1933년 채택된 최초의 국가적 뉴딜 정책 기관인 연방긴급구호청Federal Emergency Relief Administration은 불균형할 정도로 백인 실업자들에게 치중해 기금을 썼고, 아프리카계 미국인들에게는 가장 숙련도가 낮은 일자리 외에는 거의 허용하지 않았다. 그나마 그런 최하층 일자리를 얻은 흑인들도 공식적으로 규정된 임금보다 적은 돈을 받았다.[5]

나중에 루스벨트 대통령 임기 첫해에 설립된 또 다른 뉴딜 정책 기관인 전미산업진흥청National Recovery Administration, NRA도 이와 유사한 방식으로 정책들을 펼쳤다. 이 기관은 산업별 최저임금과 최대 노동시간, 생산물 가격을 결정했다. 각종 법규는 백인 노동자들이 일상적으로 누리는 혜택들을 아프리카계 미국인 노동자들에게는 허용하지 않았다. NRA는 농업과 가사 서비스 분야뿐 아니라, 아프리카계 미국인 노동자들이 지배적으로 많은 하위 산업 분야와 개인이 운영하는 제조업체 같은 공장들은 관리 범위에 넣지 않았다. 통조림을 제조하고, 레몬이나 오렌지 같은 감귤류 식료품을 포장 출하하고, 목화에서 실을 자아내는 일은 농사일이 아니라 산업 노동자들이 하는 일이었다. 하지만 그런 분야에서 일하는 노동자들은 대개 아프리카계 미국인이었기 때문에, NRA가 규정한 표준임금과 노동시간을 적용받지 못했다. NRA는 남부 지방의 생활비가 낮다는 점을 감안해서 그 지역의 임금을 낮게 책정했다. 델라웨어주에 있는 비료 공장 노동자들은 90퍼센트가 아프리카계 미국인이었다. 따라서 그 주에서 비료 공장들은 "남부의" 공장으로 분류된 반면, 백인 노동자들을 고용한 다른 공장들은 "북부의" 공장으로 분류되어 더 높은 최저임금을 적용받았다.[6]

NRA가 1933년 최초로 경영계와 협상해서 통과시킨 산업 관련 법규로 얻어 낸 성과는 면직물 산업의 최저임금 인상이었다. 그 결과, 의류

소매업을 포함한 면직물 생산과 공급 과정 전반에 걸쳐 가격이 상승했다. 그러나 그 합의는 아프리카계 미국인이 주로 담당하는 세탁이나 옥외 작업, 허드렛일 같은 일을 하는 사람들은 무시했다. 면직물 산업에 종사하는 아프리카계 미국인 1만 4000명 가운데 1만 명이 그런 일을 하는 사람들이었다. 미국흑인지위향상협회(NAACP)는 "이런 일을 하는 노동자들에게, NRA의 조치는 단 한 푼의 임금 인상도 없이 그들이 돈을 주고 사야 하는 모든 것의 가격만 10퍼센트 내지 40퍼센트 인상시키는 결과를 초래했다"고 항의했다.

시민공공사업단(CCC)은 흑인과 백인의 합숙소를 따로 지었을 뿐 아니라, 아프리카계 미국인들이 구제 대상으로 등록하는 것을 막거나 허드렛일에만 배정하여 본디 사업단을 통해 배울 수 있는 보다 높은 수준의 기술을 접할 수 없게 한 지방자치체의 정책을 그대로 방치했다. 플로리다주는 아프리카계 미국인들을 수용하지 않을 거라고 공식적으로 선언하고, 텍사스주 관리들은 "이 일은 백인만을 위한 것"이라고 언명했다. 다른 많은 주에서도 CCC가 일자리를 찾는 아프리카계 미국인들이 묵을 합숙소를 짓는 것을 허락하지 않았기 때문에, 합숙소 입소를 기다리는 흑인 대기자들이 늘 많았다. 흑인과 백인으로 분리된 합숙소들에 대한 관리 책임을 맡은 미 육군은 아프리카계 미국인이 합숙소의 장을 맡는 것을 허용하지 않았고 대신에 백인 지휘관을 그 자리에 임명했다. CCC 합숙소마다 교육 프로그램들이 있었는데, 관리 책임을 맡은 군 장교들은 대개 흑인 강사 채용을 거부하고 "교육 자문관" 자리를 공석으로 남겨 두었다.[7]

CCC에 소속된 아프리카계 미국인들 또한 민간 부문 경력을 인정받지 못하고, 각종 기계를 다루는 기사나 사무원 같은 더 좋은 일자리로 승진하는 경우가 드물었다. 도장공 제이컵 로런스는 젊었을 때 뉴욕시에서 북서쪽으로 110킬로미터가량 떨어진 곳에 있는 아프리카계 미국인 합숙소, 브리즈힐에서 일했다. 그곳에서는 1400명의 청년들이 홍수예방을 위해 진흙을 삽으로 퍼내는 작업을 하고 있었다. 그중에 더 등급이 높은 일자리로 승격되어 옮겨 간 사람은 한 명도 없었다.

나의 장인은 당시 한 백인 CCC 합숙소에서, 감독관에게 타자를 칠 줄 안다고 호소(그때 그의 타자 실력은 초보 수준이었지만)하면서 사무원 자리를 달라고 설득한 뒤, 곧바로 빨리 타자 치는 법을 익혔다고 내게 털어놓았다. 그 덕에 그는 부모님에게 몇 달러를 보낼 수 있었고, 부모님과 어린 동생들이 집에서 쫓겨나는 것을 막을 수 있었다고 했다. 당시 아프리카계 미국인 청년들은 타자를 잘 칠 줄 알아도(아니면, 장인처럼 살짝 거짓말을 칠 수 있었다고 해도) 그런 기회를 얻을 수 없었다. 이 같은 일화는 수없이 많은데, 그것들은 미국의 대공황 시절과 그 이후에 아프리카계 미국인과 백인의 경제 수준에 도대체 왜 이렇게 큰 격차가 생겼는지를 잘 설명한다.

III

1935년, 루스벨트 대통령은 건설 현장과 공장의 노동조합들이 대다수 노동자에게 지지받고 있다면 그들에게 경영자들과 협상할 수 있

는 권한을 부여하는 미국노동관계법National Labor Relations Act에 서명
했다. 공식적으로 이런 인정을 받은 노동단체들은 한 기업에 고용된 노
동자 모두에게 적용되는 협약 내용을 회사와 협상할 수 있었다. 뉴욕주
상원의원 로버트 와그너가 제출한 최초의 법안은 아프리카계 미국인에
게 조합원 자격과 노동권을 부여하지 않는 노동조합에는 정부의 노조
인가를 금지했다. 미국노동총연맹American Federation of Labor, AFL은 그
조항을 법안에서 빼기 위해 와그너에게 로비를 펼쳤고, 결국 그 조항을
삭제하는 데 성공했다. 이 사례는 결국 합법적으로 승인받은 노동조합
에서 아프리카계 미국인을 조합원으로 받아들이지 않는 정책이 위헌이
라는 사실을 인지한 상태에서 와그너법이 제정되었음을 보여 준다. 적
어도 이후 30년 동안, 미국 정부는 아프리카계 미국인들을 노동조합에
가입하지 못하게 해 그에 따른 특권을 누리지 못하게 하고, 그들을 잡
역부와 같은 저임금의 일자리만 갖도록 인종차별한 노동조합들의 단체
교섭권을 보호했다.[8]

어떤 경우에는 새로 인가를 받은 노동조합들이 단체교섭권을 이용
해서 노동조합 결성 전에 고용되었던 아프리카계 미국인 노동자들을
사측이 해고하게 만들기도 했다. 노동관계법 운영을 위임받은 기관인
미국노동관계위원회National Labor Relations Board, NLRB는 그런 경우에
대해서 아무런 조치도 취하지 않았다. 예컨대, NLRB는 뉴욕 맨해튼에
있는 호텔과 식당, 사무실에서 일하는 아프리카계 미국인 승강기 운전
원과 식당 종업원들을 모두 내쫓고 그 일자리를 백인에게 주도록 압력
을 행사한 건물서비스고용인노동조합Building Service Employees Union의

설립을 정식으로 인가했다.

IV

아프리카계 미국인들의 돈벌이 기회를 막는 데 정부가 관여해 생긴 악영향은 제2차 세계대전 시기에 가장 파괴적이었다. 당시 흑인 노동자들은 일자리를 찾아서 전쟁 물자 생산의 중심지들로 이주했다. 루스벨트 행정부는 민간 물자를 생산하던 국내 공장들에 전쟁 물자 생산 공장으로 전환할 것을 요구했다. 미 육군과 해군은 그런 조선소와 탄약 제조창, 항공기와 탱크 생산 공장을 효과적으로 운영했다. 그러나 연방 정부의 관계 기관들은 방위산업체 경영자와 노동조합이 함께 만든, 아프리카계 미국인 노동자들을 저임금 허드렛일 이외에 다른 중요한 업무에서는 배제하는 정책을 용인하고 지지했다.

앨런과 프랭크 스티븐슨 형제가 전쟁 중에 일자리를 찾았던 샌프란시스코 만안 지역에서 일어난 여러 사건들이 아주 전형적이었다. 그 지역은 미 전역에서 가장 큰 전함 조선소가 있는 곳이었다. 1941년 7명이었던 해양노동조합Marine Laborers Union 조합원 수는 이후 몇 년 사이에 3만 명까지 늘어났고, 증기배관시설 노동조합 조합원은 400명에서 1만 7000명으로 늘었다. 이들 노조는 노조 추천 없이 직원을 뽑을 수 없다는 내용으로 회사와 단체협약을 맺었고, NLRB는 그 협약을 인가했다. 물론 노조는 아프리카계 미국인들을 직원으로 추천하지 않았다.[9]

1941년부터 1943년까지 헨리제이카이저컴퍼니Henry J. Kaiser

Company(이하 카이저컴퍼니)는 총 11만 5000개의 일자리를 창출하는 조선소 네 곳을 리치먼드에 세웠다. 이 회사는 그 일자리를 모두 백인 남성들로 충원할 수 없게 되자 백인 여성들을 채용하기 시작했다. 그 결과 1944년에는 카이저컴퍼니의 리치먼드 조선소 노동자의 27퍼센트가 백인 여성이었다. 그 뒤, 백인 여성 인력 공급마저 고갈되자, 회사는 아프리카계 미국인 노동력을 구하기 위해 남부 지방에 인력 중개인들을 파견했다. 방위산업체들 가운데는 전쟁이 끝날 무렵에도 여전히 인력난 때문에 공장 일자리에 아프리카계 미국인 여성들을 채용하는 곳이 있었다. 그들은 과거 잡역부나 식당 종업원, 화장실 청소부 일밖에 못하던 사람들이었다.[10]

포드자동차는 노동조합 활동가들과 4년 동안 격렬하게 충돌한 뒤, 1941년 마침내 전미자동차노동조합(UAW)을 자사 노동자들을 대표하는 기관으로 인정했다. 노동력 부족으로 미군과 맺은 군납 계약이 위태로워지자 포드자동차는 프랭크 스티븐슨 같은 아프리카계 미국인들을 고용했다. 포드사는 처음에 이들이 높은 임금을 받는 도장 부서나 작업 주임, 전기 기사 같은 숙련된 기술이 필요한 자리에서 일하도록 허용하지 않았다. 하지만 노동조합의 힘이 더욱 강해지면서 벤 그로스 같은 활동가들은 아프리카계 미국인 노동자들이 더 다양한 부서에서 일할 수 있도록 회사 측을 압박했다.[11]

UAW는 평등주의를 추구하는 새로운 산업별노동조합회의Congress of Industrial Organizations에 속해 있었다. 하지만 조선소 노동자들 대다수가 매우 보수적인 미국노동총연맹(AFL) 산하에 있었다. 따라서 스티븐슨 형제는 어엿한 정식 UAW 조합원이 되었지만, AFL 산하 노동조합들 대부분에서는 아프리카계 미국인들을 조합원으로 받아들이지 않았다. 하지만 예외는 있었다. 조선소노동조합Shipyard Laborers Union의 조합원 90퍼센트는 아프리카계 미국인이었다. 그곳은 백인 노동자가 거의 없는, 비숙련 유지 보수 업무를 하는 최저임금 직업군의 노동자들을 대변하는 노동조합이었기 때문이다. 그러나 조선업계에서 가장 큰(전체 조선소 노동자의 70퍼센트가 소속되어 있는) 노동조합인 미국보일러공철강조선노동자국제연대노동조합International Brotherhood of Boilermakers, Iron Shipbuilders and Helpers of America(이하 보일러공노조)은 1940년 카이저컴퍼니를 비롯한 여러 조선업체와 단체협약을 체결하면서 오직 노조원만 회사에서 일할 수 있음을 협약 사항으로 명시했다. 보일러공노조는 규약상 아프리카계 미국인 노동자의 노조 가입을 금지했다. NLRB가 인가한 단체협약 아래서, 카이저컴퍼니는 조합원만으로 인력이 부족할 경우에 한해서 비조합원을 채용할 수 있었다. 그러나 이렇게 뽑힌 신입사원들은 일터로 가기 전에 반드시 노동조합에 가입해야 했다.[12]

백인 노동자만으로 인력을 충원할 수 없었지만, 그렇다고 아프리카계 미국인 노동자를 허용하는 것이 마뜩잖았던 보일러공노조는 흑인만으로 구성된 보조원노동조합지부를 설립했다. 1943년, 그 지부들을 운영하기 시작한 첫해에 보조원지부는 보일러공노조가 일자리를 통제하는 조선소 같은 산업 분야에 아프리카계 미국인 노동자 1만 명을 배치했다. 보조원지부 조합원들은 지역의 백인 노조에 조합비를 내야 했지만, 그들에게는 노조에 불만을 제기할 권리도 조합 선거 투표권도 없었다. 그들이 받는 복리후생 혜택은 백인 조합원의 절반 정도밖에 안 되었다. 보일러공노조는 흑인 노동자들이 임금을 더 많이 받는 좋은 일자리로 승진하도록 지원하지 않았다. 따라서 아프리카계 미국인 노동자는 백인 노동자를 관리, 감독하는 현장 주임 같은 자리로 승진할 수 없었다. 충분히 자격을 갖춘 아프리카계 미국인 노동자가 기술력이 필요한 일을 수행해도, 조선소는 그를 수습사원으로 분류하고 그렇게 대우했다. 카이저컴퍼니의 한 흑인 노동자가 이러한 정책에 항의하여 한 민권 단체 집회에 참석했지만, 회사는 집회 참석을 이유로 곧장 그를 해고했다.[13]

NAACP는 이러한 관행에 대해 NLRB에 불만을 제기했다. NLRB는 보일러공노조의 정책을 비판하기는 했지만, 자신들이 백인만으로 구성된 보일러공노조를 인가한 것에 대해서는 입장을 바꾸지 않았다. 적어도 29년 동안, 미국의 노동조합들은 아프리카계 미국인 노동자를 완전히 배제하거나 그들의 신분을 2류 보조원 신분으로 제한했다.[14]

전쟁이 끝나고 몇 년 뒤부터 일부 노동조합이 자발적으로 흑인 차별을 철폐하기 시작했지만, 연방정부 관계 기관들은 정부가 합법화한 백인만의 노동조합을 계속해서 인정했다. 이러한 상황은 1962년 케네디 대통령이 그러한 관행을 금지하면서 마침내 끝났다. 그럼에도 불구하고, 미국우편집배원노동조합Post Office's National Association of Letter Carriers은 일부 지역에서 1970년대까지 아프리카계 미국인 집배원의 노조 가입을 허용하지 않았다. 아프리카계 미국인 집배원들은 이러한 부당한 대우에 불만을 제기할 수 없었다. 대신에 우체국 내의 온갖 직군에 속한 아프리카계 미국인들을 포괄하는 미국우편국원연합National Alliance of Postal Employees이라는 노조에 가입해야 했다. 그 노조는 대개 우편물 운송 트럭 운전사나 우편물 분류 같은 저임금의 잡다한 업무를 하는 사람들까지 포괄하는 노동조합이었다. 소속 조합원 한 사람이 훗날 회상하기를, 그 연합 노조에는 "우편집배원노조가 〔지역〕 우체국장에게 행사하는 것과 같은 강력한 영향력은 없었다." 따라서 아프리카계 미국인 집배원들은 승진이나 원하는 날 휴가 가는 것과 같은 노동자로서의 정당한 권리를 거의 누릴 수 없었다.[15]

건설노조들은 전후 주택과 고속도로 건설이 호황일 때도 계속해서 아프리카계 미국인 노동자들을 현장에서 배제했다. 따라서 흑인 노동자들은 20세기 중반 육체노동자들이 두 차례 높은 임금 상승 기회—전쟁 물자 생산기와 이후의 교외 지역 개발 붐—를 맞아 얻어 낸 상당한 소득 이익을 백인들과 달리 받지 못했다. 아프리카계 미국인들은 새로 개발된 교외 지역에 들어가 살 수도 없었고, 교외 지역 주택 건설에 참여하여 돈을 벌 기회도 가질 수 없었다.

1964년, NLRB는 마침내 백인만으로 구성된 노동조합의 인가를 허가하지 않았다. NLRB는 기존의 정책을 바꾸기는 했지만, 그동안 위헌적인 인종차별을 포용해 온 데서 비롯된 수십 년 간의 아프리카계 미국인 노동자들의 소득 억제를 구제할 어떠한 방안도 제시하지 않았다. 대부분의 AFL 산하 노동조합들이 아프리카계 미국인 노동자들을 조합원으로 받아들이기까지는 이후 10년이라는 시간이 더 흘러야 했고,

흑인 노동자가 백인 노동자와 비슷한 수준의 소득에 다다르기까지는 연공서열이라는 장벽을 뛰어넘는 또 한 번의 긴 세월이 걸렸다. 흑인과 백인 간의 소득 불평등은 그때 이미 확고하게 자리를 잡았고, 교외 지역은 백인만이 거주하는 지역으로 거의 완성되었다.[16]

V

1941년, 풀먼컴퍼니 침대열차 승무원 노조의 위원장이었던 A. 필립 랜돌프는 루스벨트 대통령에게 방위산업체에서 아프리카계 미국인 노동자에 대한 인종차별과 배제를 금지해 줄 것을 요구하며 워싱턴까지 흑인들의 민권 회복을 위한 행진을 조직했다. 대통령은 그 행진 계획을 취소시키기 위해 몇 달 동안 시간을 끌며 민권운동가들을 설득했다. 그러다 행진 개시를 일주일도 남겨 두지 않은 시점에서 대통령은 랜돌프에게 시위를 중단하면 그 보답으로 정부 산하의 방위산업체들의 경영자와 노동조합이 인종차별을 금지하는 행정명령을 내릴 것이라고 약속했다. 일부 기업들이 그 명령을 따랐지만, 루스벨트 행정부의 이 새로운 정책은 강제력이 없었기에 영향력을 발휘하지 못했다.[17]

그 행정명령으로 방위산업체가 인종차별을 지속할 경우 정부와 맺은 방위 물자 계약의 파기를 권고할 수 있는 공정고용관행위원회Fair Employment Practices Committee, FEPC가 설치됐다. 하지만 미국 서부 연안 지역의 FEPC 지부는 그런 권고를 단 한 번도 내린 적이 없었다. FEPC는 국가의 요청으로 부상당한 군인들을 치료하는 민간 병원 등을 포함해 전쟁과 관련된 모든 기업들을 감독할 권한이 있었다. 그러나 FEPC 샌프란시스코지부장은 샌프란시스코의 병원들이 아프리카계 미국인 의사들을 채용하지 않는 것에 대해서 어떠한 강제 조치도 내릴 수 없었다.

루스벨트 대통령은 《루이빌쿠리어저널》의 발행인 마크 에스리지를 FEPC의 초대위원장으로 임명함으로써 그 기관을 무기력하게 만드는 데 기여했다. 에스리지는 취임 연설에서 방위산업체에서의 인종차별을 긍정적으로 평가했다. 들끓는 비판 여론으로 그는 위원장직에서 물러났지만, 여전히 FEPC의 위원 자리는 지키고 있었다. 그는 인종차별을 금지하는 연방정부의 행정명령은 "나치의 독재자 방식"이며 "연합군이든 추축군이든 지구상의 어떤 기갑부대도 … 남부 백인들로 하여금" 방위산업체에서 "흑인과 백인의 사회적 차별과 분리의 원칙을 포기하도록 강제할 수" 없다고 공언했다.[18]

FEPC가 실제로 거둔 성과는 아주 미미했다. 한번은 리치먼드 조선소에서 증기 배관 수리 업무를 하는 아프리카계 미국인 숙련공 두 명이 자신들이 보조원지부 소속이라는 것에 대해 위원회에 불만을 제기했다. 상급 노동조합은 기존에 모든 다른 노동자들에 적용되는 정책을 바꾸지 않는 선에서 이 두 사람의 예외를 인정하는 것으로 위원회와 합의를 보았다. 또 한 번은 한 아프리카계 미국인 노동자가 샌프란시스코의 베들레헴조선소Bethlehem Shipbuilding Company에 입사하려다가 거부당하는 일이 있었다. 기계 수리공 노동조합이 아프리카계 미국인들을 조합원으로 받아들이지 않았기 때문이다. FEPC는 공청회를 개최하기 위

해 노동조합 지도부를 호출했지만 그들은 응하지 않았고, 그것으로 상황은 종료되었다.[19]

샌프란시스코는 미 전역의 다른 도시들과 마찬가지로, 공공부문의 고용에서 인종차별이 일상화되어 있었다. 그중에도 전화국은 당시 지역 독점으로 운영되었기 때문에 그런 차별의 관습이 더 공고했다. 샌프란시스코 지역에서 가장 큰 기업 가운데 하나였던 퍼시픽전신전화Pacific Telephone and Telegraph에는 전화교환원 가운데 흑인이 단 한 명도 없었다. 그 회사는 청소 같은 허드렛일에만 아프리카계 미국인들을 썼다. 퍼시픽전신전화는 대통령의 인종차별 금지 명령을 준수할 것이라는 성명서라도 발표하라는 FEPC의 요청조차 거부했다. 샌프란시스코의 시내 전차업계는 1942년까지 아프리카계 미국인을 고용하지 않았다. 10대 때 전차 승무원으로 취직하기 위해 나이를 속인 마야 앤젤루는 최초로 샌프란시스코의 전차 회사에 취업한 흑인들 가운데 한 명이었다. 새로운 정책이 실시되고 2년 사이에 전쟁 초기에는 전혀 없었던 흑인 승무원들이 700명이나 생겨났다. 이는 샌프란시스코 만안 지역에 그런 일을 할 만한 능력이 있는 아프리카계 미국인들이 많았음을 보여 준다.[20]

1943년, 샌프란시스코 소살리토에 있는 조선소 노동자 기숙사는 인력 충원이 매우 빠르게 진행되는 바람에 의도치 않게 흑인과 백인이 뒤섞여 생활하게 되었는데, 그곳의 아프리카계 미국인 노동자의 절반이 흑인만으로 구성된 보일러공노조 보조원지부에 조합비 납부를 거부했다. 그러자 노동조합은 회사에 조합비를 내지 않는 아프리카계 미국인 노동자들을 해고할 것을 요구했고, 회사는 그 요구를 수용했다. 캘리포니아주 법무장관과 역내 함대 건조의 책임을 맡은 해군 제독은 해고된 노동자들에게 시위를 중단하고 흑인 지부에 다시 가입하라고 압박했다. 흑인 노동자들은 제안을 거부했고, 그 관리들은 조선소에 그들의 해고를 취소하라고 촉구했지만 성사되지 않았다.[21]

FEPC가 개최한 공청회에서 보일러공노조는 백인 노동자와 똑같이 적용되는 조합비 납부 규정을 따른 아프리카계 미국인 노동자들 가운데 해고당한 사람은 한 명도 없기 때문에 자기들은 대통령의 행정명령을 완벽하게 준수하고 있다고 주장했다. FEPC는 이러한 주장을 받아들이지 않았지만 최종 결정을 유보하고 회사 제소를 뒤로 미뤘다. 그러자 흑인 조선소 노동자들이 소송을 제기했는데, 연방법원 판사는 "연방헌법이나 연방정부의 그 어느 법규에도" 흑인 노동자들이 그와 관련한 소송을 제기할 권리가 없다고 판결했다.

그러자 아프리카계 미국인들은 캘리포니아주 법원에 소송을 제기했다. 그곳 판사는 해고를 유예하고 회사 제소는 뒤로 미뤘다. 1945년, 마침내 캘리포니아주 대법원은 인종차별이 "미국과 우리 주의 공공정책에 반한다"고 언명하며 대통령의 행정명령이 정당한 조치라고 판결했다. 결국 보일러공노조는 대법원의 판결을 받아들였지만 때늦은 승복이었다. 캘리포니아주 대법원의 판결이 확정된 때, 그 지역 조선소에서 일하는 아프리카계 미국인 노동자는 모두 2만 5000명이었지만 전쟁은 이미 끝나 가고 있었다. 8개월 뒤, 흑인 노동자 수는 1만 2000명까지 떨어졌다. 그리고 다시 9개월이 지난 뒤, 역내 조선소들은 문을 닫았고, 그곳에서 근무하던 모든 노동자들은 사실상 해고당한 거나 마찬가지였다.

FEPC는 다른 지역에서도 마찬가지로 별 영향력을 발휘하지 못했다. 로스앤젤레스의 록히드항공Lockheed과 노스아메리칸항공North American Aviation, 그리고 시애틀의 보잉사는 아프리카계 미국인을 잡역부로만 고용했다. 이 방위산업체들은 인력 부족 때문에 그 밖의 직군에 흑인들을 고용할 수밖에 없게 된 때에도, 흑인 노동자들에게 백인과 동일한 보상과 권한을 주지 않았다. 캔자스시티의 철강 회사 스탠다드스틸Standard Steel은 FEPC에 "우리는 지난 25년 동안 흑인들에게 일을 시킨 적이 없다. 앞으로도 그럴 계획이 전혀 없다"고 응수했다. 세인트루이스의 소화기탄약공장Small Arms Ammunition Plant은 제2차 세계대전이 정점이던 시기 노동자 4만 명을 고용했다. 이 공장에서는 처음에 아프리카계 미국인 노동자를 고용하지 않았다. 민권 단체들이 시위를 벌이자 회사는 흑인 노동자들을 채용하되, 백인 노동자들과 생산 라인을 분리하는 것으로 응답했다. 그러다 전쟁이 종식되어 가고 대다수 노동자가 일자리를 잃게 되자, 회사는 그제야 비로소 흑인과 백인의 생산라인 통합에 동의했다.[22]

대통령의 인종차별 금지 명령을 따르지 않더라도 기업들이 연방정부와 맺은 계약에는 아무런 영향이 없었다. 루스벨트 행정부의 인종 평등에 대한 마음은 진심이었지만, 그것을 실천하려는 열의는 다소 미온적이었기 때문이다. 하지만 그것보다 더 중요한 사유는 전쟁에서 승리하기 위해서 그 밖의 다른 모든 목적은 후순위로 미뤄 둬야 한다는 대통령의 강한 신념이었다. 그러나 이러한 전제를 인정하더라도 전쟁이 끝난 이후에는 아프리카계 미국인 노동자에 대한 위헌적 처우에 대한 시정 조치가 이루어져야 했다. 하지만 아프리카계 미국인의 노동권과 기회를 억압하는 일에 연방정부가 공모한 사실은 그때나 지금이나 결코 진지하게 다뤄진 적이 없었다.

정부가 뒷받침하는 이중 노동시장dual labor market(임금 수준이 높고 근로조건이 양호하며 승진 기회도 많고 고용이 안정된 1차 노동시장과 그와 정반대인 2차 노동시장이 존재한다는 이론.—옮긴이)은 전쟁이 끝난 뒤에도 계속되었다. 1944년, 전쟁을 끝내고 돌아오는 퇴역 군인들을 지원하기 위한 제대군인원호법G.I. Bill이 제정되었다. 재향군인관리국(VA)은 자격이 충분한 아프리카계 미국인들에게 주택담보대출 보조금 지급을 거부했을 뿐 아니라, 높은 수준의 기술을 배울 능력이 있는 아프리카계 미국인들에게 낮은 수준의 일자리를 위한 교육과 훈련만 제공했다. 어떤 경우에는 지역의 복리 후생 담당관이 아프리카계 미국인 학생들의 4년제 대학 진학 신청을 받지 않고 그들을 직업학교로 보내기도 했다. 불명예제대를 한 군인들은 제대군인원호법의 혜택도 받지 못했는데, 특히 아프리카계 미국인 군인들이 불명예제대를 많이 당했다. 일부는 군대가 주둔한 도시들에서 인종차별에 항의했다는 이유로 불명예제대를 당하기도 했다.[23]

20세기 중반, 미국에서 일자리를 찾아 헤매던 구직자들은 결원이 생기거나 직업훈련 프로그램을 운용하는 곳이 어딘지 알려 주는 주 정부의 고용 지원 사무국에 전적으로 의존했다. 1942년 전시 정책의 하나로 만들어진 이 기관들은 연방정부 조직인 미국고용청U.S. Employment Service 산하에 있었다. 그런데 미국고용청은 아프리카계 미국인들이 숙련노동을 위한 직업 훈련을 받도록 허용하지 않았다. 고용청은 지역의 산하 고용 지원 사무국들에 하달한 지침에서 만일 회사가 흑인 노동자는 충원하지 않는다는 것을 명시하지 않았다면, 사무국은 회사가 그것을 명시할 기회를 놓쳤을 수 있다고 가정하고 그것을 반드시 명기하게 하라고 지시했다.[24]

이러한 행태는 전쟁이 끝나고 취업 알선과 직업 교육 업무가 주 정부의 관할로 돌아온 뒤에도 계속되었다. 예컨대, 전쟁 이후 상당 기간 노동력 부족이 매우 심각한 상황이었음에도 불구하고, 1948년 미시건주 고용청이 처리한 고용 지원 업무의 45퍼센트가 백인만을 대상으로 한 것이었다. 당장 쓸 수 있는 아프리카계 미국인 유휴 노동력이 있었음에도, 인력 충원이 필요한 일자리를 그냥 비워 두었다. 미시건주는 1955년에 가서야 비로소 공정고용법Fair Employment Practices을 통과시켰지만, 적극적으로 시행되지는 않았다.[25]

1960년대 연방정부의 재정이 투입되는 건설 공사를 수주한 건설업자들에게 적용되었던 행정명령은 일체의 인종차별을 금지하고 적극적으로 아프리카계 미국인 노동자들을 고용할 것을 요구했다. 그러나 캘리포니아주 오클랜드에 새로운 중앙우체국을 (대다수 거주자가 아프리카계 미국인인 집 300채 이상을 부수고 그 자리에) 짓는 건축 허가가 났을 때, 그 공사를 수주한 건설사는 배관공, 기계 기사, 판금 기술자, 철공 노동자, 전기 기사, 가스 배관공을 고용할 때 흑인 노동자를 단 한 명도 고용하지 않았다. 1967년, 샌프란시스코만안지역고속철도Bay Area Rapid Transit subway system, BART가 건설될 때도 공사장에 고용된 아프리카계 미국인 숙련노동자는 단 한 명도 없었다. 미국 노동부 산하 연방계약준수국Office of Federal Contract Compliance은 흑인 조합원을 받아들이지 않은 노동조합들에 책임을 돌렸다. 하지만 그런 노동조합의 규약을 인가한 것은 정부 기관인 미국노동관계위원회(NLRB)였다. BART 사장은 비록 BART가 "공평한 기회를 약속하기는" 했지만, 그것이 노동조합의 작업 거부를 유발할지도 모르고 "공공에 대한 우리의 주된 책임은 … 가능한 한 정해진 기간 안에 … 고속철도를 완공하는 것"이기 때문에 차별 금지를 끝까지 고집하기는 어려웠다는 사실을 인정했다. 비록 연방 법규에 차별 금지 명령을 준수하지 않은 정부 공사 수주 업체에 대해서 계약을 종료할 수 있는 내용이 있었지만, 결국 해당 업체에는 아무런 불이익도 없었다.[26]

심지어 오늘날에도 아프리카계 미국인들은 여전히 NLRB가 공인한 노동조합들 내에서 백인 노동자들이 누리는 권리를 다 누리지 못하고 있다. 2015년, 뉴욕시 판금 기술자 노동조합은 1991년부터 2006년까지 같은 조합 소속이었지만 백인 노동자보다 업무가 덜 배정되었던 아프

사진 6 "우리는 국제연합의 승리를 위해 죽는 것처럼, 일할 권리를 위해 싸운다."
1942년, 시위대는 세인트루이스 소화기탄약 공장이 흑인 노동자들을 고용하지
않는 것에 대해서 항의하고 있다.

리카계 미국인 노동자들에게 그에 대한 보상으로 1300만 달러를 지불하기 시작했다. 정부 공사에 참여하는 NLRB 공인 노조들의 유사한 인종차별 행태에 대한 소송은 시카고 배관공, 필라델피아 기계 기사, 뉴욕시 철공 노동자들 사이에서도 끊이지 않고 제기되었다. 수많은 아프리카계 미국인 노동자에게 그러한 차별은 백인 조합원들과 달리 그들이 중산층 동네에 결코 집을 살 수 없다는 것을 의미했다.[27]

VII

일부(아마도 많은) 도시의 부당한 인종차별적 부동산 평가로 인해 소득 수준이 비슷한 백인들보다 가처분소득이 적었던 탓에 아프리카계 미국인들은 임금에서 저축할 수 있는 금액이 적을 수밖에 없었다. 주택 소유자의 재산세는 대개 카운티의 조세 감정평가사가 산정한 부동산 평가액에서 산하 기관별(시, 카운티, 학교, 상하수도, 소방방재 권역별) 세율(지역 주민들이 공동으로 이용하는 공원, 학교, 상하수도 등을 보수, 신설하는데 필요한 예산을 확보하기 위한 특정 지역 내의 특별세로 멜로루즈세Mello-Roose Tax로도 부른다.—옮긴이)을 곱한 값이 부과된다. 최종 세율은 각 기관별 세율을 합한 값이다. 기관들은 저마다 전체 세출예산—차년도 예상되는 예산 지출 규모—을 관할구역의 모든 부동산에 대한 총 평가액으로 나누어 각각의 재산세율을 정한다.

그렇게 산정된 평가액이 반드시 시장가격과 일치할 필요는 없다. 하지만 공정하고 비차별적인 시스템은 모든 부동산이 시장가격과 동일한 비율로 평가될 것을 요구한다. 조세 감정평가사가 해당 부동산의 산정 평가액을 시장가격의 20퍼센트라고 하든 200퍼센트라고 하든 집주인은 그 산정 금액에 따라 세금을 지불한다. 해당 도시의 부동산 총평가액이 높으면, 그것을 세출예산으로 나눈 세율은 낮아지기 마련이다. 반대로 총평가액이 낮으면, 세율은 높아진다. 따라서 높은 가격에 낮은 세율을 곱한 것이나 낮은 가격에 높은 세율을 곱한 것이나 정부가 거둬들이는 세수는 같다.

그러나 조세 감정평가사는 동네마다 서로 다른 시장가격 비율을 적용함으로써 조세 공정성을 훼손할 수 있다. 20세기 중반, 미국의 많은 시와 카운티 당국은 이런 방식으로 아프리카계 미국인들에게 과도한 세금을 거둬들였다. 이들 지방자치체가 사용한 방식은 흑인 동네의 부동산은 과대평가하고 백인 동네의 부동산은 과소평가하는 식이었다. 비록 감정평가사들이 인종과 무관한 편견에 사로잡혀 저소득층 가구의 주택에 부유층 가구의 주택보다 시장가격 대비 더 높은 세율을 매겼을 수 있지만, 그것만으로 세율의 차이를 설명하기는 부족하다. 예컨대, 1979년 시카고 부동산 평가에 대한 보고서에는 이러한 세율의 차이가 단순히 사회계급에 대한 편견에 기인할 가능성은 1퍼센트도 안 된다는 것을 보여 주는 통계 분석 자료가 나온다.[28]

주택 소유자들은 다른 동네의 부동산이 과소평가된 사실을 알 도리가 없다. 아프리카계 미국인들은 그들의 재산세가 지나치게 높다고 생각했지만, 대개는 무엇 때문에 그런지 이유를 확인할 수 없었다. 이런 상황은 감정평가사들의 인종차별적 편견을 더욱 치명적으로 만들었다.

납세자들은 감정평가사들이 자기 부동산의 가치를 높게 산정하면 좋아하기 마련이다. 문서상의 자기 자산의 규모가 늘어나면서 더 부유해졌다고 느끼게 되기 때문이다. 하지만, 감정평가사들이 부동산 가치에 대해 현재 말하는 것이 해당 주택의 미래 판매 가격에 영향을 끼치지는 못한다. 오히려 다른 사람들의 부동산 가치에 비해 상대적으로 자기 부동산 가치만 더 높은 평가를 받는다면 그것은 세금을 더 많이 내야 한다는 것을 의미할 뿐이다. 어떤 동네가 과대평가되었는지, 어떤 동네가 과소평가되었는지는 자세히 살펴보기가 어렵다. 그러려면 부동산별로 산정된 평가액과 시장가격을 일일이 비교하는 각고의 수고가 필요하기 때문이다. 최근에 거래되지 않은 부동산의 시장가격을 정확하게 아는 것은 불가능하기 때문에, 그와 관련된 조사 내용들은 절대 정확할 수가 없다. 그럼에도 불구하고, 올버니, 보스턴, 버펄로, 시카고, 포트워스, 노픽에서의 조사 내용들은 아프리카계 미국인들의 재산세 부담이 실제로 백인들보다 훨씬 더 크다는 것을 보여 주었다.[29]

예컨대 1962년 보스턴에서의 부동산 평가에 관한 조사 결과에 따르면, 아프리카계 미국인 동네인 록스베리의 부동산 평가액은 시장가격의 68퍼센트인 반면에, 백인 동네인 웨스트록스베리의 부동산 평가액은 시장가격의 41퍼센트였다. 조사자들은 인종 문제 말고는 그러한 차이의 이유를 설명할 수 없었다.[30]

그로부터 17년 뒤, 시카고의 부동산 평가 분석 보고서에 따르면, 그 지역에서 가장 과소평가된 동네는 리처드 J. 데일리 시장이 사는 백인 동네 브리지포트로 밝혀졌다. 그곳은 미 전역에서 아프리카계 미국인의 이주를 가장 격렬하게 반대한 동네였다. 브리지포트의 부동산 평가액은 법정 시세 대비 약 50퍼센트 정도 낮았다. 반면에, 인근의 아프리카계 미국인 동네인 노스론데일의 부동산 평가액은 법정 비율보다 200퍼센트 높았다.[31]

1973년 연방정부 주택도시개발부(HUD)가 실시한 미국의 10대 도시에 대한 조사는 저소득층 아프리카계 미국인 동네의 부동산은 철저하게 과대평가된 반면에, 백인들이 사는 중산층 동네의 부동산 철저하게 과소평가되는 정형화된 구조를 밝혀냈다. 조사 결과, 볼티모어시의 경우 존스홉킨스대학 근처인 백인 중산층 동네 길포드의 재산세 부담이 아프리카계 미국인 동네인 이스트볼티모어의 9분의 1 수준임을 보여 주었다. 필라델피아시에서는 백인 중산층 동네 사우스필라델피아의 세 부담이 아프리카계 미국인 동네 로어노스필라델피아의 6분의 1이었다. 시카고시에서는 백인 중산층이 사는 노우드의 세 부담이 아프리카계 미국인 동네 우드론의 절반 수준이었다. 하지만 미국 법무부는 그런 조사 결과에 대해 아무런 조치도 취하지 않았다. 이 모든 조사 결과들을 종합해 볼 때, 흑인 동네와 백인 동네의 이러한 차이는 너무 극명하고 일관되어서 그 이유를 아무리 좋은 의미로 해석하려고 해도 좋게 보기 어렵다.[32]

아프리카계 미국인 집주인이나 그 집에 세 들어 사는 아프리카계 미국인 세입자들이 내는 높은 재산세는 흑인 동네를 쇠퇴하게 만드는 데 일조했다. 아프리카계 미국인 가구들은 높은 세금을 납부하고 나면 생활비가 부족했다. 그래서 일부는 재산세 납부를 위해 하숙을 치거나 한집에 여러 세대가 모여 살 수밖에 없었다.

시카고의 지나치게 높은 과세로 아프리카계 미국인들이 집을 빼앗기기도 했다. 당시 아프리카계 미국인들의 체납 세금을 대신 갚아 주는 조건으로 그들의 집을 압류할 수 있었던 투기꾼들은 집주인들을 내쫓고 엄청난 이윤을 덧붙여 다른 사람들에게 그 집을 되팔았다. 아프리카계 미국인들의 재산세는 대개 시장가치에 비해 상대적으로 더 높았기 때문에, 흑인 가구는 세금을 체납할 가능성이 더 높았고 따라서 체납된 세금을 대신 내 주고 집을 압류하는 투기꾼들의 희생양이 될 가능성 또한 높았다. 최근의 지역별, 인종별 부동산 시세 대비 평가액 비율에 대한 조사 결과는 나와 있는 것이 없다. 따라서 지금도 그러한 인종차별적 과세 기준이 여전히 존재하는지, 그리고 그렇다면 어느 지역의 동네가 그러한지에 대해서 말할 수는 없다. 하지만, 볼티모어와 클리블랜드 같은 도시들에 사는 아프리카계 미국인들이 세금 체납으로 집을 압류당해 결국 쫓겨날 가능성은 여전히 백인들보다 더 높았다.[33]

얼마나 많은 아프리카계 미국인들이 고통을 겪고 있는지 모를, 차별적 과세로 인한 흑백 주거 구역 분리가 초래하는 사회적 비용과 손실은 만만치 않다. 이것은 단순히 모호하고 불분명한 개념인 "구조적 인종차별"의 결과가 아니라, 수정헌법 제14조에 대한 카운티 감정평가사들의 책임 방기의 직접적 결과로서, **법률상**의 흑인 분리를 나타내는 또 다른 징표였다.

VIII

    흑인을 비롯한 소수 인종의 게토 지역은 스스로 계속해서 또 다른 게토 지역을 만들어 내고 있었다. 경제적으로 불리한 조건이 집중되어 있는 지역의 주택을 소유한 사람은 그것만으로도 가처분소득이 줄기 마련이고, 그것은 그가 집을 팔고 살던 동네를 떠나는 것을 더욱 어렵게 한다. 아프리카계 미국인들이 이사 가서 살 수 있는 곳이 제한되면서, 비슷한 규모의 주택임에도 백인이 주로 사는 동네보다 흑인 동네의 임차료와 매매가가 더 높아지는 상황이 발생했다. 아프리카계 미국인들이 대도시 지역 어디서든 살 집을 구할 수 있었다면, 주택 수요와 공급이 균형을 이루어 그들이 내는 임차료와 주택 가격은 합리적인 선으로 조정되었을 것이다. 하지만 그렇지 않았기에 세를 놓거나 집을 매매하려고 하는 집주인들은 주택 수요가 공급보다 상대적으로 더 많은 아프리카계 미국인들의 약점을 자유롭게 악용할 수 있었다.

    이러한 착취는 20세기 전반에 걸쳐 지속되었고, 경제학자와 사회복지 전문가들은 물론, 아프리카계 미국인들도 그 사정을 잘 알고 있었다. 미국의 소설가이자 시인인 랭스턴 휴스는 자서전에서 1910년대 그의 가족이 클리블랜드에 살았을 때, 그곳 집주인들이 어떻게 아프리카계 미국인 세입자들에게 백인들보다 3배나 비싼 집세를 받을 수 있었는지 상세하게 묘사했다. 당시 클리블랜드에는 몇 군데 빼고는 흑인이 백인들과 어울려 살 수 있는 동네가 없었으며, 교외 지역에는 흑인 가정이 들어가 살 수 있는 집이 거의 없었다. 휴스의 기억에 따르면 당시 집주인들은 1인 가구용으로 설계된 아파트를 대여섯 명이 살 수 있는 구조로 변경했고, 그럼에도 아프리카계 미국인들의 소득에서 집세 비중은 여전히 컸다. 그로부터 40년이 지난 뒤에도 상황은 거의 변하지 않았다. 미국 정부는 1947년 '셸리 대 크레머' 소송과 관련해 연방대법원에 제출한 준비서면에서 여섯 건의 조사 보고서 내용을 인용했는데, 거기에는 "흑백 주거 구역 분리를 촉진하는 반半독점적 주택 공급 때문에 흑인들은 백인들보다 더 높은 집세와 주거비를 감당할 수밖에 없다"는 사실이 나와 있었다. 1954년, 연방주택관리국(HUD)은 아프리카계 미국인의 주거 과밀률이 백인보다 4배 이상 더 높고, 높은 집세 때문에 두 명이 한방을 써야 하는 비율은 3배 더 높다고 추산했다.[34]

1920년대 중반 시카고시 공공복지부에서 나온 한 보고서는 아프리카계 미국인은 비슷한 주거 조건에서 백인보다 20퍼센트 더 집세를 부담한다고 밝혔다. 또한 거주민의 인종 분포가 바뀌고 있는 동네에서는 과거에 백인이 살았던 아파트에 아프리카계 미국인이 거주할 경우, 집세가 50퍼센트에서 225퍼센트까지 올랐음을 보여 주었다. 아프리카계 미국인이 입주할 수 있는 주택의 공급 제한은 흑인 동네의 집주인들에게 엄청난 폭리를 취할 수 있는 기회를 제공했다.

1946년 한 잡지에 실린 기사는 시카고의 한 건물을 상세히 묘사했는데, 그 건물의 주인은 약 50제곱미터짜리 점포 내에 칸막이를 쳐 좁은 방 여섯 개로 나누고, 방마다 한 가구씩 임대했다. 그는 2층도 마찬가지 방법으로 방을 나누었다. 그가 한 달에 거둬들이는 임대료는 미시간호를 따라 이어지는 시카고의 "골드코스트Gold Coast"에 위치한 고급 아파트의 임대료만큼이나 엄청난 수입이었다. 기사에는 또 다른 사례도 언급됐는데, 임대료가 너무 높아서 38명이 방 6개인 집에 모여 사는 바람에 잠을 3교대로 자야 하는 사연이었다. 1947년에는 시카고의 한 집주인이 백인이 살던 곳을 흑인에게 세주었는데, 그 집에 불이 나는 바람에 아프리카계 미국인 세입자 10명이 죽는 사고가 발생했다. 조사 결과, 그 집주인이 흑인 가족에게 월 60달러에 그 집을 세주기 위해 월 15달러를 내던 백인 세입자를 내쫓았다는 사실이 밝혀졌다. 그런 착취가 가능했던 이유는 아프리카계 미국인들이 시카고의 백인 주택 시장에 참여할 기회를 박탈한 공공정책 때문이었다.[35]

다른 도시의 주택 시장도 이와 비슷하게 왜곡되어 있었다. 1923년 필라델피아 주택 시장에 대한 조사 보고서에 따르면, 1차 흑인 대이동 시기에 전년도보다 집세가 올라 고통을 받은 아프리카계 미국인 세입자는 백인에 비해 거의 두 배 많았다. 게다가 아프리카계 미국인들의 평균 집세 인상률은 18퍼센트였는데, 반면에 백인 세입자들의 인상률은 12퍼센트였다. 1938년, 맨해튼에서 아프리카계 미국인 세입자가 내는 집세 평균은 백인 세입자의 집세 평균보다 50퍼센트 더 높았다. 아프리카계 미국인들의 소득 수준이 백인보다 더 낮았음에도 말이다.[36]

이러한 불평등 상황은 제2차 세계대전을 거쳐 물가관리국Office of Price Administration이 미 전역에서 임대료를 동결한 이후에도 계속 악화되었다. 집주인들은 법을 어기지 않고도 이미 인구가 밀집된 도시 지역의 아파트를 개조하여 방 개수를 늘렸고 집세를 더 많이 받았다. 이런 높은 주거비는 20세기 내내 서서히 축적되었다. 따라서 안정된 일자리를 가진 아프리카계 미국인들조차 높은 주거비 때문에 돈을 모으기가 점점 더 어려워졌다. 그들은 중산층 동네에 흑인이 거주할 수 있는 집이 나온다고 해도, 그 집에 입주하기 위해 지불해야 하는 몇 푼 안 되는 계약금도 마련할 수 없었다.[37]

IX

캘리포니아주 리치먼드의 포드자동차 공장은 허드슨강의 조지워싱턴브리지 바로 남쪽에 위치한 뉴저지주 에지워터에 자매 공장을 두고 있었다. 1950년대 리치먼드 공장을 쓸모없게 만든 동일한 기술적 요인들이 에지워터 공장에도 영향을 주었다. 에지워터 공장은 동쪽에 허드슨강이 흐르고 서쪽은 팰리세이즈 협곡으로 둘러싸여 있는 까닭에, 전후 경기 호황으로 확장된 고객 기반을 충족할 생산 시설을 확충할 공간적 여유가 없었다. 게다가 새로 건설된 고속도로 덕분에 수심이 깊은 항구를 갖춘 공장이 더 이상 필요하지 않았다. 따라서 항구에 설치된 기중기 시설은 효율성이 떨어져 불필요한 짐으로 남게 되었다.

포드자동차는 1955년 리치먼드 공장을 밀피타스로 옮기면서, 에지워터 공장도 기존 위치에서 북서쪽으로 40킬로미터가량 떨어진 마와로 옮겼다. 대체로 나이 많은 백인이 주축이었던 에지워터 공장의 인력은 에지워터 지역에 있는 집에서 큰 어려움 없이 새로 이주한 공장으로 출퇴근할 수 있었다. 하지만 이들이 대부분 퇴직하자, 그 일자리는 뉴어크와 뉴욕시에 살고 있던 젊은 아프리카계 미국인 노동자들의 몫이 되었다. 미국의 다른 지역과 마찬가지로 당연히 인종차별적 의도를 가지고 제정된 주택 지구 지정 조례가 있는 마와를 비롯한 인근 소도시들은 그 공장에서 일할 노동자 계층 가족들이 거주할 주택 건설을 허가하지 않았다. 예컨대, 마와는 주택 건설의 허가 조건인 최소 주택 부지 면적을 약 4000제곱미터로 정했다. 아프리카계 미국인 신입 노동자들은 마와 공장 근처에서 구입할 집을 찾을 수 없었기 때문에, 거기서 100킬로미터가량 떨어진 곳에서 자가용이나 버스를 타고 장거리 통근을 해야 했다. 일부는 평일에 인근 소도시에 혼자서 작은 아파트에 세 들어 지내다가 주말에만 가족들을 만나러 집으로 갔다.[38]

도심의 동네에서 장거리 출퇴근을 하던 아프리카계 미국인 포드자동차 노동자들이 1970년 한 해에 길거리에 쏟아부은 교통비는 1인당 1000달러에서 1500달러에 이르렀다. 그 돈은 그들이 1년 동안 벌어들이는 총수입의 10퍼센트에 달했는데, 그들이 마와나 그 인근 지역에 살았다면 지출하지 않았을 큰돈이었다. 아프리카계 미국인 포드자동차 노동자들은 소득도 불안정했는데, 장거리 통근 때문에 일자리를 잃는 노동자들이 많아졌기 때문이다. 교통 체증이나 사고 때문에 출근하지 못해 결근 처리되는 경우가 잦아지면서 결국 해고당하는 노동자들이 많았다. 포드자동차의 경영자들은 인력 교체가 잦은 데 불만이 많았는데, 훗날 그들이 마와 공장을 폐쇄하고 멕시코로 공장을 옮기는 결정을 내린 요인 가운데 하나가 바로 노동자들의 잦은 결근 문제였다. 하지만 이것은 마와 공장 노동자들만의 문제가 아니었다. 전국적으로 아프리카계 미국인들은 함께 일하고 있는 백인 노동자들보다 가처분소득이 적었다. 그들이 사는 흑인 동네에서 주로 직장이 있는 교외 지역까지 출퇴근하느라 교통비 지출이 많았기 때문이다.

오늘날 흑인과 백인의 주거지가 분리된 원인 가운데 하나가 많은 아프리카계 미국인이 백인들이 주로 사는 중산층 동네에 들어갈 경제적 여력이 없기 때문이라는 주장은 확실히 맞는 말이다. 그러나 흑백 주거 구역 분리 자체가 아프리카계 미국인들에게 많은 경제적 희생을 강요하기 때문에 그들이 교외 지역에 있는 집을 사기 위해 돈을 모을 수 없는 상황은 더욱 악화될 수밖에 없다. 흑인과 백인 간의 소득의 차이는 우리가 왜 아직도 주거가 분리된 채로 있는지 그 이유를 설명하는 피상적 원인에 불과하다. 지금까지도 계속되고 있는 흑인과 백인의 주거 구역 분리를 확실하게 떠받치고 있는 흑백 소득 격차를 낳은 것은 바로 미국의 역대 정부와 불가분하게 연관되어 있을 수밖에 없는 인종 정책이었다.

사진 7 1947년 세인트루이스. 서부 개척 시대의 관문 역할을 한 세인트루이스를 상징하는 아치형 조형물인 게이트웨이아치Gateway Arch를 세우기 위해, 시 당국은 도심에 있는 아프리카계 미국인 동네를 헐고, 그곳 주민들을 퍼거슨 같은 새로 건설한 흑인 지역들로 강제 이주시켰다.

11장

전망과 회고

　　미 의회는 1957년부터 1968년까지 공공시설과 대중교통, 투표, 고용과 관련해서 아프리카계 미국인을 백인과 차별하지 못하게 하는 인권평등법들을 통과시켰다. 저항이 없었던 것은 아니지만 이 법들은 매우 효과적이었다. 그러나 흑백 주거 구역 분리 문제를 끝내는 것은 다른 것들에 비해 훨씬 더 복잡했다. 투표권과 음식점에서의 인종차별 금지는 대개 앞으로 그렇게 행동하지 않으면 되는 문제였다. 그러나 주거 문제에서 법률상의 흑인 분리를 끝장내려면 돌이킬 수 없을 것처럼 보이는 과거의 조치들을 무효화해야만 한다.

　　케네디 대통령의 1962년 행정명령은 연방정부 기관들의 흑백 주거 구역 분리와 관련된 예산 지원을 종결시키려고 했다. 1966년, 린든 존슨 대통령은 주택차별금지법 통과를 강력하게 밀어붙였다. 하지만 상원은 그 법안을 거부했다. 이는 존슨 행정부와 의회의 관계로 볼 때 보기 드문 일이었다. 2년 뒤, 민권운동가들이 다시 법안 통과를 시도했고 이번에는 민간에서의 주택 거래와 임대차 관련 차별 행위를 금지한 공정주거법이 상원에서 아주 근소한 차이로 통과되었다. 그 직후, 1968년 4월 마틴 루서 킹의 암살로 폭발한 국민감정의 압박에 굴복한 하원은 그 법을 곧바로 제정했다. 미국의 연방대법원이 1866년 제정한 공민권법의 주택 차별 금지에 대한 해석 내용을 기각한 1883년 이후 처음으로, 정부는 아프리카계 미국인들이 어디든 거주할 곳을 선택하고 돈을 주고 살 권리가 있음을 공식적으로 인정했다.[1]

이 법이 제정된 지 이제 반세기가 지났다. 누군가는 50년이라는 세월이 그동안 정부가 촉진하고 지지해 왔던 흑백 주거 구역 분리가 사회 전반에 끼친 영향을 지우기에 충분한 시간이라고 생각할지도 모른다. 그러나 지난날의 공공정책들이 만들어 놓은 인종차별의 지형은 오늘날까지도 여전히 그 형태를 그대로 유지하고 있다.

과거 공민권과 관련해 제정된 법들의 성과가 기대에 못 미쳤던 것은 발상에 문제가 있어서가 아니라 법을 집행하고 시행하는 과정에서 실패했기 때문이다. 그 법들을 만든 의도는 단순했다. 아프리카계 미국인이 자유롭게 투표할 수 있게 된다면, 그들의 정치적 영향력은 백인 못지않게 강력해질 것이다. 고용에서 인종차별을 막는다면 흑인들이 백인들과 비슷한 연공서열을 얻기까지 몇 년 걸릴 것을 감안하더라도, 직장에서 그들을 더 이상 백인들보다 낮은 신분으로 여기지 못할 것이다. 호텔과 식당에서 흑인과 백인 손님을 분리해 앉히지 못하게 한다면, 인종과 상관없이 모든 고객이 동등한 대우를 받을 수 있을 것이었다. 마찬가지로 버스와 기차의 좌석도 흑인과 백인 칸을 따로 만들지 못하게 한다면, 백인이든 흑인이든 빈자리가 나면 누구나 앉을 수 있을 것이다. 과거가 남긴 구조적 유산은 없었다—우리가 타던 버스와 전차는 전과 달라진 것이 없었고, 인종 통합으로 이행하는 과정에 엄청난 사회공학적 노력이 필요한 것은 아니었다.

학교에서의 흑백 차별을 종식시키는 일은 훨씬 더 힘든 문제였지만, 어떻게 해야 그럴 수 있는지는 모두 다 명확히 알고 있었다. 흑인 학교와 백인 학교의 경계를 허물고, 인종에 상관없이 모두 자기 동네에 있는 학교에 다닐 수 있게 하고, 아프리카계 미국인 학생들이 다니는 학교의 교육의 질을 향상시켜 모든 학교의 시설을 동등하게 만들면 된다. 연방대법원이 흑인 학교와 백인 학교로 분리된 학제를 해체하라고 명령을 내린 1954년 이후 엄청난 저항이 있었다는 것은 틀림없는 사실이다. 그러나 원칙적으로 학교에서의 인종차별은 대부분 지역에서 쉽게 철폐되었다. 당장 하룻밤 사이에 그런 차별이 사라지기는 어려웠을 테지만, 그렇다 해도 몇 십 년까지는 아니고 몇 년이면 해결될 문제였다. 학교에서의 흑백 차별을 철폐하는 일은 주거 문제에서의 흑백 차별과 달리, 이전 세대들이 받았던 차별을 무효화하는 것이 아니라, 그냥 앞으로 흑백 통합을 실천하면 되는 것이었다.[2]

이미 다 아는 것처럼, 40년 전보다 오늘날 흑인 학교와 백인 학교는 더욱 뚜렷하게 분리되어 있다. 이렇게 학교의 흑백 분리가 심화된 이유는 대체로 흑인과 백인의 거주지 분리가 심화되면서 그 동네에 어떤 인종이 주로 사느냐에 따라 학교의 인종 구성도 달라졌기 때문이다. 1970년, 아프리카계 미국인 학생들이 주로 다녔던 학교는 백인 학생 비율이 보통 32퍼센트 정도 되었다. 그러나 2010년에는 그 비율이 29퍼센트로 줄어들었다. 뉴욕이나 일리노이 같은 주의 학교가 다른 어느 곳보다 아프리카계 미국인 학생의 분리 정도가 심한 까닭은 무엇보다 그 지역의 흑인과 백인 거주지 분리가 매우 심하기 때문이다. 남부 지역뿐 아니라, 미 전역에 걸쳐 흑인과 백인 학생들이 서로 함께 어울려 다니는 학교를 만드는 데 유용한 수단은 통학 버스가 유일했다(흑인과 백인 아이들이 서로 어울려서 뭔가 함께 할 수 있을 정도로 충분히 가까이 사는 경우가 거의 없었기 때문이다). 흑백 주거 구역 분리가 미 전역에 그렇게 광범위하게 퍼져 있지 않았다면, 학교의 인종 통합 노력은 더욱 성공적인 결과를 낳았을 것이다.[3]

그러나 우리가 여타 시민권과 관련된 법들을 통해 사회 전반적인 진보를 이룰 수 있었던 것과 달리, 공정주거법은 아프리카계 미국인들이 백인들이 사는 교외 지역으로 이주할 수 있게 허용한 법 제정의 취지가 무색할 정도로 큰 진전을 보여 주지 못했다. 아프리카계 미국인이 시내의 아파트에서 교외 지역의 단독주택으로 이사 가는 것은 투표를 위해 유권자 등록을 하거나, 이력서를 내거나, 버스 좌석을 바꾸거나, 음식점에 들어가 자리를 잡거나, 심지어 동네 학교에 출석하는 것보다 훨씬 더 어려운 일이다.

흑인과 백인의 거주지 분리 상황을 원점으로 되돌리기 어려운 이유가 몇 가지 있다.

• 부모의 경제적 지위가 대개 자식 세대에게로 이어지기 때문에, 20세기 중

반에 정부가 아프리카계 미국인들의 온전한 자유 노동시장 참여를 막으면서 하락한 소득은 여러 세대에 걸쳐 많은 아프리카계 미국인의 특성이 되었다.

• 교외 지역에 있는 백인 노동계급과 중산층 가정의 주택 가치는 수년에 걸쳐 매우 높아졌고, 그 결과 백인과 흑인 사이의 막대한 부의 차이는 두 인종 간 생활 방식을 영구적으로 결정짓는 데 크게 기여했다. 부모가 자식에게 재산을 물려줄 수 있기 때문에, 흑인과 백인 간의 부의 격차는 여러 세대를 거치면서 그 둘의 소득 격차보다 훨씬 더 지속적으로 이어진다.

• 이런 상황을 원점으로 돌리기에는 너무 긴 시간이 흘렀다. 노동시장에서의 인종차별이 크게 약화되어 상당수의 아프리카계 미국인들이 중산층이 되었을 때는, 이미 시내의 흑인 동네 밖에 있는 주택들의 가격이 노동계급과 하위 중산층 가정이 접근할 수 없을 정도로 높아진 상태였다.

• 흑백 주거 구역 분리가 일단 확립되자, 마치 인종 문제와 관련해서 중립적 입장인 체하는 정부 정책들은 그런 흑백 차별을 더욱 강화하며 문제 해결을 훨씬 더 어렵게 만들었다. 연방세법의 주택담보대출 이자 공제 정책은 그 가운데 가장 치명적인 것이었을 가능성이 있다. 이 정책을 통해 소득수준이 높은 교외 지역의 주택 소유자들은 정부 보조금을 많이 받은 반면, 세입자들은 그에 상응하는 세금 혜택을 전혀 받지 못했다. 합법적으로 흑백 주거 구역 분리를 뒷받침하는 정책들은 백인이 주택 소유자가 되고 아프리카계 미국인은 세입자가 될 가능성을 더 높게 만들었기 때문에, 그 세법에 인종차별을 금지하는 조항들이 있다고 해도 아프리카계 미국인과 백인의 분리와 격차를 더욱 강화하는 데 기여했다.

• 오늘날의 연방정부, 주 정부, 지방자치체의 정책 사업들은 흑백 주거 구역 분리를 약화시키기보다는 더욱 강화시켰다. 연방정부가 저소득층 가구에 지급하는 주거 지원 보조금은 주로 흑인과 백인이 어울려 사는 동네가 아니라 경제적 기회가 거의 없는 소수자 집단이 거주하는 지역의 아파트에 셋방살이를 하는 데 쓰였다. 또한 저소득층 주택을 짓는 개발업자들도 연방정부의 저소득층 보조금을 이용해서 이미 주로 흑인만 사는 동네에 아파트를 건설했다. 정부가 노골적으로 흑백 주거 구역 분리를 촉진하는 정책을 멈춘 지 반 세기가 지난 지금도 정부 정책이 여전히 흑백 주거 구역 분리를 묵인하고 있는 상황에서 해가 갈수록 문제 해결은 점점 더 어려워지고 있다.

ㅣ

제2차 세계대전이 끝난 뒤부터 1973년 무렵까지, 모든 노동계급과 중산층 미국인들의 실질임금과 가구 소득은 거의 두 배 가까이 급상승했다. 그러나 아프리카계 미국인들의 임금과 소득이 가장 치솟았던 시기는 그 기간 막바지에 이르러서였다. 1960년대, 흑인과 백인 노동자 사이의 소득 격차는 어느 정도 좁혀졌다. 아프리카계 미국인 잡역부와 백인 생산직 노동자들의 소득은 거의 같은 속도로 상승했지만, 그 두 집단 사이의 소득 격차는 그다지 많이 좁혀지지 않았다. 그러나 이전에 잡역부로만 고용되었던 아프리카계 미국인들이 이제는 생산직 노동자로 고용되는 경우가 훨씬 많아졌다. 적어도 노동조합이 있는 산업 분야에서는 숙련노동을 요하는 더 좋은 일자리로 점차 옮겨 갈 기회를 얻었다. 하지만 아프리카계 미국인 대다수는 높은 임금을 받는 블루칼라 직종, 예컨대 건설 노동직 같은 일자리에서는 여전히 배제되었다. 다는 아니지만 대부분의 공공부문 일자리(교사, 연방 공무원, 주 정부와 지방자치체 공무원)에서는 아프리카계 미국인의 고용에 일부 진전이 있었다. 예컨대, 그들은 시 위생국 공무원으로 채용되었지만, 소방관으로 채용되는 경우는 극히 드물었다. 전반적으로 아프리카계 미국인의 소득은 도시 주거지의 교외화가 거의 마무리된 1960년대까지 크게 오르지 못했다.[4]

1973년부터 현재까지, 인종과 민족을 불문하고 미국의 모든 노동계급과 중산층의 실질임금은 대체로 정체된 상태였다. 고등학교를 나왔거나 일부 대학을 졸업한 사람들의 경우는 실질소득이 감소하는 정도로 그쳤지만, 공장의 생산직 노동자들은 노동조합이 있어도 해고당하는 경우가 많았고, 그들이 결국 찾게 되는 것은 서비스직 일자리였다. 서비스 직종에는 대개 노동조합이 없었는데, 이는 임금이 전보다 훨씬 더 낮아진다는 것을 의미했다.[5]

백인과 흑인을 불문하고 모든 미국인 노동계급의 소득이 정체기에 들어가자마자, 단독주택의 가격이 급등하기 시작했다. 1973년부터 1980년까지, 아프리카계 미국인 평균 임금은 1퍼센트 하락한 반면, 미국의 평균 주택 가격은 43퍼센트 상승했다. 지난 10년 동안, 아프리카계 미국인 노동자의 임금은 또 다시 1퍼센트 하락한 반면, 평균 주택 가격은 8퍼센트 더 상승했다.

연방정부가 마침내 아프리카계 미국인도 교외 지역에 살 수 있도록 허용하기로 했을 때는 이미 흑인과 백인이 함께 어울려 사는 나라가 될 수 있는 기회의 창이 대부분 닫힌 상태였다. 예컨대, 1948년 레빗타운의 주택들은 당시 약 8000달러, 현재 시세로 7만 5000달러에 팔렸다. 하지만 오늘날 레빗타운에서 기존 주택을 크게 개조하지 않은 채(즉, 화장실이 하나인 채로) 팔면 35만 달러 이상을 받는다. 1948년에 그런 집들을 산 백인 노동자 가구는 3세대를 거치는 동안 20만 달러 이상의 불로소득을 올린 셈이다.[6]

대다수 아프리카계 가구들—레빗타운을 비롯해서 전국의 수많은 그와 같은 주택단지에 있는 집을 살 기회를 박탈당한—은 대개 쇠락한 동네에서 세입자로 남아 있었고 집을 사지 못했다. 그 나머지는 자신들이 원하는 동네가 아닌 곳에 집을 샀다. 레빗타운의 건설을 도왔지만 입주는 거부당한 빈스 메러데이는 결국 그 인근에 있는 교외 지역이자 흑인이 주로 거주하는 레이크뷰에 집을 샀다. 오늘날 그 단지 주민의 74퍼센트는 아프리카계 미국인이다. 그가 1948년에 레이크뷰의 집을 얼마에 샀는지 정확하게 말해 줄 사람은 그의 인척 중에도 없겠지만, 당시 레빗타운 주택 가격 최저선을 감안하면 [현 시세로] 7만 5000달러를 넘지는 않았을 것이다. 당시 교외 지역의 단지에 입주하는 백인들은 계약금 없이 주택담보대출을 받을 수 있었지만, 빈스 메러데이는 아프리카계 미국인이었기 때문에 그런 혜택을 받을 수 없었다. 그는 주택 매매가의 20퍼센트에 해당하는 계약금 1만 5000달러 상당을 마련해야 했을 것이다.

레이크뷰 단지에 있는 화장실 하나짜리 주택이 현재 9만 달러에서 12만 달러까지 거래되는 것을 감안할 때, 메러데이 가족이 보유한 집의 가치는 3세대를 거치며 4만 5000달러가 올랐다. 이 금액은 레빗타운의 재향군인이 주택 가격 상승으로 올린 부의 20퍼센트에 해당된다. 설상가상으로 2008년 주택 시장 거품이 터지기 이전에 주택담보대출을 중개하는 업자들이 서브프라임 대출의 집중 공략 대상으로 삼은 곳이 레이크뷰 단지와 같이 하위 중산층 아프리카계 미국인들이 사는 동네들이었다. 그들 가구는 경제적으로 비슷한 수준에 있는 백인 가구들보다 채무불이행으로 집이 압류될 가능성이 훨씬 더 높았다.

70년 전, 많은 아프리카계 미국인 노동계급과 중산층 가구는 계약금 없이 (현재 시세로) 7만 5000달러를 주고 교외 지역의 단독주택을 살 수도 있었다. 수많은 백인이 그렇게 했다. 그러나 오늘날 아프리카계 미국인 노동계급과 중산층 가구는 매매가가 35만 달러가 넘게 나가고 게다가 그 금액의 20퍼센트에 해당하는 7만 달러를 계약금으로 미리 내야 하는 그런 단독주택을 살 수 없다.

1968년 공정주거법은 향후 인종차별을 금지했다. 하지만 그 후로도 여전히 아프리카계 미국인들이 백인들이 사는 교외 지역에서 살 수 없게 만든 것은 기본적으로 그런 인종차별(비록 그것이 여전히 작동하고 있었다고 해도)이 아니었다. 이제는 흑인들이 그런 집을 살 수 있는 경제적 여력이 없었다. 1940년대 말 위헌적으로 아프리카계 미국인들에게서 박탈되었던 권리는 이제 경제적 여력만 된다면 아프리카계 미국인들도 교외 지역의 집을 살 수 있다고 말하는 공정주거법 통과로 복원될 수 없다는 것이 지금의 현실이다. 1940년대와 1950년대에 연방주택관리국(FHA)과 재향군인관리국(VA)이 백인 하위 중산층에 제공했던 대출을 통해 조성된 흑인과 백인의 경제적 차이는 이제 영구화되었다.

Ⅱ

20세기 중반에 시작된 노동시장에서의 인종차별적 장벽의 해체는 아프리카계 미국인의 신분 상승으로 쉽게 전환되지 않았다. 국민소득 분배를 통한 하층계급에서 중산층으로의 이동은 늘 모든 미국인에게 동등하게 이루어지지 않았다. 이러한 현실은 우리 모두가 꿈꾸는 환상, 다시 말해서 지금은 가난할지라도 그 자식들은 열심히 일하고 책임감 있게 열심히 공부하고 포부를 잃지 않으면, 그리고 약간의 행운이 따른 다면, 그러한 상태를 스스로 극복할 수 있다는 몽상에 이의를 제기한 다. 그러한 신화는 오늘날 미국인들은 현재 자신이 처한 사회계급이 얼 마나 끈질기게 자신을 따라다니는지 더 잘 알게 되면서 점점 힘을 잃어 가고 있다.

오늘날 미국인 가구를 소득수준에 따라 가장 높은 가구에서 가장 낮은 가구까지 순서대로 줄을 세우고, 그 줄을 다섯 집단으로 나눈다 고 생각해 보자. 경제적 신분 이동에 대해서 이야기할 때, 보통 최상층 20퍼센트에 속하는 소득 집단을 5분위이라 하고 이어서 소득 분포에 따 라 4분위부터 1분위까지로 구분한다. 만일 모든 사람에게 동등한 기회 가 주어지는 사회(물론 그런 사회는 없다)라면, 소득 분포에서 최하위 인 1분위에 속한 부모의 자식들은 성인이 되었을 때, 그 소득 분포에서 어느 분위에든 속할 수 있는 기회를 동등하게 가질 것이다. 다시 말해서, 소득이 최하위인 집단에 속한 아이들 가운데 5분의 1은 성인이 되었을 때, 그대로 1분위에 남아 있을 것이고, 또 다른 5분의 1은 4분위에, 또 다른 5분의 1은 중간인 3분위(우리는 이를 "중산층"이라 부른다)로 상승할 것이다. 그리고 또 다른 5분의 1은 2분위까지밖에 못 오르지만, 나머지 5분의 1은 최상층 소득 집단인 5분위에 오를 것이다.[7]

그러나 사실상 미국은 오늘날 다른 산업 사회보다 경제적 신분의 이동성이 낮다. 부모의 소득이 최하위 소득 분위에 있는 미국의 아이들 가운데 거의 절반(43퍼센트)이 성인이 되었을 때, 똑같이 최하위 소득 분위에서 벗어나지 못한다. 최하위 소득 분위 부모에게서 태어난 아이들의 30퍼센트만이 3분위 이상으로 이동할 뿐이다.[8]

아프리카계 미국인들의 경제적 신분 이동성은 그보다 훨씬 못하다. 최하위 소득 분위인 부모에게서 태어난 아이들의 절반 이상(53퍼센트)이 성인이 되었을 때 그 소득 분위에 그대로 남고, 4분의 1(26퍼센트)만이 중간 또는 그 이상의 소득 분위로 상승한다. 저소득층 아프리카계 미국인들이 흑백 주거 구역 분리의 결과로 받아 온 각종 불이익들을 감안할 때—그렇지 않았다면, 좋은 일자리를 얻고 좋은 교육을 받으며 탁월한 능력을 발휘할 수 있었을 테지만—그들의 신분 이동성이 다른 미국인들에 비해서 훨씬 낮지 않다는 사실이 더 놀라울 따름이다. 이것은 두 가지로 설명할 수 있을 것이다. 하나는 많은 아프리카계 미국인이 성공하기 위해서 백인들보다 두 배 더 잘해야 하며, 평균 이상의 노력과 책임감, 야망에 약간의 행운이 보태져야 한다는 경고에 귀를 기울이고 있다는 것이다. 다른 하나는 적극적 우대 조치가 어느 정도 성공을

거두었다고 볼 수 있다. 이 두 가지는 일정 부분 서로 연결되어 있을 것이다.[9]

Ⅲ

오늘날 미국의 백인 가구 중위 소득은 약 6만 달러인데 반해, 흑인 가구의 중위 소득은 약 3만 7000달러이다. 백인 가구의 60퍼센트 수준이다. 사람들은 흑인 가구의 순자산household wealth(자산에서 부채를 뺀)과 백인 가구의 순자산 비율이 비슷할 거라고 기대할지도 모른다. 그러나 중위 소득 백인 가구의 순자산은 약 13만 4000달러인 반면에, 중위 소득 흑인 가구의 순자산은 백인 가구의 10퍼센트에도 못 미치는 약 1만 1000달러이다. 이 엄청난 차이가 모두 정부의 인종차별 정책 탓이라고 할 수는 없지만, 상당 부분이 그 때문에 발생한 것은 확실하다.[10]

소유 주택의 순자산 가치는 미국 중산층 가구의 주요한 부의 원천이다. 오늘날 아프리카계 미국인 가구들은 부모와 조부모 세대가 1950년대와 1960년대 주택 소유를 통해 자본을 축적했던 과정에 동참할 기회를 박탈당하면서 벌어진 백인과의 거대한 경제적 격차를 따라잡는 데 큰 어려움을 겪고 있다. 오늘날 미국은 소득과 마찬가지로 부의 이동성이 거의 없다. 실제로, 세대 간 부의 이동성은 세대 간 소득의 이동성보다 훨씬 낮다.

부의 기회가 평등한 사회는 소득의 기회가 평등한 사회와 비슷하게 작동될 것이다. 그런 사회에서는 부모가 얼마나 부유한가와 상관없이 그 자식은 누구든 성인이 되었을 때 부자가 될 수도 가난한 사람이 될 수도 있는 동등한 기회를 부여받을 것이다. 그러나 가장 가난한 1분위에 속하는 미국인 가정에서 태어난 아이들의 거의 절반(41퍼센트)은 나중에 어른이 되었을 때도 1분위에 남는다. 또 다른 25퍼센트는 그 다음으로 가난한 집단인 2분위로 살짝 상승한다. 이것은 가장 가난한 집단에 속하는 미국인 가정에서 태어난 아이들 가운데 중산층으로 신분이 상승하는 사람은 전체의 3분의 1에 불과하다는 것을 의미한다.[11]

아프리카계 미국인들은 백인들보다 소득의 이동성과 부의 이동성이 더 낮다. 가장 가난한 25퍼센트 집단에 속하는 부모를 둔 아프리카계 미국인 성인들 가운데 중산층 집단으로 부의 상승을 이루는 사람은 전체의 4분의 1도 안 된다. 같은 환경에서 중산층으로 상승하는 백인 성인의 비율이 42퍼센트인 것에 비하면, 거의 2배 차이가 난다. 그동안 정부의 인종차별 정책으로 아프리카계 미국인들이 교외 지역에 단독주택을 소유할 수 없었다는 점을 감안할 때, 이런 차이가 나는 것은 그리 놀라운 일이 아니다.[12]

백인 가정은 갑자기 누가 아파서 응급치료를 해야 하거나, 자식을 대학을 보내야 하거나, 은퇴했을 때 자식들에게 의지하지 않기 위해, 또는 가족 가운데 누군가 힘든 생활을 하고 있을 때 그들을 돕기 위해, 그리고 짧은 실업 기간에 집을 팔거나 배를 곯지 않고 생활을 이어 나가기 위해 돈이 필요할 때, 소유한 주택을 담보로 돈을 자주 빌릴 수 있었다. 이 모든 가능성을 고려하면, 이 차이는 아주 특별한 의미를 지니게 된다. 긴급 상황이 생겼을 때 모아 둔 돈을 헐거나 집을 팔지 않고도 그 시기를 극복해 나갈 수 있다면, 그런 가정은 다음 세대에게 부를 물려줄 수 있기 때문이다.

이것을 입증하는 가장 최근 자료인 1989년 통계를 살펴보면, 부모 세대로부터 부를 물려받은 흑인 가구는 6퍼센트에 불과했다. 그들이 물려받은 재산은 평균 4만 2000달러였다. 반면에 백인들 가운데 부모로부터 부를 물려받은 가구 비율은 24퍼센트로 흑인보다 4배 더 많았고, 그들이 받은 평균 유산도 14만 5000달러였다. 그해에 흑인 가구의 18퍼센트가 생존해 있는 부모로부터 평균 800달러의 현금을 증여받았다. 이렇게 증여받은 백인 가구의 비율 또한 흑인 가구와 비슷했지만, 그들의 받은 증여액은 2800달러로 훨씬 더 컸다. 이 또한 20세기에 걸쳐 미국 정부가 주택과 소득 정책에서 펼친 인종차별의 결과다.[13]

IV

아프리카계 미국인 저소득층이 백인 저소득층보다 신분 상승이 어려운 이유 중 하나는 여러 세대가 바뀌어도 그들이 살고 있는 가난한 동네를 벗어나지 못할 가능성이 크다는 사실에 있다. 뉴욕대학의 사회학자 패트릭 샤키는 인종과 동네 환경에 관한 데이터를 분석한 결과를 2013년에 『지역의 덫Stuck in Place』이라는 책으로 발표했다. 그는 거주 가구의 20퍼센트가 빈곤선 아래의 소득 수준인 곳을 '가난한 동네'로 정의했고, 2016년에는 3인 가구 소득 약 2만 1000달러가 빈곤선의 기준이었다. 하지만 이런 '가난한 동네'의 훨씬 많은 가구가 그런 빈곤선을 가까스로 상회하는 소득 수준일 가능성이 높다. 정부의 공식적으로 발표한 빈곤선에도 불구하고, 우리 대다수는 3인 가구의 소득이 그것의 두 배인 4만 2000달러에 미치지 못하면 그 가구를 가난하다고 여긴다. 연방정부에서부터 빈곤선보다 거의 두 배(185퍼센트) 높은 소득인 가정의 초등학생들에 대해서 너무 가난해서 정부 보조금 없이는 점심도 사 먹을 수 없다고 여기기 때문이다. 그런 가정들은 중산층 동네로 이사 갈 엄두도 낼 수 없었다. 계약금을 내기 위해 모아 둔 돈도 없었고 그 동네의 아파트를 시세대로 임차할 수도 없었기 때문이다. 따라서 샤키가 그런 동네를 "가난"한 곳으로 정의 내린 것은 나름대로 타당하다.

그는 아프리카계 미국인 청년들(열세 살에서 스물여덟 살까지)이 오늘날 가난한 동네에 살 가능성은 또래의 백인 청년들보다 10배 더 높다는 것을 알아냈다. 그런 백인 청년이 6퍼센트인 데 반해, 아프리카계 미국인 청년은 66퍼센트였다. 또한 부모 세대가 최빈곤층 동네 출신인 아프리카계 미국인 가정의 67퍼센트가 오늘날에도 여전히 그 동네에 살고 있다는 사실도 밝혔다. 하지만 부모 세대가 최빈곤층 동네에 살았는데 그 자식들이 지금도 여전히 그런 동네에 사는 백인 가정의 비율은 40퍼센트에 불과했다.[14]

소득 수준을 불문하고 최소 두 세대 동안 가난한 동네에 산 아프리카계 미국인 가정의 비율은 48퍼센트인 반면에, 그런 백인 가정의 비율은 7퍼센트였다. 따라서 가난한 동네에서 자란 아이가 어른이 되어 신분 상승을 통해 중산층 동네에 살게 되는 것은 백인들에게는 일반적인 일이지만, 아프리카계 미국인들에게는 일탈적인 일이다. 달리 표현하면, 가난한 동네에 사는 것이 아프리카계 미국인들에게는 여러 세대에 걸쳐 이어지는 숙명적인 것인데 반해, 백인들에게는 한때의 추억으로 기억될 수 있다는 말이다.[15]

가난한 동네를 벗어나지 못하는 것이 끼치는 영향은 가난 그 자체가 끼치는 영향보다 더 크다. 가난한 동네에서 자란 아이들은 동네에서 그들이 본받을 만한, 교육을 많이 받고 좋은 직업을 가진 성인을 거의 보지 못한다. 그들은 일상적으로 폭력에 노출되는 까닭에 학교생활에 집중하지 못한다. 하다못해 여름방학 단기 아르바이트 자리도 변변한 것이 없다. 그 동네에는 도서관이나 서점도 거의 없다. 1차 의료를 담당하는 의사도 찾아보기 힘들다. 신선한 음식을 구하기도 어렵다. 공기를 오염시키는 물질이 다른 곳보다 더 많아 호흡기 질환으로 학교에 결석하는 아이들도 많다. 이렇게 열악한 환경에 둘러싸인 아이들이 모여 있는 교실에서 그들이 학업에 집중할 수 없는 것은 당연한 일이다. 이 모든 문제들은 가난한 아이들이 동네에서 살면서 겪는 여러 어려움들을 가중시킨다. 일자리가 없는 부모 때문에 생활이 불안정해지고 그에 따른 심리적 압박감 또한 심해지며, 부모가 교육을 못 받아 글을 읽고 쓸 줄 모르는 까닭에 아이들의 가정 학습에 대한 관심이 부족하게 되고, 한집에 지나치게 많은 사람이 밀집해서 사는 생활환경 때문에 조용히 공부할 공간이 없고, 적절한 의료 관리를 받을 곳이 없는 이런 조건들은 평균적인 학업 수행도 못할 정도로 학교 환경을 악화시킨다. 그 결과, 그들이 성인이 되었을 때 번듯한 직업을 가진 생활인이 되기를

기대하기는 어렵다.[16]

물론 어떤 아이들은 이런 어려움들을 극복하고 성공하기도 한다. 그러나 평균적으로 가난한 가정에서 자라는 아이가 성인이 되었을 때 가난에서 벗어날 가능성은 매우 낮다. 더군다나 가난한 동네의 가난한 가정에서 자라는 아이가 성인이 되었을 때 그럴 가능성은 평균적으로 더더욱 낮다. 이러한 순환 고리는 최초에 가난한 흑인들을 한곳으로 몰아넣어 게토 지역을 창조해 낸 것과 같은, 아주 강력한 정부 정책이 아니면 쉽사리 끊어 내지 못할 것이다.

V

미국인들의 경제적, 사회적 환경은 매우 다양하기 때문에, 정부가 마련한 정책은 겉으로 보기에 모두를 차별 없이 대하는 것 같아도 실제로는 서로 다른 부류의 미국인들에게 서로 다르게 영향을 끼치기 마련이다. 예컨대 판매세는 모두에게 동등하게 적용되지만, 고소득층 소비자보다 저소득층 소비자에게 더 큰 부담을 안겨 준다. 이것을 법률 용어로는 서로 다른 집단들에 서로 다른 "차별적 영향disparate impact(겉으로는 중립적인 것 같지만, 특정 집단에 불이익을 초래하는 차별을 말하는 '간접 차별Indirect discrimination'과 같은 의미로 쓰이는데, 아직 우리말로는 확정된 전문용어가 없는 것으로 보인다.—옮긴이)"을 준다고 한다. 모든 사람이 처한 상황이 다른 사회에서 차별적 영향은 불가피한 것이지만, 우리는 그것을 최소화하려고 노력할 수 있다. 예컨대, 식료품을 구매할 때는 판매세를 부과하지 않는 것처럼 말이다.

일단 법률상의 흑백 주거 구역 분리가 확립된 이후, 인종과 무관하게 정부가 펼친 중립적 정책들이 아프리카계 미국인에게 끼친 영향은 그것이 백인에게 끼친 영향과는 달랐다. 공정주거법은 주택 계획이 그럴 만한 합당한 목적 없이 아프리카계 미국인들의 주거 구역 분리를 강화하는 차별적 영향을 줄 경우 그 계획의 시행을 금한다. 그러나 공정주거법은 기존의 주거 형태를 기반으로 하는 주택 공급과 무관한 계획들이 아프리카계 미국인들에게 차별적 영향을 주는 경우에는 아무런 간섭을 하지 않는다. 법률상 흑인 분리를 구성하는 활동들과는 달리 이런 프로그램들은 아프리카계 미국인들에게 해를 끼치려는 의도로 만들어지지 않았음에도(때로는 그렇게 만들어지기도 하지만) 결국에는 그들에게 해를 끼친다. "인종과 무관하게 중립적"으로 보이는 몇몇 계획들은 최초의 인종차별적 주택 정책으로 창출된 아프리카계 미국인들의 불이익을 더욱 강화했다.

주택담보대출 이자 공제 정책과 함께, 겉으로 볼 때 인종과 무관하게 중립적인 것 같지만 인종차별의 영향을 끼치는 또 다른 정책이 국가 교통 체계다. 우리는 도심의 사무실로 통근하는 사람들을 위해 고속도로 건설에 엄청난 국가 예산을 투입했다. 하지만 시내에 사는 아프리카계 미국인들이 교외 지역의 직장에 출퇴근하기 위해 이용하는 버스나 지하철, 경전철 건설에는 상대적으로 거의 예산을 투입하지 않았다. 따라서 그들은 더 넓은 사회로 나가 고립된 삶을 벗어나기 어려웠다. 주간 고속도로와 도심을 연결하는 지선들을 백인 동네와 상업 지역에서 멀리 떨어진 구간으로 설정하기 위해 아프리카계 미국인 동네들을 파괴하는 쪽으로 설계한 것은 위헌적 행태였지만, 그것이 주 간 고속도로를 건설한 주된 목적은 아니었다. 더불어 한정된 교통 예산을 지하철과 버스보다 고속도로 건설에 투입하기로 한 결정 또한 아프리카계 미국인들에게 차별적 영향을 준 것은 사실이었다.

볼티모어의 아프리카계 미국인들에게 영향을 끼친 교통 정책들은 이후 미 전역에서 뒤따라 시행된 정책들의 전형을 보여 준다. 지난 40년 동안, 아프리카계 미국인 동네에 더 나은 기회를 제공하기 위해 철로나 심지어 고속도로를 연결해 달라는 요구가 끊이지 않았지만 재정 부족과 교외 주택가를 위한 도시고속화도로 건설이 더 시급하다는 이유로 매번 무시되었다. 아프리카계 미국인들을 고립시키는 것은 메릴랜드주 교통 당국이 내린 결정의 공식적인 목적이 아니었다. 물론 일부 인종차별적인 동기가 거기에 개입되었을지는 모르지만 말이다. 1975년, 메릴랜드주가 교외 지역 앤어런들카운티와 도심인 볼티모어를 연결하는 철로를 제안했을 때, 교외 주택가에 사는 백인들은 그 계획에 반대하여 정치 지도자들에게 압력을 가했다. 그들은 결국 그 계획을 철회시켰다.

존스홉킨스대학 연구자들이 작성한 보고서에 따르면, 교외 주택가 주민들은 그 철로가 완성되면 "가난한 도심 지역의 흑인들이 교외 지역에서 텔레비전을 훔쳐 그들이 사는 게토 지역으로 돌아갈 수 있다"고 믿었다. 메릴랜드주 교통장관은 "환승역을 명백히 원치 않는 지역에는 강제로 철로를 연결하지 않을 것"이라고 확언했다. 하지만 그는

"환승역을 명백히 원치 않는" 교외 지역의 백인의 바람과 그것을 절실하게 필요로 하는 도심 지역의 흑인의 바람 사이에서 어떻게 균형을 잡고 그런 결정을 내렸는지에 대해서는 제대로 설명하지 못했다.[17]

그로부터 40년이 지난 뒤에도 변한 것은 거의 없었다. 2015년, 메릴랜드주 주지사는 볼티모어 서부 지역에 있는 흑인 동네에 예정됐던 철로 연결 계획을 취소했다. 고속도로 보수를 위한 자금이 필요하기 때문이라는 이유였다. 그러자 미국흑인지위향상협회(NAACP) 법률방어기금은 메릴랜드주가 대중교통보다 고속도로를 우선순위에 둔 것은 아프리카계 미국인들에게 차별적 영향을 주었다고 주장하면서, 미국 교통부를 상대로 소송을 제기했다. 그 소송은 오바마 행정부가 임기를 종료한 시점에서도 여전히 계류 중이었다.[18]

VI

미국 정부의 주택 관련 조치들은 흑백 주거 구역 분리에 대해서 중립적일 수 없다. 그러한 조치들은 흑백 주거 구역 분리를 악화시키거나 역전시키거나 둘 중 하나가 될 것이다. 지금까지와 다른 방법을 취하지 않는다면 악화될 가능성이 더 높다. 오늘날 연방정부는 대부분이 대도시에 살고 있는 아프리카계 미국인들인 빈곤층과 차상위 빈곤층이 직면한 주택 문제를 처리하기 위해서 크게 두 가지 제도를 가동하고 있다. 일부러 그런 것은 아니지만, 두 제도는 모두 오히려 흑백 거주 분리를 심화시키는 방식으로 진행되어 왔다. 그중 하나가 저소득층 주택 세액공제Low-Income Housing Tax Credit인데, 저소득층 가정을 위한 다가구주택 단지를 건설하는 개발업자들에게 정부 보조금을 지급하는 것이다. 나머지 하나는 저소득층 주택 바우처Housing Choice Vouchers(일명 "섹션 8Section 8"으로 널리 알려진)로, 주택 임차료를 낼 수 없는 저소득층 가정에 정부 보조금을 지급하는 제도다.

지역사회는 세액공제 제도를 활용해 주택 건설을 하려는 개발업자들의 제안을 거부할 수 있다. 특히 중산층이 모여 사는 지역의 공무원들은 주저 없이 그러한 제안들을 거부한다. 많은 정책 결정자가 개발업자들이 낙후된 지역을 되살리기를 바라며(대개는 헛된 바람이지만) 기존의 흑인 동네에 그런 저소득층 주택단지를 짓도록 촉구한다. 개발업자들도 그런 저소득층 동네에 세액공제 제도가 적용되는 주택단지를 건설하고 싶어 한다. 우선 땅값이 싸고, 바로 인근에 사는 세입자들을 대상으로 새 아파트를 홍보하기 쉬우며, 소수자 집단과 저소득층 가정을 위한 주택 건설에 대한 정치인들의 반대가 심하지 않기 때문이다. 이러한 제반 조건들은 세액공제 제도가 적용되는 주택단지 건설이 흑인과 백인 동네의 분화를 더욱 강화하고, 결국 아프리카계 미국인들에게 차별적 영향을 안겨 주는 데 완벽한 환경을 제공한다. 2005년까지 완공된 미 전역의 세액공제 제도가 적용된 모든 주택단지들에 대한 분석 보고서에 따르면, 그 가운데 약 4분의 3이 빈곤율이 최소한 20퍼센트 이상인 동네에 건설되었다고 한다.[19]

섹션 8 바우처 제도의 경우, 일부 지역에서는 바우처 임대 차별을 법으로 금지하고 있지만, 대부분의 주와 도시의 집주인들은 주택 바우처를 사용하는 세입자들에게 합법적으로 집을 임대를 거부할 수 있었다. 바우처는 보통 액수가 너무 적어서 중산층 지역에 세를 얻을 정도는 안 되었다. 따라서 바우처를 지급받는 가정은 그것을 사용할 유일한 방법이 기존에 살던 곳보다 훨씬 더 흑백 분리가 심한 동네로 이사 가는 것뿐이라는 것을 알 수밖에 없었다. 그 결과 2010년에 섹션 8 바우처를 사용한, 유자녀 빈곤 가정 가운데 빈곤율이 낮은 동네의 아파트에 세를 얻어 이사 간 경우는 거의 없었다. 절반 이상이 빈곤율이 20퍼센트 이상인 동네에 세를 얻었는데, 그중 일부는 빈곤율이 40퍼센트 이상인 극빈층이 사는 동네에 세를 얻었다. 바우처를 사용해서 교외 지역의 아파트에 세를 얻어 들어간 경우는 대개가 중산층이 사는 동네와 분리된 교외 지역에 있는 소수민족 거주지의 아파트들이었다.[20]

2008년, 댈러스의 민권 단체인 차별없는공동체프로젝트Inclusive Communities Project, ICP는 텍사스주의 세액공제 제도 운영이 공정주거법을 위반하고 아프리카계 미국인들에게 차별적 영향을 주었다고 주장하면서 주 정부를 상대로 소송을 제기했다. 댈러스시에서 세액공제 혜택을 받아 지어진 단지 내 저소득층 가구의 85퍼센트는 인구조사상 적어도 주민의 70퍼센트가 소수집단인 동네에 살았다. ICP는 섹션 8 바우처를 받는 아프리카계 미국인 가정이 주로 백인들이 사는 동네에서 적당한 아파트를 구할 수 있도록 지원함으로써 댈러스의 인종 통합을 촉진시키려고 애썼다. 하지만 텍사스주 정부는 세액공제 혜택을 받아 지어지는 주택단지들을 소수집단과 저소득층이 많이 살고 있는 지역들에 주로 허가했기 때문에 그들의 활동은 큰 효과를 보지 못했다.[21]

2015년 6월, 연방대법원은 ICP가 제기한 소송에서 과거 정부의 흑백 주거 구역 분리 정책으로 만들어진 흑인 동네들에 집중적으로 정부가 지원하는 저소득층 주택을 짓는 것은 비록 그 결정이 일부러 흑백 주거 구역 분리를 심화시키기 위해 내려진 것이 아닐지라도 공정주거법을 위배할 수 있다고 판결을 내렸다. 그러나 앤서니 케네디 연방대법관의 판결문에는 낙후된 동네에 활기를 불어넣기 위해 저소득층 주택단지를 짓는 것은 또한 적법한 행위일 수 있음도 명시했다. 따라서 ICP 소송의 결과가 미 전역에 걸쳐 흑백 주거 차별 문제를 해소하는 데 얼마나 큰 영향을 미칠지는 분명하지 않다.[22]

　　도시 지역 민영주택의 고급화, 수많은 재개발 사업, 그리고 고속도로 지선 건설의 문제들은 저소득층과 소수집단 가구들이 현재 백인에서 소수집단으로 주민 구성이 바뀌고 있는 도심과 교외 지역의 중간 지대에서 새로운 거처를 찾을 수밖에 없게 만들었다. 세액공제와 섹션 8 바우처 제도는 저소득층 가구를 중산층이 주로 사는 교외 지역이 아니라, 거기서 도심 쪽으로 형성된 새로운 교외 지역으로 이주하도록 지원하기 때문에, 오히려 의도치 않게 흑백 주거 구역 분리를 더욱 강화한다. 미주리주 세인트루이스 외곽의 퍼거슨시가 그런 곳이다. 세인트루이스의 저소득층이 지역 내 어디서든 살 수 있도록 하기 위해 실시된 섹션 8 바우처와 세액공제 제도가 본연의 취지를 살리는 데 실패하면서, 처음에 흑인과 백인이 함께 뒤섞여 살던 곳이었던 퍼거슨은 점차 소수집단 중심의 저소득층 동네로 바뀌었다.

　　민권운동가들과 지역 주택 문제를 관할하는 공무원들은 서로 다른

사진 8 1970년대 초, 세인트루이스 시내 프루이트이고 같은 공영 아파트 단지 가 철거되고 재개발되면서, 거기 살던 주민들은 다른 흑인 동네들로 강제 이주 할 수밖에 없었다.

난제에 직면한다. 노동자 계층의 소득이 계속해서 정체 상태를 벗어나지 못하고 고용 기회와 주택 가격 상승의 간극이 점점 더 벌어지면서 정부가 지원하는 주택 공급의 필요성은 점점 더 커진다. 정부의 공무원들은 부족하나마 저소득층에게 섹션 8 주택 바우처를 지원하고, 임차료와 땅값이 싸면서 백인 중산층 유권자들의 반대를 피할 수 있는 흑인 동네에 세액공제를 통한 새로운 주택단지를 개발하는 것이 가장 효과적인 방법이라고 생각할 수 있다. 그러나 장기적으로 보면, 아프리카계 미국인들은 부적절한 과밀 거주 공간에 그냥 계속해서 사는 것보다 흑백 주거 구역 분리가 영속화되는 것 때문에 더 큰 피해를 입을 것이다. 둘 다 좋은 대안은 아니지만, 단기적 이익 때문에 장기적 손실을 방관해서는 안 된다.

12장

해결책

미국은 헌법에 위배되는 흑백 주거 구역 분리를 바로잡을 의무를 방기하고 그 상처가 이렇게 곪아 터질 때까지 방치한 대가로 지금까지 엄청난 비용을 지불했다.

아프리카계 미국인들은 우리가 그 문제를 그동안 얼버무리며 회피한 결과로 큰 고통을 겪고 있다. 백인들이 특히 그 문제에 책임이 있지만 국가 전체가 그 책임을 져야 한다는 것은 피할 수 없는 사실이다. 우리가 당면하고 있는 심각한 국가적 문제 가운데 많은 것이 흑백 주거 구역 분리에서 비롯되고 있거나, 그것 때문에 더욱 곤란한 문제가 됐다. 우리는 오늘날 더욱 커다란 정치적, 사회적 갈등을 겪고 있다. 우리가 공공 의제에 대한 합리적인 의견 불일치를 해소하려고 할 때 직면하게 되는 각종 저항들뿐 아니라, 같은 시민이지만 서로 다른 인종이나 민족적 배경 때문에 서로를 잘 이해하지 못하는 문제도 함께 극복해야 하기 때문이다. 흑백 주거 구역 분리에서 비롯되는 인종 양극화는 미국의 정치를 타락시켰다. 미국의 정치 지도자들은 백인 노동계급 유권자들의 이익은 못 본 체하면서도 그들을 동원할 필요가 있을 때는 인종에 호소한다. 백인들은 그들만의 특권 의식에 영합하는 정치인들을 지지할 수 있지만, 그것은 의도치 않게 일부 백인들을 영원히 열악한 경제 상황에 빠지게 만들지도 모를 정책을 옹호하는 결과를 초래할 수도 있다. 백인들이 스스로 꿈꾸는 이상적 시민상과 종교적 이상에 모두 명백하게 배척되는 흑백 주거 구역 분리에 대해서 자기 합리화를 할 필요성을 느끼면서 자기 불행의 원인이 흑인 탓이라는 매우 편협한 결론에 이르게 되면, 흑인과 백인이 서로 정치적 동맹을 맺는 일은 더욱 어려워진다.[1]

흑인 게토 지역은 미국의 불평등과 역사를 오늘날 뚜렷하게 상기시키는 상징적 존재다. 그것이 주는 암시가 너무도 불편한 나머지 우리는 그것들을 피할 방법을 찾는다. 백인들은 정의의 가치들을 분명히 보여 주는 사회에 살고 있지만, 그 가치들이 거짓임을 보여 주는 인종차별이 유지되고 있는 현실을 보면서 어설픈 냉소주의에 빠지기도 한다.

인종의 분리와 차별은 국가적 부의 분배뿐 아니라, 그 부를 만들어 내는 생산성에도 큰 악영향을 미친다. 조직의 구성원들이 저마다 다른 문화적 배경 때문에 발생하는 관점의 차이를 자연스럽게 받아들이고 이해할 때 조직은 더 잘 돌아간다. 사회심리학자들은 흑백 주거 구역 분리가 백인들에게 자신들의 우월성에 대한 비현실적인 믿음을 줄 수 있다는 사실을 알아냈다. 스스로 도전할 필요성을 느끼지 못하고 우월감에 빠진 집단은 성취도도 낮다. 여러 실험 결과에 따르면, 유사한 배경을 가진 사람들이 모여 팀을 이룰 경우, 스스로 생각하기보다는 일반적인 견해를 따라 가는 경향이 있기 때문에, 창조적인 집단이 되지 못하고 더 많은 잘못을 저지르기 쉽다고 한다.

ǀ

아이들의 경우 흑백 주거 구역 분리는 백인이든 아프리카계 미국인이든 모두에게 좋지 않은 영향을 끼친다. 흑인 학교에 다니든 백인 학교에 다니든, 아이들은 성인이 되었을 때 그들이 헤쳐 나가야 할 다양한 환경을 학교생활에서 경험할 수 없다.

저소득층 아프리카계 미국인 아이들은 그들이 처한 경제적, 사회적으로 불리한 교육 환경 때문에 학업 성취도를 더 높이기가 어렵다. 단적으로, 아프리카계 미국인 아이들이 백인 아이들보다 거의 두 배 더 고통을 받는 천식을 예로 들어 보자. 아마도 아프리카계 미국인들이 사는 동네는 산업 지대이거나 그 인근이기에 분진이나 각종 오염 물질, 해충이 다른 곳보다 많기 때문일지 모른다. 천식에 걸린 아이들은 쌕쌕거리느라 밤에 잠을 잘 자지 못할 가능성이 크다. 그리고 나서 다음 날 학교에 출석한 아이들은 당연히 자꾸 졸거나 수업에 집중하기 어려울 수 있다. 또 몸이 아프거나 운행 시간이 들쭉날쭉한 통학 버스 때문에, 그리고 어린 동생이나 불안정한 집안을 돌봐야 해서 자주 학교에 결석하는 아이는 교육의 혜택을 입을 기회도 놓치게 된다.[2]

이런 불리한 환경에 처한 학생들이 모두 성취도가 낮은 것은 아니다. 천식에 걸린 아이들 가운데 일부는 그런 불리한 환경에 처하지 않은 일반적인 아이들보다 더 학업 성적이 높다. 그러나 평균적으로 흑인 동네에서 생활하면서 발생한 문제를 감당하는 학생은 동급생들에 비해 학업 성적이 매우 낮다.

이런 환경에 처하지 않은 아이들이 다니는 학교—대개 중산층 학교—에 그런 문제아가 다니게 되면, 교사는 그 아이가 학교생활을 더 잘 하고 성적도 높일 수 있도록 특별한 관심을 쏟고 도와줄 수 있다. 하지만 한 학급 내 대다수 학생이 이런 문제를 공유하고 있다면, 교사는 한 사람 한 사람에게 특별한 주의를 기울일 수 없다. 그 경우에 학생들은 보충수업을 들어야 하고 교사는 학습 지도에 너무 많은 시간을 빼앗긴다. 따라서 흑인 동네에 있는 저소득층 흑인 학교에서 평균 이상의 학업 성취도를 기대하는 것은 불가능하다. 흑백 통합 학교에 다니는 학생들의 학업 성취도가 더 좋을 가능성이 높기 때문에, 그들이 성인이 되었을 때 사회에 더욱 강력하고 긍정적인 기여를 할 것이다.

흑백 주거 구역 분리가 백인들에 주입하는 그릇된 우월감은 결국 미국 사회를 통합하기 위한 정책들에 대한 백인들의 거부로 나타난다. 흑인만 사는 동네 생활이 초래하는 아프리카계 미국인 아이들의 낮은 성취도는 나중에 그들이 중산층 직장에 들어갈 수 없게 만드는 또 다른 장애 요소로 작용한다. 이런 방식으로 흑백 주거 구역 분리는 그 자체를 영속화하며, 그러한 상황이 지속되다 보면 그것을 뒤집는 일은 점점 더 어려워진다.

II

거의 한 세기 동안 지속된 법률상의 흑백 주거 구역 분리를 원점으로 돌릴 수 있는 치유책들은 복잡하고 모호할 수밖에 없을 것이다. 이미 많은 시간이 흘렀기 때문에, 우리는 지난날 헌법적 권리를 침해받은 사람들의 후손들에게 이제 더 이상 그에 응당한 대가를 제공할 수 없다. 다만 우리가 여기서 초점으로 삼는 것은 지금까지 우리가 엮어 놓은 불평등의 거미줄을 완전히 끊어 낼 수는 없다고 하더라도, 앞으로 흑인과 백인이 함께 어울려 살 수 있는 사회를 촉진하는 정책들을 어떻게 개발할 것인가 하는 문제이다.

이 과제는 오늘날 저소득층 아프리카계 미국인들이 흑백 주거 구역 분리뿐 아니라, 중간 소득 이하의 모든 미국인들이 직면하고 있는 소득 정체와 이동성 차단 문제에도 직면하고 있기에 해결책을 찾기가 더욱 어렵다. 역사적으로 아프리카계 미국인들은 대개 모든 미국인에게 기회가 확대되고 백인들이 다른 인종과 경쟁하는 것을 두려워하지 않을 때 큰 발전을 이루었다. 따라서 인종 통합을 위한 활동에 적절한 환경을 제공하려면, 미국 정부의 완전 고용 정책과 물가 상승을 이끌 역대 최고 수준의 최저임금 인상, 그리고 저소득층 노동자들이 직장에 마음 놓고 다닐 수 있게 하는 교통체계 개선이 필요하다. 이 책이 그런 류의 정책들을 논하는 장은 아니지만, 현재의 흑백 주거 구역 분리 철폐 문제가 경제적 압박 및 불안정 문제와 뗄 수 없는 관계라는 점을 감안한다면 여기서도 충분히 논의될 수 있다고 생각한다.

하지만 나는 이 자리에서 흑백 주거 구역 분리 문제를 정책적으로 해소하고 치유할 방안들을 제안하는 게 주저스럽다. 시민들이 서로의 정치적 견해와 무관하게 모두 **사실상**의 흑백 주거 구역 분리의 신화를 계속해서 마음속으로 수용하는 한, 비록 불확실하고 불완전하나마 그 문제를 해결할 어떠한 방안들도 그들의 상상력을 자극하지 못할 것이기 때문이다. 만일 흑백 주거 구역 분리가 우연히, 또는 불명확한 개인적 편견 때문에 탄생한 것이라면, 그 문제를 푸는 것 또한 우연히, 또는 어떤 방식으로든 사람들의 마음을 변화시키면 될 거라고 쉽게 생각할 수 있을 것이다. 하지만, 우리—국민과 정책 결정자들—는 연방정부와 주 정부, 지방자치체가 우리 대도시 지역들을 흑인과 백인 거주지로 분리해 놓은 장본인이라는 것을 알기에, 열린 마음으로 그 장본인들이 과연 자신들이 저질러 놓은 문제를 봉합하기 위해 그 문제를 야기했을 때와 똑같이 공격적으로 정책을 입안하고 펼칠지 함께 참여하며 지켜봐야 할 것이다.

Ⅲ

우리가 함께 걸어 온 역사에 대한 이해를 공유할 수 있다면, 우리가 당시에 마땅한 의무를 충실히 이행하기 위해 취했어야 할 조치들이 무엇이었는지 곰곰이 생각해 보는 것은 매우 유용한 일일 것이다. 하지만 그런 공유가 어렵다고 하더라도 우리는 행동에 나설 수 있다. 일부 지역에서는 몇몇 바람직한 계획이 이미 진행되고 있다. 대부분 도시에서

민권 단체와 공정 주거 운동 단체들은 법률상의 흑백 주거 구역 분리가 끼친 최악의 결과들을 개선할 각종 개혁들을 지지하고 그 개혁이 잘 이행될 수 있도록 돕고 있다. 우리는 더욱 광범위한 영향을 끼칠 수 있는 해결책들에 대한 대중적, 정치적 지지 기반을 구축하는 동시에, 현 상황에서 가능한 개혁들을 진행시켜야 한다. 고등학교와 중학교 교과과정을 개혁하는 것에서부터 시작할 수도 있다. 우리가 청소년들에게 지금의 흑백 주거 구역 분리가 어떻게 탄생하게 되었는지 정확하게 가르치지 못한다면, 그들 세대는 이러한 차별 문제를 이전 세대보다 더 잘 해결할 기회를 갖지 못할 것이다.

미국의 역사 교과서로 가장 일반적으로 쓰이는 책 가운데 하나가 『미국인: 국가 재건에서 21세기까지 *The Americans: Reconstruction to the 21st Century*』이다. 거대 출판그룹 호튼미플린하코트Houghton Mifflin Harcourt 의 계열사인 홀트맥두걸Holt McDougal에서 발행한 1000쪽 분량의 교과서는 높이 평가받는 여러 교수들이 저자와 편집자로 참여한 책이다. 2012년에 나온 판본을 보면 북부 지역의 흑백 주거 구역 분리에 대해서 이렇게 말하는 구절이 나온다. "아프리카계 미국인들은 흑인들만 사는 동네에 강제로 들어가게 되었다." 그게 다다. 수동태 문장. 누가 그렇게 강제력을 행사했는지, 그것이 어떤 식으로 진행되었는지에 대해서는 아무런 이야기도 하지 않는다.[3]

그 교과서에는 이런 구절도 나온다. "다수의 뉴딜 계획이 주택 공급과 주택담보대출 제도와 관련되어 있다. 주택소유자융자회사(HOLC)는 대출금을 갚지 못해 주택 압류 상황에 직면한 주택 소유주들에게 정부가 지원하는 대출을 제공했다. 또한 1934년에는 국민주택법을 제정하여 연방주택관리국(FHA)를 설립했다. 이 기관은 오늘날에도 여전히 주택담보대출과 주택 수리를 위해 필요한 자금을 대출해 주고 있다."

그 교과서의 저자들은 HOLC가 옛날부터 지금까지 도시의 모든 동네를 인종에 따라 분리하여 아프리카계 미국인들이 주택담보대출을 받는 데 큰 어려움을 안겨 주었다는 사실에 대해서 한 마디도 하지 않는다. FHA가 오로지 백인만을 기준으로 전국의 교외 지역 주택가를 개발했다는 사실 또한 간과되고 있다. 그 교과서에서는 "다수의" 뉴딜 기관—사실은 모든 기관—이 백인보다 아프리카계 미국인의 임금을 낮게 책정했다는 사실은 인정하지만, 정부 공영주택 단지들 때문에 흑백 주거 구역 분리가 강화되었다는 사실에 대해서는 언급하지 않는다.

거대 교육 출판사인 피어슨Pearson이 2016년에 발행한 역사 교과서 『미국 역사: 국가 재건에서 현재까지United States History: Reconstruction to the Present』도 비슷하게 설명한다. 이 교과서에서는 FHA와 VA가 단독주택 개발 사업을 지원한 것을 칭송하면서 레빗타운을 교외 지역 주택단지의 모범적 사례로 제시하는데, 거기서 아프리카계 미국인들이 배제되었다는 사실은 밝히지 않는다. 또, 그 책은 공공사업관리국(PWA)이 건설한 다리와 댐, 발전소, 그리고 정부 청사 건설 사업들을 자랑하지만 그 기관이 흑인과 백인 주거지를 분리하여 제공할 것을 집요하게 주장했다는 설명은 생략한다. 그 교과서는 맥두걸출판사의 역사 교과서와 마찬가지로 흑백 주거 구역 분리에 대한 설명을 피하기 위해 해당 부분에서 수동태 문장을 쓴다. "북부 지역에서도 아프리카계 미국인들은 흑백 주거 구역 분리와 인종차별을 마주했다. 명문화된 법률이 없는 곳에서도 **사실상의 흑인 분리**, 다시 말해서 예로부터 전해 내려온 관습이나 전통에 의한 흑백 주거 구역 분리는 피할 수 없는 현실이었다. 북부의 많은 동네에서 아프리카계 미국인들에게는 주택 제공이 거부되었다."⁴

이것은 거짓말이다. 북부 지역에서 흑백 주거 구역 분리를 촉진시키기 위해 펼쳐진 정부 정책 가운데 명문화되지 않은 것은 없었다. 그 내용들은 FHA의 〈보증업무지침서〉와 PWA(와 후속 기관들)의 인종별 주택단지 지정, 그리고 1949년 공영주택통합수정안에 대한 의회의 의결, 연방정부와 주 정부 공무원들의 수많은 서면 지시 서류들에 모두 상세하게 명시되었다.

교과서마다 거의 예외 없이 이런 거짓된 신화가 똑같이 나온다. 중고등학생들이 이렇게 잘못된 역사를 배우고 있다면 그들이 아프리카계 미국인들은 결혼하기 싫어서, 또는 자기들끼리만 살고 싶어 하기 때문에, 백인과 분리되어 따로 산다고 믿게 되는 것은 당연한 일이 아닐까? 그들이 성인이 되었을 때, 게토 지역의 환경을 개선하기 위한 정부의 지원 사업들이 부당한 시혜라고 생각하게 될 것은 자명하지 않은가?⁵

IV

2015년, 오바마 행정부는 1968년 공정주거법에서 정당하게 평가받지 못한 조항을 시행하기 위해 연방 기금을 받는 지자체들에 공정주거

법의 목적을 더욱 발전적으로 이행하도록 명령하는 "공정 주거 진작을 위한 차별 금지Affirmative Furthering Fair Housing" 규정을 발표했다.

발표된 규정은 대도시와 소도시, 교외 지역에 사회적 혜택을 받지 못한 빈곤 인구가 얼마나 많이 집중되어 있는지를 산정해서 흑백으로 분리된 생활 조건들을 개선하기 위한 목표를 세우라고 지시했다. 이것은 마치 백인 사회가 올바른 일을 하고 싶어 하지만, 그렇게 하기 위한 적절한 정보를 그들이 가지고 있지 않다고 가정하는 것 같았다. 전국의 교외 지역을 관할하는 지방정부들이 지금까지 한 일들을 일단 선의의 눈으로 바라봐 주는 것은 그들이 마땅히 해야 할 일들을 더욱 발전적으로 이행하도록 격려하기 위한 현명한 방법이었을 수도 있다. 하지만 해당 교외 지역 관할 당국이 흑백 통합을 추진하기 위한 조치를 취하지 않는다면, 주택도시개발부(HUD)는 무엇을 할 수 있는지에 대해서는 아무 언급도 없었다. 오바마 행정부는 과연 흑백 주거 구역 분리 문제를 전혀 시정하지 않는 교외 지역에 대해서 연방 기금 배분을 거부할 계획이 있었을까?

2014년과 2015년에 일어난 경찰의 흑인 청년 살해 사건들은 미국의 인종 분리에 대해서 세간의 새로운 관심을 불러일으켰다. 2016년 미국의 대통령 선거는 흑인과 백인 간의 불평등을 해결하기 위해 우리가 할 만큼 했다고 믿는 사람들과 충분한 노력을 거의 하지 않았다고 믿는 사람들로 국민을 크게 양분시켰다. 2017년 초, 공화당 하원의원들은 오바마 행정부의 "공정 주거 진작을 위한 차별 금지" 규정의 시행을 금지하는 법안을 제출했다. 비록 그 규정이 살아남거나 차기 행정부가 그 규정을 재도입한다고 하더라도, 그것이 흑백 불평등 문제를 효과적으로 해결할 걸로 보이지는 않는다. 국민 대중이 **사실상의** 흑인 분리라는 신화의 미망에서 깨어나지 않는 한, 그리고 정부가 인종과 관련된 헌법적 원칙들을 모든 차원에서 어떻게 무시했는지 이해하지 못하는 한, 그런 규정 하나가 무슨 소용이 있겠는가.[6]

V

1970년, 분노한 아프리카계 미국인들이 100개가 넘는 도시에서 일으킨 폭동에 자극받은 HUD 장관 조지 롬니는 그 이전이나 이후 어느 행정부보다 더 강력하게 인종 통합을 추진하려고 애썼다. 연방정부가 시내의 아프리카계 미국인 동네 둘레에 "흰색 올가미"를 씌웠음을 확인한 롬니는 스스로 열린공동체Open Communities라고 이름 붙인 계획을 고안해 냈다. 그 계획은 교외 지역에 저소득층 아프리카계 미국인들을 위한 아파트 건설을 허용하도록 배타적 주택 지구 지정 조례를 고치지 않는 곳에 대해서는 연방정부 기금(상하수도 보수, 녹지 공간, 보도 개선과 같이 HUD의 재정 지원이 필요한 공공시설 관리용 자금)을 지원하지 않는다는 내용이었다. 교외 지역 주택가에 살고 있는 공화당 지지 유권자들 사이에서의 열린공동체 계획에 대한 분노가 극도로 치솟자 닉슨 대통령은 롬니에게 압력을 가해 계획 철회를 종용하다가 마침내 그를 해임했다.

조지 롬니가 흑백 주거 구역 분리를 해체하기 위한 계획을 추진한 것은 일련의 시민권 보호 조치들이 법으로 제정된 후, 다시 말해서 마틴 루서 킹을 비롯한 민권운동 지도자와 활동가들이 암살당하고 난 뒤 몇 년 동안에 불과했다. 뒤이어 존슨 대통령의 명령으로 아프리카계 미국인 폭동의 원인을 광범위하게 논의할 조사위원회가 구성되었고, 일리노이주 주지사 오토 커너가 위원장을 맡아 그 결과를 보고서로 작성해 발표했다. 아프리카계 미국인들이 받은 억압에 대한 관심, 그리고 거기에 연방정부가 일정 부분 책임이 있다는 사실에 대한 대중의 주목 덕분에 롬니의 주장을 받아들이는 미국인들이 많아지기는 했지만, 그가 이겼다고 말할 수 있을 정도로 다수는 아니었고 사회에 큰 파급효과도 없었다. 오늘날 법률상의 흑백 주거 구역 분리에 대해서 어느 정도라도 알고 있는 미국인은 생각만큼 그리 많지 않다. 아직까지도 조지 롬니의 계획을 되살리거나 그보다 더 완화된 오바마 행정부의 2015년 규정을 시행하기 위한 지적, 정치적 토대조차 만들어지지 않은 상태다. 법률상의 흑백 주거 구역 분리의 역사를 알지 못하는 한, 미국인들은 그 규칙이 오늘날 왜 필요한지 이해하지 못할 것이다.

VI

법적으로 공인된 흑백 주거 구역 분리의 유산을 바로잡을 방법을 생각해 내기는 어렵지 않다. 다음에서 나는 오늘날 미국의 정치 환경에서 법으로 제정될 수 없었던 몇 가지 개혁 시도들을 보여 준 뒤, 아직도 여전히 정치적으로 해결될 가능성은 없지만 그래도 조금이나마 더 그 방안에 근접할 수 있는, 보다 완화된 개혁 방안들을 제시할 것이다.

우리는 지난날 다음과 같은 해결 방안을 고려해 볼 수 있었다. 뉴욕 대도시 지역 인구의 약 15퍼센트가 아프리카계 미국인이라는 사실을 고려할 때, 연방정부는 레빗타운에서 매물로 나온 주택의 15퍼센트를 지금 시세(약 35만 달러)로 샀어야 했다. 그런 다음, 그 주택들을 7만 5000달러에 살 수 있는 여유가 되는 아프리카계 미국인들에게 다시 팔았어야 했다. 만일 그런 여건이 마련되었다면, 그들의 조부모들은 당연히 그 가격을 주고 집을 샀을 것이다. 정부는 이 개혁안을 입법화해서 당시 FHA의 인종차별적 요구 사항을 준수하며 건설된 교외 지역의 모든 주택단지에 적용했어야 했다. 만일 의회가 그러한 개혁 방안을 수립해서 그동안 법적으로 공인되어 온 흑백 주거 구역 분리의 역사를 근거로 그 방안의 정당성을 주장한다면, 법원은 그것을 적절한 조치로 지지해야 마땅했다.

물론, 현재 구성된 의회의 면면을 볼 때, 그들이 그런 정책을 채택할 리 만무하고, 현재의 사법부가 그것을 지지할 것이라고 기대하기는 어렵다. 또한 그렇게 많은 비용을 세금으로 부담해야 한다는 사실에 저항하는 납세자들도 있을 것이며, 아프리카계 미국인들에게 지나친 시혜를 베푸는 것이라고 생각하는 사람들도 있을 것이다. 내가 이 방안을 제시한 것은 그것이 현실적인 방안이라서가 아니라, 우리가 **사실상**의 흑인 분리라는 신화에서 깨어난다면 고려하고 논의해야 할 해결책 중 하나라고 생각했기 때문이다.

우리가 해결해야 하는 흑백 주거 구역 분리는 저소득층만의 문제가 아니라, 과거에 빈스 메러데이가 정착했고, 오늘날에도 여전히 아프리카계 미국인이 주민의 85퍼센트를 구성하고 있는, 레이크뷰와 같은 소도시에 거주하고 있는 중산층 아프리카계 미국인들의 문제이기도 하다. 메러데이의 친척들이 집을 구한 또 다른 흑인 중산층 동네인 롱아일랜드의 루스벨트(현재 아프리카계 미국인 주민이 79퍼센트)나 워싱턴 D.C. 외곽의 프린스조지스카운티(아프리카계 미국인 주민이 65퍼센트), 시카고 시외 지역 캘러멧하이츠(아프리카계 미국인 주민이 93퍼센트)도 그런 소도시에 속한다.

이 같은 중산층 교외 주택가들은 오늘날 아프리카계 미국인들에게 매력적인 곳이므로, 통합을 명목으로 그들을 강제 이주시키는 정책은 용납될 수 없다. 하지만 이런 교외 주택가는 그곳 주민들과 나머지 우리 모두에게도 이롭지 않기 때문에, 흑백 통합을 이루기 위해 그들에게 반드시 그에 합당한 인센티브를 제공해야 한다. 이 지역들의 가장 중요한 약점은 그 지역 인근에 대개 저소득층 동네가 있다는 사실이다. 오늘날 중산층 이상의 흑인 가구들이 모여 사는 동네의 약 3분의 1이 극빈층 지역들과 이웃하고 있는 반면에, 비슷한 소득층으로 이루어진 백인 동네가 그런 경우는 6퍼센트에 불과하다. 게토 지역에 매우 가까운 동네에 사는 중산층 흑인 청소년들은 패거리를 지어 범죄를 저지르는 친구들의 유혹을 물리치는 동시에, 중산층 부모가 이루어 놓은 사회적

신분을 유지하기 위해 그들과의 소원한 관계도 이겨 내야 한다. 비록
그들이 그런 덫을 피할 수 있다고 하더라도, 아프리카계 미국인들이 주
로 사는 동네에서 자란 청년들은, 중산층에 속한 경우라도 그들이 성인
이 되었을 때 성공하고 싶어 하는 백인 중심 전문직 문화를 익힐 기회
를 얻지 못할 것이다.[7]

그동안 백인만 거주할 수 있었던 교외 주택가의 집을 살 수 있도록
중산층 아프리카계 미국인들에게 연방정부의 보조금을 지원하는 하는
것이야말로 흑백 통합을 힘차게 견인할 수 있었던 가장 확실한 장려책
이었다. 하지만 오늘날에도 마찬가지로 그러한 지원은 정치적으로나
법적으로 상상할 수도 없는 상황이다. 비록 이런 종류의 정부 재정 지
원은 여전히 기대하기 어렵지만, 인종차별 철폐를 주장하는 사람들은
아주 외딴 지역에서 비공식적인 방식을 통해서라도 그들의 의견을 강
력하게 피력할 수 있다. 중산층 아프리카계 미국인들이 흑백 통합을 주
저하는 여러 가지 이유 가운데 하나가 동네 사람들이 자신들에게 적개
심(은근히 적대적인 태도를 보이는 이웃 백인들과 자기 아들들을 집까
지 따라다니는 경찰들 같은 상황)을 보일 것을 두려워하기 때문이라는
사실을 감안할 때, 지역사회 차원에서 경찰들이 흑인을 대하는 태도에
대한 적절한 교육을 강력하게 요구하는 것이 무엇보다 중요하고 유용
할 수 있을 것이다. 또 아프리카계 미국인 사회에서 영업을 하는 부동
산 중개인들과 함께 인종이 통합된 동네들에 나온 매물들을 광고하는
것도 매우 유용한 방안이 될 수 있을 것이다.

VIII

또 다른 해결책으로는 다가구주택 건설을 금지하거나 단독주택 부지의 최소 허가 요건을 매우 넓게 정한 주택 지구 지정 조례를 제정하지 못하게 하는 것을 들 수 있다. 이러한 규정들은 저소득층과 중산층 가구가 부자들이 사는 교외 주택가에 정착하는 것을 막는다. 배타적인 주택 지구 지정 조례 제정의 배후에는 헌법에 위배되는 인종적 적대감도 일부 있었다. 처음부터 연방정부 차원에서 안 된다면, 주 정부 차원에서라도 그런 조례 제정을 막는 것은 훌륭한 공공정책일 뿐 아니라 헌법에도 맞는 조치라 할 것이다.

배타적 조례 제정을 전면 금지하는 것이 너무 극단적이라고 생각했다면, 그 대안으로 의회에서 세법을 고쳐서 식구가 여러 명이든 한 사람이든, 셋집이든 자가든 상관없이 저소득과 중간 소득 가구에 주택을 공정하게 배분하지 않거나, 그러기 위한 적극적인 조치를 취하지 않는 교외 주택가의 집주인들에 대해서 주택담보대출 이자 공제 혜택을 제공하지 않는 방법도 있다. 여기서 공정한 배분이란 대도시에서 도심 지역의 저소득층과 중위 소득층이 점유하고 있는 비율에 가깝게, 혹은 헌법에 의거해 대도시 지역의 아프리카계 미국인 비율을 교외 지역에서 보장하는 것을 말한다. 아프리카계 미국인들이 많이 사는 지역에서 그들이 차지하는 비율에 "가깝다"고 하는 것은 어느 정도를 말할까? 아마 플러스마이너스 10퍼센트 사이일 것이다. 오늘날 뉴욕 대도시 지역에서 아프리카계 미국인 인구는 약 15퍼센트를 차지한다. 거기서 이 기준을 적용한다면, 아프리카계 미국인 인구 구성이 5퍼센트 미만인 교외 지역은 모두 흑백 주거 구역 분리 지역으로 간주하고, 흑백 차별 철폐를 위한 조치를 취해야 한다. 반면에 아프리카계 미국인 인구 구성이 25퍼센트 이상인 지역은 흑인 가구가 백인과 함께 거주할 수 있는 동네로 이주하도록 지원하거나 비흑인 가구를 흑인 동네로 유치하기 위해 특별 장려금이 제공되어야 한다.[8]

　배타적 주택 지구 지정을 금지하고 대신에 저소득층과 중위 소득층 가구를 중산층과 부유층 동네로 적극적으로 통합 이주시키기 위해서는 포용적 주택 지구 지정inclusionary zoning을 법적으로 정비할 필요가 있다. 현재 뉴저지와 메사추세츠 2개 주에는 주택을 공급할 때 "공정 배분" 조건을 지켜야 한다는 법령이 있다. 이 법령은 인종이 아닌 소득을 기준으로 한 것으로, 저소득층 가구가 도심 지역에 고립되는 문제와 중산층 교외 지역에 저소득층 가구가 없는 문제를 다룬다. 공정 배분 법령이 인종 통합에 기여하는 것은 맞지만, 중산층 아프리카계 미국인 가구가 중산층 백인 교외 주택가로 이주해 함께 살 수 있도록 돕는 추가적인 조치는 취하지 않는다. 뉴저지주의 법령은 대도시 지역 중에서 저소득층용 "공정 배분" 주택이 없는 교외 지역에 부동산 개발업자들이 섹션 8 바우처나 저소득층 주택 세액공제 기금 같은 정부 보조금을 받는 다세대주택 단지를 짓는 것을 허용하도록 정하고 있다. 메사추세츠 주 법령 역시 정부 보조금을 받아 짓는 저소득층 주택이 공정 배분에 필요한 몫만큼 건설되지 않은 소도시의 부동산 개발업자들에게 규정대로 중산층 주택가에 저소득층 가구를 위한 주택들을 확보하도록 정하고 있다. 규정을 준수하는 개발지는 원래 허용된 가구 수보다 더 많은 가구를 지을 수 있다. 더글러스 매시와 그의 동료들은 『마운트로럴을 가다Climbing Mount Laurel』라는 책에서 뉴저지주에 속한 필라델피아 외곽의 한 교외 지역에서 그런 방식으로 흑백 통합 단지를 건설한 한 성공 사례를 소개한다. 그 지역 중산층 주민들이 걱정했던 것과는 달리 단지 건설 후 마운트로럴에 범죄 발생률이 높아지거나, 공립학교의 질이 하락하거나, 지역사회의 품격에 손상을 입는 일이 발생하지 않았고, 이로써 그들의 두려움이 쓸데없는 것이었음이 입증됐다. 다른 주들에서도 이들 주와 같은 법령을 통과시킨다면, 아프리카계 미국인들뿐 아니라 모든 저소득층 가구에 대한 차별 철폐로 나아갈 거대한 일보가 될 것이다.[9]

일부 지자체에는 뉴저지와 메사추세츠주에서 단위로 적용하는 "포용적 주택 지구 지정"을 지역 단위로 펼칠 수 있는 조례가 있다. 이런 조례에서는 대개 부동산 개발업자들이 새로운 주택단지를 지을 때 반드시 저소득층과 중위 소득층 가구들을 위한 몫을 확보하도록 요구한다. 메사추세츠주처럼, 그러한 규정을 준수하는 개발업자들에게는 그에 따른 보상(예컨대, 정상적인 허가 때보다 더 많은 집을 지을 수 있도록 허용)이 제공된다. 이런 조례가 효과적이기는 하지만 그 효력이 대도시 같이 넓은 지역에 적용되지 않는다면, 인종 통합을 위한 역할은 제한적일 수밖에 없다. 포용적 주택 지구 지정 조례가 특정 소도시 한 곳에만 적용된다면, 부동산 개발업자들은 그런 규정에서 자유로운 인근의 소도시에 주택단지를 조성함으로써 동일한 수요가 있는 주택 시장에 주택을 공급할 수 있기 때문이다.

　메릴랜드주 몽고메리카운티는 그 지역 전역에 적용되는 강력한 포용적 주택 지구 지정 조례가 있다. 그런 종류의 다른 법령들과 마찬가지로 그 조례는 역내에서 가장 부유한 동네에도 중위 소득층 가구들을 위해 일정 비율(몽고메리카운티의 경우 12~15퍼센트)의 주택을 배정할 것을 개발업자들에게 요구한다. 그리고 나서 공영주택 관할 당국은 한 단계 더 나아가 그렇게 확보된 주택 가운데 3분의 1을 일괄 구입해서 최저 소득층 가구들에 임대한다. 역내에서 가장 부자 동네가 있는 교외 주택가에 거주하면서 그곳 학교에 다니는 저소득층 아프리카계 미국인 아이들의 학업 성취도가 놀라울 정도로 높다는 조사 결과는 그 사업이 성공적이었음을 입증한다. 몽고메리카운티가 펼치고 있는 시책은 미국 전역에 널리 퍼져야 마땅하다.[10]

IX

　공정주거법이 제정되고 25년이 지난 1993년, 노스캐롤라이나대학 법학과 교수 존 보거는 흑백 주거 통합이 계속해서 진전을 이루지 못하고 있는 현실을 한탄했다. 그는 미 전역에 적용되는 "공정배분법Fair Share Act" 제정을 주장했다. 이 법은 모든 주 정부가 대도시 지역에 저소득과 중간 소득층이 거주할 주택을 일정 비율 확보하는 것과 함께 교외 지역을 비롯한 관할 구역에 아프리카계 미국인들이 살 집을 일정 비율 공급할 방안을 수립하게 하는 법이었다. 보거는 그런 인종적, 경제적 통합을 진행하지 않는 지역의 주택 소유자들에게는 그들이 받고 있는 주택담보대출 이자와 재산세 공제 혜택을 10퍼센트를 삭감할 것을 제시했다. 그리고 정해진 공정 배분 목표를 준수하지 않을 경우, 해당 공제 혜택이 완전히 소멸될 때까지 해마다 그 삭감 비율은 높아진다.[11]

공정배분법이 제정된다면, 그 법이 시민들에게 강력한 경제적 보상을 제공하기 때문에 이들이 자기 지역 공무원들에게 인종 통합을 위한 적절한 조치를 취하도록 압박을 가하게 될 것이다. 그러나 그 계획은 법을 지키지 않았을 때 처벌하기 위한 것이 아니었다. 보거는 국세청이 이렇게 삭감된 공제액에 해당하는 기금을 국고에 귀속시켰다가 흑백으로 분리된 주거 구역에 공영주택을 짓거나 저소득층과 중위 소득층을 위한 정부 보조금 지원 주택을 지을 때 필요한 자금으로 쓸 것을 주장했다. 보거의 목적이 **사실상**의 흑백 주거 구역 분리 신화를 깨뜨리려는 것은 아니었기 때문에, 그는 그렇게 적립된 기금이 중산층, 심지어 부유한 아프리카계 미국인이라도 쉽게 들어갈 수 없었던 교외 주택가에 그들이 거주할 수 있도록 보조금을 지급하는 데 쓰일 수도 있다는 내용은 덧붙이지 않았다. 하지만 교외 지역의 흑백 주거 구역 분리가 당초에 어떻게 시작되었는지 그 근원을 살펴보면, 원천징수한 공제 기금을 그런 곳에 쓰는 것도 적절하다고 할 수 있다. 보거가 제안한 공정분배법은 그가 처음 그것을 발의했을 때보다도 지금이 더 시의적절하다.

X

시민권 관련 소송 중 성공한 사례들은 저소득층 가구들을 중산층 동네로 통합시키는 몇몇 혁신 방안으로 이어졌다. 1995년, 미국시민자유연맹American Civil Liberties Union 메릴랜드지부는 주택도시개발부(HUD)와 볼티모어주택공사를 상대로 소송을 제기했다. 이들 기관이 공영주택 단지들을 철거하면서 그곳의 세입자들(주로 섹션 8 바우처를 받는)을 대부분 흑인만 거주하는 저소득층 지역에 강제로 재정착시켰다는 이유에서였다. 그 소송은 철거 지역의 주민들에게 연방정부와 지방정부가 경제적 상승 기회를 제공하는 교외 지역으로 이주할 수 있도록 지원할 책무가 있음을 확인시켜 주었다. 오늘날 볼티모어주택공사는 볼티모어카운티와 그 인근 다른 카운티들에서 흑백 통합 교외 지역에 거주하는 저소득층 세입자들에게 일반 섹션 8 바우처 금액보다 더 높은 보조금을 지급하고 있다. 그들이 받은 바우처는 빈곤율이 10퍼센트 미만이고, 아프리카계 미국인을 비롯한 소수민족 인구가 30퍼센트를 넘지 않고, 보조금을 지급받는 가구가 5퍼센트 미만에 불과한 동네에서도 사용할 수 있다. 이 철거민 이주 프로그램은 바우처를 받는 저소득층들을 아파트로만 이주시키지 않는다. 주택공사는 공개된 주택 시장에서 집들을 사서 저소득층에게 임대하기도 한다. 주택공사는 또 그 프로그램을 이용해서 이전에 공영주택에 살던 사람들이 새로 이주하는 백인과 중산층 동네 환경에 잘 적응할 수 있도록 적극적인 상담 서비스도 제공한다. 상담 내용에는 가계부 관리, 청소와 가전제품 관

리, 집주인과 소통 방법, 이웃과 친하게 지내기 같은 것들이 있다.[12]

이 볼티모어 프로그램에 참여한 사람들은 평균 빈곤율이 평균 33퍼센트였던 곳에 살다가 8퍼센트인 곳으로 이주해 온 사람들이었다. 그들이 전에 살던 동네는 주민의 80퍼센트가 아프리카계 미국인들이었다. 반면에 새로 이사 온 곳은 그 비율이 21퍼센트다. 하지만, 이 프로그램에 참여할 수 있는 사람은 이전에 공영주택 세입자였던 사람들 가운데 극히 일부에 불과하다. 나머지 대다수는 미 전역에서 흑백 주거 구역이 분리된 다른 저소득층 지역 주민들처럼 정부 보조금으로 섹션 8 바우처를 지급받고 끝난다.

이와 비슷한 프로그램 하나가 1985년 댈러스주택공사와 HUD가 공영주택 사업과 섹션 8 바우처 제도를 이용해서 흑백 주거 구역 분리를 영속화한다고 주장하며 한 민권 단체가 그 기관들을 상대로 제기한 소송의 결과로 탄생했다. 여기서도 공영주택 세입자들이 빈곤율이 낮고 공립학교 학생들의 학업 성취도가 높은 흑백 차별이 없는 교외 지역으로 이주할 경우, 그들이 새로운 거처에 정착하는 것을 돕기 위해 기존에 받던 바우처보다 보조 액수가 높은 바우처를 지급한다. 댈러스의 한 민권 단체(차별없는공동체프로젝트)는 흑백으로 분리된 공영주택과 섹션 8 동네에서 흑백 분리가 없는 교외 주택가로 이주함으로써 발생하는 환경 변화에 잘 적응하도록 정착 기금을 운용해 임대 보증금과 상담 서비스를 지원한다. 댈러스에서도 볼티모어와 마찬가지로, 그런 흑백 통합을 위한 주거 지원 프로그램에 참여할 수 있는 저소득층 가구는 극히 일부에 불과하다.

몇몇 다른 도시들도 볼티모어나 댈러스보다는 완화된 형태이기는 하지만 기존에 살던 곳보다 빈곤율이 낮은 지역으로 이주하는 저소득층 가구들을 지원하는 프로그램들을 가지고 있는데, 그 가운데 일부는 섹션 8 제도가 흑백 주거 구역 분리를 오히려 강화한다는 문제 때문에 제기된 소송의 결과였다.[13]

몇몇 지자체와 주 정부는 집주인들이 섹션 8 바우처를 지급받는 저소득층 가구에 대한 임대 거부를 법으로 금한다. 따라서 그런 지역들에서는 흑인과 백인 주거지 통합이 어느 정도 진전을 이루고 있는 것처럼 보인다. 세입자가 정부 보조금을 받는다는 이유로 그들에게 집을 임대하지 않는 집주인이 자기는 인종차별을 하는 것이 아니라고 주장하는 것을 받아들인다면, 공정주거법을 조롱거리로 만드는 것에 불과하다. 그런 차별 행위는 모든 지역에서 금지되어야 마땅하다.

섹션 8 바우처는 수혜 자격을 갖춘 대상자 모두가 받을 수 있는 혜택은 아니다. 섹션 8 바우처를 받아야 할 저소득층 가구 가운데 아직도 혜택을 받지 못하고 있는 사람이 많다는 이야기다. 예산 규모가 너무 작기 때문이다. 2015년, 바우처를 받은 가구는 약 100만 가구였다. 한편 수혜 조건에 해당하지만 바우처를 받지 못한 가구는 600만 가구에 달했다. 오늘날에도 아프리카계 미국인 저소득층 인구가 많은 모든 도시에서는 바우처 받을 차례를 기다리기 위해 길게 늘어선 행렬을 쉽게 볼 수 있다. 사실 많은 도시에서 그 대기자 명단마저 마감되었다. 따라서 이제라도 미 의회는 바우처 소지자를 차별하는 행위를 금지하는 것 외에, 저소득층에 해당하는 모든 사람에게 바우처를 지급하는 기금을 책

정해야 할 것이다.[14]

연방정부가 중산층 (대부분 백인) 주택 소유자들에게 지급하는 주택 보조금은 그들 모두가 수혜를 받는 권리다. 상세소득신고서를 제출해야 하는 주택 소유자들은 누구나 재산세와 주택담보대출 보험에 대한 공제를 요청할 수 있다. 정부는 먼저 신고서를 제출하는 주택 소유자들에게만 공제 혜택을 주고, 나머지 사람들에게는 불운하게도 예산 부족으로 혜택을 줄 수 없다고 말하지 않는다. 하지만 섹션 8 바우처를 지급받는 저소득층 (대부분 아프리카계 미국인) 세입자들에게는 그런 방식이 적용된다.

바우처 지급 예산의 부족이 지속되는 한, 미 의회는 지역의 주택공사들에게 섹션 8 바우처를 사용해서 흑인과 백인이 어울려 사는 빈곤율이 낮은 동네의 아파트에 들어가려는 세입자들에게 우선권을 주는 제도를 만들라고 요구해야 할 것이다. 이것이 가능하려면 다른 개혁 조치들이 필요하다.[15]

바우처 금액은 통상적으로 집세가 대도시 지역의 중간 수준인 아파트를 임차할 수 있게 책정된다. 그러나 대도시 지역의 평균 집세는 대부분의 빈곤율이 낮은 동네의 집세와 비교하면 너무 낮다. 따라서 볼티모어 프로그램과 같은 제도를 전국적으로 확산시키려면, 바우처 금액을 증액하고 더 많은 지원금(예컨대, 임대 보증금)을 투입해야 할 것이다. 또 상당수의 상담사와 사회복지사들을 고용하고 훈련시키는 일도 필요하다. 그리고 지역 주택공사들이 공영주택에 살던 일부 주민들에게 재공급하기 위한 단독주택들을 매입할 기금도 확보해야 할 것이다.

볼티모어에서는 법원 명령으로 HUD가 그런 기금을 마련하게 했다. 이 프로그램을 확대하기 위해서는 의회의 의결이 필요할 것이다.[16]

오바마 행정부는 임기가 끝나 갈 무렵 HUD가 주요 도시 일부 지역을 시작으로 섹션 8 바우처 금액의 적정성을 재산정할 것이라고 발표했다. 그렇게 되면 섹션 8 제도의 수혜자들은 집세가 높은 중산층 동네의 아파트를 얻을 경우 더 많은 보조금을 받는 반면, 집세가 낮은 저소득층 동네에 거처를 구할 경우 더 적은 보조금을 받게 될 것이다. 이 책을 쓰고 있는 지금은 차기 행정부가 이러한 새 정책을 유지할지, 철회할지 알 수 없다.[17]

섹션 8 제도에 대한 보다 구체적인 법적 개혁 조치들도 도움이 될 것이다. 예컨대, 바우처 제도 관리 업무를 맡은 주택 당국은 대개 시의 경계를 벗어난 지역에서 바우처 사용을 허가할 권한이 없다. 따라서 그러한 바우처 사용에 대한 관할권 규정이 삭제되지 않거나 그 제도가 전체 대도시 권역에 적용되지 않는다면, 섹션 8 제도가 흑백 통합에 기여하는 부분은 그다지 크지 않을 수 있다.[18]

주 정부의 정책 또한 섹션 8 바우처 제도가 흑백 통합을 촉진할 수 있도록 도울 것이다. 일리노이주는 현재 바우처를 받는 저소득층에게 집을 임대하는 빈곤율이 낮은 동네의 주택 소유자들에게로 재산세 공제 제도를 확대 실시하고 있다. 다른 주들도 그와 같이 해야 할 것이다.[19]

연방정부의 재무부는 주 정부에 경제적 상승 기회를 높여 주는 흑백 통합 동네에 저소득층을 위한 새로운 주택단지를 건설하는 개발업자들에게도 세액공제 혜택을 주도록 요구해야 할 것이다. 반면에 흑인과 백인의 거주지가 분리된 낙후 지역에 다시 활기를 불어넣기 위해 새로운 주택 공급이 필요할 때는 그 프로젝트가 대중교통 체계, 일자리 창출, 포용적 주택 지구 지정, 슈퍼마켓, 지역 경찰 제도를 포함해서 건강한 동네를 조성하기 위한 균형 잡힌 도시개발 계획의 일부로 인정될 때만 건축 허가를 내주도록 해야 할 것이다. 그러나 개발업자들이 세액 공제 혜택을 받아 도시 인접 지역 개선 사업에 세액공제 혜택 요청할 때, 그들이 말하는 개선의 의미는 주로 가난한 동네에 현대식 주택을 공급하는 것이다. 신규 주택 공급은 잘못된 일이라 할 수 없지만, 그것이 오히려 흑백 주거 구역 분리 상황을 강화할 수도 있음을 간과해서는 안 된다.[20]

지난 50년의 경험을 돌아볼 때, 저소득층 지역사회에 새로운 활기를 불어넣기 위해 자금을 동원하고 대중의 지지를 얻는 일은 교외 지역을 흑백 차별 없는 주거지로 만드는 것만큼이나 정치적으로 어렵다. 그래서 우리 현실은 약속했던 지역사회를 둘러싼 다양한 여건의 개선 없이 지금까지와 마찬가지로 계속해서 세액공제를 받아 건설되는 단지들만 더 늘리고, 흑백 주거 구역 분리 지역에 섹션 8 바우처를 지급받는 집들만 더 늘고 있다. 어떤 동네가 되살아나는 경우는 대개 그곳이 중산층의 마음을 끄는 무언가가 있을 때 일어난다. 하지만 그 뒤 잇따르는 주택 지구 고급화는 포용적 주택 지구 지정 원칙을 전혀 준수하지 않는다. 따라서 그곳에 살던 가난한 아프리카계 미국인들은 주거 환경이 개선된 자기 동네에서 점차 쫓겨나기 시작해서 흑인들만 사는 교외 밖 새로운 동네로 이주하게 된다.

프랭크와 로사 리 스티븐슨 부부는 흑백 주거 구역이 분리된 리치먼드의 한 동네에서 세 딸을 키웠다. 그 지역 학생들의 평균 학업 성취도는 캘리포니아주에서 가장 낮은 수준이었다. 그 아이들이 1950년대 말과 1960년대 초에 초등학교를 다녔을 때, 리치먼드 초등학생들 가운데 아프리카계 미국인 아이들이 차지하는 비율은 22퍼센트에 불과했다. 하지만 그 학군에 있는 초등학교 가운데 6곳은 아프리카계 미국인 학생 비율이 95퍼센트가 넘었다.[21]

리치먼드의 초등학교는 연방정부와 주 정부가 도시 자체를 흑인과 백인 주거 구역으로 분리시키는 주택 정책을 썼기 때문에 자연스럽게 흑인 학교와 백인 학교로 분리되었다. 게다가 리치먼드 교육 당국은 아프리카계 미국인 아이들이 백인 아이들과 같은 초등학교에 다니는 것을 막기 위한 추가적인 조치까지 취했다. 예컨대, 1967년에 흑인 학생이 93퍼센트였던 페레스초등학교는 여전히 백인 거주 구역이 세 곳 남아 있던 동네를 지나가는 철로 서쪽에 위치해 있었다. 그 지역의 관할교육청은 백인들이 사는 그 세 구역을 따로 떼어 내 거기서 페레스초등학교에 다니던 학생들을 그 반대편에 있는 백인만 다니는 벨딩초등학교로 배정했다.[22]

스티븐슨의 딸들이 다녔던 학교는 시에 편입되지 못한 노스리치먼드의 버드초등학교로, 철로의 서쪽에 있었고 멀지 않은 곳에 정유 공장이 있었다. 그 학교는 원래 1951년에 흑인 학생들이 인근에 있는 백인 동네의 학교에 다니지 못하게 하려고 세워졌다. 버드초등학교는 1968년에도 여전히 아프리카계 미국인 학생 비율이 99퍼센트에 이르렀고, 학급당 학생 수가 너무 많아진 까닭에 관할 교육청은 해결책을 내놓아야 했다. 반면에 인근 백인 동네의 학교들은 리치먼드의 교외 지역으로 이주하는 백인 가구들이 점점 늘어나면서 결원이 많이 생겼다. 그러나 교육청은 그 빈자리를 아프리카계 미국인 학생들로 채우는 대신에, 버드초등학교 학급 수를 늘리기로 했다. 이것은 명백히 흑인과 백인 학교 분리를 영속화하기 위한 시도였기 때문에, 민권 단체들은 소송을 제기했다. 1심 판사는 흑백 학교 통합을 명령했다. 그는 훗날 한 언론 인터뷰에서 관할 교육 당국의 정책을 옹호하는 교육청 관계자의 인종적 편견에 가득 찬 증언을 듣고 몹시 기분이 상했다고 이야기했다.[23]

관할 교육 당국은 그 판결에 항소하는 대신에 학군을 조정하는 흑백 학교 구분 철폐 계획에 합의했다. 그러나 그 정책이 시행되기도 전에, 주민들은 교육청 선거에서 통합에 반대하는 다수의 교육위원들을 선출했다. 이후 그 계획은 백지화되었다. 대신에 아프리카계 미국인 아이들이 자원해서 백인이 대다수인 학교를 선택할 경우, 거기에 다닐 수 있게 하는 방안을 채택했다. 1980년에 그렇게 자원한 흑인 학생은 6명 중 1명이었다. 이들은 대개 자녀 교육에 의욕이 매우 높은 고학력 부모의 자녀들이었다. 그들이 백인 학교로 전학한 뒤 리치먼드의 흑인 동네에 있는 학교들에는 사회적으로 가장 혜택을 받지 못한 가난한 학생들만 남았고, 따라서 그들의 학업 성취도는 매우 낮았으며 대부분이 문제아로 낙인찍힌 삶을 살 가능성이 아주 컸다. 오늘날에도 노스리치먼드는 라틴아메리카계 미국인들이 아프리카계 미국인들을 대체하면서, 버드초등학교의 전교생이 정부가 보조하는 점심 급식을 먹는다. 그들 부모의 58퍼센트는 고등학교를 끝마치지 못했다.[24]

리치먼드 교육청은 리치먼드의 동네들이 흑백으로 분리되어 있었기 때문에 관할구역 내의 초등학교들도 흑인 학교와 백인 학교로 쉽게 분리할 수 있었다. 한편 중학교와 고등학교의 경우는 교육 당국이 아프리카계 미국인 학생들이 지역 내에서 자유롭게 학교를 골라 진학하는 것을 막기 위해 인위적인 경계를 만들었다. 그 대신에 교육 당국은 흑인 학생들이 백인 학교보다 학급당 학생 수가 과밀한 아프리카계 미국인 학교로 통학할 수 있게 차량을 제공했다. 백인 학생들도 자기 집에서 가까운 곳에 있는 아프리카계 미국인 학생들이 주를 이루는 학교에 다니는 것을 피하기 위해 멀리 떨어진 곳에 있는 백인 학교로 장거리 통학을 해야 했다. 리치먼드 교육청의 부교육감은 1958년에 열린 흑인과 백인 학교 분리를 반대하는 한 공청회에 참석해서 이렇게 설명했다. 우리의 분리 기준은 "기술 교육이 유익할 수 있는 학생 대부분을 〔대부분이 흑인인〕 리치먼드유니언고등학교에 배정합니다. … 반면에 해리엘스고등학교에 다니는 〔대부분이 백인인〕 학생들은 거기서 정상적인 교과 수업을 받는 것이 유리할 수 있기 때문에, 현재 이렇게 흑인과 백인 학교를 나누는 것은 지극히 타당합니다."[25]

시민단체들의 반대로 1959년 리치먼드 교육청은 고등학교 학군을 다시 정해야 했다. 그러나 사는 동네가 흑백으로 분리되어 있었기 때문에, 아프리카계 미국인 학생들은 11개 중학교 가운데 두 곳, 고등학교는 리치먼드고등학교 한 곳에 집중해서 배치되었다. 스티븐슨 부부의 막내딸 테리가 1970년에 졸업한 학교가 바로 리치먼드고등학교였다. 테리는 지역 전문대학community college을 다니면서 휴학을 거듭하다가 결국 학위를 받지 못하고 중도에 학업을 놓았다. 그는 평생 탁아소에서 간호조무사 일을 하며 슬하에 여섯 자녀를 두고 살았다.[26]

테리 스티븐슨의 두 아들은 창고 노동자다. 그가 낳은 네 딸 가운데 둘은 공인 간호조무사이고, 한 명은 은행의 전화 상담원, 또 다른 한 명은 보안 요원으로 일한다. 테리 스티븐슨의 딸들도 자식들이 있다. 그들 중에는 법무법인에서 변호사 보조원으로 일하거나, 약사 보조원이나 정부 사회복지 기관의 사무직인 사람도 있고, 백화점 영업 사원도 있다.

스티븐슨 부부의 손주들의 부모가 법적으로 흑백 주거 구역 분리가 공인된 리치먼드 말고 흑인과 백인이 어울려 사는 밀피타스 같은 곳에서 자라서 그곳의 학교를 다녔다면, 그들은 과연 지금 어떤 사람들이 되었을까? 그들의 배우자 역시 만일 비슷한 직업을 가진 사람들이라면, 그들의 가계 수입이 미국인 소득 분포에서 4분위 이상으로 올라갈 가능성은 없다. 만일 그들이 고등교육을 받은 집안에서 자라서 그 결과 테리와 그 딸들이 기술을 배우는 데가 아닌 "정상적인 교과 수업을 받는 것이 유리할 수 있는" 학생들을 위해 마련된 고등학교에 진학할 수 있었다면, 지금 그들은 사회 경제적 사다리에서 얼마나 높은 곳까지 올라갈 수 있었을까? 마찬가지로, 스티븐슨가 아이들의 조부모와 부모가 사는 동네를 흑백으로 분리하는 연방정부의 위헌적인 결정이 없었다면, 그들의 삶은 과연 어떻게 달라졌을까? 우리 미국 사회는 미국인이라면 누구나 누렸을 기회를 박탈당한 이들 가족과 그 후세들에게 무엇을 빚지고 있는가? 우리는 어떻게 이 의무를 이행할 수 있을까?

맺음말

혹백 주거 구역 분리가 "국가의 통치행위가 아닌 개인의 선택에 따른 결과라면, 그것은 헌법과 아무런 연관이 없다"고 연방대법원장 존 로버츠가 판결했을 때, 그는 그와 관련된 한 가지 원칙을 제시한 셈이다. 하지만 그 원칙이 그가 내린 결론—혹백 주거 구역 분리를 정부가 해결할 이유가 없다—의 근거가 된 이유는 애초에 혹백 주거 분리 대부분이 개인의 선택에 따라 생겨났다는 부정확한 원인 분석 때문이었다.

여기서 대법원장의 원칙을 가지고 왈가왈부할 필요는 없다. 그를 비롯한 동료 대법관들이 사실 관계를 오해했기 때문에 그가 적용한 법리는 틀린 것이다. 혹백 주거 구역 분리는 국가의 통치행위로 탄생**했다**. 따라서 로버츠 연방대법원장의 원칙은 보완하지 않을 수 없음이 명백해졌다. 즉, 혹백 주거 구역 분리가 국가의 통치행위의 산물이라면, 그 문제는 헌법과 관련이 있으며, 따라서 국가가 그 해결책을 내놓아야 한다.

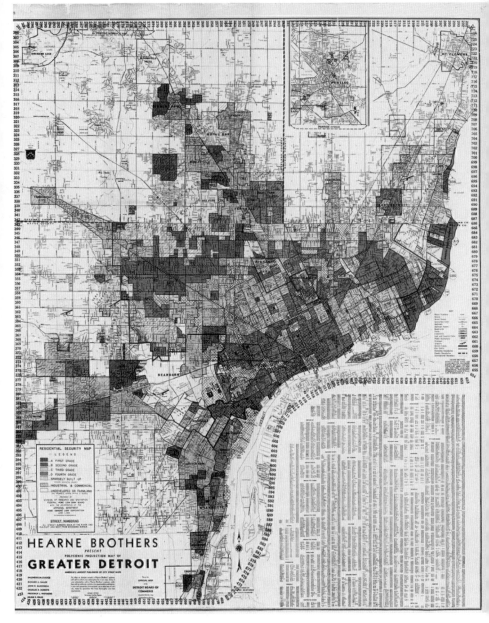

사진 9 뉴딜 사업에서 주택 공급을 관할하는 기관은 전국의 대도시 지역마다 지도를 그렸다. 아프리카계 미국인들이 사는 동네들에는 붉은 색을 칠해서 감정평가사들이 주택담보대출을 승인하지 않도록 주의를 주었다. 이 지도는 디트로이트 지도다.

연방대법원의 대법관들과 마찬가지로 우리는 여태껏 미국 국민으로서 그 문제의 해결책을 깊이 숙고하기를 회피해 왔다. 흑백 주거 구역 분리는 근본적으로 국가의 통치행위에 의해 초래된 것이 아니므로, 결론적으로 그 문제에 대해 국가에 무엇을 하라고 요구할 게 없다는 안이한 망상에 빠져 있었기 때문이다. 흑백 주거 구역 분리가 이미 확고하게 자리 잡은 상황에서 그것을 원점으로 되돌리기는 매우 어렵기 때문에, 가장 쉬운 방법은 그냥 그 문제를 무시하는 것이었다.

물론 그 문제가 개인의 선택과 전혀 관련이 없었던 것은 아니다. 많은 미국인이 흑인에 대한 차별적 생각에 젖어 있었고 그들을 분리시키는 데 기여한 활동을 많이 한 것도 사실이다. 이런 개인적 신념과 행동이 뒷받침되지 않았다면, 우리가 민주적으로 선출한 정부들도 흑인을 차별하지 않았을지 모른다. 그러나 우리의 헌법을 인정하고 준수하는 정부라면, 아무리 국민 다수가 인종차별을 지지한다고 하더라도, 거기에 반대하는 것은 하나의 선택지가 아니라 반드시 이행해야 하는 의무인 것이다. 20세기 연방정부와 주 정부, 지방자치체 공직자들은 그러한 인종 관련된 다수파의 의견에 반대하지 않았다. 그들은 오히려 그것을 적극적으로, 때로는 공세적으로 지지하고 강화했다.

만일 정부가 이전에 흑백 주거 구역 분리가 아직 뿌리내리지 않은 도시들에 흑인과 백인을 분리하는 공영주택을 짓는 계획에 반대하고, 대신에 지역사회 전체를 통합하는 개발을 곳곳에 분산 시행했다면, 그 도시들은 인종차별 문제를 최대한 유발하지 않는 방식으로 개발되어 극단적으로 낙후된 게토 지역은 줄어들고, 다양성을 지닌 교외 주택가가 더 많이 생겨났을 것이다.

만일 연방정부가 교외 지역에 배타적인 주택 지구 지정 조례 제정을 강력하게 촉구하지 않았다면, 백인 중산층의 교외 지역으로의 이주는 최소화되었을 것이다. 놀란 백인 집주인들이 달아날 수 있는, 흑인 이주를 원천적으로 막는 교외 주택가가 별로 없었을 것이기 때문이다.

만일 정부가 부동산 개발업자들에게 그들이 짓는 집들이 모든 이에게 개방될 때만 FHA의 지원금을 받을 수 있다고 했다면, 아프리카계 미국인과 백인 모두에게 이익이 되는 인종차별이 없는 노동자 계층 교외 주택가들이 오늘날 번성할 수도 있었다.

만일 주 법원들이 주민회 규칙과 배타적 구역 지정 조례를 통해 흑인의 거주를 막는 동네에 집을 사서 온 아프리카계 미국인들의 강제 퇴거를 명령함으로써 사적인 인종차별 행위를 두둔하지 않았다면, 아프리카계 미국인 중산층은 재력을 활용해서 기존의 백인 사회에 점차 통합될 수도 있었다.

만일 교회와 대학, 병원 들이 배타적인 구역 지정 조례를 앞장서 시행한다는 이유로 비과세 지위를 상실하는 상황에 직면했다면, 그들은 그런 활동을 삼갔을 가능성이 크다.

만일 경찰이 백인 동네로 이사를 온 아프리카계 미국인들을 반대하는 백인 폭도 지도자들을 뒤에서 부추기지 않고 단호하게 체포했다면, 흑인과 백인 간의 주거지 이동은 큰 마찰 없이 진행되었을 것이다.

주 정부 산하 부동산위원회들이 흑백 주거 구역 분리의 "윤리적" 의무를 강요하는 중개업자들의 자격을 취소했다면, 그런 중개업자들은 흑인과 백인이 한 동네에서 잘 조화되어 발전하도록 일조했을 것이다.

만일 교육위원회가 흑인 학교와 백인 학교를 나누지 않고, 흑인 학생과 백인 학생을 분리 배치하는 학군 경계선을 그리지 않았다면, 자녀들을 학교에 보내기 위해 이사할 필요는 없었을 것이다.

만일 연방과 주의 고속도로 설계자들이 주 간 고속도로와 연결되는 도시의 지선을 건설하기 위해 아프리카계 미국인 동네들을 철거하지 않고, 거기 살던 주민들을 도심의 게토 지역으로 강제로 깊숙이 밀어 넣지 않았다면, 흑인의 빈곤화는 완화되었을 것이다. 이들이 살던 동네에서 쫓겨나지 않았다면, 자산을 축적할 수 있었을 것이다.

만일 정부가 아프리카계 미국인들에게 다른 시민들이 누리는 것과 똑같은 노동시장에서의 권리를 부여했다면, 아프리카계 미국인 노동자 계층의 가구들이 저소득층 소수민족 집단이 사는 동네로 들어가서 지금까지 빠져나오지 못하는 일은 없었을 것이다. 일단 그곳에 정착하면, 다른 곳으로 이사를 가려고 할 때 타지의 집값이 너무 올라서 옴짝달싹할 수 없기 때문이다.

만일 연방정부가 교외 지역의 단독주택 소유자들을 위한 세금 우대 조치를 취하는 데 수십 억 달러를 쓰면서 아프리카계 미국인들에게 일자리를 창출할 수 있는 대중교통망 구축을 위해서는 적절한 예산을 투입하지 않음으로써 대도시 지역에 형성된 흑백 분리의 경계선을 부당하게 이용하지 않았다면, 흑백 주거 구역 분리로 확대된 불평등은 줄어들었을 것이다.

오늘날도 마찬가지지만, 만일 연방정부가 시행하는 각종 계획을 통해서 정부의 주택 보조금을 받는 아프리카계 미국인 저소득층이 정부가 확고하게 분리한 흑인 동네에 어쩔 수 없이 살게 됨으로써 인종 간 분리가 더욱 강화되지 않았다면, 우리는 지금쯤 인종차별이 없는 지역 사회들을 훨씬 더 많이 볼 수 있었을 것이다.

법적으로 공인된 흑백 주거 구역 분리로 초래된 결과를 원점으로 되돌리는 일은 매우 어려울 것이다. 그 일을 시작하기 위해서 우리는 먼저 그동안 함께 해 왔던 일들을 숙고하고 정부의 노력을 촉구하기에 앞서 우리 스스로 감당해야 할 책임을 받아들여야 할 것이다.

부록

자주 묻는 질문

내가 이 책에 나오는 내용들을 검토하기 시작한 지 10년이 지났다. 그동안 나는 친구와 동료 학자, 주택 전문가 들을 만나 의견을 청취했다. 이 과정에서 나는 많은 영향을 받았고 내 주장을 일부 수정하기도 했다. 그러나 내가 견지하는 입장을 바꾸는 데까지 이르지 못한 일부 반대 의견도 들을 수 있었다. 다음은 그런 반대 의견들과 거기에 대한 내 의견을 정리한 것이다.

당신은 대통령에서 지방 경찰관에 이르기까지 정부 공직자들이 20세기 내내 밀어붙였던 대도시 지역의 흑백 주거 구역 분리가 헌법을 위배한 정책이라고 기술했다. 그러나 당시에는 그랬는지 몰라도 지금은 아니다. 현재의 잣대를 과거의 지도자들에게 들이댈 수는 없지 않은가?

우리는 과거 지도자들의 시대에도 유효했던 기준들을 가지고 그들을 판단할 수 있다. 비겁하거나 안이한 생각 때문이든, 도덕적 태만 때문이든, 그들은 중요한 반대 의견에 귀 기울이지 않았다.

아프리카계 미국인들은 자신들이 받는 위헌적인 처우에 대해서 줄기차게 고발했다. 백인들의 "당시의 규범"이 흑인들 의견을 무시하는 것이었음을 근거로 항의를 묵살하려 한다면, 당시 백인 중에도 정부의 흑백 주거 구역 분리 촉진을 규탄하는 이들이 많았음을 상기해 보라.

1914년, 우드로 윌슨 대통령이 연방정부의 관공서들을 흑인과 백인으로 분리해서 운영하고 있을 때, 전국회중파교회협의회National Council of Congregational Churches는 그 정책을 규탄하는 결의안을 채택했다.《회중파교회와 기독교계》의 편집장 하워드 브리지먼은 윌슨에게 그의 조치가 기독교 원칙을 위배한다는 내용을 써서 보냈다. 그는 독자들에게 행정부의 흑백 행정 업무 분리에 반대하는 것이 "백인 기독교인들의 의무"라고 이야기했다. 위스콘신주 상원의원 로버트 라폴레트 소유의 잡지(오늘날《더 프로그레시브》로 알려진)는 윌슨의 인종차별 정책에 반대하는 기사를 연이어 실었다.[1]

뉴딜이 진행되는 동안, 내무부장관 해럴드 이키스는 흑인과 백인을 분리하는 주택 공급 사업을 총괄 감독하기는 했지만 자기 부처의 식당에서는 윌슨의 정책에 반해서 흑인과 백인을 차별하지 않았다. 프랭클린 루스벨트 정권의 노동부장관 프랜시스 퍼킨스도 자기 부처의 식당 좌석을 흑인과 백인으로 분리하지 않았다. 군대에서는 대체로 시민공공사업단(CCC)에 전문 기술을 익힌 아프리카계 미국인들을 받아들이지 않았다. 하지만 이키스 장관과 클라크 포먼 차관은 내무부 소관인 전국의 국립공원에 있는 CCC 캠프들에 숙련된 아프리카계 미국인들을 고용했다. 포먼은 또한 비서로 아프리카계 미국인 한 명을 채용함으로써 영향력 있는 정치인들을 격노케 했다. 그것은 연방정부 관료 사회에서 처음 있는 일이었다. 조지아주 주지사 허먼 탈매지는 라디오 방송에 출연해서 자기 생각에 잡역부로나 적합해 보이는 한 여성을 차관 비서로 승진시킨 포먼에 대해서 맹비난을 퍼부었다.[2]

루스벨트 대통령의 부인 엘리너 루스벨트는 때때로 인종 통합을 노골적으로 옹호하는 발언을 해 남편의 행정부 정책과 종종 충돌하기도 했다. 1939년, 그는 미국애국여성회Daughters of American Revolution에서 탈퇴했는데, 아프리카계 미국인 여성 성악가 매리언 앤더슨이 그 단체 건물 공연장에서 공연하는 것을 막았기 때문이다. 그는 미국흑인지위 향상협회(NAACP) 지부에 가입한 최초의 워싱턴 D.C. 백인 주민이었다. 흑백 주거 구역 분리에 대한 루스벨트 여사의 반대는 매우 널리 알려졌는데(상류층 사람들 사이에서 악명이 자자할 정도로), 남부의 흑인 하인들이 임금 인상과 그들이 시중드는 가족들과 같은 식탁에 앉아 식사할 수 있는 권리를 옹호하는 "엘리너 클럽"을 조직했다는 소문을 확인하기 위해서 남부 지역 전역에 FBI 요원들을 파견했을 정도였다.[3]

제2차 세계대전 동안, 보일러공노조는 아프리카계 미국인들을 조직에서 배제했지만, 전미자동차노동조합(UAW)은 그러지 않았다. 미국고용청 청장 마틴 카펜터는 1941년 루스벨트의 공정 고용 관행 명령에 따라 백인용과 아프리카계 미국인용으로 분리되어 있던 워싱턴 D.C.의 고용 알선 사무소들을 하나로 통합하기로 했다. 하지만 하원의원들은 카펜터가 그 계획을 철회하지 않으면 예산 승인을 유예할 것이라고 협박했다. 결국 그는 계획을 철회했지만, 그 사례는 흑인과 백인의 분리와 차별이 획일적인 "당시의 규범"이 아니라, 여러 규범들 가운데 하나였을 뿐임을 보여 준다.

20세기 흑백 분리주의자들 가운데 일부는 자신들이 위선적이었음을 인정했다. 시카고대학 총장이었던 로버트 메이너드 허친스는 아프리카계 미국인들을 가능한 한 대학 캠퍼스 인근에서 멀리 떨어져 살게 하려고 애썼지만, 개인적으로는 그러한 조치에 동의하지 않았음에도 대학 이사회의 결정을 따를 수밖에 없었다고 강변했다. 훗날 허친스는 자신이 "다른 어떤 사안보다 이 건으로 총장직 사퇴를 고려했다"고 말했지만, 실제로 그렇게 하지는 않았다. 그는 "당시의 규범"을 들먹인다고 해서 당시 이사회의 견해를 묵인한 것이 정당화될 수 없다는 것을 알고 있었다. 그것은 누구보다 그가 더 잘 알았다.[4]

일부에서는 지키려 애썼던 차별 금지 규범들을 거부한 과거의 지도자들을 용서하는 일은 우리 헌법 체계를 훼손하는 행위다. 권리장전과 남북전쟁 수정헌법은 모두가 동의하는 의견이 아닌, 다수집단의 의견으로부터 소수집단과 개인들을 보호하기 위해 존재한다. 그러나 우리가 흑백 분리를 옹호했다는 이유로 우드로 윌슨이나 프랭클린 루스벨트 대통령을 비난하든, 그들이 지명한 고위급 정책 결정자들을 비난하든 그런 건 정말 중요하지 않다. 그들이 펼친 인종차별 정책들이 아무리 예로부터 전해 내려온 것이었다 해도, 그것들이 아프리카계 미국인의 헌법적 권리를 침해했다는 사실은 부인할 수 없다. 그 결과로 오늘날 미국은 같은 국민인 흑인과 백인의 거주지가 분리되어 있다. 따라서 우리가 오늘날 특정한 과거의 인물들을 역사적으로 비난하든 말든, 이제 이 문제를 해결해야 하는 것은 우리의 책임이다.

우리 집 등기권리증을 검색해 보니 "백인이 아닌 사람"은 입주를 금지하는 배타적 약정 조항이 기재되어 있었다. 비록 이제는 그 조항을 강제로 적용할 수 없지만, 계속 마음에 걸린다. 어떻게 그 조항을 없앨 수 있는가?

등기권리증에서 그런 제한 조항들을 빼기 위해 들어가는 수고나 비용은 주마다 다르다. 하지만 가능한 경우라도 그 조항들을 삭제하는 것이 최선은 아닐 수 있다. 그 약정 조항들은 과거 우리의 잘못된 역사를 상기시켜 주는 중요한 유물이며 교육 수단으로서 지금도 여전히 우리에게 필요하다. 당신이 사는 주에서 그 조항들을 삭제하는 대신에 수정할 수 있다면, 다음과 같은 문구를 추가하는 것도 생각해 볼 수 있을 것이다.

[주소] 집주인인 우리 [소유주 이름]는 이 등기권리증에 아프리카계 미국인들이 이 동네에 사는 것을 막는, 이제는 강제할 수 없는 불법적이고 도덕적 혐오로 가득한 조항이 들어 있음을 인정한다. 우리는 공식적으로 이 조항의 효력을 부인하며 한때 많은 사람이 그것을 받아들일 수 있다고 여겼던 우리나라를 부끄럽게 생각한다. 우리는 이제 모든 인종과 민족 이웃을 무조건 열정적으로 환영한다.

이 모든 일들이 발생했을 때는 내가 아직 태어나기도 전이었다. 우리 가족이 이 나라에 왔을 때부터 이미 흑인과 백인은 분리되어 있었다. 우리는 아프리카계 미국인이 분리된 것과 아무 관련이 없다. 왜 우리가 지금 그 문제를 바로잡기 위해 희생해야 하는가?

NAACP 법률방어기금 회장 셔릴린 아이필도 예전에 그와 비슷한 질문에 답한 적이 있었다. "여러분의 조상은 1776년에 이곳에 있지 않았지만, 여러분은 7월 4일 독립기념일에 핫도그를 먹지 않습니까?"(폴란드계 이민자 네이선 핸드워커가 1916년도 코니아일랜드에 핫도그 가게를 열어 크게 성공하자 자기 같은 이민자를 받아 주어 부자로 만들어 준 나라에 보답하는 마음으로 해마다 독립기념일에 핫도그 먹기 대회를 개최한 것을 비유한 것이다.—옮긴이) 그가 여기서 전달하려 했던 바는 때로는 자기 생명까지 던지며 우리의 자유를 위해 싸웠던 미국인 선조들의 희생이 있었기에 오늘날 우리가 그 혜택을 누리고 있다는 것이었다. 우리는 미국인이 되는 순간, 비록 우리 손으로 직접 일구어 얻어 낸 것은 아니지만 미국 시민으로서의 권리를 누구나 누린다. 하지만 동시에 잘못된 일이 벌어졌을 때 그것을 바로잡아야 할 책임 또한 있다. 미국을 흑인과 백인 동네로 분리했을 때 우리가 거기에 있었든 없었든, 그런 일을 저지른 주역은 **우리** 정부였다. 따라서 오늘날 그 해결책을 제시해야 하는 당사자도 바로 **우리** 정부다.

같은 역사와 문화를 공유하고 있는 사람들끼리 함께 모여 사는 것은 누구나 바라는 일이다. 유대인, 이탈리아인, 중국인이 대개 같은 지역이나 동네에 모여 사는 것은 바로 그런 이유 때문이다. 우리 아프리카계 미국인들도 마찬가지로 우리들 동네에서 살고 싶어 한다. 그런데 왜 당신은 우리를 강제로 백인들과 함께 살게 하려고 애쓰는가?

나는 아프리카계 미국인들을 "강제로" 백인들과 통합시키는 정책을 생각해 본 적이 없다. 다만 흑인과 백인이 한 동네에 어울려 살 수 있도록 장려책을 펼칠 수는 있다고 생각한다. 돈이 없어서 가난한 동네를 떠날 수 없는 저소득층 아프리카계 미국인들에게 정부가 보조금을 지급하는 것은 당연한 일이다. 또한 오늘날 하위 중산층 흑인 동네에 살고 있는 중산층 아프리카계 미국인들에게도 주로 백인들만 모여 있는 지역사회로 이주할 수 있도록 장려금을 주는 것이 마땅하다. 그럼에도, 오늘날 흑인과 백인을 불문하고 아무도 원치 않는 것처럼 보이는 그런 정책을 사람들이 따르도록 설득하는 데 엄청난 돈을 써야 하는 이유에 대해서 의아해하는 사람들이 있다는 사실 또한 충분히 이해할 수 있다.

여러 조사에 따르면, 대다수 아프리카계 미국인은 흑인과 백인이 차별 없이 함께 어울려 사는 동네를 더 선호한다. 백인들도 마찬가지다. 그러나 아프리카계 미국인들이 생각하는 그런 동네는 주민의 20~50퍼센트가 흑인인 동네인 데 반해, 백인들은 압도적으로 백인이 많은—아프리카계 미국인 주민이 10퍼센트에 불과한—동네를 생각한다. 아프리카계 미국인이 동네 주민의 10퍼센트를 넘어서면 백인들은 그 동네를 떠나기 시작하고, 그 동네는 금방 아프리카계 미국인들이 압도적으로 많아진다. 흑인과 백인의 주거지 통합의 결과가 이와 같은 것이라면, 그것은 우리가 애써 노력할 만한 가치가 없는 일이다.

하지만 아프리카계 미국인 주민 비율이 10퍼센트인 것을 우리가 생각하는 흑백 거주 통합의 목표로 삼기에는 너무 불충분하다. 주요 대도시들에 사는 아프리카계 미국인의 비율은 그보다 훨씬 더 높기 때문이다. 애틀랜타 지역에서 아프리카계 미국인 인구는 전체의 32퍼센트다. 시카고는 17퍼센트, 디트로이트는 23퍼센트, 뉴욕-뉴저지-코네티컷은 15퍼센트다. 만일 흑백 구성이 안정된 통합 사회에서 아프리카계 미국인 비율이 그들이 사는 대도시 평균의 플러스마이너스 10퍼센트라고 한다면, 그런데 그 비율이 10퍼센트를 초과할 때마다 백인들이 그 교외지역을 떠난다면, 안정된 흑백 통합 사회란 불가능할 것이다. 우리가 아프리카계 미국인이 눈에 띄지 않거나 거의 그런 동네를 만들려고 하는 거라면, 인종 통합은 이루어질 수 없다.

아프리카계 미국인들이 스스로 통합을 원치 않는다는 것은 백인들의 교만한 생각이다. 지난날 수많은 아프리카계 미국인이 백인 동네로 이사를 감행했을 때, 그들은 동네 주민들의 적개심과 심지어 폭력이란 위험에 직면했다. 이 지난 역사는 그들의 뒤를 따르려던 다른 아프리카계 미국인들을 매우 주저하게 만들었다. 지금도 아프리카계 미국인들이 백인이 많이 사는 동네로 이사를 가면, 그들은 집으로 차를 몰고 갈 때 경찰의 불심검문 때문에 차를 세우거나 가게에 물건을 사러 갔을 때

특별한 감시의 대상이 될 가능성이 여전히 높다. 학교 선생님들은 그들의 자녀에 대해서 학습 능력이 떨어지거나 학교생활을 성실히 하지 않을 거라고 예단할 가능성이 높다. 아프리카계 미국인 학생들은 백인 학생의 경우 학교에서 무시하고 넘어갈 아주 사소한 부정행위에도 심할 정도로 혹독한 징계를 받기 일쑤다.

많은, 아마도 대다수 아프리카계 미국인이 백인 사회가 폭넓게 그들의 합류를 진심으로 환영하지 않는다면 당연히 지금처럼 흑인과 백인이 따로 사는 것을 선택할 것이다. 그런 날이 올 때까지, 아프리카계 미국인들이 통합을 꺼려하는 것을 그들의 자유로운 선택의 하나라고 받아들일 수는 없다. 백인이 많이 사는 지역에서 벌어지는 아프리카계 미국인에 대한 경찰의 불법적 관행과 학교의 교육과 징계 정책에서의 개혁은 반드시 선행되어야 하며, 아프리카계 미국인들이 그러한 개혁이 현실임을 믿을 기회를 갖도록 그들을 백인 사회로 끌어들이는 조치들도 함께 진행되어야 한다.

그러나 그런 유인책만으로는 충분하지 않다. 진정으로 흑백이 통합된 지역사회를 이루기 위해서는 아프리카계 미국인들 역시 큰 위험을 무릅써야 한다. 한 명망 있는 법무법인의 변호사 한 명이 왜 내가 지지하는 통합에 반대하는지를 내게 설명한 적이 있었다. "나는 중산층 아프리카계 미국인 전문직 여성입니다. 나는 내가 편안하게 생활할 수 있는 곳에서 살고 싶어요. 내가 원하는 헤어스타일이 무엇인지 아는 미용실이 있고, 마음 편히 교회에 갈 수 있고, 내가 좋아하는 채소인 콜라드 그린을 살 수 있는 슈퍼마켓이 있는 그런 동네에서 살기를 원합니다."

어떤 부유한 중산층 교외 지역도 하룻밤 사이에 갑자기 흑백이 완전하게 통합된 동네로 바뀔 수는 없다. 따라서 내 변호사 친구가 지금 당장 교외에 있는 한 백인 동네로 이사를 간다면, 그가 찾는 미용사나 교회, 슈퍼마켓을 찾을 수 없음은 자명하다. 그러나 그 지역이 흑인과 백인이 잘 어울려 사는 동네로 바뀌기만 한다면, 아프리카계 미국인 전문 미용실도 문을 열 것이고, 슈퍼마켓에서는 콜라드그린을 진열해 놓을 것이다. 그래서 처음에는 어쩌면 교회에 가기 위해 옛날 동네를 다시 찾아야 할지도 모른다. 흑인과 백인이 차별 없이 통합된 사회를 만들기 위해 그와 그 자녀들뿐 아니라, 우리 국민 모두가 이런 값비싼 대가를 치를 수도 있다.

오늘날 많은 백인 중산층 동네의 슈퍼마켓 진열대에는 그 지역에 여전히 소수민족으로 남아 있는 유대인과 이탈리아인, 그리고 아시아인들이 즐겨 먹는 전통 식품들이 놓여 있다. 이 식품들은 처음에 그들 집단이 그곳에 왔을 때는 동네 가게에서 팔지 않던 것이었다. 따라서 누군가는 맨 앞에 서서 나아가야 한다. 앞서 말했던 그 변호사는 앞줄에 서고 싶지 않을지도 모른다. 그리고 그것이 그의 선택이라면 그럴 필요도 없다. 그러나 법적으로 공인된 흑백 분리 때문에 영속화되는 경제적, 사회적, 정치적 문제들을 풀기 위해서는 누군가가 앞장서서 나아가야 할 것이다. 누구라도 흑인 동네에 그냥 살기를 원하는 사람을 강제로 내쫓아내서는 안 되지만, 정부는 사람들이 유해한 행동을 하지 않도록 설득하기 위해 여러 우대책을 내놓는다. 그런 예로 담배에 무거운 세금을 부과하기도 하고, 고용인들이 자발적으로 퇴직연금에 가입하도록 정부가 보조금을 지급하기도 하며 카풀을 하려는 통근자들에게 추월 차선을 내주기도 한다. 이와 마찬가지로 흑인과 백인이 통합된 동네를 선택하기로 한 흑인 가정에는 다양한 우대 조치들을 제공해서 그들이 그곳에서 잘 지낼 수 있도록 뒷받침해야 한다. 물론 그러한 우대 조치를 거부하고 기존의 흑인 동네에서 그냥 사는 것을 선택하는 아프리카계 미국인들도 있을 수 있다. 하지만 정부는 그들이 더 빨리 생각을 바꿀 수 있도록 여건을 조성해야 한다.

흑인과 백인이 진정으로 통합되고 노예제를 나타내는 모든 "증명서와 부대조건"이 완전히 근절된다면, 오늘날 일부 지역의 유대인, 이탈리아인, 중국인 같은 소수민족 집단의 인구 비율이 평균 이상인 것과 마찬가지로, 아프리카계 미국인의 인구 비율이 평균 이상인 지역들도 확실히 생겨날 것이다. 그러나 그것은 오늘날 우리의 많은 도시와 교외 지역을 특징짓는 흑백 주거 구역 분리의 형태들과는 전혀 다른 종류의 대도시 배치 형태가 될 것이다.

왜 당신은 자꾸 우리가 헌법을 위배한 사항들을 해결해야 할 의무가 있다는 것만 강조하는가? 그보다는 모든 사람이 다양성을 갖춘 사회에서 혜택을 입을 수 있는 기회라는 점을 보여 줘야 하지 않은가?

그 말도 일리가 있다. 하지만 흑백 분리 폐지가 오로지 모두에게 혜택만 줄 거라고 생각한다면 그건 착각이다. 그 때문에 치러야 할 비용도 있다. 일부에게는 상당히 큰 비용일 수도 있다.

당연한 것이지만, 우리가 섹션 8과 저소득층 주택 세액공제 제도를 써서 저소득층 아프리카계 미국인 가정들을 중산층 동네로 이주시키는 데 성공한다면, 그 동네에 범죄가 늘어날 수도 있다. 물론 그것은 폭력 범죄보다는 사소한 것일 가능성이 크다. 그리고 과거 아프리카계 미국인들을 동네에서 강제로 내쫓기 위해 백인들이 그들에게 가했던 폭력에 비하면 아무 것도 아닐 것이다. 그럼에도 불구하고, 흑백 분리 철폐가 아무 희생 없이 거저 주어지는 것처럼 행동했다가는 중산층 동네의 주민들이 나중에 속았다는 것을 깨닫는 순간 역풍을 맞게 된다. 그렇다고 모든 아프리카계 미국인 청년들이 모범 시민이 될 때까지 흑백 통합을 미룰 수는 없는 노릇이다.

부유한 교외 주택가는 흑백 주거 통합 이후에 집값 하락을 맞을 수도 있다. 백인만 사는 부자 동네라는 인종적, 경제적 속물근성은 오늘날 미국에서 높은 집값을 형성하는 요소 가운데 하나이기 때문이다.

아프리카계 미국인들이 백인 동네에 정착하도록 돕기 위해 장려금을 지원하는 데는 상당한 비용이 소요될 것이다. 저소득층 아이들을 상위 중산층 학교에 다니게 하려면, 그들을 위한 특별 지도 상담과 보충 학습 프로그램 운영에 필요한 예산을 확보해야 하기 때문에 세금을 더 많이 걷거나 선택 교육 프로그램들을 중단해야 할지도 모른다. 백인 학부모들에게 흑백 통합으로 이런 일들이 일어날 수 있음을 알리지 않았다가 나중에 이런 막대한 비용 소요가 발생한다는 사실을 눈으로 확인하게 되면, 그들은 격분하지 않을 수 없을 것이다.

차별 철폐를 위한 인종 할당제affirmative action(미국 내 다양한 사회적 소수자에게 대학 입학과 취업, 진급에서 우대 조치를 제공함으로써 과거의 차별과 불이익을 시정하려는 정책으로, 소수인종 우대 정책 또는 적극적 우대 조치로도 부른다.—옮긴이)는 국가가 지원한 흑백 분리의 유산 문제를 처리하기 위한 합리적인 방안이다. 선조 때부터 게토 지역에 갇혀 사는 바람에 그들이 누려야 할 다양한 기회를 박탈당해 온 아프리카계 미국인들에게, 일자리와 교육 기회에 접근할 수 있도록 정부가 일부 보상을 제공하는 것은 어찌 보면 당연한 일이다. 하버드법학대학원의 랜들 케네디 교수는 저서 『차별에 대하여*For Discrimination*』에서 버락 오바마가 그의 자서전 『담대한 희망』을 통해 인종 할당제가 "백인 학생들의 기회를 줄이지 않고도 능력 있는 소수자들에게 그동안 닫혀 있었던 문을 활짝 열 수 있다"고 주장한 것을 비웃었다. 케네디는 이렇게 말한다. "어떻게 그것이 가능할 수 있을까?" 대학 정원은 정해져 있는데, 인종 할당제를 통해 전에는 꿈도 못 꾸었을 대학에 아프리카계 미국인 학생들이 아무리 적은 수일 망정 진학하게 된다면, 그 혜택을 받지 못한 그만큼의 지원자들은 탈락할 수밖에 없다. 할당된 인원의 제한 때문에 그 수효가 대학에 떨어진 수많은 자격 있는 지원자들의 수에 비하면 상대적으로 아주 적을지 모르지만, 누군가는 그 제도 때문에 피해를 보아야 한다.

이런 희생이 뒤따른다는 것을 사람들에게 명확하게 인식시키지 않을 경우, 인종 할당제를 반대하는 사람들의 목소리는 때때로 매우 거칠고 과장된 형태로 나타나기도 한다. 아프리카계 미국인 학생들에게 아주 작은 우대 점수를 부여하는 텍사스대학의 입학 전형의 적법성과 관련해서 최근에 연방대법원에 소송이 제기된 것이 바로 그런 전형적인 예다. 소송을 제기한 애비게일 피셔는 입학 허가를 받은 아프리카계 미국인 학생들보다 입학 성적이 낮은 백인 지원자였다. 인종 할당제로 인해 소수의 백인들이 자리를 내주어야 한다는 것을 사람들에게 인식시키는 데 실패함으로써, 일류 대학에 지원했다 떨어진 백인 학생들 모두가 자신의 탈락이 인종 할당제 탓이며, 자신이 그 희생자라고 느끼게 만들었다.[5]

흑백 분리 철폐의 손익은 어느 것도 공정하게 배분될 수 없다. 인종 할당제의 혜택을 입고 있는 아프리카계 미국인들은 흑백 주거 구역 분리 때문에 그 제도를 가장 필요로 하는 사람들이 아닐 수도 있다. 인종 할당제가 없었다면 합격했을 일류 대학에 떨어진 백인 학생들은 또 어쩌면 흑백 주거 구역 분리의 유산 덕분에 대학에 들어갈 특권을 부여받은 바로 그런 학생들이 아닐지도 모른다.

우리 사법 체계는 어떤 문제에 대한 보상을 생각할 때, 보상해야 하는 사람은 얼마만큼 그것에 대한 책임이 있고, 보상을 받아야 하는 사람은 그것 때문에 얼마만큼 피해를 입었는지에 대해서 정확하게 형평을 맞추려고 한다. 법적으로 공인된 흑백 주거 구역 분리 문제는 이러한 원칙을 충족시키기에는 너무도 큰 역사적 과오다. 이 문제를 해결할 방법들 가운데 모두에게 이익이 되거나 모든 것을 깔끔하게 정리할 수 있는 묘책은 없다. 이로 인해 훼손된 헌법적 가치를 다시 회복시키기 어려울 정도로 우리가 이 문제를 궁지로 몰아넣었다. 흑백 주거 구역 분리를 철폐하고 통합하는 것은 확실히 백인이든 아프리카계 미국인이든 우리 모두에게 유익할 것이다. 하지만 그에 따른 희생도 발생할 것이고, 우리는 그 희생 또한 우리가 지켜야 할 헌법상의 의무 가운데 하나임을 받아들여야 한다. 그렇지 않으면, 흑백 주거 통합은 성공할 가능성이 높지 않다.

왜 우리가 진보적이라고 생각하는 정치 지도자들이 흑인 분리를 촉진하는 정책을 펼쳤을까? 윌슨 행정부에서 프랭클린 루스벨트 행정부에 이르기까지 그들로 하여금 흑백 주거 구역 분리 정책을 추진하게 만든 동기는 무엇이었나? 정치적 편의주의 때문이었을까, 아니면 그들 개인이 심각한 편견에 사로잡혔기 때문이었을까?

둘 다 조금씩은 관련이 있었다. 프랭클린 루스벨트와 해리 트루먼 행정부는 백인우월주의에 빠져 있는 남부 민주당 지지자들의 뒷받침 없이는 진보적인 경제 정책을 입법하고 시행할 수 없었다. 루스벨트 대통령은 처음 두 차례 임기 동안 텍사스주의 인종차별주의자 존 낸스 가너를 부통령 후보로 지명했다. 그리고 그를 통해 적어도 집권 초기에는 백인 편향적인 정책들을 뒷받침하면서 민주당의 결속을 지켰다.[6]

하지만 그러한 정치적 편의주의 말고도 또 다른 이유가 있었다. 루스벨트 대통령의 중추 집권 세력 중에는 언론 담당 비서관 스티브 얼리가 있었는데, 그는 대통령의 발표문에 인종 분리에 반대하는 진보적인 목소리가 들어가는 것을 전혀 용납하지 않을 정도로 철저한 인종분리주의자였다. 사우스캐롤라이나주의 인종분리주의자인 제임스 번즈 상원의원도 루스벨트의 가장 가까운 측근(나중에 트루먼 대통령의 측근이 됨) 가운데 한 명이었고, 루스벨트는 그를 연방대법관에 임명했다. 번즈는 그로부터 딱 1년 뒤에 행정부의 다른 요직을 맡기 위해 연방대법관 자리에서 사임했다. 1954년 연방대법원에서 학교에서의 인종 분리에 대한 판결을 심의하고 있을 때 번즈가 연방대법관으로 그대로 남아 있었다면, 당시 연방대법원장이었던 얼 워런은 '브라운 대 교육위원회' 판결에 대한 자신의 소견을 연방대법관 8명 모두에게 설득시키기 무척 어려웠을 것이다. 번즈는 당시 사우스캐롤라이나주 주지사였고 그러한 판결에 반대하는 남부 지역의 지도자로 성장한 상태였기 때문이다.

남부뿐 아니라 북부의 뉴딜 관련 관료들도 아프리카계 미국인의 복리에 대해서는 거의 신경을 쓰지 않았다. 20세기의 3분의 2가 지날 때까지, 미국의 국가 지도자들은 대부분 백인에다 앵글로색슨족이며 프로테스탄트인 남성에만 국한되어 있었고, 나머지 다른 인종이나 종교를 가진 사람들에 대해서는 대개 업신여겼다. 1960년 가톨릭 신자인 존 F. 케네디가 대통령 선거에 출마했을 때, 프로테스탄트들은 큰 거부감을 보였다. 그가 선거에서 가까스로 승리를 거둔 것은 그런 이유 때문에 미국 역사의 분수령을 이루는 사건이었다. 케네디의 대통령 당선은 아마도 버락 오바마의 당선보다 더, 그동안 미국의 정치권력을 독점해오다시피 해 온 프로테스탄트 지배층에 커다란 균열을 일으킨 사건이라고 할 수 있다.[7]

이러한 미국 지배층의 편협한 태도는 단순히 사회 계급에 기반을 둔 것이 아니라, 인종에 대한 선입견이 크게 작용했다. 그 결과, 연방주택관리국(FHA) 관리들을 가장 분개하게 만든 것은 하층민이 아닌 중산층 아프리카계 미국인이 백인 중산층과 어깨를 나란히 하는 것이었다. 1939년, FHA에 부동산 감정평가사들을 공급한 전미부동산중개인협회는 주 정부의 면허 시험을 준비하는 예비 부동산 중개인들이 공부할 교본을 만들었다. 그 교본에는 부동산 중개인들에게 "자기 자식들에게 대학 교육을 시키고 있고, 스스로 백인들과 동등하게 살 자격이 있다고 생각하는 흑인 자산가"를 조심하라고 경고하는 내용이 들어 있었다.[8]

흑인들의 성공 여부는 흑인에게 더 많은 책임이 있지 않은가? 흑인들이 사는 동네는 범죄율이 높다. 그래서 백인들은 자기 동네에 아프리카계 미국인들이 범죄를 몰고 오는 것을 원치 않기 때문에 흑백 통합을 반대할 것이다. 흑인 청소년들은 일자리가 있더라도 범죄 조직에 가담해서 마약을 팔 것이다. 인종 통합을 생각하기 전에 흑인들의 게토 문화를 먼저 바꾸는 것이 순서가 아닐까?

혹인이든, 백인이든, 인종을 불문하고 모든 이의 성공 여부는 당연히 스스로에게 더 큰 책임이 있다. 아프리카계 미국인도 예외가 아니며, 백인 미국인도 마찬가지다. 여기에 동의한다면, 몇 가지 사실들을 살펴보자.

대다수 아프리카계 미국인 청년은 자기 성공 여부에 책임이 있다.

그들 중 많은 이가 성공하기 위해서 남들보다 "두 배 더 열심히" 노력
한다. 이러한 그들의 책임감과 그에 더해진 노력은 자주 그에 응당한
대가를 보상받는다. 비록 그 보상이 백인의 경우보다는 작을지라도 말
이다. 2014년, 25~29세 사이인 아프리카계 미국인 가운데 남성 21퍼센
트와 여성 24퍼센트가 대학을 졸업했다. 고등학교를 졸업한 흑인의 비
율은 90퍼센트를 넘었다. 이것은 그동안 소수의 아프리카계 미국인이
저지르는 반사회적 행동을 집중 조명한 행위가 사실은 다수의 아프리
카계 미국인을 백인 사회에 통합하기 위한 조치를 취하지 않는 것을 변
명하기 위한 매우 편리한 방법이었음을 보여 준다.[9]

저소득층 아프리카계 미국인 동네에 살고 있는 청년과 청소년들을
대거 감옥으로 보낸 이른바 "마약과의 전쟁"은 1970년대에 시작되었
다. 그 상황이 현재까지 이어진다고 본다면, 오늘날 태어난 아프리카계
미국인 남성 3명 가운데 1명꼴로 인생의 일정 기간을 감옥에서 보내야
할 것으로 예상할 수 있다. 이런 예측을 고려할 때, 현재 아프리카계 미
국인들이 대학을 나온 비율이 그렇게 높다는 것은 놀라운 일이 아닐 수
없다.[10]

미셸 알렉산더가 중요한 저서 『새로운 흑인 차별 정책: 인종차별
이 없는 시대의 대량 투옥*The New Jim Crow: Mass Carceration in the Age of
Colorblindness*』에서 언급한 것처럼, 아프리카계 미국인 남성 청년이 마
약을 사용하거나 거래할 가능성은 백인 남성 청년보다 더 낮지만, 그들
이 마약 사용이나 거래로 체포될 가능성은 더 높다. 아프리카계 미국인
들은 일단 체포되면, 유죄판결을 받을 가능성이 높고, 유죄판결을 받으

면 오랜 기간 감옥에 갇혀 있을 가능성이 높다. 방향지시등을 켜지 않고 차선을 바꾸는 아프리카계 미국인 운전자가 그런 백인 운전자보다 더 많을 가능성은 별로 없다. 하지만 그렇게 할 경우 경찰이 차를 세울 가능성이 더 높고, 일단 차를 세우고 나면 벌금을 내지 못해 징역살이를 할 가능성을 포함해 형사처벌을 받을 가능성이 높은 쪽은 아프리카계 미국인이다. 미주리주 퍼거슨시의 경찰 관행에 대한 법무부의 조사에 따르면, 그곳 경찰은 백인 운전자보다 아프리카계 미국인 운전자의 자동차를 더 자주 불러 세우는데, 그렇게 정차해서 조사를 받은 운전자 가운데 불법 마약을 소지한 경우는 아프리카계 미국인보다 백인이 더 많았다. 따라서 경찰이 마약 소지를 적발할 가능성을 높이려 했다면, 흑인 동네보다는 백인 동네에서 "검문검색"을 강화하는 편이 더 나았을 것이다.

저소득층 아프리카계 미국인 동네에서 폭력범이 아닌 범죄자로 수감될 경우, 그 여파는 여러 세대에 걸쳐 큰 영향을 끼친다. 부모의 부재는 아동의 초기 성장, 발달과 학업 성취도에 악영향을 준다. 젊은 나이에 감옥을 갔다 오면, 아무리 짧은 기간일지라도(대개는 짧지 않지만), 그들은 일생 동안 2류 시민의 낙인이 찍힌 채 살아야 하며, 투표권을 잃을 수도 있고, 공영주택에서 쫓겨날 수 있으며, 정부가 지급하는 식료품 할인 구매권도 받지 못하게 될 수 있다. 또 가족 관계가 돌이킬 수 없이 파탄 나거나 가족들이 뿔뿔이 흩어질 가능성이 높다. 기업에서는 대부분 그들을 고용하지 않는다. 사회에서 적당한 일자리를 찾지 못한 그들은 먹고 살기 위해 결국 지하경제로 편입되어 범죄에 쉽게 노출되

고, 감옥을 들락날락하는 신세로 전락한다.[11]

우리가 행동만 바꾸면 사회 전반에 책임이 있는 게토 지역의 열악한 제반 조건을 상당 부분 극복할 수 있다고 지나치게 강조하지 말아야 한다. 납중독 사태가 그 예다. 미 전역에 걸쳐, 혈중 납 수치가 아이들을 돌이킬 수 없는 위험에 빠뜨릴 수준으로 높은 아프리카계 미국인 아이들의 수는 백인 아이들의 두 배에 이른다. 아프리카계 미국인들이 갇혀 사는 동네의 주택들이 대개 노후화되었기 때문이다. 집이나 학교의 담벼락에서 벗겨져 나간 페인트에 납이 함유되어 있었고, 그 지역에 식수를 공급하는 수도관들이 납으로 만든 것이었다. 뇌에 납이 축적되면 (필요한 칼슘 공급이 막혀서) 아이들의 자기 통제력이 떨어지게 된다. 납중독에 걸린 아이들이 10대가 되면 위험한 충동에 빠지기 쉬워지고, 청년으로 성장하면 더 큰 폭력이나 범죄 행위를 자행할 가능성이 높아진다. 따라서 2014년과 2015년에 납에 오염된 수돗물을 마신 미시간주 플린트시의 아이들(대부분이 아프리카계 미국인)이 사춘기 혹은 막 성인이 되는 시기에 그 지역에서 폭력 사건이 증가할 거라는 예상은 나름대로 합리적일 수 있다.[12]

모든 아프리카계 미국인 청년들이 인종 때문에 서로 대립하고 멀리하는 태도에 반대한다면 확실히 상황은 더 좋아질 것이다. 그러나 우리모두에게 그런 태도를 북돋우는 정치와 경제 제도의 개혁이 반드시 필요하다. 이 모든 것은 어느 것이 먼저라고 할 것 없이 동시에 이뤄져야 한다.

아프리카계 미국인들이 게토 지역을 탈출하지 못하는 진짜 이유는 미혼모가 너무 많아서 그들이 자식들을 제대로 키우지 못하거나 키울 수 없기 때문이 아닐까? 따라서 우리는 그들이 아이들을 제대로 양육할 수 있도록 정식 결혼 때까지 임신을 미루도록 권장해야 하지 않을까?

이 나라를 흑백으로 분리한 정부 정책은 주로 아프리카계 미국인 노동계급이나 중산층에 자녀를 둔 양兩부모 가정에 초점이 맞추어져 있었다. 밀피타스에서 거부당한 프랭크 스티븐슨과 그의 가족, 레빗타운에 사는 것이 금지된 빈스와 로버트 메러데이 부부와 그 가족들, 소유권을 가진 집에 들어가 살려고 했을 때 경찰의 묵인하에 폭력의 위험에 직면했던 윌버와 보리스 게리 부부, 빌과 데이지 마이어스 부부, 앤드루와 샬럿 부부 등 많은 가족은 미혼 한부모 가정이 아니었다. 흑백 통합을 반대하는 이유로 미혼모를 거론하는 것은 흑백 통합을 위한 활동을 하지 않은 것을 합리화하기 위해 나중에 만들어 낸 생각이다.

아프리카계 미국인 여성들의 출산율은 계속해서 하락해 왔다. 성인 여성보다 10대 여성들의 출산율 하락이 훨씬 더 빠르다. 피임 교육 확대는 첫 임신의 시기를 늦추는 데 기여했다. 미혼 여성들의 직장 생활에 대한 기대를 높이는 학교 프로그램들도 생겨나고 있다. 그러나 흑인 여성이든 백인 여성이든 자발적 임신을 무한정 늦추지는 않을 것이다. 그들이 아이를 갖기로 마음을 먹을 때, 그것은 윤리나 교육으로 억제될 수 없다. 저소득층 아프리카계 미국인 사회의 미혼모 비율이 높은 것은 대개 젊은 성인 여성의 결혼 대상이 될 남성이 부족하기 때문이다. 지

나치게 많은, 젊은 흑인 남성이 감옥에 가거나 일자리를 얻지 못한 탓이다.[13]

우리는 결혼을 낭만적 언약으로 생각할지 모르지만, 결혼은 경제적 제도이기도 하다. 양부모 가족은 부모가 모두 돈을 벌기 때문에 아이들을 부양하고 양육할 더 높은 소득을 올릴 수 있다. 최근 조사에 따르면, 인종을 불문하고 결혼하기를 원했지만 못한 여성의 78퍼센트는 안정된 일자리를 가진 배우자를 찾고 있었다. 안정된 직업은 신앙이나 자녀 양육 철학, 교육 수준, 인종 등보다 훨씬 더 중요한 조건이었다. 만일 한 지역사회에서 젊은 남성들의 실업률이 높으면(혹은, 이들에게 보수가 낮은 일자리밖에 없으면), 그런 자식을 둔 어머니들은 그들을 굳이 결혼시키고 싶지 않을 것이다. 오늘날 25세와 34세 사이인 아프리카계 미국인들 가운데 여성 100명당 취업한 남성은 51명에 불과하다. 반면에, 백인, 아시아계, 라틴아메리카계 미국인의 경우는 취업한 남성 수가 같은 또래 여성의 수와 거의 일치한다. 아프리카계 미국인 동네에서 범죄 기록이 없는 취업 남성의 수가 늘어나지 않는 한, 제대로 된 자식 부양과 양육 수단 없이 임신하는 여성의 수를 줄이기는 어려울 것이다.[14]

백인 여성들 사이에도 미혼모 출산율이 증가하고 있지만, 그들은 스스로 자녀 양육에 필요한 지원을 얻을 자원들이 있다. 또한 결혼 없이 아이의 아버지와 동거하는 경우는 흑인 여성보다 백인 여성이 더 많다. 하지만 이런 동거 방식은 백인들 사이에서 결혼으로 양부모 가정을 이루는 방식보다 더 빠르게 감소하고 있다.

백인의 특이한 인종 편향—백인 남성보다 백인 여성이 흑인 파트너와 결혼하는 경향이 더 높다—은 문제를 더욱 악화시킨다. 2010년에 결혼한 아프리카계 미국인 남성 가운데 아프리카계 미국인이 아닌 여성과 결혼한 비율은 24퍼센트였다. 반면에, 같은 해 결혼한 아프리카계 미국인 여성 가운데 아프리카계 미국인이 아닌 남성과 결혼한 비율은 9퍼센트에 불과했다. 이 독특한 인종과 민족 집단 사이의 불균형은 흑인과 백인 사이의 결혼이 오늘날보다 훨씬 적었던 20세기 초부터 일관되게 나타난 현상이었다. 이러한 흑인과 백인 사이의 결혼 성향이 젠더에 따라 다르게 나타나는 현상과 더불어 앞서 언급한 결혼 적령기의 젊은 아프리카계 미국인 남성들의 높은 투옥율과 실업률은 오늘날 아프리카계 미국인 미혼모의 수가 여전히 높은 수준을 유지하고 있는 이유를 잘 설명해 준다.[15]

저소득층 아프리카계 미국인 엄마들에게 아이를 보살필 방법을 가르치는 좋은 교육 프로그램들이 있지만, 의회는 아주 형식적 수준에 불과한 지원 말고는 자금을 제공하지 않았다. 아프리카계 미국인 여성들이 더 좋은 엄마가 될 때까지 그들이 중산층 동네로 통합되는 것을 지원할 수 없고, 그래서 그들이 원하고 필요로 하는 자원을 제공하지 못한다고 말하는 것은 다소 냉소적이다. 우리 중 어느 누구도 충분히 교육받지 못한 모든 저소득층 엄마들이 양육 기술을 체득할 때까지 대도시 지역에서 백인과 흑인이 서로 함께 어우러져 사는 것을 미루어야 한다고 주장할 권리를 갖고 있지 않다. 중산층 백인들이라고 모두 완벽한 양육자는 아니다. 자녀가 성공하려면 어머니는 절반 몫만 해내면 된다.

당신은 왜 아프리카계 미국인에 대해서만 이야기하는가? 다른 소수집단 사람들도 마찬가지로 차별을 직면하고 있지 않은가? 라틴아메리카계 미국인들도 백인과 분리된 동네에 살고 있지 않은가?

우리는 서로 명확하게 다른 두 개의 문제를 쉽게 혼동한다. 그중 하나는 이 책의 주제가 아직까지 해결되지 않은, 법적으로 공인된 아프리카계 미국인에 대한 백인과의 주거 구역 분리 문제라는 사실이다. 나머지 하나는 미국의 많은 중산층 지역에서 모든 인종과 민족의 가정이 감당할 수 없을 정도로 비싼 집값과 임대료를 포함해 경제적 불평등이 심화되고 있다는 사실이다.

비록 역사적으로 미국 정부가 차별을 구조화했고, 아프리카계 미국인 말고 다른 소수민족 집단, 예컨대 라틴아메리카계, 중국계, 일본계 미국인들과의 주거 구역 분리도 체계적으로 추진했지만, 아프리카계 미국인들이 겪은 법적으로 인정된 백인과의 주거 구역 분리에 비하면, 그 정도가 약하고 대개가 먼 옛날의 일이다.

1세대와 2세대 라틴아메리카계 미국인들(대부분이 멕시코 출신이지만 다른 라틴아메리카 국가 출신들도 있다)은 주로 저소득층 동네에 모여 살고 있다. 하지만 대개의 경우, 그들 가운데 백인들의 사적인 차별이나 그들을 격리하기 위해 고안된 정부 정책 때문에 그런 동네에 강제로 살도록 "분리"된 사람들은 거의 없었다.

처음 몇 세대 동안 저소득층 이민자들은 모국어를 자유롭게 말할 수 있고, 친근한 고향의 음식을 접할 수 있고, 같은 민족끼리 모이는 교회가 가까이에 있고, 과밀한 아파트보다 집세가 싼 소수민족 집단 거주지에 항상 모여 살았다. 이것은 기술은 없지만 경제적 안정을 이루고 자식들에게 더 나은 삶을 보장하기 위해 저임금에도 열심히 일할 생각으로 미국에 온 아일랜드인, 유대인, 이탈리아인, 폴란드인, 그리스인을 비롯한 모든 이민자 집단의 역사였다. 그러지 않고는 살 수 없었다. 기술도 없고 교육 수준도 낮은 이민자들이 낯선 이국땅에서 곧바로 원주민들이 사는 동네로 흩어져 살 경우, 생존이 힘들었을 것은 뻔한 일이다. 3세대 이상의 이민자 후손들은 대개 집단 거주지를 떠나 더 넓은 미국 사회로 동화되었다. 그런 동화가 그들의 문화적 정체성을 잃는 것을 의미하지는 않는다. 하지만 이들 후손 세대는 자신들의 주된 정체성을 미국인으로 확고히 했다.

이러한 패턴은 20세기 라틴아메리카계 미국 이민자들에게도 상당 부분 일치하는 내용이다. 이민자들을 세대별로 분석하는 자료가 드물게 있기는 하지만, 이 결론을 뒷받침할 만한 것은 거의 없다. 예컨대, 2010년에 결혼한 라틴아메리카계 미국인들 가운데 라틴아메리카계가 아닌 미국인과 결혼한 비율은 26퍼센트였다. 미국에서 태어난 라틴아메리카계 이민자 2세 이상의 경우로 한정할 경우 그 비율은 36퍼센트로 늘어났다. 오늘날 이민자 3세 이상의 후손들로 다시 살펴본다면, 그 비율은 아마도 40퍼센트를 넘을 가능성이 높다. 그러나 수백 년을 미국인으로 살아온 흑인 가정과 관련된 데이터는 그것과 꽤 다르다. 오늘날 아프리카계 미국인이 다른 인종과 결혼하는 비율은 라틴아메리카계의 경우에 절반도 안 된다.[16]

일부 연구들은 오늘날 라틴아메리카계 미국인(특히 멕시코계)의 교육과 경제 수준의 상승은 이민자 2세 이후부터 "교착상태"에 빠지면서, 이민자들은 현재 "백인" 중산층 계급에 편입되지 못하고 있다고 결론내린다. 하지만 이 연구들은 응답자들에게 그들이 "백인"인지, "아프리카계"인지, "라틴아메리카계"인지, "아시아계"(또는 그 밖의 다른 범주)인지 묻는 설문조사를 기반으로 한 분석이기 때문에 그 결과를 신뢰하기가 어렵다. 만일 라틴아메리카계 이민자 3세 이상인 응답자들이 자신이 "백인"이라고 답하면, 그들의 교육 및 소득 수준과 관련된 데이터는 "라틴아메리카계 미국인" 범주에 들어가지 않는다. 미국 문화에 가장 많이 동화된 멕시코계 이민자 후손들—대부분 교육 수준과 소득수준이 높고 라틴아메리카계가 아닌 미국인과 결혼한 사람들—은 자신을 라틴아메리카계라고 여기지 않을 가능성이 높다. 따라서 그 연구 결과는 라틴아메리카계 이민자 3세 이상의 세대들이 미국 사회에 이미 동화된 현실을 제대로 반영하지 못했다고 볼 수밖에 없다.[17]

멕시코계 이민자, 멕시코계 미국인, 푸에르토리코인들도 때때로 합법적 탈을 쓴 정부 정책에 의해 백인과 강제로 분리되는 수모를 겪었다. 그들은 경찰에게 짐승 취급을 당했고, 백인 식당과 소매점, 유흥 시설에 들어갈 수 없었고, 군대에서는 학대에 시달렸다. 어떤 경우, 특히 텍사스주에서 그들은 백인이 다니는 학교에 들어갈 수 없었다. 오늘날 열악한 주거 환경과 빈곤이 가득한 동네에 살고 있는 많은 저소득층 라틴아메리카계 미국인 청년은 아프리카계 미국인 청년들이 경찰과 지독한 대립 관계를 맺을 수밖에 없는 것과 거의 같은 이유로 지역의 경찰들과 대립하고 있다.

멕시코계 이민자와 푸에르토리코인에 대한 우리의 대우가 때때로 아무리 끔찍하다고 해도, 아프리카계 미국인에 대한 대우와는 비교할 수가 없다. 많은 지역사회에서 배타적 주택 지구 지정 조례는 아프리카계 미국인뿐 아니라 라틴아메리카계 미국인에게도 (그리고 유대인이나 아일랜드인, 아시아인 같은 "백인인 아닌 인종의 사람들"에게도 빈번하게) 주택 거래를 금지했다. 그러나 법원에서는 종종 멕시코계 미국인을 "백인종"으로 간주해서 그러한 배타적 구역 설정 조례의 적용 대상에서 제외하는 판결을 내리곤 했다. 20세기가 지나가면서 아프리카계 미국인을 빼고 모든 다른 소수민족 집단에 대한 주택과 거주의 제한들은 해제되었다. 오직 아프리카계 미국인에 대해서만 그렇게 긴 세월 동안 아주 철저한 억압 속에서 조직적으로 헌법적 권리를 침해하는 주거 구역 분리의 차별이 가해졌다. 따라서 그들이 처한 조건과 환경을 타파하기 위해서는 강력한 헌법상의 구제책이 나와야 한다.[18]

라틴아메리카계 미국인이 여전히 차별 대우를 받고 있으며 그런 차별 중 일부는 매우 심각하다는 것도 분명한 사실이다. 두 언어 병용 교육 프로그램이 저소득층 이민 가정 아이들이 영어를 자연스럽게 습득할 수 있도록 도와줌에도 불구하고, 언어가 태어난 곳의 환경과 밀접한 관련이 있다는 생득주의 관점은 이러한 입증된 교육법의 활용을 엄격하게 제한했다. 지금도 여전히 집을 사거나 임차하려는 라틴아메리카계 이민자 4명 가운데 1명이 부동산 중개인이나 집주인으로부터 차별을 받고 있다. 어떤 경우에는 지자체 공무원들이 라틴아메리카계 이민자 가구에 대해서 선택적으로 건축법을 강제 적용한다. 규제 감독 기관들이 지켜보는 가운데, 은행들은 아프리카계 미국인 가정에 한 것과 마찬가지로 라틴아메리카계 미국인 가정에도 비우량 주택담보대출 상품을 널리 홍보했다.[19]

비록 여러 면에서 저소득층 라틴아메리카계 이민자들이 겪는 일들이 초기 유럽계 이민자 집단들의 경험과 유사하다 할지라도, 유럽계 이민자 집단은 미국이 번영을 누렸던 기간을 백인과 함께 공유했다. 제2차 세계대전에 참전했던 유럽계 이민자와 그 후손들은 전쟁이 끝나고 고향으로 복귀한 뒤, 생산직 및 비관리직 노동자의 경우 25년 동안 연평균 2.3퍼센트 임금이 인상됐다. 이는 그들이 미국 중산층으로 확고하게 자리를 잡는 데 크게 기여했다. 하지만 1973년 이래로 생산직과 비관리직 노동자의 임금은 전혀 오르지 않았다. 이러한 추세는 법적으로 해결되지 못한 흑백 주거 구역 분리 문제와 함께 20세기 후반의 이민자들이 그 이전에 미국 땅을 밟은 선배 이민자들의 길을 답습하지 못하게 하는 원인일 수 있다.

미국의 대도시 지역의 경우, 라틴아메리카계 이민자 1세와 2세 가운데 많은 이가 가난한 저소득층 가정이 밀집해 있는 동네들에서 살고 있다. 좋은 사회복지 정책은 그들이 준비가 되는 대로 바로 그런 기회가 적은 동네들을 벗어날 수 있게 해야 한다. 섹션 8과 저소득층 주택 세액공제 같은 복지 정책이 오히려 아프리카계 미국인들을 매우 가난하고 자원이 없는 동네에 묶어 두는 것을 막기 위해 필요한 개혁 조치들이, 지금 라틴아메리카계 미국인 이민자들에게도 똑같이 이루어져야 한다.

저소득층 라틴아메리카계 이민자들이 더 큰 기회를 누릴 수 있게 하는 것은 건강한 사회복지 정책이다. 아프리카계 미국인들에게 더 큰 기회를 제공하는 것 또한 건강한 사회복지 정책인 것은 맞지만, 그러기 위해서는 합법적인 흑백 주거 구역 분리의 족쇄를 끊어 낼 헌법상의 구제책이 필요하다.

건강한 미국 사회를 이루기 위해 지금 우리에게 필요한 것은 아프리카계 미국인에 대한 흑백 주거 구역 분리 철폐와 모든 저소득층 가구가 더욱 평등하게 혜택을 누릴 수 있는 경제성장이다. 법적으로 공인된 흑백 주거 구역 분리와 봉쇄된 경제적 기회는 오늘날 미국 사회를 두드러지게 특징짓는 두 개의 커다란 문제다. 그 둘은 하나하나 신중하게 다루어야 할 문제들이다.

당신이 이야기하는 흑인과 백인이 함께 어우러져 사는 동네에 대한 모든 것은 결국 일종의 "사회공학"의 문제가 아닌가? 정부가 그런 변신을 위한 노력을 입법화하기 위해 애쓸 때, 종종 의도하지 않았던 해로운 결과들이 생기지 않는가?

흑백 주거 구역 분리 철폐는 미국 경찰이 아프리카계 미국인들을 계속해서 분리하고 경시할 수 있도록 합법적으로 보장한 연방정부와 주 정부, 그리고 지방자치체의 한 세기에 걸친 사회공학적 입장을 뒤집으려고 할 것이다. 지금까지 그런 과거의 사회공학에 대해 우려하는 백인들이 너무나 소수였기에, 오늘날 그런 이의를 제기하는 것이 다소 어색하다.

일부가 흑백 주거 구역 분리 철폐로 인한 의도치 않은 결과로 피해를 입을 수 있다는 불공정성이 존재한다고 해서, 아프리카계 미국인, 아니 우리 모두에게 닥치는 피해보다 그러한 불공정성을 더 걱정해서는 안 된다. 그러지 않고는 우리는 헌법의 조문과 정신에 맞지 않는, 흑인과 백인 주거지가 분리된 이 나라를 깨끗하게 정화할 수 없다.

오늘날 아프리카계 미국인들이 직면하고 있는 가장 큰 문제는 그들이 살던 동네가 고급 주택가로 바뀌고 있다는 사실이다. 이제 저소득층 가구가 가서 살 곳이 점점 사라지고 있다. 여기에 대해 우리가 할 수 있는 일은 무엇인가?

오늘날 고소득층 백인들이 도시 생활의 혜택을 재발견하기 시작하면서, 이전에 아프리카계 미국인과 이민자들이 살던 많은 동네에서 주택 수요가 증가하고 있다. 높은 임차료와 부동산세는 저소득층 가구들이 도심 주택가를 떠나지 않을 수 없게 만든다. 그들이 모두 떠나기 전 일정 기간 도시의 고급 주택가는 마치 흑백이 어울려 사는 동네가 된 것처럼 보인다. 하지만 이런 현상은 대개 일시적으로, 저소득층이 고소득층으로 완전히 대체될 때까지만 지속된다.

고급 주택지로 바뀌고 있는 동네에서 쫓겨 나갈 수밖에 없는 저소득층 가구는 대체로 흑인들만 사는 몇몇 교외 지역 말고는 갈 곳이 없다. 그 지역들에는 금방 저소득층 가구들이 집중적으로 모여들게 되는데, 다른 지역에서는 이들이 새로 집을 짓는 것을 금지하거나 지나치게 통제하기 때문이다. 중산층이 사는 교외 지역에 아파트가 있다고 해도, 도심 지역에서 쫓겨난 저소득층 가구들에게는 대개 집세가 너무 비싸다. 아니면, 집주인들은 섹션 8 바우처를 받지 않는다는 이유를 내세워 아프리카계와 라틴아메리카계 미국인들을 합법적으로 거부할 수 있다.

도심이 고급 주택지로 바뀌는 현상이 포용적 주택 지구 지정 정책과 결합된다면 모든 동네에 적절한 가격의 복지 주택을 제공할 수 있는 긍정적인 택지 개발이 가능할 것이다. 그러나 그런 정책은 거의 없거나 영향력이 크지 않다. 포용적 주택 지구 지정은 또한 현존하는 배타적 교외 지역에 적용되어야 하는 문제가 있다. 만일 그런 일이 일어난다면, 미국의 모든 동네는 흑인과 백인이 함께 어울려 사는 곳으로 빠르게 변모하게 될 것이다.

작가 타네히시 코츠는 우리가 아프리카계 미국인들에게 배상금을 지불해야 한다고 말한다. 당신이 이 책에서 제안하고 있는 것이 그것인가?

타네히시 코츠는 《디 애틀랜틱》에 기고한 여러 글에서 노예제와 인종 분리의 영향으로 지금도 여전히 고통 받고 있는 아프리카계 미국인들에 대한 "배상의 정당성"을 주장했다. 2016년 1월에 기고한 글에서 코츠는 미국에서 백인의 64퍼센트가 현재의 흑인과 백인 간 부의 격차의 원인으로서 인종 분리는 아주 "작은 요소"이거나 "전혀 관련이 없다"고 생각한다는 것을 보여 주는 설문조사 결과를 전했다. 미국인들이 이런 집단적 기억상실증을 극복하지 못하는 한, 특정한 제안을 논의하는 것은 무의미하다. 이런 기억상실증에서 깨어난 뒤에야 비로소 우리는 그러한 인종 분리의 유산을 어떻게 처리할지에 대해서 생산적인 대화를 나눌 수 있다.

나는 미국을 흑백으로 분리시킨 위헌적 조치들로 피해를 입은 아프리카계 미국인들, 더 나아가 모든 미국인들을 온전한 상태로 회복시킬 수 있는 정책들을 설명하기 위해 **배상금**보다는 **구제책**이라는 용어를 쓰는 것이 더 좋다고 생각한다. 나만 그렇게 느끼는 건지는 모르지만, 배상금이라는 말은 아프리카계 미국인들에게 그동안 착취당한 대가를 일회성으로 돈을 지급하고 끝내는 것처럼 들리기 때문이다.[20]

우리는 법적으로 인정된 흑백 주거 구역 분리로 인한 피해를 소송을 통해서 금전적으로 완전히 보상할 수 없다. 그보다는 미국인 전체의 정치적 합의를 통해 법제화 과정으로 이어져야 한다. 그러나 피해자를 온전한 상태로 회복시킨다는 의미를 담고 있는 **구제**라는 용어는 법조계에서 널리 쓰이는 개념이다. 내가 구제책이라는 용어 사용을 선호하는 또 다른 이유는 그 말이 금전적 배상을 수반하지 않는 정책들도 포함하고 있기 때문이다. 한때 아프리카계 미국인들의 거주가 금지되었던 교외 지역에 그들이 집을 살 수 있도록 정부 보조금을 지급하는 한편, 그 지역에 그들이 살 수 있는 적절한 집을 짓지 못하게 했던 배타적 주택 지구 지정 조례의 폐기도 요구해야 한다. 교육과 고용 부문에서의 "인종 할당제"를 법률상의 흑백 주거 구역 분리 문제를 해결하는 방법으로 헌법에 따라 요구해야 한다.

그러나 나는 코츠가 **배상금**이라는 용어를 선호하는 것에 대해서 다툴 생각이 없다. 많은 사람이 구제책이 아닌 배상금을 지급하는 정책을 따라야 한다고 생각한다면, 굳이 그것에 반대하지 않을 것이다. 중요한 것은 어떻게 정부가 앞장서서 위헌적인 법률상의 흑백 주거 구역 분리 체계를 만들어 냈는지를 온 국민이 이해하고 그것에 대해 공분을 느끼지 않는 한, 구제책이든 배상금이든 그것이 우리의 공공 의제로 오르지 않을 것이라는 사실이다.

당신의 주장은 완전히 비현실적이지 않은가? 연방대법원 대법관들은 결코 그것에 찬성하지 않을 것이다.

연방대법원이 "선거 결과를 따른다"는 의견은 너무 단순한 분석일 수 있다. 그러나 분명한 것은 연방대법원 대법관들이 기존의 어떤 문제를 새롭게 이해하게 되는 때는 사회 전반을 아우르는 정통한 의견 상당수가 그 문제를 새롭게 이해한 다음이라는 것이다. 비록 소송을 통해 배상금을 받아 내지 못한다고 해도, 법원이 해야 할 일이 있다. 예컨대, 의회가 "상생기부법Fair Share Plan(개인 소득에 따라 일정 부분을 자동으로 기부하는 공동 모금 방식.―옮긴이)"을 제정한다면, 반대자들은 그러한 정책이 "역차별"이며 수정헌법 제14조를 위반한다고 주장하며 이의를 제기할 것이다. 언젠가 연방대법원이 더 깨인 모습으로 변신한다면, 이런 주장을 기각하고 그 법안은 수정헌법 제13조 2항에 따라 즉,

노예제를 증명하는 모든 것을 폐기하도록 권한을 위임받은 의회의 정당한 권한 행사라고 판결을 내릴 날이 올 것이다. 노예제를 증명하는 것들 가운데 흑인과 백인 동네를 분리한 것만큼 중요한 문제는 없다.

그런 법원이 장차 우리 앞에 나타날지 말지는 전적으로 우리의 손에 달렸다.

감사의 말

지난 30년 동안 나는 이 책이 나오기까지 적극적인 후원을 아끼지 않은 경제정책연구소Economic Policy Institute, EPI와 밀접하게 교류할 특권을 누렸다. 미국에서의 흑백 주거 구역 분리 문제에 EPI가 세상에 밝히고자 애써 온 경제적 불평등의 기초가 되는 많은 부분이 담겨 있음을 나와 EPI 소장인 로렌스 미셸이 명확하게 인식하기 전부터 이와 관련된 내 연구에 대한 EPI의 지지는 확고했다. 그리고 무엇보다 이 책이 나오기까지 가장 큰 역할을 한 사람은 바로 래리 미셸이다. 그에게 먼저 큰 감사의 인사를 드린다.

래리 미셸을 비롯해서 EPI의 대외 홍보 담당 부서는 내가 이전에 쓴 책과 논문, 그리고 이 책 원고들을 정성껏 편집하고 디자인하여 배포하기까지 어느 하나 나무랄 데 없는 최고 수준의 역량을 보여 주었다. 나는 블로그가 무엇인지도 몰랐고 그것을 굳이 배우려고 하지도 않았다. 하지만 EPI의 홍보 담당 부서장 엘리자베스 로즈는 전통적인 방식뿐 아니라 좀 더 독자들과 쉽게 소통할 수 있는 방식을 통해 내 작업을 알리는 방향으로 나를 잘 토닥이며 부드럽게 이끌었다. EPI의 지원이 없었다면, 나는 이 책을 쓰지도 출간하지도 못했을 것이다.

다른 기관들도 이 책의 출간에 도움을 주었다. 2009년에서 2010년 사이에 프린스턴고등연구소Institute for Advanced Study in Princeton에서 개최한 1년 동안 계속되는 세미나(스탠퍼드대학의 롭 라이시 교수와 지금은 하버드대학에 있는 대니엘 앨런 교수가 좌장)에 참여할 수 있었던 것은 내게 큰 기회였다. 9장에서 설명한 것처럼, 당시 나는 연방대법원이 학교에서의 인종 분리 철폐 요구를 기각한 '지역사회 학교의 학부모 참여Parents Involved in Community Schools' 소송 판결 내용을 찬찬히 살펴보고 있었다. 법원은 학교가 있는 동네가 "사실상" 흑인과 백인으로 분리되어 있기 때문에 학교도 흑인과 백인으로 분리되는 것이 당연하다고 보았다. 이것과 관련해 국가 정책상의 잘못은 전혀, 또는 거의 없다고 주장했다. 프린스턴고등연구소의 세미나 참석자들은 저마다 새로운 연구 방향을 보여 주는 연구 제안서를 작성했는데, 나는 해당 판결문의 근거가 된 "사실상"이라는 기준에 심각한 오류가 있다고 보고 그 문제를 더 깊숙이 파고들기로 했다. 나는 해당 판결에 대해서 공부한 내용을 요약한 내용으로 제안서를 작성하며 그 세미나를 마쳤다. 세미나 논문들은 앨런과 라이시가 공동 편집하고 출간한『교육, 정의, 민주주의Education, Justice, and Democracy』(2013)에 몇 개의 장으로 실렸다. 이 책은 거기서 주장한 내용을 좀 더 보완한 것이다.

법적으로 공인된 흑백 주거 구역 분리가 미국의 교육을 비롯한 여러 분야에서 현재진행형인 인종차별 문제의 뿌리라는 내 생각은 나름의 근거가 있었다. 50년 전 새파란 청년이었던 나는 전국도시 동맹Chicago Urban League 시카고지부의 연구책임자 해럴드 (할) 배런의 조수로 일했다. 당시 주택도시개발부(HUD)와 시카고주택공사에 맞서 소송을 제기한 도러시 거트로의 변호사 알렉산더 폴리코프는 (2장에서 이 소송에 대해 설명했다) 할이 공사의 문서들을 조사할 수 있도록 법원의 개시 명령을 얻어냈다. 최근 30년 동안의 각종 사내 문서와 이사회 회의록들이 상자에 가득 채워져 로버트테일러홈스의 고층 건물 한 곳 지하실에 저장되었다. 나는 그 지하실에서 정부가 일부러 아프리카계 미국인들을 백인 동네에서 멀리 떨어뜨려 놓기 위해 공영주택을 이용했다는 증거를 수집하면서 한여름 뜨거운 날들을 보냈다. 이 경험은 당시 연방대법원의 사실상의 인종 분리에 대한 믿음에 대해서 의심하게 된 계기가 되었다.

이 책이 출간될 무렵, 할 배런은 세상을 떠났다. 이 책은 그가 남긴 업적 가운데 하나고, 나는 그가 이 책이 발간되는 모습을 보기를, 이 책에 대한 그의 공로를 인정한 것을 자랑스러워하기를 바랐다.

2010년부터 나는 캘리포니아주 버클리에서 많은 시간을 보내기 시작했다. 내 자식들(과 손주들)이 모두 샌프란시스코 만안 지역에 정착했기 때문이다. 당시 캘리포니아대학(버클리) 법학대학원 원장이었던 크리스토퍼 에들리에게 내 연구 주제를 설명하자, 그는 나를 대학원 산하 얼워런연방대법원장 법사회정책연구소Chief Justice Earl Warren Institute on Law and Social Policy의 선임 연구원으로 초빙했다. 비록 그 자리는 무보수직이었지만(나는 이미 경제정책연구소에서 지원을 받고 있었다), 워런연구소는 내게 학교 도서관 자료들을 이용할 수 있는 권한과 매우 재능 많은 연구 조교들을 지원했다. 앞으로 이 뛰어난 학생들에 대해 더 많이 말할 기회가 있겠지만, 여기서는 무엇보다 에들리 대학원장과 워런연구소의 지원이 없었다면, 이 책이 나오기 어려웠을 거라는 말씀을 드리고 싶다.

워런연구소는 2015년 12월에 문을 닫았다. 그 무렵, 존 파월 소장과 스티븐 메니디언 부소장이 이끄는 캘리포니아대학교의 공정과포용사회를위한하스연구소Hass Institute for a Fair and Inclusive Society가 내게 세미나 진행을 적극적으로 요청하면서 도서관 자료 이용과 대학원 연구 조교 지원을 약속했다. 연구 초기에 파월 교수는 내게 특히 많은 영향을 주었는데, 내가 수정헌법 제13조와 관련해서 '존스 대 메이어' 사건에서 논의된 내용이 암시하는 것들을 더 주의 깊게 살펴보아야 한다고 조언했다. 나는 그의 조언을 따랐고 그 결과는 그의 말이 옳았음을 명백하게 보여 주었다.

스티븐 메니디언과의 공동 연구는 매우 성과가 좋았다. 그에게 정말 고마운 마음을 전한다. 메니디언과 나는 미국의 주택 공급과 관련된 연구를 하는 학자들을 대표해 공정주거법의 위반 여부 평가를 위한 기준으로 "차별적 영향" 활용을 인정한 연방대법원의 소송 사건(텍사스주택도시개발부 대 차별없는공동체프로젝트*Texas Dept. of Housing v. Inclusive Communities Project*)에 제출한 법정 의견서를 공동으로 작성했다. 우리가 작성한 의견서의 많은 부분은 이 책의 초고에서 따왔으며, 2015년 6월 앤서니 케네디 연방대법관의 다수 의견도 우리가 제출한 법정 의견서를 인용하며 지지 의사를 밝혔다.

나는 미국흑인지위향상협회(NAACP) 법률방어기금의 신중하고 카리스마 있는 회장이자 법률 고문인 셔릴린 아이필과 함께 이 책에서 언급하고 있는 주제들에 대해서 여러 차례 공동 발표를 했다. 공동 작업이 점점 진전을 이루면서, 2016년 4월 법률방어기금에서는 최근에 설립된 서굿마셜연구소Thurgood Marshall Institute의 선임 연구원으로 나를 임명했다. 덕분에 나는 이 책을 마무리할 수 있었다. 선임 연구원으로서 받은 특권과 후원에 대해서 아이필 여사를 비롯한 여러 친구, 동료 연구원들에게 감사드린다.

이 책은 법적으로 공인된 인종 분리 체계를 생성해 낸 정부의 조치들이 숨김없이 노골적이었으며, 누구나 다 알 수 있을 정도로 체계적으로 진행되었다고 주장한다. 여러 저명하고 권위 있는 책들이 이 역사를 상세하게 이야기하고 있다. 내가 이 책을 쓴 목적은 뭔가 새로운 사실을 발굴해 내려는 것이 아니라, 지금까지 나온 연구 결과들에 주의를 환기시켜 우리 모두가 그 문제에 맞서 함께 대응할 것을 요구하기 위한 것이었다. 그럼에도 불구하고, 나는 또한 상대적으로 잘 알려져 있지 않았던 일부 기록들을 파헤쳤다. 사건의 실체를 확인하는 데 필요해서가 아니라—앞서 말한 권위 있는 책들이 이미 그 일을 잘 해냈다—단지 그런 것들도 있음을 보여 주기 위해서였다. 하지만 캘리포니아대학(버클리) 법학대학원의 유능하고 지칠 줄 모르는 연구 사서들의 도움 없이는 그런 문서들을 찾아낼 수 없었던 적이 여럿이었다. 여기에 모두 열거할 수 없을 정도로 많았다고 말하는 편이 쉬울지도 모른다. 그들에게 그런 중요한 도움을 받았다는 사실은 분명하다. 그리고 이 자리를 빌려 먼저 문헌 조사 서비스 책임자였던 로언 학생처장에게 감사의 인사를 드리고, 그의 동료인 더그 아빌라, 조지프 세라, 조지아 지아트래스, 엘런 길모어, 마를레네 하먼, 마시 호프먼, 케리 클라인, 마이클 레비, 에드나 루이스, 마이크 린지, 로마나 마르티네스, 게리 피트, 크리스티나 타르, 아이웨이 왕, 유타 빔호프에게도 모두 고맙다는 말씀을 드린다.

메사추세츠주 웰플리트공공도서관의 사서 나오미 로빈스는 내가 보고 싶다고 말하기만 하면, 주의 어딘가에 숨어 있던 책을 찾아서 내게 가져다주었다. 큐레이터 베로니카 로드리게스, 로지더리베터/제2차세계대전홈프런트국립역사공원Rosie the Riveter/WWII Home Front National Historical Park의 주임 공원 관리원 엘리자베스 터커, 그리고 데일리시티역사박물관의 관장 데이나 스미스도 많은 도움을 주었다.

내가 이 책을 쓰기 위해 자료를 찾고 기록하면서 개인적으로 가장 고맙게 생각하는 것은 개인 연구 조교처럼 나를 도와준 수많은 대학생과 대학원생 청년들과 함께 작업할 기회를 가졌다는 점이다. 그들 가운데 서머 볼크머와 카라 샌드버그 두 사람은 내 판단에 가장 큰 영향을 끼쳤다. 그들은 이제 꽤 성공한 법조계 인사가 되었지만, 내가 그들의 통찰력으로 많은 도움을 받았던 시기는 그들이 법학대학원 2학년이었을 때였다. 그들은 이 책에서 논증한 "법적으로 공인된" 주장들에 대한 결정적인 보고서를 내게 제공했다. 그들은 저마다 나의 논지가 기존의 판례와 전통적인 법률적 사고를 뛰어넘어 어디로 가야 할지를 보여 주었다. 내가 결국 어떻게 결론을 내릴지에 대해서 그 두 사람은 아무 책임도 없지만, 그들은 법학대학원생이었던 당시에도 지식인으로서 대단한 용기와 지적 자부심으로 충만했다. 두 사람은 내가 단순히 현재 진행 중인 소송에서 이기기 위해서가 아니라, 우리 헌법이 요구하는 바를 더욱 충실히 이행하는 법원과 함께 소송에서 이기기 위한 논리를 개발하도록 만들었다. 그들은 내가 잘 해낼 수 있다고 격려하지도 않았고, 내가 미친 짓을 하고 있다고 말하지도 않았다.

당시 공공정책대학원의 학생이었지만 지금은 정책 분석가로서 일하고 있는 룰 테스파이와의 교류는 내게 특히 보람 있는 일이었다. 룰은 캘리포니아대학교 밴크로프트도서관과 앨러미다, 산타클라라, 샌마테오카운티의 공공 도서관 등지에 소장된 공문서들 중점적으로 분석했다. 그는 전미자동차노동조합(UAW) 밀피타스 지역 노조의 퇴직자 모임에 참석해 추가로 문헌 조사를 수행했다. 그가 데일리시티의 웨스트레이크로 나를 데리고 갔는데, 그 덕분에 나는 1950년대 흑백 주거 구역 분리가 이루어진 이 교외 지역을 직접 두 눈으로 볼 수 있었다. 나는 그를 따라 지역 역사 학회에 가서 옛날 신문 기사들을 꼼꼼히 읽어 볼 기회를 가졌다. 그의 열정과 도움이 될 만한 미묘한 문서들을 찾아내는 안목이 없었다면, 이 책은 샌프란시스코 지역에서 전개된 합법적인 흑백 주거 구역 분리의 역사를 그렇게 상세하게 담을 수 없었을 것이다.

또 한 명의 공공정책대학원생이었던 세라 브런디지는 이 책이 거의 끝나 갈 무렵 합류했다. 그는 주석과 출처 인용을 재확인하는 작업을 했는데, 그가 가진 능력에 비하면 너무 쉬운 일이었다. 하지만 그는 정부가 어떻게 노골적으로 볼티모어의 아프리카계 미국인들의 취업과 주택 분양 기회를 박탈했는지 그 전후 사정을 보여 주는 완벽한 보고서를 작성했다. 유감스럽게도 나는 이 책에서 그의 광범위한 보고서 내용을 한 단락으로 줄여야 했다. 볼티모어의 부적절한 교통 체계에 대한 논의에 대한 부분이다. 공정한 주택 정책에 대한 그의 헌신이나 놀라운 인내심을 그 한 단락으로 표현할 수 없음은 당연하다.

세라가 대학원을 졸업하고 주택 정책 전문가로 어엿하게 자리를 잡았을 때, 새롭게 합류한 대학원생 킴벌리 루벤스가 마무리 작업을 했는데, 색인을 만들고 책에 실릴 사진을 찾는 일을 모두 능숙하게 잘 처리했다.

UC버클리대학에서 조사 연구 수업을 듣는 학부생들을 지도할 기회가 있었는데, 나는 그들에게 이 책의 주제와 관련된 다양한 소재들에 대해서 조사할 것을 과제로 내 주었다. 나는 당시 법학대학원생(지금은 개업 변호사)이었던 소냐 디아즈의 도움을 받았는데, 그는 유능한 조교였다. 사실 그 수업을 들은 학생들은 연구 기법과 관련해서 나보다 그에게서 훨씬 더 많은 것을 배울 수 있었다. 그들이 제출한 보고서는 내가 연구를 체계적으로 정리하는 데 큰 도움을 주었다. 나는 그들이 수행한 작업에 대해서도 매우 감사하게 생각한다. 조이스 챙, 개브리얼 클라크, 팀 코프랜드, 대니얼 간츠, 하비에르 가르시아, 안나 우르타도 알대나, 시몬 맥대니얼스, 매슈 모히카, 케일러 날븐, 조너선 오벨, 애블링 팬, 제너비브 산티아고, 폴린 탠, 아리엘 터너에게 고마움을 전한다. 이 학생들은 이제 모두 졸업해서 지금은 어디서 무엇을 하는지 모른다. 하지만 그들이 이 책을 본다면, 그들이 기여한 것에 있다는 사실을 조금이나마 자랑스럽게 생각하기를 바란다.

2011년, 당시 스탠퍼드교육대학원장이었던 데버라 스티펙은 다음 해에 이 책의 주제와 관련된 강좌를 개설해서 상급 학부생과 석사 대학원생들을 대상으로 가르칠 것을 내게 요청했다. 나는 그 강의를 연구 세미나 과목으로 계획해서 버클리대학에서 했던 것처럼, 학생들이 이 책 주제와 관련된 소재들을 조사하게 했다. 당시 조교는 지금은 메릴랜드대학 교수가 된 이선 허트였는데, 그는 그들이 조사한 내용으로 스탠퍼드 학생들을 지도했다. 그의 헌신과 통찰력 덕분에 수업에 참여한 많은 학생이 훌륭한 보고서를 제출했다. 그것들은 내가 결론 내린 내용들을 더욱 강화하기도 했고, 내가 미처 알지 못했던 2차 자료들을 요약한 내용들을 담고 있을 때도 있었다. 당시 보고서를 제출한 스탠퍼드 학생들을 여기에 모두 열거할 수는 없지만, 특별히 감사의 인사를 전하고 싶은 몇몇 뛰어난 사람들이 있다. 리브카 버스틴스턴, 린지 폭스, 로럴 프레이저, 재클린 라이, 테런스 리, 새라 메디나, 시메나 포르티야, 빅토리아 로드리게스, 니콜 스트레이어가 그들이다. 테런스는 샌프란시스코 남동부 게토 지역인 헌터스포인트에서 자랐다. 그의 통찰력은 추가적 조사와 결합해 특히 큰 두각을 보였다. 이 학생들은 버클리 학생들과 마찬가지로 이제 다양한 진로를 택해 나아갔다. 하지만 나는 그들이 내 감사하는 마음을 알아 주길 바란다.

1930년대 초부터 공영주택이 어떻게 일부러 흑인과 백인의 주거 구역을 분리하기 시작했는지 알아내기 위해, 나는 라과디아커뮤니티컬리지에서 뉴욕시 주택공사의 공문서들을 살펴보며 한동안 시간을 보냈다. 기록 문서 보관 담당관 더글러스 디카를로는 자료 조사를 안내했다. 그가 없었다면 많은 시간을 비효율적이고 비생산적으로 허비했을 것이다. 내가 더 이상 뉴욕시에 머물 수 없게 되었을 때, 코넬대학 학부생 캔디스 레이너가 후속 작업을 통해 추가로 공문서들을 구했다. 그들 모두에게 고맙다는 말을 전한다.

지역사회교육위원회Community District Education Council 30(뉴욕 퀸즈)의 공동대표 제프리 가이턴은 뉴욕시 공영주택 흑백 분리의 추가적인 증거들을 찾아내는 데 일조했다. 그리고 내가 그의 사무실을 찾아갔을 때, 미국우편집배원노동조합의 위원장 짐 소버는 뉴욕시의 우정사업부 노조의 흑백 분리와 관련된 서류들을 주었다.

당시 대학원생이었던 크리스천 링데일은 나를 도와 웨인주립대학의 월터루서도서관Walter Reuther Library에서 UAW 공문서들을 조사하고 있었다. 그 도서관의 기록 문서 보관 담당관 마이크 스미스는 내가 그의 설명을 통해 확인할 수 있었던 문서들을 추가로 확보해 주었다. 내가 미국퀘이커봉사위원회(AFSC)의 샌프란시스코 사무실에서 찾아낸 각종 회의록과 서신들과 함께(세부 내용은 8장 4번 주석 참조. 이와 관련해서, ASFC 샌프란시스코지부 부지부장 스티븐 맥닐에게도 감사드린다), 크리스천 링데일과 마이크 스미스가 발견한 문서들 덕분에 1950년대 중반 밀피타스의 흑백 통합 주택 공급에 대한 설명을 구성할 수 있었다. 그들에게도 감사의 말씀을 드린다.

프랭크 스티븐슨의 도움이 없었더라도 나는 법적으로 공인된 흑백 주거 구역 분리의 역사를 이야기할 수 있었을 것이다. 하지만, 그 이야기는 매우 건조하고 생동감이 떨어지고 이해하기 쉽지 않았을 것이다. 나는 건강이 악화되고 있는 와중에도 그가 여러 차례 나를 만나 준 것에 대해서 매우 고맙게 생각한다. 스티븐슨 씨는 2016년 28일 아흔두 살의 나이로 세상을 떠났다. 보통 이런 책에서는 높임말 호칭을 쓰지 않지만 그는 내게 '스티븐슨 씨'였고, 그래서 여러 곳에 그런 호칭을 썼다. 다른 몇몇 장면에서도 흑백 통합을 위해 투쟁한 학자들이나 영웅들에 대해 경의를 표하고자 할 때 나는 그런 높임말을 쓴다. 책을 읽으면서 그런 용어들이 신경에 거슬린다면, 편집자가 아니라 나를 탓하기를 바란다.

포드자동차 공장이 교외 지역으로 옮겨 가면서, 아프리카계 미국인 노동자들이 직장 근처에 집을 구하려다 실패한 경험을 조사하기 시작했을 때, 나는 프랭크 스티븐슨뿐 아니라 뉴저지주 에지워터의 포드자동차 조립 공장이 또 다른 교외 지역인 마와로 이전하면서 비슷한 경험을 하게 된 또 한 명의 포드 노동자와도 인터뷰를 하려고 했다. 당시 코넬대학 학부생이었던 제시카 패착은 코넬대학 도서관 기록보관소에서 폴 데비도프의 논문들에서 마와와 관련된 중요한 기록들을 발견했다. 데비도프는 뉴욕시 교외 지역의 흑백 주거 구역 분리 문제를 널리 알린 교외지역행동연구소Suburban Action Institute의 소장이었다. 나는 마와박물관을 방문해서 당시 관장이었던 토머스 던에게서 큰 도움을 받았다. 그는 이후에도 버건카운티 교외 지역의 거주 가능한 주택 부족 문제와 관련해서 자신이 폭넓게 조사한 결과물들을 내게 계속 보내주었다. 리자베스 코언의 『소비자 공화국A Consumer's Republic』은 뉴저지의 교외 지역에서 펼쳐진 흑백 주거 구역 분리 정책들에 대한 풍부한 정보를 제공한다. 그의 책에서 인용한 자료들은 독자들에게 훨씬 더 많은 것을 알려 준다. 코언 교수는 책을 쓰기 위해 작성한 각종 파일과 메모들을 내가 마음대로 찾아볼 수 있도록 허락했다. 하지만 이 책의 범위를 좁혀야 했기에 나는 데이비슨의 논문과 마와박물관에서 찾은 기록물들, 그리고 톰 던과 리자베스 코언을 통해 알게 된 많은 내용을 책에 싣는 것은 포기해야 했다. 그러나 나는 그들이 내게 중요한 자료들을 살펴볼 기회를 준 것에 대해서 감사하게 생각한다.

당시 럿거스대학 학부생으로 데이비드 벤스먼 교수의 지도를 받고 있던 제나 니컬스는 버건카운티의 흑백 주거 구역 분리 문제에 대해서 독자적으로 연구를 하고 있었다. 우리가 그 조사를 끝냈을 때, 그는 막 온라인에 공개된 20세기 중반 NAACP 기록물들을 읽고 요약, 정리하는 일에 몰두했다. 그는 서굿 마셜이 트루먼 대통령에게 보낸 항의 서신을 포함해서 중요한 정보들을 찾아냈다. 그 편지에는 FHA가 '셸리 대 크레머' 판결 이후에 이전보다 훨씬 더 헌법적 권리를 멸시하면서 여전히 흑백 주거 구역 분리의 관행을 뻔뻔스럽게 자행하고 있다는 내용이 담겨 있었다.

이 책의 주제와 관련된 학술 논문이나 기사 내용을 읽고 난 뒤에는 더 깊이 그 내용을 알고 싶을 경우, 그 글을 쓴 사람이 생존해 있다면, 지체 없이 그에게 연락을 했다. 그것은 대개 계속되는 서신과 전화 연락을 통해 깊은 토론으로 이어지곤 했다. 이런 식으로 내 작업을 도와

준 모든 이들, 리처드 앨버, 데이비드 베이토, 캐런 벤저민, 니컬러스 블룸, 캘빈 브래드포드, 마크 브릴리언트, 애런 캐빈, 빌 커닝햄, 스테파니 델루카, 앨리슨 도시, 피터 드레이어, 데이비드 프로인드, 마거릿 가브, 버니 길레스피, 콜린 고든, 도나 그레이브스, 제임스 그레고리, 트레버 그리피, 댄 이머글럭, 앤 모스 조이너, 앤드루 칼, 아서 라이언스, 트레이시 크마이어, 더그 매시, 다이앤 맥월터, 몰리 메츠거, 리즈 밀러, J. 손턴 밀스 3세, 킴벌리 노우드, 앨런 파넬, 웬디 플롯킨, 알렉스 폴리코프, 개럿 파워, 존 렐먼, 잰 레세거, 허브 러핀, 제이컵 러그, 존 루리, 데이비드 러스크, 바버라 사드, 어맨다 셀리그먼, 코닐리아 섹소어, 토머스 샤피로, 패트릭 샤키, 캐서린 실바, 그렉 스콰이어스, 토드 스완스톰, 데이비드 톰프슨, 로리 운가레티, 밸러리 윌슨, 존 라이트에게 감사의 말씀을 드린다. 안타깝게도 여기서 빠뜨리고 미처 인사를 못 드린 분들도 분명 있다. 그분들께도 고맙다는 말씀을 드린다.

내가 어떻게 답해야 할지 모르는 문제가 있으면, 빈곤과인종연구실천회Poverty and Race Research Action Council의 총책임자인 필 테걸러는 늘 내게 나아갈 방향을 제시해 주었다. 연방항소법원 판사 데이비드 테이틀은 재임 초기에 세인트루이스에서 열린 한 중요한 학교 흑백 분리 소송에서 고소인 측을 대변했다. 그는 일했던 법무법인에 사건 파일을 요청해 주었고, 그 안에는 귀중한 증거들이 들어 있었다. 그에게 감사의 마음을 전한다.

6년 가까이 나는 국가가 지원한 흑백 주거 구역 분리의 역사와 관련된 연구 자료들을 모았다. 하지만 그것들을 이렇게 명쾌하게 요약, 정리한 책을 낼 생각은 전혀 하지 않았다. 나는 오히려 더 이상 연구를 진행하지 않았고 그 주제와 관련된 소논문을 쓰거나 강의를 하며 시간을 보냈다. 그러던 중, 2015년 봄에 타네히시 코츠가 래리 미셸에게 연락해서 나를 설득해 다른 연구는 제쳐 두고 대중들이 읽을 수 있는 책을 쓰게 하라고 제안했다. 내가 미셸을 통해 받은 제안을 수락하자, 타네히시는 그의 출판 에이전트인 왓킨스루미스Watkins-Loomis출판대행사 소속 글로리아 루미스를 내게 소개했다. 글로리아는 책의 가치를 금방 알아채고는 W. W. 노턴출판그룹의 임프린트 출판사인 라이브라이트Liveright의 밥 웨일에게 원고 일부를 넘겨 주었고, 그는 책 출간을 적극 수락했다. 타네히시와 글로리아, 밥이 아니었다면, 이 책은 세상에 나오지 못했을 것이다. 그들에게 감사할 따름이다.

이 책에 들어갈 사진들을 찾고 고르는 일과 그것들의 사용을 허락받는 일은 내 권한 밖의 일이었다. 다행히도 사진 연구가 힐러리 맥 오스틴이 우리 사정을 알게 되었고, 그 덕분에 무사히 인쇄를 마칠 수 있었다. 힐러리에게도 감사의 말씀을 전한다.

내가 연구를 병행하면서 마침내 이 책으로 완성될 원고들을 쓰고 있는 동안, 계속 진행 중인 조사 내용을 기반으로 소논문들을 발표할 기회가 여러 차례 있었다. 일부는 잡지나 학술지에 실렸고, 또 일부는 편집된 책의 일부로 수록되기도 하고 온라인 논평이나 연구 보고서에 실리기도 했다. 나는 최종적으로 이 책을 낼 때, 전에 쓴 글들을 "원본"인 것처럼 생각하고 일부러 고쳐 쓰려고 하지 않았다. 이 소논문, 책, 논평, 보고서들은 모두 EPI의 웹사이트에 게시되어 있고 거기서 찾아볼 수 있다. 이전에 발표된 이러한 작업이 너무 많아서 여기에 일일이 열거하기 어렵지만, EPI의 웹사이트에 가면, 이 책에 수록된 단어나 문구들이 거기에도 그대로 나온다는 것을 알 수 있을 것이다. 나는 여기에 대해 전혀 사과할 생각이 없다. 그렇게 하는 이유는 나로서는 그것이 어떤 문제를 분석 연구할 때 그 내용을 가장 효과적으로 표현하는 방식이기 때문이다.

이전에 발표된 일부 소논문들(트루먼 행정부에서 닉슨 행정부까지의 정책을 다룬)은 메사추세츠대학의 마크 샌토 교수와 공동으로 작업했다. 그는 자신의 중요한 기록 연구를 내 책에 다시 가져다 쓰도록 동의해 주었다. 마크에게도 고마움을 전한다.

이 책의 초고들을 읽고 고쳐야 할 곳을 세심하게 일러 준 사람들에게도 감사드린다. 그들이 지적해 준 거의 모든 내용은 최종본에 반영되었는데, 일부 반영되지 못한 부분 때문에 부실한 내용이 드러난 경우에는 전적으로 내게 책임이 있음을 밝힌다. 데이비드 번스타인, 셔릴린 아이펠, 스티븐 메니디언, 래리 미셸, 레일라 모시, 데이비드 오펜하이머, 주디스 피터슨, 플로렌스 로이스먼에게 깊은 감사를 표한다.

책을 집필할 때마다, 나는 훌륭한 편집자들과 만나는 행운을 누렸다. 나는 그들이 정말 변변찮은 글을 우아한 문장으로 직조해 낼 줄 아는 사람들이라는 사실을 여러 차례 직접 목격했다. 이 책의 경우에도 세 명의 편집자—밥 커트너, 사라 모슬, 키트 레츨리스—가 원고를 읽고 편집상의 중요한 문제들을 지적하고 수정할 부분을 새롭게 제안했다. 밥은 책 제목을 제안하고, 거기에 담긴 은유와 암시들을 설명했다.

키트는 나와 함께 세부적인 편집 내용을 살피느라 몇 주 동안 격무에 시달렸다. 원고를 최종적으로 출판사에 넘기기 위해 비행기를 타고 로스앤젤레스로 가는 길에 키트는 내 옆에 앉아서 꼼꼼히 살피며 내용을 다듬었다. 이 책에 나오는 유려한 문장이 있다면 그것은 내 것이라기보다는 그의 것이다. 그는 가히 이 책의 공저자라 할 만하다.

게다가 라이브라이트의 밥 웨일은 이 책의 내용을 훨씬 더 논리적이고 명확하고 설득력 있게 제시하기 위해 여름휴가를 모두 바쳤다. 그의 세심한 노력이 없었다면, 나와 동료 학자, 제자들이 이 작업에 쏟아 넣은 모든 노고는 물거품이 되었을지도 모른다. 밥에게 다시 한 번 감사를 표한다.

그리고 밥 웨일과 함께 라이브라이트 직원으로 제작에 참여한 표지 디자이너 스티브 아타르도, 교열 담당 재닛 빌, 편집주간 낸시 팜퀴스트, 기획 담당 애나 매저레스, 제작 책임자 애나 올러, 그리고 무엇보다 전체 편집과 제작 과정을 감독하고 모든 공정을 조정하는 역할을 맡았던 마리 팬토얀에게 또한 감사의 마음을 전한다.

이런 자리에서 늘 가족의 성원을 빼놓을 수 없는 일이지만, 관례적인 것을 뛰어넘어 진심으로 가족들에게 고맙다고 말하고 싶다. 내가 너무 일에 집착한 나머지 마땅히 해야 할 일을 못했을 때도 나의 아내 주디스 피터슨은 단 한 순간도 불평 한 마디 하지 않았다. 우리 아이들도 그런 아버지를 끝까지 변함없이 이해해 주었다. 고맙게도, 우리 가족의 이러한 인내는 이 책이 주는 메시지가 그만큼 중요하다는 데 모두가 공감했기 때문에 가능했다고도 볼 수 있다. 내가 얼마나 행운아라고 생각하는지 그들도 알았으면 좋겠다.

내가 감사해야 할 것이 또 하나 있다. 내가 이 문제에 주목하게 된 것이 연방대법원의 '지역사회 학교의 학부모 참여' 판결 내용에 대한 당혹감에서 때문이었다고 말했지만, 그것이 전부는 아니다. 나의 관심은 그보다 훨씬 더 전부터 시작되었다. 1940년대와 1950년대 뉴욕에서 자라던 한 어린 소년의 세계는 재키 로빈슨이 브루클린 다저스의 프로 야구 선수로 뛰기 시작할 때 완전히 바뀌었다. 도리스 컨스 굿윈은 『내년까지 기다려 *Wait Till Next Year*』라는 책에서 당시 다저스 열성팬이 되는 경험이 그의(그리고 그도 모르는 사이에 내) 세계관을 어떻게 바꾸었는지, 즉 그 경험이 우리가 어른이 되었을 때 어떤 사람이 될 것인지를 결정하는 중요한 요소였는지를 잘 묘사한다. 그래서, 로빈슨 씨, 그리고 리키 씨(재키 로빈슨을 메이저리그 최초의 흑인 선수로 영입한 당시 브루클린 다저스 팀의 단장 브랜치 리키를 말한다.—옮긴이)에게도 감사의 인사를 드린다.

'보이는 손'이 만든 주거 불평등

조귀동

『세습 중산층 사회』, 『전라디언의 굴레』 저자

    도시는 하나의 거대한 시스템이다. 그리고 다양한 사람들의 이해관계, 욕망, 의도, 이념이 얽히고설켜 있다. 여기서 발생하는 갈등과 대립을 조율하고, 도시 공간을 배분하기 위해 다양한 제도들이 존재한다. 그렇기에 도시의 공간 구조에는 이른바 '자본의 논리'만 영향을 미치지 않는다. 각급 정부, 의회, 사법부, 다양한 공공 기관·공기업이 도시 공간 형성에 중요한 역할을 하기 때문에, 도시는 '정치적 결정 과정'의 결과물이기도 하다. 따라서 오늘날 도시의 모습은 사회 갈등의 결과물이고, 그런 도시는 다시 사회적 갈등의 구조를 재생산한다.

    『부동산, 설계된 절망』은 미국에서 흑인이라 불리는 아프리카계 미국인을 대상으로 한 주거지 분리가 어떻게 해서 만들어지고 계속 유지·강화되었는지 다룬다. 지금까지 미국에서 인종 차별은 백인 집단들의 차별적 행동 때문이고, 국가와 공공 기관은 흑인을 노예로 다루었던 남부 지역이 아니면 적극적으로 동참하지 않았다는 게 일반적인 인식이었다. 저자는 이를 다양한 사례를 들어 통렬하게 비판한다. 주거지 분리, 정확히 표현하면 미국 도시 내에서 흑인 거주지가 일종의 게토가 된 것은, 백인들 각자의 행동에 따른 '사실상de facto의' 결과가 아니라 국가 권력이 능동적으로 개입한 '법에 기반한de jure' 차별에 의해 '만들어진 현실'이라는 것이다. 민간에서의 차별이 광범위하게 존재하는 사회에서 공공정책에 의한 차별을 따로 떼어 내 보기 어렵고, 양자를 뭉뚱그려 '구조적 차별'로 보아야 한다는 주장보다 저자는 한 발 더 나아가, 도시라는 공간에서 흑인에 대한 인종 차별적 공공정책이 의도적으로 시행됐다는 데 방점을 찍는다. 오늘날까지 이어지는 인종 차별과 흑인의 낮은 지위는 상당 부분 '보이는 손'이 개입한 결과라는 것이다.

미국의 도시화는 19세기 후반 시작된 2차 산업혁명의 산물이었다. 내연 기관, 전기, 화학이 이끌었던 2차 산업혁명의 물결을 타고 산업은 급격히 성장했고, 도시화가 급속하게 진행됐다. 남북전쟁 직전인 1860년 19.8퍼센트였던 도시 거주 인구 비율은 1940년 56.5퍼센트로 증가했다. 남부의 흑인들이 일자리가 있는 동북부 산업 지대로 몰려간 흑인 대이동Great Migration도 같은 시기다.

1929년 대공황, 1941년 제2차 세계대전 참전을 계기로 공공 부문이 대규모 임대주택 공급 등 주거 영역에 적극적으로 개입했다. 또 흑인들의 전시 동원이 광범위하게 진행됐다. 전쟁 이후에는 대압착Great Compression이라 불리는 대규모 중산층 집단의 형성, 자동차와 고속도로를 기반으로 한 교외화, 서부 산업 지역의 개발 등이 있었다. 저자는 19세기 후반 대이동 당시부터 대공황 시기 뉴딜 정책과 전시 공업, 이후 중산층 주거 지역 형성 과정까지 매 시기마다 흑인들이 각급 정부와 공공 기관들로부터 체계적인 차별을 받았음을 보인다.

크리스토퍼 멀러 UC버클리 교수는 현재 흑인을 주축으로 한 비백인non-white 집단 수감자 비율이 높은 이유 중 하나가 흑인 대이동의 영향 때문이라고 분석한다. 흑인들이 도시의 범죄율이 높고 낙후된 지역에 몰려 살게 되면서 이들이 범죄를 저지를 확률이 높아지고, 치안 당국이 흑인 용의자를 구금하기로 결정하는 비율이 커졌기 때문이다. 중상위층 이상 계층이 지방자치단체를 움직여 하위 계층 이주를 막는 배타적 주거지 확보exclusionary zoning 관행은 미국에서 여전히 기승을 부린다. 흑인의 계층 이동이 여전히 어려운 이유 가운데 하나다.

이 책은 인종 문제에 집중하지만 도시 공간의 배분이 어떻게 정치적으로 이뤄지고, 나아가 기득권의 이해관계가 그대로 반영되는 지에 대한 분석은 한국인들도 고개를 끄덕일 수 있는 부분이다. 한국 중산층의 표준적인 주거인 대규모 아파트 단지는 균질적인 계층이 모여 사는 닫혀 있는 커뮤니티를 지향한다. 그리고 주차, 녹지, 체육시설, 보육 등 다양한 서비스를 민간의 '공동구매' 형태로 제공한다. 여기 진입할 수 없는 이들은 주거 여건이 불량한 다가구 또는 다세대 주택에 몰려 살게 된다. 아파트 단지들 간에도 위계가 분명하다. 휴거(휴먼시아 거지), 엘사(엘에이치LH 사는 사람) 등 임대 아파트 거주자에 대한 비하 표현은 이를 잘 보여 준다.

이 같은 행태가 발생한 데에는 한국에서도 정부의 도시·주택 정책이 큰 역할을 했다. 산업화 시기 정부의 주택 정책은 대량으로 중산층 주거를 공급하는 데 초점이 맞춰져 있었다. 1983년 전두환 정부 당시 주택 500만 호 건설 정책의 일환으로 만들어진 목동 신시가지가 대표적이다. 당시 목동과 신정동 주민들은 판자촌이라 불리던 서울의 저소득층 주거지가 개발되면서 밀려난 이들이 대부분이었다. 이들을 밀어내고 대치동·중계동과 어깨를 나란히 하는 중산층 교육 특구가 형성됐다. 현재 양천구는 목동 신시가지를 정점으로 부천과 부평 경계에 있는 신월동까지 주거지가 위계화 되어 있다. 주거지의 위계는 정확히 초등학교 학업 성취도와 일치한다. 도시 공간 구조가 불평등과 차별을 재생산하고, 세대 간 이동성을 약화시키는 중요한 기제라는 점, 그리고 그 공간 구조에는 정치적 의사 결정이 큰 영향을 미친다는 건 한국도 마찬가지인 셈이다.

옮긴이의 말

　　사람들은 흔히 미국에서 흑인에 대한 인종차별을 일종의 역사적 숙명처럼, 다시 말해서 원래부터 당연히 그랬던 것처럼 여긴다. 미국 역사에서 흑인, 즉 아프리카계 미국인은 건국 초기로 거슬러 올라가면 노예로서 아메리카대륙에 첫발을 내디뎠다. 백인과 흑인은 처음부터 동등한 인간 대 인간으로 만난 것이 아니라 주인과 노예로 대면했다. 비록 150여 년 전 링컨의 노예해방선언으로 미국에서 흑인 노예는 사라졌지만, 21세기인 지금까지도 흑인에 대한 인종차별은 여전하다. 오히려 그 차별과 분리는 오늘날 미국의 정치, 사회경제적 관계 속에서 더욱 복잡하게 얽히며 영구화되고 있는 듯하다. 늘 흑인보다 우월한 인종이고 흑인이 차별을 받는 것은 당연하다고 믿는 백인들이 아직도 미국 사회에 많다.

　　미국 백인이 다른 인종에 비해 아프리카계 미국인을 특별히 더 차별하는 이유를 단순히 이러한 미국의 독특한 역사적 맥락에서 찾을 경우, 그러한 차별을 사실상 인정하고 기정사실화하는 오류에 빠지기 쉽다. 하지만, 이 책의 저자 리처드 로스스타인은 지금의 흑인 분리 상황이 국가가 의도적으로 치밀하게 계획한 결과라고 말한다. 그는 미국의 연방정부와 지방정부를 불문하고 모든 행정부와 의회, 사법부가 하나로 똘똘 뭉쳐 전후 국가 재건 과정에서 아프리카계 미국인을 미국 사회에서 분리하기 위한 정책을 집요하게 추진해 왔음을 구체적인 사례와 자료를 통해 낱낱이 밝힌다. 이러한 역사의 질곡을 끊어 내기 위해서는 그 발단을 아는 것이 선결 과제이기 때문이다.

저자는 세밀한 자료 조사와 생생한 인터뷰로 현재까지 끈질기게 이어지고 있는 흑인 차별의 역사적 뿌리가 바로 흑백 주거 분리에 있음을 밝혀낸다. 흑인과 백인의 주거지 분리는 흑인 동네를 게토 지역으로 고착화했고, 그 결과 백인들과 달리 전후 국가 재건의 시기에 아프리카계 미국인들은 소득 증대와 부동산을 통한 재산 축적의 기회를 잃고 말았다. 게다가 주거지 분리는 흑인과 백인의 학교도 분리시켜 교육에도 지대한 영향을 끼쳤고, 결국 아프리카계 미국인들이 가난을 대물림하는 결과를 초래했다. 이 과정을 주도하고 합법적 기반을 제공한 세력이 노예해방 이후 수정헌법을 제정해 인종차별을 차단하는 노력을 해 온 것으로 알았던 미국 정부라는 사실은 놀라운 일이 아닐 수 없다. 저자는 이를 각종 법원 판결문과 지방 조례, 정부 산하 단체의 행정 규칙과 지침들을 조사, 분석하여 밝혀낸다.

미국 정부의 흑인 분리 정책은 다방면에 걸쳐 일관된 모습을 보여준다. 행정적으로는 주택 공급 확대를 통해 서민의 주거 안정과 거주 환경을 개선한다는 미명 아래, 이전에 흑인과 백인이 공존했던 동네를 없애고 공영주택 단지를 건설하면서 흑인들에게는 주택담보대출을 제공하지 않아 결국 백인만 거주하는 동네로 만든다. 여기서 밀려난 흑인들은 결국 가난한 아프리카계 미국인들만 사는 동네로 모여들게 되고 그곳은 마침내 게토 지역으로 변한다. 심지어 중산층 아프리카계 미국인들도 백인 동네에 거주할 수 없다. 여기에 문제 제기를 하면, 사법부는 오히려 그런 차별을 합법적으로 승인함으로써 미국에서의 흑인 분리를 더욱 고착화시킨다. 연방과 지방 의회는 백인 유권자들의 요구와 부동산업계의 로비에 굴복하여 문제 해결보다는 상황을 악화시키는 법안을 제출하고 통과시킨다. 입법, 사법, 행정부가 일심동체였다. 비단 공화당 보수 진영만의 행태가 아니었다. 민주당 진보 진영이 정권을 잡았을 때도 큰 차이는 없었다. 게다가 1950~60년대 경찰의 노골적인 지원 아래 전국적으로 자행된 민간 차원에서의 흑인에 대한 백인의 테러와 협박은 지금도 합법적으로 은밀하게 이어지고 있다.

저자는 이렇게 고착화된 흑인과 백인 주거지 분리 상황을 해결하기가 쉽지 않다고 말한다. 하지만 이 상황을 극복하지 못하는 한, 미국에서 흑인 차별 문제를 해소할 방법은 없다. 이런 상황을 만든 것이 정부라면, 이런 상황을 해결하는 것도 정부의 몫이다. 따라서 저자는 그런 일을 감당할 수 있는 정부를 유권자들이 뽑아야 한다고 말한다. 어찌 보면, 당연한 말이지만 힘 빠지는 결론일지 모른다. 하지만 그만큼 문제가 간단치 않으며 해결 또한 쉽지 않다는 이야기리라.

이 책을 번역하면서 역사적 상황이 분명 다르지만 부동산과 주택 문제의 전개 과정이 한국과도 별반 다르지 않다는 생각이 들었다. 전후 한국의 도시와 부동산 개발도 미국과 마찬가지로 정부 주도로 이루어졌다. 농촌의 쇠퇴와 과도한 도시 확대, 빈부 격차의 심화, 부자 동네와 가난한 동네의 분리, 빈민촌 철거와 아파트 개발의 악순환 따위의 현상은 산업화와 도시화, 경제 번영이라는 국가 발전을 위한 어쩔 수 없는 희생으로 치부되었다. 이제 한국도 선진국 대열에 합류했다고 하는데, 우리는 거기에 걸맞게 주거 문제로 골머리를 썩이지 않아도 될 만큼 안정된 삶을 누리고 있는가? 실상 오늘날 한국은 그 어느 때보다도 부동산과 주택 문제로 심히 들끓고 있다.

내가 태어나 살아온 동네에 대한 기억을 되살려 본다. 서대문 영천 시장 뒤편 금화산, 요즘 안산 둘레길로 유명한 자그마한 봉우리 기슭이 내가 태어난 곳이다. 가파른 언덕배기를 따라 사방으로 구불구불 이어지는 좁은 골목길에는 허름한 판잣집과 초가들이 다닥다닥 붙어 있었다. 지금의 충현동과 북아현동 같은 산 아래 평지 동네에 가야 기와지붕의 부잣집들을 드문드문 볼 수 있었다. 하지만 내가 살던 산 중턱에도 기와집이 한두 채는 있었다.

1960년대 서울은 한 동네에 부잣집과 가난한 집이 공존하고 있었다. 또 몇몇 사립 학교를 빼고 대부분 학교는 부잣집과 가난한 집 아이들이 함께 어울려 공부를 했다. 하지만 70년대 시작된 도시 재개발과 강남 개발, 그리고 80년대 서울 인근의 신도시 건설은 서울 하층민들이 살던 동네와 논밭을 대규모 아파트 단지들로 바꾸었고 도시 중산층은 대거 강남과 신도시들로 이주하기 시작했다. 그 과정에서 도시 빈민층은 점점 더 도심에서 먼 곳으로 밀려났다. 70~80년대 산업화와 도시 개발은 서울의 도시 풍경뿐 아니라 주거와 교육 지형을 완전히 바꾸었다. 지금 우리나라 부동산과 주거 환경을 가장 상징적으로 보여 주는 곳이 강남이다. 1960년대 말 제3한강교인 한남대교가 건설되면서 당시 서울 인근 농촌에 불과했던 강남이 본격적으로 개발되기 시작했다. 1980년대에 이르러 강남 땅값은 강북 땅값을 추월했다. 신문에서 본 바로는 이후 15년 동안 강북 땅값은 15배 상승한 반면, 강남 땅값은 2000배 상승했다고 한다. 게다가 당시 강북 중심가에 있던 명문 고등학교들이 정부 정책으로 대거 강남으로 이전하여 소위 8학군을 형성하면서 지금의 강남 교육 지형을 형성했다.

의식주衣食住는 인간 생활에서 가장 기본이다. 이 책을 보면 그중에도 주住가 인간 생활에 가장 지속적으로 영향을 끼치는 요소가 아닐까 싶다. 오늘날 주택 소유자인지 아닌지, 또 그가 소유한 주택이 어느 지역에 있는지는 우리의 경제생활에 심대한 영향을 끼칠 뿐 아니라, 개인의 신분과 계급을 평가하는 기준이 되었다. 모두 똑같은 집에서 똑같이 살기를 바라는 사람은 없다. 다만, 높은 집값, 땅값 때문에 기본적인 생활조차 영위하기 힘든 사회는 만들지 말아야 한다. 정부 주도의 정책이 근본적으로 잘못되었다는 말도 아니다. 다만, 그것이 소수의 부동산 업자들과 부자들을 위해 설계된 방향으로 변질되어서는 안 된다는 것이다. 미국이든 한국이든 정책을 만들고 집행하는 사람들이 올바른 방향으로 나아가도록 국민들이 적극 감시하고 참여하는 수밖에 없을 것이다. 그래서 적어도 가난한 사람들이 부자를 위해 투표하는 그런 일은 없어야 할 것이다. 힘없는 국민의 가장 강력한 무기가 투표권이기에 부동산과 주택 문제를 보다 공정하고 평등하게 해결할 수 있는 인물을 뽑는 것은 우리의 안목과 의지에 달려 있다 해도 지나치지 않다.

이 책의 원제는 "The Color of Law", 직역하면 "법의 색깔"이다. 다분히 중의적이다. 법은 무색무취, 어디로도 치우치지 않는 중립적 판단의 기준이라고 생각하기 쉽다. 하지만 모두가 현실에서 절감하듯이 법은 만인에게 평등하지 않다. 그랬던 적은 결단코 없다고 해도 과언이 아니다. 아무리 좋은 의도로 만든 법이라 할지라도 완벽한 법은 없다. 따라서 법을 운영하고 집행하는 세력이 어떤 생각으로 어떻게 행동하는가에 따라 전혀 상반된 결과가 나올 수 있다. 이 책에서도 보다시피, 미국에서 흑인을 백인 사회에서 분리시키는 데 결정적 역할을 한 것이 사법부다. 법원은 아무리 불합리하고 부조리한 문제도 판결을 통해 합법화하고 그것에 정당성을 부여한다. 따라서 판결을 내리는 재판관이 자신의 색깔, 즉 가치관으로 어떤 문제를 재단하면 그 피해는 모든 사회 구성원들에게 돌아가기 마련이다. 그렇기에 재판관들의 전횡을 막을 수 있는 제도적 보완 장치 마련은 오늘날 우리에게 주어진 시급한 과제라는 생각이 든다. 이 책의 주석을 보면 알겠지만 한 문제에 대해서 매우 치밀하고 깊이 있게 연구하는 미국 학계의 연구 풍토는 매우 부럽다. 저자와 같은 학자들의 전문 지식과 인문학적 소양, 사회적 약자에 대한 따뜻한 시선은 아무리 어려운 사회 문제도 풀어 낼 훌륭한 대안을 제공할 거라고 믿는다.

　끝으로 독자들에게 권하고 싶은 영화가 있다. 저자가 감사의 말을 끝내며 언급한 로빈슨과 리키라는 실존 인물이 나오는 영화 〈42〉가 바로 그것이다. 이 영화는 책에 나오는 당시 상황을 이해하는 데 큰 도움을 준다. 영화의 제목인 42는 메이저리그 최초의 흑인 선수인 재키 로빈슨의 등번호다. 당시 다저스 구단 다수의 반대를 무릅쓰고 그를 영입한 브랜치 리키 단장의 안목과 결단이 없었다면 미국 야구 역사에서 재키 로빈슨은 없었을 것이다. 또한 그 두 사람, 흑인과 백인의 결합이 없었다면 다저스 구단의 위대한 역사도 이루어지지 않았을 것이다. 흑인과 백인의 공존과 협력은 당면한 문제 해결을 위해 미국이 어떤 길을 가야 하는지 상징하는 바가 크다. 배우들의 연기도 볼 만하다.

2022년 1월 김병순

주

들어가며

1. *Civil Rights Cases* 1883년. 1886년 공민권법은 미국 시민은 인종을 불문하고 부동산을 사거나 임차할 동등한 권리가 있으며, 그 권리를 거부하는 개인은 경범죄를 저지르는 것이라고 언명했다. 1886년 법은 1875년에 다시 법률로 제정되었는데, 연방대법원이 기각한 것은 정확하게 말하면 1875년에 제정된 내용이었다.

2. *Milliken v. Bradley* 1974년, 757쪽. *Bradley v. Milliken* 1971년, 587쪽, 592쪽.

3. `Parents Involved in Commuinity Schools v. Seattle School District No. 1 et al.` 2007년, 736쪽. 본문에 인용 표시는 생략.

4. *Freeman v. Pitts* 1992년, 495~96쪽. 비록 연방대법원이 기각한 의견이지만, 연방지방법원 판사 스티븐 J. 로스는 이 증거를 근거로 이렇게 판결했다. "정부와 민간 부문의 개인과 단체 모두가 따랐던 정책들은 공동체의 성격에 지속적이고 실질적인 영향을 끼친다. 모두 알다시피, 거주지 선택은 자주 일어나는 일이 아니다. 오랜 세월 연방주택관리국과 재향군인관리국은 '조화로운', 즉 인종과 경제적 측면에서 조화로운 이웃 관계의 유지를 권고하고 지지했다. 그 상황은 지금도 여전히 유효하다." 로스 판사는 다른 요인들도 그 문제와 관련이 있음을 인정하기 위해 "연방정부와 주 정부, 지방자치체의 관리와 행정 조직들이 취한 법적 조치, 그리고 민간 대출 기관과 부동산업체들의 행태가 인종차별적 주거 형태—학교의 인종차별로 이어지는—에 끼친 막대한 영향을 축소해서는 안 된다"고 강력히 권고했다.

5. 정부 내각에 최초로 아프리카계 미국인이 입각하기도 한참 전인 1948년에 로버트 위버는 정부가 어떻게 국민을 분리, 차별했는지를 기록으로 보여 주는 책, 『니그로 게토*The Negro Ghetto*』를 썼다. 1965년 연방대법원이 '브라운 대 교육위원회' 판결에서 참조했던 조사 보고서를 작성한 사회심리학자 케네스 클라크는 뉴욕시의 할렘 지역에서의 흑인들이 겪는 기회 박탈 문제를 다룬 책 『검은 게토*Dark Ghetto*』를 발간했다. 1968년 커너위원회Kerner

Commission(시민불복종국가자문위원회the National Advisory Committee on Civil Disorders)는 사회에 강력한 영향력을 끼친 자체 보고서에서 이렇게 결론 내렸다. "백인 사회는 게토 지역에 깊이 연루되어 있다. 백인이 만든 제도가 그것을 만들어 냈고 지금까지 유지되고 있는데도 오늘날 백인 사회는 그것을 묵과한다." 공공정책이 어떻게 시카고에서 흑인 분리를 공고히 했는지에 대한 결정적인 학술 연구서는 1983년 아놀드 허쉬가 발표한『제2의 게토 만들기*Making the Second Ghetto*』이다. 클리블랜드에서의 비슷한 인종차별 연구서로는 1978년 케네스 L. 쿠스머가 출간한『게토의 구체화 과정: 블랙 클리블랜드, 1870~1930년*A Ghetto Takes Shape: Black Cleveland, 1870-1930*』라는 책이었다. 지난 10여 년 동안 미국에서의 인종 간 관계와 관련해서 매우 중요한 책 가운데 하나는 2010년 미셸 알렉산더가 저술한『새로운 흑인 차별 정책』이다. 그는 게토라는 용어를 매우 자주 사용한다

1장 샌프란시스코가 그렇다면 다른 곳은 어련할까?

1. Record 1947년, 18쪽(표IV), 26쪽, 32~33쪽. Johnson 1993년, 53쪽. 1947년에 조사된 리치먼드의 흑인 실업자 50명 중 6명만이 리치먼드로 이주하기 전에 농장 노동자로 일했다. 또 다른 4명은 자경농이었다. 리치먼드로 이주한 흑인들은 "직업 배경과 교육 수준이 평균 이상이었고 … 그들이 이전에 살던 지역에서는 전혀 발산할 데가 없는 그런 능력과 잠재성을 지니고 있었다." 1947년 조사에 따르면, 샌프란시스코 만안 지역으로 이주한 흑인들이 학교 교육을 받은 기간은 평균 9년이었다.

2. Moore 2000년, 84~85쪽. Graves 2004년.

3. Johnson 1993년, 128~29쪽. Moore 2000년, 84~85쪽. Alancraig 1953년, 89쪽.

4. Johnson 1993년, 107쪽, 222쪽. Record 1947년, 9쪽. Barbour 1952년, 10쪽. Woodington 1954년, 83~84쪽. 1952년 리치먼드에 남아 있던 아프리카계 미국인 1만 3000명 가운데 80퍼센트가 전시 상황에서 지어진 임시 가옥에서 여전히 살고 있었던 반면에, 백인 주민은 전체의 50퍼센트가 그런 주거 환경에서 생활하고 있었다.

5. 이 책에서는 **은행**이라는 용어를 단순히 은행이라는 기관 자체만이 아니라 저축 대부 서비스업, 신용조합, 주택 융자 회사를 모두 포괄하는 의미로 사용한다. 하지만 은행을 감독하는 연방정부와 주 정부의 규제 기관들에 대해서 논의하는 7장에서는 정부가 강력하게 규제하는 금융 대출 기관들만을 가리킨다.

6. Moore 2000년, 89쪽. White 1956년, 2쪽.

7. Wenkert 1967년, 24~26쪽. Johnson 1993년, 129쪽.

8. Stevenson 2007년, I-00:36:13. Moore 2007년, 77쪽. NPS online. 그 공장은 미국 국립공원관리청에 의해 제2차 세계대전 동안 그곳에서 일했던 여성들(이 여성들은 대개 전쟁을 끝내고 돌아온 재향군인들에게 일자리를 제공하기 위해 그 공장에서 쫓겨나거나 퇴직의 압박에 시달렸다)을 추모하는 로지더리베터/2차세계대전홈프런트국립역사공원으로 바뀌었다.

9. PG&E 1954년, 2쪽. Grier and Grier 1962년, 4쪽. Munzel 2015년.

10. VA가 담보대출을 "보증"서고, FHA는 그것의 "안전성을 확인"해 주었다. 두 용어의 차이는 **법률상** 흑인 분리를 이해하는 데 중요한 의미가 전혀 없다. 따라서 이 책에서는 두 용어를 번갈아 가며 사용한다.

11. 백인들이 리치먼드를 떠나면서, 1980년 리치먼드시의 인구는 아프리카계 미국인이 전체의 거의 절반을 차지할 정도로 늘어났다. 그 이후로 아프리카계 미국인 인구는 점차 줄어들면서 현재는 25퍼센트 이하로 감소했다. 그 빈자리는 저소득층 라틴아메리카계 이민자들이 대체하는 한편, 시내 일부 지역에는 부유한 백인들이 들어와 임차료 인상을 주도하면서 이제는 저소득층 가구들이 감히 넘볼 수 없는 동네가 되었다. 리치먼드를 떠난 아프리카계 미국인 다수는 백인과 함께 사는 동네로 흩어진 것이 아니라, 안티오크처럼 교외 지역에 새롭게 늘어나고 있는 또 다른 아프리카계 미국인 동네로 이주했다.

12. Stegner 1947년. Benson 1996년, 153쪽. Friend and Lund 1974년, 19~22쪽. Treib and Imbert 1997년, 150쪽.

13. Leppert 1959년, 657쪽. Williams 1960a년, 11쪽. Alsberg 1960년, 637쪽. Johnson 1960년, 722쪽, 725쪽. German, 1955년. Williams 1960b년, 483쪽. 캘리포니아부동산협회가 백인 동네의 주택을 아프리카계 미국인에게 판 부동산 중개인들을 "왕따"시키는 공식적인 정책을 펼쳤다는 직접적인 증거(예컨

대, 이사회 의결 따위)는 없지만, 1960년 샌프란시스코에서 열린 인권위원회 청문회에 참석한 증인 여러 명은 부동산 중개인들이 따돌림당할까 두려워 아프리카계 미국인에게 집을 파는 것을 거부했다는 말을 되풀이했다. 당시 캘리포니아주 법무차관 프랭클린 윌리엄스는 "몇몇[중개인 또는 대리인]이 '따돌림'을 당하는 것에 대한 두려움을 우리에게 말하면서, 만일 자신들이 민주적으로 부동산 거래를 한다면 업계에서 배척당할 것이라고 했다"고 진술했다. 윌리엄스는 또한 백인 동네의 집을 아프리카계 미국인에게 파는 행위를 "직업윤리에 반하는" 행태로 간주해서 그런 짓을 저지른 중개인은 협회에서 축출당한다고 믿는 중개인들이 많았다고 설명했다. 지역 부동산 중개인을 대상으로 한 설문조사에서 "당신은 흑인에게 집을 팔 수 없습니까?"라고 묻자, 한 중개인은 "아니오. 하지만 백인 지역에서는 팔 수 없어요. 그렇지 않으면, 우리는 협회로부터 따돌림을 받을 것입니다"라고 대답했다.

14. Leler and Leler 1960년.

15. Williams 1960a년, 11쪽. Alsberg 1960년, 638~39쪽.

16. 미국 대도시 지역의 역사를 조사해 본다면 연방정부와 주 정부, 지방자치체가 주택 정책을 통해서 어떻게 헌법에 위배되는 방식으로 흑인과 백인의 분리를 고의로 야기하거나 강화했는지에 대한 많은 증거를 발견할 수 있을 것이다. 그 방식들은 지금도 여전히 명맥을 유지하고 있다.

2장 게토가 된 공영주택

1. 뉴욕시의 공영주택 가구들은 대개가 고층 건물로 이루어져 있지만, 거기에는 온갖 인종과 민족, 사회계층들이 거주하고 있다. 하지만 그 밖의 다른 지역 사정은 그렇지가 않다. 대부분의 공영주택 단지는 정원 딸린 저층 아파트, 걸어서 올라가는 저층 건물, 단독주택이나 연립주택들로 구성된다. 연방정부는 1970년대에 고층 공영주택에 건설 자금을 지원하는 사업을 중단했다. 이후 고층 아파트 가구 수는 점점 줄어들었다.

2. Sard and Fischer 2008년, 16쪽(그림 6), 기술 부록 표 2b, 3b2. Atlas and Dreier 1994년. 2008년 현재, 미 전역에 지어진 공영주택 가구의 거의 3분의 1은 빈곤층이 다소 적은 동네(빈곤층 가구가 전체 가구의 20퍼센트 미만)에

있었고, 빈곤층이 많은 동네(빈곤층 가구가 전체 가구의 40퍼센트 이상)에 있는 경우는 4분의 1에 불과했다. 2008년경, 뉴욕시 바깥에 있는 대도시 지역 공영주택 가구의 경우, 500가구 이상의 대단지는 9퍼센트에 불과했고, 3분의 1은 100가구 미만의 단지였다. 그러나 그 9퍼센트의 대단지 공영주택 가구의 3분의 2는 빈곤층이 많은 동네에 있었다. 반면에, 100가구 미만의 단지가 빈곤층이 많은 동네에 있는 경우는 10퍼센트에 불과했다. 1935년, 당시 내무장관 해럴드 이키스는 전국 최초의 민간 공영주택이 "자체적으로 자금 수혈이 가능하게 계획되었다"고 설명했다. "몇몇 단지를 제외하고, 이 값싼 주택단지를 건설하는 데 들어간 자금은 임차료 징수를 통해 국고로 다시 환수될 것이다." 시간이 흐르면서 국가 보조금을 받는 단지 개발보다 지원받지 않는 단지 개발의 비율이 증가했고, 중산층 단지 개발은 이후 20년 동안 지속되었다.

3. Bloom 2008년, 8쪽, 176~77쪽, 209쪽. NYCHA 1970년. Vale 2002년, 24~25쪽, 74~80쪽, 102쪽.

4. Ben-Joseph online. Dunn-Haley 1995년, 38ff쪽. Jackson 1985년, 192쪽. Donohue 2014~15년. 제1차 세계대전 때 전시 산업 노동자들을 위한 주택 공급 책임을 맡고 있었던 연방 기관인 미국주택공단(USHC)은 워싱턴주 브레머턴, 코네티컷주 브리지포트, 뉴저지주 캠든, 펜실베이니아주 체스터, 위스콘신주 콜러, 캘리포니아주 메어아일랜드, 델라웨어주 윌밍턴 같은 지역에 백인 전용 단지를 지었다. 그 단지들 가운데 일부는 사택을 제공하는 군수품 공장에서 일하는 아프리카계 미국인 노동자가 거의 없었기 때문에 백인들만 살았을 수 있다. 그러나 뉴햄프셔주의 포츠머스는 정부가 흑인 분리를 배후에서 후원한 사례였다. USHC가 전시 산업 노동자들을 위해 그곳에 지은 애틀랜틱하이츠 단지에는 그 지역 군수품 공장에서 일하고 있던 아프리카계 미국인 노동자들이 들어가 살 수 없었다. 그 단지는 백인 노동자만을 위해 지어졌기 때문이다. 뉴욕주의 나이아가라폴스에서 USHC는 이탈리아계 미국인과 폴란드계 미국인을 위한 단지를 별도로 지었다.

5. Fishel 1964~65년, 114쪽. Houston and Davis 1934년, 290~91쪽.

6. Fishel 1964~65년. Kifer 1961년, 5~31쪽

7. Kifer 1961년, 27쪽, 35~41쪽.

8. Fishel 1964~65년, 116쪽. Guzda 1980년, 32쪽.

9. Radford 1996년, 100-1쪽(표 4.2). Alancraig 1953년, 20쪽. 여기에는 포함되어 있지 않지만, "원주민"을 위해 설계된 단지로 푸에르토리코 자치령에 2곳, 서인도제도에 있는 미국 자치령 버진 군도에 1곳이 있었다.

10. Hirsch 2000a년, 209쪽. Hirsch 2005년, 58~59쪽. Connerly and Wilson 1997년, 203쪽. Miller 1964년, 65쪽. Mohl 2001년, 321쪽. 마이매미시의 지도층 인사는 은퇴한 판사 출신 존 C. 그램링이었는데, 그는 데이드카운티주택공사를 대표해서 PHA와 협상에 나섰다.

11. Moore 2000년, 14쪽, 19~21쪽. 예컨대 캘리포니아주 웨스트오클랜드는 주민 대다수가 백인이었지만 소수의 흑인 인구가 함께 어울려 살았다. 풀먼컴퍼니Pullman Company(19세기 중반에 설립되어 20세기 전반기까지 미국의 철도 호황기에 침대 설비가 있는 특별 객차를 운영한 열차 회사.—옮긴이)가 침대 열차 승무원으로 아프리카계 미국인만을 고용했기 때문이다. 오클랜드는 대륙 횡단 열차의 서부 종착역이었다. 승무원들은 역에서 가까운 곳에 살아야 했다. 이와 비슷한 이유로 다른 도시에 사는 아프리카계 미국인 수하물 담당자들도 도심에서 백인과 함께 어울려 살았다.

12. Holliman 2008년.

13. Heathcott 2011년, 89~90쪽, 94쪽. 그 동네는 1930년에 주민의 약 65퍼센트가 백인이었다. 이후 아프리카계 미국인 인구가 점점 늘어나서 동네가 철거되었을 때는 주민의 35퍼센트 이상이 흑인이었다.

14. Hughes 1940년, 30~31쪽. ECH 2011년. PWA 1939년, 283쪽(표 15). Cleveland Historical online. Rotman online. Weaver 1948년, 75~76쪽.

15. Radford 1996년, 100-1쪽(표 4.2). Weaver 1948년, 74쪽. 《NYT》 1936년. 전국적으로 미국 정부의 노골적인 흑인 분리 정책에 대해서 숨겨진 것은 전혀 없었다. 《NYT》는 할렘리버하우스 단지가 "574개 흑인 가구"를 수용하기 위해 조성된 것이라고 기사화했다.

16. USHA 1939년, 7~8쪽.

17. McGhee 2015년, 15~16쪽, 24쪽, 26쪽. Busch 2013년, 981~83쪽. Busch 2015년. 주택공사는 로즈우드코츠 부지에 옥외 빨랫줄을 설치했는데, 그 단

지에 거주하는 여성들이 오스틴의 백인 가구에서 가정부와 세탁부로 일할 것이라고 예상했기 때문이다. 멕시코계 미국인을 위한 세 번째 인종 분리 단지는 이스트사이드의 흑인 게토 지역에 인접한 동네에 건설되었다. 시 당국의 당초 계획은 멕시코계 미국인들을 단일 구역으로 분리시키는 것이 아니었지만, 결과적으로 그 공영주택 단지는 그들의 격리를 심화하는 데 기여했다.

18. Bowly 1978년, 24쪽. Hirsch 1983년. 1998년, 14쪽. Choldin 2005년. 이들 단지의 인종적 정체성은 단지 명칭으로 더욱 명료해졌다. 줄리아 C. 래스롭과 제인 애덤스는 20세기 초 저소득층 백인 이민자들을 위해 활동했던 사회운동가이자 개혁가들로 백인이었다. 아이다 B. 웰스는 아프리카계 미국인으로 NAACP 창립자 가운데 한 명이었다. 단지나 동네 이름에 어떤 인종이 사는지를 알려 주는 방식은 최근까지도 계속되었다. 마틴 루서 킹이 죽은 뒤 많은 도시가 아프리카계 미국인 동네를 통과하는 대로의 명칭을 개명했지만, 백인 동네를 관통하는 대로의 명칭을 바꾼 사례는 별로 없었다.

19. Vale 2002년, 37쪽, 55쪽, 80쪽. USCCR 1967년, 65쪽.

20. Cunningham 16~19쪽. Stainton and Regan 2001년, 12쪽.

21. Weaver 1948년, 171~74쪽. 1945년, 연방정부는 마침내 윌로런 단지의 일부를 흑인 구역으로 분리한 뒤에 소수의 아프리카계 미국인 가구의 입주를 허용했다. 이듬해 1946년에는 그 단지의 모든 곳에서 아프리카계 미국인들이 살 수 있도록 허용되었다. 하지만, 그 무렵 본격적으로 흑인과 백인이 어울려 사는 계획을 그곳에 적용하기란 때늦은 감이 있었다. 전쟁이 끝나 가자 폭탄 제조 공장의 일자리는 점점 사라지기 시작했고, 고향으로 돌아가는 백인 가구들이 많아졌다. 단지 내 백인 구역에 빈집이 늘어나면서, 아프리카계 미국인들이 그 빈집들을 차지할 수 있게 되었다고 해서 백인 노동자와 그 가족들이 그동안 누려 온 특혜가 사라진 것은 아니었다. 마침내 더 많은 백인 가정이 그곳을 떠나 자신들이 전에 살았던 전원 지역과 소도시들로 돌아가자, 윌로런 단지는 점점 흑인 동네로 바뀌었다. 아프리카계 미국인 노동자들이 윌로런에 온 것은 일자리 때문만은 아니었다. 남부의 인종차별적 폭력과 착취에서 벗어나기 위해서 그곳을 찾아온 것이었다. 따라서 폭탄 제조 공장의 일자리가 사라졌다고 해서 고향으로 되돌아가는 것은 매력적인 선택지가 아니었다.

22. 이것은 정부가 단지를 인종별로 구분하기 위해 단지명을 이용한 방식의 또 다른 사례다. 그 단지는 아프리카계 미국인들을 위해 지어졌기 때문에, 남북 전쟁 이전과 전쟁 기간에 아프리카계 미국인 노예해방론자 소저너 트루스의 이름을 따서 단지명을 정했다.

23. 프랭클린 루스벨트 행정부는 관할권이 서로 겹치는 복수의 정부 기관을 둔 것으로 악명이 높았다. USHA는 1939년 정부 조직 개편 과정에서 FWA의 하부 기관이 되었다. 그 뒤, FWA는 지역의 주택공사가 참여하지 않는 곳에서도 랜햄법에 따라 건설되는 주택단지들에 대한 직접적인 책임을 맡았다. 소저너 트루스 단지 건설에 반대하는 백인 폭동으로 죽거나 다친 사람 수에 대해서는 서로 다른 자료들이 존재한다. 이 책에서는 Roebert Weaver의 자료(1948년, 92~94쪽)를 따랐는데, 그의 자료가 동시대와 더 가깝기 때문이다. 다른 자료 의 설명처럼(1964년에 발간된 Shogan and Craig, *The Detroit Race Riot*을 인용 한 Funigiello 1978년, 99쪽 자료) 부상자는 없고 사망자만 엄청 많았다면, 위 버도 그 사실에 대해서 알았을 것이라고 나는 믿는다. 위버는 제2차 세계대 전 동안 연방정부에서 가장 중요한 아프리카계 미국인 공직자였다. 그는 아프 리카계 미국인의 고용과 교육, 주택 문제를 책임지는 자리에 있었다. 위버의 설명을 더욱 자세하게 확인해 주는 Sugrue(1996년, 2005년, 74쪽)는 "최소 40명이 부상당했고 220명이 체포되었으며, 109명이 재판에 넘겨졌는데, 세 명 빼고 나머지는 모두 흑인이었다"고 전한다. 소저너트루스 사건에 대해 기 술한 다른 자료들로는 Goodwin 1994년, 326~27쪽. White 1942년. Foreman 1974년이 있다.

24. Sugrue 1996년, 2005년, 80쪽, 85쪽. Sugrue 1995년, 569쪽, 571~72쪽.

25. Weaver 1948년, 199~200쪽. 조금 더 최근의 설명(Broussard 1993년, 175~76쪽)은 위버의 설명과 배치되는 것처럼 보이는데, 헌터스포인트 단지 가 완전히 통합되었다고 말한다. 나는 위버의 흑인 분리 주장을 수용한다. 그 가 그 당시의 인물이며, 헌터스포인트의 흑인 분리에 대한 논란에 대해서 잘 알 만한(어쩌면 그 논란의 한가운데에 있었을 만한) 위치에 있었기(22번 주석 참조) 때문이다. 로버트 위버의 역할과 관련해서는 Hill 2005년 참조. 아마도 Broussard는 헌터스포인트가 흑인과 백인 구역으로 나뉘어 있었다고 해도, 한

단지 안에 흑인과 백인 가구들이 모여 살았기 때문에 그곳을 흑백 통합 단지로 분류했는지도 모른다. 헌터스포인트를 흑백 통합 단지로 보는 시각은 전쟁이 끝난 직후, 즉 미시건주의 윌로런 단지처럼(상기 20번 주석 참조), 백인 입주민들이 민영주택을 찾으면서 빈집이 생겨나고 그곳에 아프리카계 미국인들이 입주할 수 있도록 허용된 때부터 시작되었을 수 있다.

26. Broussard 1993년, 175쪽, 179쪽, 222쪽. Johnson, Long, and Jones 1994년, 22쪽. *Banks v. Housing Authority of City and County of San Francisco* 1953년. Weaver 1948년, 168~69쪽. Alancraig 1953년, 74~75쪽.

27. France 1962년, 39~40쪽(n. 23). Wirt 1974년, 251쪽. Link 1971년, 53쪽. Alancraig 1953년, 93~96쪽. Broussard 1993년, 223~225쪽. *Banks v. Housing Authority of City and County of San Francisco* 1953년. Quinn 1960년, 550쪽. 인종차별 금지를 선언한 뒤, 백인이 아닌 다른 인종 가정들 소수를 백인 단지에 입주시킴으로써 그 약속을 이행했다고 하는 정책들에 대해 말할 때, 위선이라는 단어 말고는 그것을 설명할 만한 그 어떤 타당한 말이 떠오르지 않는다. 예컨대, 1939년 뉴욕시주택공사는 인종차별 금지 정책을 채택했지만, 보스턴과 샌프란시스코에서와 마찬가지로, 그것도 허울뿐인 정책이었다. 인종 통합 단지임을 보여 주기 위해 애초에 단일 인종 단지에 극소수의 다른 인종 가정들을 입주 배정하는 형식적인 조치만 취했기 때문이다. 1949년 뉴욕시주택공사는 퀸스 자치구에 우드사이드하우시스 단지를 건설했다. 그곳은 백인 동네에 지어진 백인 중산층 가구를 위한 단지였는데, 몇 안 되는 아프리카계 미국인 가구가 그 안에 포함되어 있었다. 반면에 거기서 얼마 멀지 않은 아프리카계 미국인 동네에 지어진 사우스자메이카하우시스 단지에는 극소수의 백인 가구가 입주해 있었다. 뉴욕시주택공사는 이러한 정책이 "기존의 지역사회의 형태"를 존중하기 위한 것이라고 설명하고, 사우스자메이카 단지가 "기존에 흑인이 우위를 차지하고 있는 동네에 위치해 있기" 때문에 소수 인종(흑인들)을 수용할 수밖에 없다고 결론지었다(Bloom 2008년, 87쪽). 이와 관련해서 큰 고통을 당한 공무원의 가장 잘 알려진 사례는 엘리자베스 우드였다. 그는 1937년부터 1954년까지 시카고주택공사를 이끌었던 상임이사로, 공사 측이 인종차별적 정책을 줄기차게 밀어붙이는 동안 그 반대편에서

혹인 분리 정책을 멈추도록 이사회 구성원들에게 촉구한 인물이었다. 그는 결국 언론에 이러한 내부 갈등을 공개했다는 이유로 해임되었다(본문 9장의 해당 논고와 각주 참조).

28. Davies 1966년, 108쪽. Julian and Daniel 1989년, 668~69쪽. Hirsch 2000b년, 400~1쪽. von Hoffman 2000년, 309쪽. 그 논란이 벌어졌을 때, 더글러스와 험프리는 둘 다 겨우 6개월 전에 처음으로 상원에 입성한 햇병아리 상원의원이었다. 그들은 전국적으로 민주당의 진보 성향 집단을 이끄는 지도층이 되었다. 공영주택 사업 법안을 통과시키기 위해 혹인 분리 정책을 두고 타협해야 한다는 사실은 특히 험프리 상원의원에게 짜증 나는 일이었다. 1년 전, 그는 미니애폴리스시장으로서 민주당 전당대회에서 인종 분리 반대를 당론으로 채택할 것을 요구하는 진보 성향의 당원들을 대표함으로써 트루먼 대통령과 민주당 지도부에 반기를 들었다. 위원회에서의 싸움에서 패한 그는 전당대회 토론장으로 그 문제를 가지고 갔다. 그는 전당대회에 참석한 대의원들을 대상으로 "위원회의 결정에 반대하는 의견서에서 … 나는 시민 평등권을 지키는 문제에 있어서는 어떤 타협도 있을 수 없다고 생각합니다"라고 말했다. 그는 남부의 주들이 인종 분리를 강요할 권리가 있다고 주장하는 것에 반발해서 "이제 민주당은 미국에서 남부 주들이 주장하는 권리의 그늘에서 벗어나 인권의 밝은 햇살 아래로 당당히 걸어 들어갈 때가 되었습니다"라고 덧붙였다. 대의원들은 그의 반대 의견서를 채택했고, 남부의 민주당원들은 대회장을 박차고 나갔다. 그들은 새로운 정파(주권민주당Dixciecrat)를 형성하고 1948년 대통령 선거에서 인종차별을 강령으로 삼는 제3의 정당을 만들어 사우스캐롤라이나주 주지사였던 스톰 서먼드를 후보로 내세웠다. 온갖 예상을 깨고 트루먼 대통령은 공화당의 토머스 듀이, 주권민주당의 스톰 서먼드, 그리고 진보당 후보로 좌파 진영을 대표한 헨리 월리스에 맞서 재선에 성공했다. 험프리는 이후 상원의원을 두 번 더 지낸 뒤, 1964년에 린든 존슨 대통령의 러닝메이트로 출마해서 부통령을 역임했다. 하지만 4년 뒤, 자신이 직접 대통령 후보로 출마했다가 베트남전쟁 승리를 목표로 했던 존슨 대통령에 공식적으로 반기를 들어야 한다고 믿었던 그의 많은 친구와 동지 들이 그의 원칙 타협에 실망한 나머지 결국 민주당 진보 진영의 지지를 잃고 말았다. 그것

은 그가 공화당 대통령 후보인 리처드 닉슨에게 패배하는 데 한 원인이 되었다. 1949년 건축법은 공영주택 건설과 함께 빈민가 철거를 목적으로 한 것이었다. 공영주택 가구 한 집을 짓기 위해서는 빈민가 가구 한 집을 철거해야 했다. 비록 그 법안의 그 조항을 늘 지켜야 하는 것은 아니었지만, 그것이 아프리카계 미국인을 위한 주택 공급에 거의 도움이 되지 않는 것은 분명했다. 더글러스와 험프리가 흑인 분리 정책을 막기 위해 타협한 방안에 대해 회의적이었던 당시 분위기는 바로 이런 이유 때문이었다.

29. Hirsch 2000b년, 401쪽, 406쪽, 417~18쪽.

30. von Hoffman 2000년, 320쪽.

31. *James v. Valtierra* 1971년. Murasky 1971년, 115~16쪽. UPI 1971년. Herbers 1971년. 공영주택 단지를 짓기 전에 반드시 지역 주민투표를 거치도록 요구한 주는 앨라배마, 캘리포니아, 콜로라도, 아이오와, 미네소타, 미시시피, 몬태나, 오클라호마, 텍사스, 버몬트, 버지니아, 위스콘신주였다.

32. USCCR 1961년, 111쪽.

33. Hirsch 2000a년, 218쪽. Abrams 1955년, 30~32쪽.

34. Bartelt 1993년, 135~36쪽. Hogan 1996년, 48쪽.

35. *Kennedy v. Housing Authority of Savannah* 1960년.

36. Flournoy and Rodrigue 1985년.

37. *Hills v. Gautreaux* 1976년. Polikoff 2006년, 98쪽, 148쪽, 153쪽. Orfield 1985년.

38. 1987년, 해당 연방대법원 소송 판결이 확정되고 10년이 지난 시점에서, 당시 로널드 레이건 대통령은 결원이 생긴 연방대법관 자리에 보크를 지명했다. 하지만, 하원에서 치열한 논쟁이 이어지면서 결국 보크는 인준을 받지 못했다.

39. PRRAC 2005년. Daniel & Beshara online. *Banks v. Housing Authority of City and County of San Francisco* 1953년. Berger 1998년. Mohl 2001년, 345쪽. HBO 제작 미니시리즈 〈영웅을 보여줘Show Me a Hero〉—1993년 리사 벨킨, 『영웅을 보여줘: 살인, 자살, 인종, 그리고 구원 이야기Show Me a Hero: A Tale of Murder, Suicide, Race and Redemption』가 원작—는 연방항소법원의 결정과 그에 따른 시 당국의 소극적 판결 이행에 대한 용커스 주민들의 반발을 그리

고 있다.

40. Abrams 1951년, 327쪽. Hirsch 2005년, 59~60쪽. Nixon 1973년. 그러나 닉슨의 말은 전형적으로 과장된 고정관념이었다. 흑백이 분리된 공영주택 공급은 저소득층 소수집단 동네를 불이익이 누적된 동네로 특징짓는 모든 부수적인 문제들과 함께 인종차별적 격리를 영속화한다. 그러나 주거 공간이 절실히 필요한 가정의 관점에서 보면, 흑백이 분리된 주택이라도 없는 것보다는 낫다. 대부분의 도시에서 공영주택 입주 순서를 기다리는 긴 대기 행렬이 끊이지 않는 모습은 민간 주택 시장에서 집을 사거나 임차할 수도 없는 저소득층 가구에게 공영주택이 얼마나 인기가 있는지, 얼마나 그들이 바라는 거처인지를 잘 보여 준다. 하지만 그렇다고 1949년 의회에서처럼 흑인만 빽빽이 모여 사는 고층 아파트 공영주택이라도 공급할지, 아니면 무주택자로 살 것인지를 정하라고 압박해서는 안 된다. 그 선택은 흑백이 분리된 공영주택을 지을 것인지, 아니면 흑백이 통합된 동네에서 (인종과 소득에 따라) 분리된 공영주택을 공급할지를 두고 정하는 것이어야 한다.

41. Johnson 1993년, 105쪽.

3장 격화되는 분리

1. Logan 외 2015년, 26쪽(그림 4). Logan and Stults 2011년. 주거에서의 인종 분리 문제는 명확하게 정의 내리기가 어렵기 때문에 그 분리 규모를 세밀하게 수치화하는 것도 어렵다. 그 문제를 인구통계학적으로 가장 일반적으로 설명하는 것은 대도시 지역의 아프리카계 미국인 분포 비율 대비 특정 동네에 살고 있는 아프리카계 미국인의 비율을 계산해서 도출되는 "상이성지수index of dissimilarity"다. 그러나 이 지수는 가난한 라틴계 이민자들이 흑인이 많이 사는 동네로 이사를 오더라도 "인종 통합" 수치가 상승하는 것으로 계산된다. 따라서 미국 내에서 법률상의 아프리카계 미국인의 분리를 이해하려고 할 때, 상이성지수는 유용한 도구가 못 된다. 우리가 무엇보다 주목해야 할 것은 백인 다수인 동네에 아프리카계 미국인이 얼마나 어울려 사는가 하는 것이다. 이 기준에 따르면, 1880년부터 1950년까지 미 전역의 지방과 도시 지역에서 모두 흑백 통합, 즉 흑인과 백인이 같은 동네에 살 가능성이나 한 동네에 사

는 흑인과 백인의 비율, 다시 말해서 흑인과 백인이 한 동네에서 서로 마주치는 정도를 측정한 결과, 그 수치는 꾸준히 감소했다. 1880년부터 1940년까지 미국에서 가장 큰 대도시 10곳의 인구를 분석한 결과, 1880년에 일반적으로 아프리카계 미국인들이 살았던 동네(구역)의 흑인 인구 비율은 15퍼센트에 불과했다. 1910년에는 그 비율은 30퍼센트였고, 1930년에 흑인 비율은 흑인 대이동이 일어난 것을 감안하더라도 약 60퍼센트로 늘어났다. 1940년, 일반적으로 아프리카계 미국인이 살았던 지방 동네는 흑인이 비율이 75퍼센트였다. 동네에 대한 정의를 다르게 내린 또 다른 인구 분석에 따르면, 1950년에 미 전역에 사는 아프리카계 미국인들이 살았던 동네의 평균 백인 인구 구성은 37퍼센트였다. 그 비율은 오늘날에도 거의 비슷하다.

2. Hennessey 1985년, 103~10쪽. Smith 1994년, 144~50쪽. Simkins 1944년, 63쪽, 270쪽, Kantrowitz 2000년, 69쪽, 121쪽, 143쪽. Dew 2000년. Kingkade 2015년. 이 사료들은 얼마나 많은 사람이 죽었는지, 붉은셔츠단의 공격 순서, 아프리카계 미국인들의 저항(민병대 조직), 정확한 사건 발생 장소들에 대한 세부 내용들이 서로 다르다. 오래된 자료일수록 틸먼에게 더 우호적이다. 이 책에 실린 내용이 가장 정확하다고 볼 수 있다.

3. 클렘슨대학 이사회는 찰스턴에서 한 백인우월주의자 청년이 교회에 다니는 흑인 9명을 살해한 뒤인 2015년에야 비로소 틸먼이 "협박과 폭력을 포함해서 사우스캐롤라이나에서 저지른 아프리카계 미국인들에 대한 테러 행위"가 자신들과 무관하다는 결의안을 채택했다. 하지만 주 의회의 허락이 없이 대학 이사회가 독자적으로 대강당 건물에서 틸먼의 이름을 빼는 것은 불가능했다. 물론 주의회는 그것을 승인하지 않았다.

4. Loewen 2005년, 9쪽. Lang 1979년, 50쪽, 57쪽.

5. Lang 1979년. Ogden 2007년.

6. Lowen 2005년. Palm Beach online. 당시에 노골적으로 인종차별적인 시 조례 내용을 모르는 사람이 없었다. 팜비치카운티역사학회는 이렇게 전한다. "1939년 플로리다 관광안내서는 벨글레이드를 이렇게 소개했다. '시 조례에 따라 시내에 고용된 사람을 제외하고 모든 흑인들은 오후 10시 30분까지 시내를 떠난다. 하지만 토요일에는 상업 구역에 한해 자정까지 남아 있을 수 있

다.' 다른 소도시들도 (흑인들에 대한) 비슷한 제한이 있었다."

7. 이 책에서는 이 기간의 역사를 상세하게 다룰 수 없지만, 숨겨진 역사는 전혀 없으며 여러 유명 작가들이 그것에 대해서 말한 바 있다. 60년 전, 미국의 역사학자 코머 밴 우드워드는 『짐크로의 기이한 이력The Strange Career of Jim Crow』에서 흑인에 대한 인종차별이 늘어나고 있다고 설명했다. 최근에는 언론학자 니콜라스 레만이 『구제Redemption』에서 국가 재건 시대가 끝났을 때, 아프리카계 미국인들에게 가해진 폭력적 억압을 상세하게 열거했다. 제임스 로언의 『선다운 타운스Sundown Towns(유색인종 차별 지역.―옮긴이)』는 미국 전역에서 아프리카계 미국인들이 어떻게 살던 동네에서 폭력적으로 쫓겨난 뒤, 돌아갈 수 없게 되었는지를 이야기한다. 로언은 전국의 소도시에서 발생한 인종차별적 폭력에 대한 정보들을 모아서 웹사이트에 게재했다. 2017년 1월 기준, 이 사이트의 몬태나 페이지는 sundown.tougaloo.edu/sundowntownsshow.php?state=MT에 있다. 다른 주들에 대한 정보와 관련해서는 sundown.tougaloo.edu/content.php?file=sundowntowns-whitemap.html에 나온 지도를 클릭하면 된다.

8. Wolgemuth 1959년, 159~67쪽. King 1995년, 9~17쪽. Weiss 1969년, 63~65쪽. 《NYT》 1914년. Kifer 1961년, viii쪽. 《Chicago Defender》 1932년.

9. 《NYT》 1910년.

10. Pietila 2010년, 24쪽. Power 1983년, 303~4쪽.

11. Crisis 1917년. Silver 1997년, 27쪽, 32쪽. Power 1983년, 310쪽. Rabin 1989년, 106쪽. Wehle 1915년.

12. Buchanan v. Warley 1917년. 연방대법관 윌리엄 R. 데이가 작성한 연방대법원의 의견 또한 흑인과 백인 주거 구역 분리가 아프리카계 미국인을 동등하게 보호하지 못한다는 것을 인정했지만, 그것은 연방대법원 판결의 기준이 아니었다.

13. Whitten 1922년. Randle 1989년, 43쪽. Rabin 1989년, 107~8쪽. Freund 2007년, 66쪽. Atlanta 1922년, 10쪽.

14. Bowen v. City of Atlanta 1924년.

15. Thornbrough 1961년, 598~99쪽. Harmon v. Tyler 1927년.

16. *Richmond v. Deans* 1930년. Williams 2015년.

17. *Birmingham v. Monk* 1950년. Williams 1950년. Greenberg 1959년, 278쪽.

18. Greenberg 1959년, 278쪽. Palm Beach online. *Dowdell v. Apopka* 1983년. Rabin 1987년.

19. Flint 1977년, 50쪽, 103쪽, 114쪽, 119쪽, 207쪽, 322쪽, 345~57쪽, 394쪽. Gordon 2008년, 122~28쪽.

20. Freund 2007년, 76~78쪽. Chused 2001년, 598~99쪽. Advisory Committee on Zoning 1926년.

21. American City Planning Institute 1918년, 44~45쪽. Freund 2007년, 73~74쪽. 옴스테드 주니어는 19세기 저명한 공원 설계자였던 프레더릭 로 옴스테드의 아들이었다. 그는 "인종 분리"라는 용어를 쓸 때, 그 시절 많은 미국의 대표적인 도시계획자들처럼, 백인과 아프리카계 미국인을 구분하는 것뿐 아니라, 백인과 유럽계 미국인 사이를 구분하는 의미로 언급하고 있었다. 대부분이 앵글로색슨계 엘리트층이었던 프로테스탄트들은 남부와 중부 유럽인들(이탈리아인과 슬라브족처럼 가톨릭교를 믿는 민족과 유대인들을 포함해서)을 "까무잡잡하고" "거무스름한 피부"의 인종으로, 북유럽인과는 다른 인종이라고 여겼다. 그러나 시간이 흐르면서 백인 엘리트층과 도시계획자들은 유럽계 이민자들을 "백인"으로 인정(비로 일부 편견은 여전했지만)하게 되었다. 하지만 아프리카계 미국인들과 "섞이는" 것에 대한 강력한 반발은 변함없이 확고했다.

22. Hancock 1988년, 200~1쪽. 인용된 문구는 1933년 베트먼이 주 작성자로 미국도시계획연구소에 제출한 보고서에 나온다. 그는 당시 그 연구소 소속이었다.

23. McEntire 1960년, 245쪽.

24. Freund 1929년, 93쪽.

25. *Euclid v. Ambler* 1926년, 394~95쪽. Freund 2007년, 83쪽.

26. *Dailey v. Lawton* 1970년.

27. *Arlington Heights v. Metropolitan Housing Corp.* 1977년. Mandelker 1977년, 1221쪽(n. 15).

28. Collin and Collin 1997년, 226~27쪽.

29. Sides 2003년, 113쪽. 《Los Angeles Sentinel》 1947c년. 《Los Angeles Sentinel》 1947a년. 《Los Angeles Sentinel》 1947b년.

30. Collin and Collin 1997년, 227~28쪽.

31. Collin and Collin 1997년, 230쪽. Clinton 1994년.

4장 "자기 집을 소유하라"

1. Vale 2007년, 20쪽. Cannato 2010년. Hayward 2013년, 121~22쪽.

2. Hutchison 1997년, 194쪽. Better Homs in America 1926년. 《NYT》 1922년. Pelo 1922년. 미국건설평의회는 1922년 루스벨트 1기 행정부 당시 상무장관이었던 허버트 후버에 의해 만들어졌다. 이 의회의 설립은 이전에 1920년 민주당 부통령 후보였던 루스벨트가 소아마비에 걸린 뒤 최초의 정무활동이었다. 루스벨트의 목적은 "건설업에 대한 공신력을 세우는 것"이었다. 건설업은 고용조건에 계절적 영향이 크기 때문에, 여름 몇 달 동안은 임금과 고용조건이 좋지만, 겨울철에는 매우 악화되었다. 하지만 이 문제를 해결하기 위해 루스벨트가 제안한 계획은 이해하기 쉽지 않다. 그는 여름철에 뉴욕 같은 주에서 조지아주 같은 곳으로 노동력을 이동시키고, 겨울철에는 그 반대로 하는 방법을 제안했다. 그의 말에 따르면 이런 노동력 이동이 건설 비용을 낮출 것이라고 했다. 루스벨트는 그 목표를 달성하기 위해 후버 장관의 주재 아래 모든 산업계와 노동조합의 대표들이 한 자리에 모여서 해결책을 강구할 것을 제안했다. 루스벨트의 제안이 가능한 제안이었는지에 대해서 나는 추단하지 않을 것이다. 미국건설평의회가 오랫동안 존속되지 않았다는 것으로 충분한 답이 될 터다. 그러나 내가 이 사건에서 가장 흥미롭게 생각하는 것은 후버가 의장을 맡은 민간 단체 베터홈스인아메리카의 자문위원회에서 루스벨트가 건설업계를 대표하는 자문위원을 맡았다는 사실이다. 그것은 일찍이 1922년에 미래의 미국 대통령이 될 후버와 루스벨트가 미국의 백인 노동자 계층과 중산층을 단독주택 가구로 편성하기 위한 공동 목표를 추진하는 협력 관계를 맺고 있었음을 보여 준다.

3. Freund 2007년, 75쪽. Hutchison 1997년, 193쪽. Wright 1981년, 197~98쪽.

Lands 2009년, 126쪽. 자기 집 소유의 이점 가운데 하나가 "인종 갈등"의 회피라고 언급한 출처를 라이트 교수가 밝히지 않았기 때문에, 나는 베터홈스를 대표하는 사람들이 "아마도" 이렇게 말했을 것이라고 추정한다. 나는 베터홈즈나 미 상무부가 베터홈스 지역위원회 위원들에게 지침을 제공하기 위해 발행한 소책자가 바로 그 출처가 아닐까 생각한다. 물론 라이트 교수는 35년 전에 그가 연구에 사용한 기록들의 사본을 더 이상 보관하고 있지 않다.

4. Hoover 1932년, xi쪽. Hoover 1931년.

5. Ford 1931년, 615쪽, 617쪽. Gries and Taylor 1931년, 92~95쪽. 이들 공공부문과 민간 부문의 지도자들도 유럽계 이민자들을 멀리해야 할 사람들로 생각했을 것이다.

6. Ecker 1932년, 46쪽. Kushner 2009년, 31쪽.

7. Johnson 1932년, 114~15쪽. 그 보고서의 권두 삽화는 아프리카계 미국인을 위한 훌륭한 주택의 한 실례인 "뉴욕시 할렘의 폴로렌스던바 흑인 아파트"의 멋진 사진이었다. 던바 아파트는 후버의 대책회의가 만들어지기 수년 전에 존 D. 록펠러가 지었다.

8. Jackson 1985년, 196~97쪽.

9. Freund 2007년, 115쪽.

10. Jackson 1985년, 200쪽.

11. FHA 1946년, Part II, Section 233. FHA 1935년, Section 309-12.

12. Jackson 1985년, 207쪽. Abrams 1955년, 30쪽. FHA 1935년, Section 229. FHA 1938년, Part II, Section 909(e), Section 935. 고속도로 설계자들도 이러한 목표를 공유했다. 예컨대, 시카고의 경우 서서히 커지고 있던 아프리카계 미국인 지역과 기존의 백인 동네 구역들 사이에 "방화벽"을 만들기 위해 당초 댄라이언고속도로 설계도를 수정해서 몇 블록 옆으로 구간을 이동시켰다.

13. FHA 1938년, Part II, Section 951.

14. FHA 1947년, Part II, Section 12, 1215 (4) (d), Part III Section 13, 315, 1320 (1), 1320 (2). Hirsch 2000b년, 413쪽. FHA 1952년, Section 131. FHA는 1947년 〈보증업무지침서〉를 통해 이웃 주민에 대한 인종적 편견을 연방정부가 인정하는 원칙으로 만들었다. 그 지침서는 흑인과 백인이 함께 사는

동네에 대한 주택담보대출이 매우 위험부담이 크다고 명백히 못 박는 표현은 빼는 대신에, 동네의 인종 구성의 변화가 위험부담 가중을 "반드시 수반하는 것은 아니다"라는 표현을 넣었다. 그럼 그러한 위험부담 가중은 언제 수반되는 걸까? FHA가 "현재와 미래의 동네 주민들이 흑백 인종의 혼재 때문에 그 동네를 바람직하게 보지 않을 거라고 판단"할 경우에 그렇게 된다.

15. Freund 2007년, 130~31쪽.

16. Williams 1959년. Hirsch 2005년, 50쪽.

17. Goodwin 1994년, 169쪽, 329~30쪽.

18. 나소카운티에는 아프리카계 미국인들도 들어가 살 수 있는 구역들이 일부 있었지만, 지나치게 많은 인구가 밀집한 까닭에 그곳의 주거 환경은 비위생적이고 황폐한 상태였다. 그런 동네 가운데 한 곳이 바로 빈스 메러데이의 삼촌 찰스가 정착한 프리포트빌리지에 있는 베닝턴파크였다. 1946년 뉴욕주주택위원회New York State Housing Commission는 베닝턴파크를 역내에서 최악의 빈민가로 명명하고, 프리포트에 새로운 공영주택을 공급하기 위한 공적 자금 대출을 제안했다. 베닝턴파크에 제공될 대출금은 문제없이 모두 회수될 수 있을 것으로 예상되었는데, 그곳의 아프리카계 미국인들이 고용된 일터가 베닝턴파크에 있었고, 그들이 거주하는 집도 그 동네에 있었기 때문이다. 그들이 그럴 수밖에 없었던 이유는 다른 동네에 있는 번듯하게 좋은 집을 살 돈이 없어서가 아니라, 그런 동네로 이주하는 것 자체가 금지되었기 때문이다. 이들이 내는 공영주택 임차료만으로도 프리포트빌리지는 공적 재정을 축내지 않고도 충분히 대출금을 갚을 수 있었을 것이다. 프리포트빌리지는 위원회가 제안한 대출 건을 주민투표에 붙였는데, 집주인들에 한해서 투표권을 부여했다. 집주인들은 그 제안을 거의 2대 1의 차이로 거부했다. 동생 로버트와 마찬가지로, 전쟁 기간에 그러먼항공사에서 근무한 뒤, 전쟁이 끝나고 트럭 운송 회사를 차린 찰스 메러데이와의 인터뷰는 Baxanadall and Ewen 2000년, 171~73쪽에 나온다.

19. Jackson, 231~45쪽 (13장), Yardley 2009년. Bobker and Becker 1957년. Lambert 1997년. Cotter 1951년. 《NYT》 1950b년. 《NYT》 1951년. Williamson 2005년, 48쪽. Baxandal and Ewen 2000년, 175~76쪽.

그러나 윌리엄 레빗은 다른 마음을 먹지 않았다. 그는 FHA의 재정 지원을 받기 위해 교외 지역의 주택가에 흑인이 입주하는 것을 막는 FHA의 정책에 아주 기꺼이 동참했다. 1950년, 레빗은 두 백인 가정과 맺은 임대차계약을 취소했다. 그 자녀들의 아프리카계 미국인 친구들이 집을 방문했기 때문이다(NAACP는 그들의 퇴거를 막을 방법을 찾으려고 했지만, 뉴욕주 법원들은 그 사건에 개입하기를 거부했다). 실제로 레빗은 인터뷰에서 자신이 교외 지역으로 옮겨 와서 그곳에 집을 짓게 된 동기가 아프리카계 미국인 중산층을 피하기 위해서였다고 말했다. "(흑인들이 처음에 이 대륙에 노예로 끌려온 지] 200년이 흘러, 북부로 이주하면서 우리가 살고 있던 브루클린 거리로 똑같이 옮겨 왔습니다. 우리 옆집으로 한 흑인 지방 검사보가 이사를 왔습니다. 너무 많은 흑인이 이사를 오면 집값이 떨어질 것을 걱정해서, 우리는 짐을 싸서 그 동네를 떴어요. 그래서 교외 지역으로 가서 집을 지었습니다." 그럼에도 불구하고, 레빗은 자신이 편견에 차 있지 않다고 주장했다. "저는 유대인으로서 마음속에 인종적 편견이 전혀 없어요. 하지만 … 우리가 흑인 가정에게 집을 팔면, 우리의 백인 고객들 가운데 90~99퍼센트가 그 동네의 집을 사지 않을 거라는 사실을 알게 되었습니다." 레빗이 개발한 또 다른 단지에 대해서 찍은 영화 〈펜실베이니아 레빗타운의 위기Crisis in Levitttown, PA〉는 흑인과 백인 주민이 어울려 사는 것에 대한 반대와 지지를 모두 보여 주는데, 다수가 반대 입장이었다. 그럼에도 불구하고, 그 영화에 등장하는 인터뷰들은 인종 통합에 반대해서 자신이 지은 집들을 사지 않을 사람이 90~95퍼센트에 이른다는 레빗의 추산이 과장된 것임을 보여 준다. 특히 당시 중산층 백인과 흑인 가정이 직면한 심각한 주택 부족 현상에 비추어 보면 더욱 그러하다. 실제로, 건축업자와 FHA의 인종 분리 정책에 항의하는 적극적이고 강경한 목소리가 레빗타운에서 나왔다. 예컨대, 최초의 롱아일랜드 개발 단지에서는 레빗타운인종차별종식을위한주민위원회Committee to End Discrimination in Levittown가 "흑인 차별주의"에 반대하는 전단을 제작해서 배포했다. 연방대법원이 인종차별적인 주택 제한을 금지한다고 판결한 뒤에도 레빗이 그러한 행태를 멈추지 않자, 위원회는 외부 시민 단체들과 연대하여 그의 정책에 반대하는 운동을 펼쳤다. 그러다 연방대법원 판결이 내려진

지 2년 만에 마침내 그는 자신이 지은 단지의 집문서에서 흑인 입주 제한 조항을 삭제했다. 만일 FHA가 재정 지원을 하는 모든 주택단지에 인종차별 금지 조건을 적용했다면, 인종적 이유로 흑인과 백인이 어울려 사는 레빗타운의 주택 구매를 거부한 백인들은 별다른 선택의 여지가 없었을 것이다.

20. Hirsch 2000a년, 208쪽.

21. Larrabee 1948년, 86쪽.

22. Clark 1938년, 111쪽. Weiss 1987년, 147~51쪽. Jackson 1985년, 208~9쪽. *Levitt v. Division Against Discrimination* 1960년, 523쪽.

23. Verplanck 2008년. Hope 2011년, 32쪽, 58쪽. Jackson 1985년, 238쪽. 《Architectural Forum》 1947년. Baxandall and Ewen 2000년, 122쪽. Houlihan 2010년, 10~13쪽. 또 다른 백인 전용 단지로는 필립 클러츠닉이 건설한 시카고 교외의 파크포레스트가 있었다. FHA는 1946년 그 단지 개발에 자금을 지원했다. 클러츠닉은 그 단지가 흑인과 백인이 통합된 주택단지라고 설명했지만, 아프리카계 미국인이 최초로 그 단지의 집을 산 것은 1959년이었다.

24. Sexauer 2003년, 180쪽, 199쪽, 201~11쪽, 215쪽, 226~28쪽, 232쪽.

25. Jackson 1985년, 209쪽. Sugrue 1993년, 113쪽. USCCR 1961년, 67~68쪽.

26. Hirsch 2005년, 55~56쪽.

27. USCCR 1973년, 3쪽, 5쪽.

5장 민간 계약과 정부의 강제집행

1. Jackson 1985년, 76쪽.

2. Jackson 1985년, 177~78쪽. Nichols 1923년, 174쪽. Colby 2012년, 91~93쪽. Hayward 2013년, 114~17쪽.

3. Dean 1947년, 430쪽(표 II).

4. Weaver 1948년, 250쪽, 247쪽. Sugrue 1995년, 557쪽.

5. *Lyons v. Wallen* 1942년.

6. Silva 2009년.

7. Pates 1948년. *Claremont Improvement Club v. Buckingham* 1948년. 1948년

연방대법원이 해당 의무 약정에 대한 주 법원의 집행 명령을 금지하는 판결을 내렸을 때, 그 판결에 대해서 항소가 진행되는 중이었다. 따라서 클레어몬트 번영회는 결국 버킹엄을 내쫓을 수 없었다.

8. Miller 1965b년, 2~3쪽.

9. Thompson 2014년.

10. Kushner 1979년, 562~66쪽. McGovney 1945년, 6~11쪽.

11. Power 2004년, 791~92쪽, 801~2쪽. Power 1983년, 315쪽.《California Eagle》1943a년.

12. *Corrigan v. Buckley* 1926년.

13. Bartholomew 1932년, 50쪽, 57~58쪽. Weiss 1989년. Monchow 1928년, 50쪽, 72~73쪽. 1928년 헬렌 먼초가 작성한 보고서는 토지경제공기업연구소Institute for Research in Land Economics and Public Utilities에서 발간했다. 당시 그 연구소는 미국에서 가장 영향력 있는 도시계획 기관이었다. 그 보고서는 아프리카계 미국인에게 전매하는 것을 막는 등기권리증의 타당성을 옹호하는 최근(1926년) 연방대법원의 의견('코리건 대 버클리' 사건)을 광범위하게 인용했다. "(조례가 수정헌법 제5조, 제13조, 제14조에 위배되고, 해당 조항에 따라 금지되어 있기 때문에 무효라는) 주장은 이 소송의 본안의 요지, 즉 피부색(인종) 문제와 전혀 관련이 없다. 수정헌법 제5조는 정부 고유의 활동의 영향력에 한해서 적용될 뿐, 개인의 행동을 겨냥하지는 않는다. 노예제와 강제 노동, 즉 타인에 대한 강요된 부역 조건과 관련된 수정헌법 제13조는 별도로 흑인종 개인들의 개별적 권리를 보호하지 않는다. 그리고 수정헌법 제14조가 금지하는 것들은 국가의 행위에 한해서이고 민간 개인의 행위에는 적용되지 않는다. 특정한 성격의 국가 행위만 금지된다. 개인의 권리를 침해하는 개인의 행위는 수정헌법의 적용 대상이 아니다."

14. FHA 1935년, Part II, Sections 309-12.

15. FHA 1936년, Part II, Sections 284 (2)-(3).

16. Johnson 1993년, 92쪽. 펜실베이니아주택공사 관련해서는 1장 12번 주석 참조. 세인트앤 관련해서는 4장 23번 주석 참조. 레빗타운 관련해서는 4장 19번, 22번 주석 참조. Dean 1947년, 430~31쪽. Hirsh 2000a년, 207~9쪽은 FHA

가 의무 약정을 "연방정부가 보증하는 주택담보대출을 받기 위한 사실상의 전제 조건"으로 만들었다고 결론짓는다. FHA는 특정한 대출의 보증을 위해 의무 약정을 요구했지만, 그들이 그런 약정을 강력히 권고한 것은 FHA의 일반 정책이었다. 등기권리증에 인종차별적 의무 약정이 첨부되어 있지 않다고 하더라도, 건축업자는 아프리카계 미국인에게 집을 팔지 않겠다고 약속할 수 있었다. 따라서 FHA는 그런 의무 약정이 없더라도 대출 보증을 서 주기도 했다. 아프리카계 미국인 동네에 FHA가 대출 보증을 서는 경우는 매우 적었고, 흑인과 백인이 함께 어울려 사는 동네도 마찬가지로 적었다.

17. Dean 1947년, 430쪽.

18. 1926년 판결에서는 민간 계약의 적법성과 그 계약 집행의 위헌성 사이의 차이를 고려하지 않았다. 1926년 재판은 컬럼비아특별구, 즉 워싱턴 D.C.에서 열렸다. 따라서 코리건 소송과 관련해서 연방대법원은 흑인의 입주를 막는 의무 약정이 수정헌법 제14조가 아니라 제5조 아래서 합법적인지 여부만을 판단했다.

19. 워싱턴 D.C.의 *Hurd v. Hodge* 소송에서, 연방대법원은 헌법이 아닌 1866년 공민권법에 기초해서 판결을 내렸다. 연방대법원은 여전히 1866년 공민권법이 정부의 인종차별을 금지한 것이지, 개인의 인종차별을 금지한 것은 아니라는 입장이었다. 그러나 연방법원들이 이 문제에 개입하는 순간, 인종차별적 계약의 시행은 정부의 행위였다. 20년 뒤, '존스 대 메이어' 소송에서 연방대법원은 1866년 공민권법 또한 개인의 인종차별 문제에 적용된다고 인정했는데, 의회가 노예제뿐 아니라 노예제와 관련된 증명서와 부대조건을 금지하는 수정헌법 13조 시행을 위한 법안을 통과시켰기 때문이다. 따라서 엄밀히 말해 정확하지 않을지는 몰라도, 배타적 의무 약정에 대한 연방법원의 강제집행이나 연방기관이 그런 계약을 장려하는 행위는 1866년 공민권법뿐 아니라 수정헌법 제13조를 위반하는 것이라고 말할 수 있을 것이다.

20. Hirsch 2000a년, 211~14쪽. Marshall 1949년, 8쪽.

21. Streator 1949년.

22. Will 1949년, 1쪽. Marshall 1949년, 7~8쪽, 12쪽.

23. Will 1949년, 2~3쪽.

24. Hirsch 2000a년, 212-13쪽.

25. Hinton 1949년.

26. Davies 1966년, 125쪽. Polikoff 2006년, 113쪽. Hirsch 2000a년, 213쪽.

27. Wood 1949년. Miller 1965b년, 6쪽.

28. *Weiss v. Leaon*'1949년. *Correll v. Earley* 1951년.

29. 모든 도시의 소비자물가지수를 잘 살펴보면 노동자 계층과 하위 중산층 가구의 주택 보유 능력을 이해하는 데 도움이 된다. 2016년 시세로 1949년 웨스트레이크 집값은 약 9만 9000달러였고, 1955년 집값은 11만 4000달러였다. 이웃집 여덟 곳에 2000달러씩 손해배상금을 지불하면, 2016년 시세로 약 14만 달러가 될 것이다. 2016년 중위가정소득Median family income은 연 소득 약 6만 달러다. 이는 1950년대 중위가정소득의 약 2배에 해당한다. 중위소득의 2~3배로 파는 집은 노동자 계층과 하위 중산층 가정이 충분히 살 수 있다. 특히 FHA나 VA의 주택담보대출을 받을 수 있다면 말이다. 침실 2개와 화장실 1개인 데일리시티의 웨스트레이크 분양 단지 주택은 2016년 초 45만에서 80만 달러에 팔리고 있다. 이 시세로 1950년대 초에 분양받은 가격과 이후 거의 보수하지 않은 동일 주택의 판매 가격의 차이는 60년 전 웨스트레이크 단지의 주택을 분양받은 백인 가구가 얻은 지분 상승을 나타낸다.

30. *Barrows v. Jackson* 1953년. Gotham 2000년, 624쪽. Silva 2009년. 만일 당신이 1953년 전에 지어진 주요 대도시 지역의 단독주택에 살고 있다면, 카운티의 서기나 등기권리증 담당관에게 가서 당신 집에 적용되는 등기권리증에 첨부된 의무 약정서를 한 부 복사해 달라고 하라. 대개의 경우, 당신은 조경 설계도와 알록달록한 명세서들(이나 무두질된 가죽 표지로 묶인 금지 규정들) 사이에 끼인 인종차별적 의무 약정들을 발견할 것이다. 그것들의 견본을 보고 싶다면, 시애틀시민권프로젝트Seattle Civil Rights Project 웹사이트를 찾아보라. 거기에는 의무 약정의 견본들을 포함해서 시애틀을 둘러싸고 있는 백인 전용 교외 주택 개발지들의 목록이 들어 있다.

31. *Mayers v. Ridley* 1972년. Greenberg 1959년, 283~86쪽.

32. 연방대법원 대법관들은 보통 특정 소송에 참여를 거부할 경우 그 이유를 설명하지 않지만, 학자들은 이 경우에 그 세 명의 대법관들이 그런 인종차별적

의무 약정이 있는 집에 살고 있었기 때문에 재판에 참여하지 않았을 것이라는 데에 동의한다. 그 소송의 판결에 참여한 여섯 명의 대법관 가운데 일부 또는 전부가 그런 의무 약정이 있는 동네에 살고 있었을지도 모른다. 재판에 참여할지 말지는 전적으로 재판관 본인의 결정에 따른다. 1953년 '배로스 대 잭슨' 재판 결과는 '셸리 대 크레머' 사건과 달리 만장일치가 아니었다. 반대 의견을 낸 재판관들 가운데 연방대법원장인 프레드 빈슨이 있었다. 그는 의무 약정을 지키지 않아 입은 손해배상 소송이 계속되어야 한다고 주장했다. 몇 달 뒤 연방대법원장이 얼 워런으로 교체되었는데, 그 후 학교의 인종차별금지 소송을 재심리해 만장일치로 '브라운 대 교육위원회' 소송에서 흑인과 백인 학교를 분리하는 것을 금지하는 판결을 내렸다.

6장 백인 중산층의 교외 이주

1. Kimble 2007년, 404쪽.

2. Hoyt 1939년, iii쪽, 62쪽. Kimble 2007년.

3. Laurenti 1960년, 12~15쪽, 37쪽, 51~53쪽. Laurenti 1952년, 327쪽. Charles Abrams(1951년, 330쪽)는 "흑인의 유입"이 부동산 시세를 올리는 경향이 있다는 주장의 출처가 1948년 Rufus S. Lusk가 《워싱턴비지니스리뷰》에 쓴 기사임을 확인했다. 그러나 에이브럼스가 인용한 내용의 출처는 정확하지 않아서, 직접 출처를 확인할 수는 없었다. 에이브럼스는 20세기 중반 명성이 자자하고 널리 인정받는 주택 전문가였기 때문에, 비록 그의 인용문 출처가 정확하지 않지만, 나는 그가 러스크의 글에서 인용한 내용이 정확하다고 봤다. 워싱턴 D.C.의 인구 증가를 설명하는 또 다른 1948년 《워싱턴비지니스리뷰》기사(《WBR》 1948년, 17쪽)는 "처음에 〔흑인이〕 동네에 들어오면, 집값은 더 오를지도 모르지만 결국에 부동산 가치는 떨어지는 경향이 있다. 그러나 현재 14번가 서쪽 T스트리트에 살고 있는 상류층 흑인들은 집값을 잘 유지하고 있기 때문에 꼭 그런 일이 일어난다고는 볼 수 없다"고 했다. FHA가 백인 동네에서 아프리카계 미국인들을 몰아내려고 시도했던 시기에, 다른 편에서는 아프리카계 미국인의 주택 소유나 주거지와 관련된 집값 하락의 불가피성에 대한 FHA의 맹신을 반박하는 목소리들이 있었다. 1945년, FHA 직원들이 많이

읽었을 또 다른 전문지《주택평가사협회보Review of the Society of Residential Appraisers》에 실린 글은 흑인과 백인이 함께 거주하는 동네는 3년 안에 아프리카계 미국인이 거주할 수 있는 주택 부족 때문에 집값이 60~100퍼센트까지 올랐다고 언급했다. 이듬해 같은 협회보에 실린 기사는 "사실상, 흑인 유입이 시장을 붕괴시킨다는 법칙이 이제 더 이상 맞지 않는다"고 단언했다. 1952년, FHA의 전임 로스앤젤레스 평가사협회 부회장은 같은 협회보에 이런 글을 썼다. "〔과거에는〕거의 모든 이가 보통 흑인을 비롯한 소수 인종이 동네에 살면 집값이 심각하게 떨어진다고 생각했다. … 지금은 그런 일반화가 이제 더 이상 통하지 않는 지역들이 많이 있다."《감정평가사저널Appraiser Journal》에 위 내용을 인용한 글을 쓴 Luigi Laurenti는 UC버클리대학 경제학과 교수였다. 그는 샌프란시스코, 오클랜드, 필라델피아에서 일어난 부동산 양도 1만 건을 분석했다. 그 절반은 흑인과 백인이 함께 어울려 사는 동네에서 이루어진 사례이고, 나머지 절반은 백인만 사는 동네에서 이루어진 것이었다. 그는 1960년에 발표한 보고서에서 분석한 사례 가운데 41퍼센트는 두 동네 모두 집값 비슷했다. 44퍼센트는 흑인과 백인이 통합된 동네의 집값이 백인만 사는 동네보다 더 상승했다. 나머지 15퍼센트는 흑백 통합 동네의 집값이 백인 동네에 비해 상대적으로 하락했다. 로렌티는 또한 시카고, 디트로이트, 캔자스시티, 포틀랜드(오리건주)에 대해서도 유사한 연구를 진행했는데, 거기서도 비슷한 흐름을 발견했다. 그는 대개 백인 동네로 이주하는 아프리카계 미국인들의 사회적 신분이 그 동네에 사는 기존의 백인의 사회적 신분보다 더 높다는 사실을 알았다.

4. "Vitchek" 1962년. McPherson 1972년. Colby 2012년, 75쪽. Baxandall and Ewen 2000년, 183~86쪽. Sugrue 1995년, 560쪽.

5. Satter 2009년. Satter 2009b년, 2쪽, 8쪽.

6. McPherson 1972년. "Vitchek" 1962년. Seligman 2005년. 나는 분납 계약 방식의 주택 구매가 널리 행해지는 곳들의 문서들을 전국적으로 연구한 것을 거의 본 적이 없다. 이 책에 나열된 도시들 사례는 도시별 연구에서 확인되었다. "노리스 비첵"은 블록버스팅 행태가 볼티모어, 보스턴, 클리블랜드, 디트로이트, 뉴욕시, 필라델피아, 세인트루이스, 워싱턴 D.C.를 비롯해

서 "다른 여러 도시와 그 교외 지역", 그리고 시카고에 만연했다고 했다. 그는 그 모든 도시들의 블록버스팅에 약정 매입 판매 방식이 포함되어 있다고 구체적으로 말하지 않았지만, 아프리카계 미국인에게 정상가보다 비싼 값으로 주택을 판매하거나 은행들이 아프리카계 미국인에게 일반 또는 FHA 보증 주택담보대출을 거부하는 행태는 있었을 가능성이 충분하다. Seligman (2005년)은 버펄로에서 일어난 블록버스팅에 대해서 언급한다. 분납 계약 방식에 대한 추가적인 논의는 Coates 2014년 참조.

7. Satter 2004년, 42쪽. Greenberg 1959년, 301쪽. Sugrue 1993년, 112쪽. Drake and Cayton 1945년(개정 증보판 1962년), 179쪽. Taylor 1994년, 180쪽. Gordon 2008년, 84~86쪽. Moore 1963년. 전국적으로 부동산중개인협회 지부들은 대개 부동산 중개인들이 백인 동네에서 아프리카계 미국인들에게 집을 팔면, 그들을 제명하겠다고 위협했다. 실제로 주 당국의 특별한 제지 없이 다수의 부동산 중개인들이 협회에서 제명당했다. 1921년, 시카고부동산중개인협회는 백인 동네에 있는 집을 백인과 흑인이 결혼한 가정에 판 중개인 한 명을 제명했다. 1955년, 세인트루이스부동산거래소는 산하의 부동산 중개인들에게 "우리 협회원들은 누구도 … 기존에 흑인들이 차지하고 있는 구역에서로 떨어진 별개의 건물 세 채가 있지 않는 한 … 직접적이든 간접적이든 흑인들에게 집을 팔 수 없을 것이다 … 이 규칙은 전미부동산중개인협회가 오랫동안 지켜 온 윤리 강령[이자 그에 대한 법적 해석]"임을 고지했다. 미주리주 부동산위원회는 소속 중개인들이 백인 동네에서 아프리카계 미국인들에게 집을 판다면, 그것은 직업윤리를 저버리는 행위이므로 면허 취소가 정당하다고 보았다. 1장의 13번 주석 내용은 1950년대에 샌프란시스코 남부의 부동산 중개인들이 백인 동네에서 아프리카계 미국인들에게 집을 팔 경우 협회로부터 "따돌림"당할 것을 얼마나 두려워했는지를 잘 보여 준다. 1963년, 플로리다주 새러소타부동산협회는 백인 동네의 집을 아프리카계 미국인 의사에게 판 소속 중개인을 제명했다.

7장 국세청과 금융 감독 기관의 책임 방기

1. Spratt 1970년.

2. Coleman 1982년, 31~32쪽.

3. *Bob Jones University v. United States* 1983년, 586쪽(n. 24). Coleman 1982년, 86쪽, 127쪽. 1913년 세입법Revenue Act에 의해 확립된 소득세제는 지금까지 관련 조항의 적용을 받고 있는데, 교회와 대학, 그리고 "공제 협회를 포함해서 오로지 자선이나 종교 또는 교육 목적으로 조직되고 운영되는 법인, 단체, 협회"의 세금을 면제했다. 1917년 세입법은 개인이 면세 단체에 기부했을 경우, 그 기부금을 소득세에서 공제해 주었다. 미국 국세청이 결정을 내릴 때 지침이 되는 재무부 규정은 면세 대상이 되는 자선단체들을 특히 "편견과 차별을 없애기 위해" 애쓰는 단체들로 정의한다. 연방대법원은 "결론적으로 세금 공제가 '정부가 공인하는 특정 형태의 행위를 금지하는 국가 또는 주 정부의 정책을 좌절시킬' 경우 그것을 허용할 수 없다"고 판결을 내렸다. 1968년 공정주거법 제정 이전에도, 주택의 차별적 공급은 1866년 공민권법 제1982조에 따라 불법이었다. 따라서 비록 1920년대부터 1960년대까지 주택 공급의 차별이 세간의 주목을 받지 못했다고 하더라도, 제1982조를 위반하고 운영된 특정 기관들에 대한 면세 혜택은 "국가 또는 주 정부의 정책"에 반할 뿐 아니라 수정헌법 제5조를 위배하는 행위였다. 밥 존스 소송은 특히 인종차별을 하는 교육기관에 면세 자격이 있는지를 다투었다. 연방대법원의 판결은 학교에서의 인종차별을 철폐하려는 국가 정책의 인정 여부를 가리는 문제였지만, 그 논리는 인종차별을 하는 기관들에 대해 정부가 조세 정책으로 지원하는 문제에도 동일하게 적용된다.

4. Cote Brilliante Presbyterian Church online. Wright 2002년, 77쪽. Long and Johnson 1947년, 82쪽.

5. Miller 1948년, 139쪽. Brilliante 2010년, 97쪽. 지역의 주택 소유자 단체가 면세 대상인 경우는 드물다. 또한 그 단체에 기부한 돈도 세액공제 대상이 아니다. 그러나 백인 지역의 업체들은 자기 지역에 흑인이 거주하는 것을 막기 위해 흑백 분리주의 단체들에 기부한 돈을 부적절하게 사업비로 공제하기도 했다. 시애틀민권프로젝트라는 시민 단체는 1948년 시애틀의 의회 로비 자치단체가 배포한 전단지 사본을 단체 웹사이트에 게시했다. 거기에는 자기 지역에 흑인이 들어오는 것을 막는 의무 약정을 갱신하는 동안 발생하는 법정 비용을

충당하기 위한 돈을 기부해 달라는 내용이 담겨 있었다. 그 전단은 이런 목적을 위한 기부금이 사업비로 세액공제가 가능하다고 장담한다. 당시 이런 관행이 얼마나 널리 퍼져 있었는지, 국세청이 이 사실을 충분히 숙지하고 있을 정도로 흔한 일이었는지에 대해서는 모른다.

6. Long and Johnson 1947년, 53쪽, 83쪽.

7. Plotkin 1999년, 75쪽, 118~19쪽. Long and Johnson 1947년, 74쪽, 83쪽. Wendy Plotkin이 저자에게 보낸 편지, 2016년 5월 12일.

8. Brilliante 2010년, 94쪽.

9. Hirsch 1983년, 1988년, 144~45쪽. Plotkin 1999년, 122~30쪽. "그 대학은 이 단체들에 대한 소극적 지지자를 넘어 그 배후에서 기폭제 역할을 하는 주도 세력이었다."

10. 《NYT》1938년. Greenhouse 1969년. 파크체스터가 백인에게만 문호가 개방된 지 24년 뒤인 1968년, 휴먼라이트뉴욕시위원회는 메트로폴리탄생명보험사를 아프리카계 미국인이나 푸에르토리코 이민자들에게 집을 임대하지 않는 "계획적이고 의도적이며 철저하고 공개적으로 악명 높은" 정책을 펼친 혐의로 정식 고소했다. 그 처음 22년 동안 백인 가정을 제외한 어떤 유색 인종도 파크체스터에 집을 임차할 수 없었다.

11. Caro 1975년, 968쪽. 《NYT》1947c년. Weaver 1948년, 227쪽. Henderson 2000년, 122쪽. *Dorsey v. Stuyvesant Town Corporation* 1949년. USCCR 1961년, 121쪽. Bagli 2010년. 《NYT》1947a년. 《NYT》1947b년.

12. 《NYT》1947c년. McEntire 1960년, 264쪽. 《Fordham Law Review》1957년, 681쪽. 《NYT》1950a년. Buckley 2010년. CUR 2011년. 스타이브샌트타운 관련 자료는 공인된 쌍둥이 단지인 피터쿠퍼빌리지의 자료를 포함하고 있다.

13. Caro 1975년, 968쪽. 로버트 모지스는 스타이브샌트타운을 비롯한 여러 비슷한 철거지에서 쫓겨난 주민의 37퍼센트가 아프리카계 미국인이거나 푸에르토리코 이민자들이었다고 추산했다. 그 숫자는 뉴욕시 인구에서 그들이 차지하고 있는 비율의 3배에 해당했다. 모지스의 전기 작가 로버트 카로는 모지스가 그 수치를 낮게 추산했다고 생각했다.

14. USCCR 1961년, 36~37쪽.

15. USCCR 1961년, 42쪽, 49~51쪽, 45쪽.

16. *Davis v. Elmira Savings Bank* 1986년, 283쪽. *Franklin National Bank v. New York* 1954년, 375쪽도 참조. "미국은 국립 은행 체제를 연방정부의 대행 기관으로 설립했다."

17. Immergluck and Smith 2006년.

18. Warren 2007년. Nguyen 2011년.

19. Bradford 2002년, vii쪽, 37쪽, 69쪽. 저소득층 대출자들은 소득 수준이 그들이 사는 대도시 지역 중위 소득층 소득의 80퍼센트 미만인 사람들이다. 고소득층 대출자들의 소득 수준은 중위 소득층 소득의 120퍼센트 이상이었다. 대체로 아프리카계 미국인(또는 백인) 인구조사 구역은 주민의 최소 75퍼센트가 아프리카계 미국인(또는 백인)인 곳이다.

20. Brooks and Simon 2007년. Avery, Canner, and Cook 2005년. 다른 연구들(예컨대, Squires, Hyra, and Renner 2009년. Bocian and Zhai 2005년)에서도 비슷한 인종 간 편차를 발견했다. 이 자료들은 시사하는 바가 크다. 우리는 대개 소수집단 사람들이 평균적으로 신용도와 관련된 경제적 요소(소득, 자산, 고용 따위) 면에서 불리하기 때문에 기존의 대출 자격 조건을 가진 사람의 비율이 백인 대출자보다 더 낮을 거라고 생각할 것이다. 그러나 데이터 편차가 너무 큰 까닭에 신용도만으로 그것들을 설명할 수는 없을지도 모른다. 라틴계 미국인 대출자들도 서브프라임 대출의 공격적인 마케팅 때문에 엄청난 착취를 당했다.

21. Powell 2010년. Donovan 2011년. National Coalition for the Homeless 외 2009년.

22. Memphis and Shelby County 2011년, 34쪽, 33쪽.

23. Baltimore 2011년, 21~22쪽.

24. *Cleveland v. Ameriquest* 2009년, 26쪽.

25. Stevenson and Goldstein 2016년. 《NYT》 2016년. 미국 인구조사국 자료는 아프리카계 미국인 주택 소유자 비율이 2004년에 50퍼센트에서 2016년에 42퍼센트로 하락한 반면, 백인 주택 소유자 비율은 76퍼센트에서 72퍼센트로 하락했을 뿐임을 보여 준다.

26. 일부에서는 주택 공급의 거품과 그에 따른 시장 붕괴는 무책임하고 인종차별적 대출 규제에 대한 연방정부의 실패일뿐 아니라, 오히려 이러한 관행에 대한 연방정부의 적극적 장려에 의해 야기되었다고 비판했다. 이들의 주장에 따르면, 연방정부는 은행들이 저소득층과 소수 인종 집단 대출자들에게 대출을 늘리도록 압박을 가했는데, 만일 은행들이 그렇게 하지 않으면 1974년에 제정된 지역사회재투자법Community Reinvestment Act에 의거해 정부의 제재를 받을 것이라고 위협했다고 한다. 그들은 따라서 은행들이 소수집단 지역사회의 대출을 늘리라는 정부 규제 당국의 요구를 만족시키기 위해 자격이 불충분한 주택 소유자들에게 대출을 해 주지 않을 수 없었다고 주장했다. 하지만 이것은 설득력이 없는 주장이다. 그것은 예컨대 기존의 저금리 대출을 받을 자격이 충분한 소수 인종 집단 대출자들을 대상으로 왜 그렇게 많은 서브프라임 대출을 했는지를 설명하지 못한다. 지역사회재투자법(CRA)은 소비자 예금을 허용하는 일반은행과 저축은행에만 적용되었다. 2008년 주택 가격 거품이 꺼진 뒤 유질 처분을 받은 서브프라임 대출 기관들 가운데 CRA 적용을 받는 은행은 극히 일부에 불과했다. Barr(2009년, 172쪽)는 CRA 적용 금융기관이 제공한 서브프라임 대출이 전체의 약 25퍼센트에 불과했다고 했다. 서브프라임 대출의 대부분은 그 법을 적용받지 않는 독립적인 주택담보대출 은행과 대출 알선업자들에 의한 것이었다. 나중에 그 대출 대부분을 CRA 규제 당국의 압력이 전혀 없었을 수 있는 리먼브라더스Lehman Brothers나 베어스턴스 Bear Sterns 같은 비예금기관들이 구매했다. 비록 CRA에 주택 거품 사태에 대한 책임을 지울 수는 없지만, 그럼에도 불구하고 일반은행과 저축은행들이 그 사태에 개입했을 때 흑인을 비롯한 소수 인종 집단을 표적으로 서브프라임 대출을 늘리는 상황을 손 놓고 지켜본 것은 문제가 아닐 수 없다.

8장 공공서비스와 학군이 심화시키는 차별

1. Johnson 1993년, 91~93쪽. Hayward Area Historical Society online. Stiles 2015년. Self 2003년, 113쪽. 신규 주택을 대량 공급하는 선두 건축업자로서 데이비드 보해넌의 역할은 1941년 미국주택건설협회National Association of Home Builders의 초대 회장으로 선출됨으로써 확인되었다. 그러나 훗날 그가

인종 분리에 기여한 점은 전혀 언급되지 않은 채 넘어갔다. 1958년, 국토 계획 수립에 강력한 영향력을 끼치는 연구 집단인 도시토지연구소Urban Land Institute 소장에 뽑혔을 때도 그랬고(그를 "미국 서부 해안 지역의 가장 성공적인 토지 개발업자이자 지역 건설업자 가운데 하나"로 칭송했다), 1986년, "혁신과 공익, 자선 활동을 통해 주택 건설업계를 빛낸" 공로로 캘리포니아주 택건설재단의 올해의 인물로 선정되고 명예의 전당에 오르게 되었을 때도 그 랬다.

2. 《Agricultural Forum》 1945년. San Lorenzo Village, 1950년대 중반.

3. Devincenzi, Gilsenan, and Levine 2004년, 24~26쪽.

4. Moore 2000년, 110쪽. UC버클리 총장 클라크 커는 여기서 거론된 시기의 상당 기간에 ASFC의 사회산업위원회 위원장을 맡았다. 그는 인종 통합의 옹호자로 명성이 높았고 반공충성서약서에 서명을 거부한 교수들의 퇴출을 거부한 것으로도 존경받는 인물이었다. 그러나 1964년 그는 대학에서 인종차별과 베트남전쟁에 반대하는 항의 시위가 들끓고 있을 때, 교내에서 학생들이 "언론의 자유"를 주장하는 것에 반대한 상징적 인물이 되었다. 그는 FBI에 체제 전복 위험 인물로 찍히는 바람에 훗날 린든 존슨 대통령은 그를 보건교육복지장관으로 임명하지 못했다. 2013년, AFSC 샌프란시스코서부 부지부장이었던 스티븐 맥닐은 내가 1940년대와 1950년대 관련 파일을 읽도록 허락했다. 그 기록들은 포드자동차 공장이 리치먼드에 있을 때, 그리고 이후 그 공장의 아프리카계 미국인 노동자들이 밀피타스 지역에서 집을 구하러 다니고 있을 때, AFSC가 그들을 돕기 위해 애쓴 노력들이 담겨 있다. 8장의 I에 서술된 내용의 상당 부분은 AFSC 샌프란시스코지부 집행위원회와 사회산업위원회의 회의록과 서신들에 담긴 정보를 바탕으로 쓴 것이다. 물론 그 자료들에는 이러한 활동들을 총괄한 필 버스커크가 작성하고 커의 위원회가 관리한 보고서들도 포함되어 있다. AFSC 샌프란시스코지부 사무실에서의 조사가 끝난 뒤, 그 단체는 이 기간부터의 모든 파일을 필라델피아의 본부로 보내 보관했다. 지금은 내가 참조했던 특정 회의록이나 서신, 보고서들이 어디에 보관되어 있는지 모른다. 그러나 밀피타스 지역에서의 인종 통합 주택 공급에 대한 내 조사 내용들은 비록 이 책 주석에 AFSC의 서신과 회의록들이 하나하나 기재되어

있지는 않지만, 중요한 사항들은 모두 그 기록들을 기반으로 작성되었다. 일반인들이 열람할 수 있는 자료의 출처는 이 책에서 인용하지만, 많은 경우에 AFSC 기록 문서들만큼 많은 정보를 제공하는 것은 드물다.

5. 이 단락을 시작으로 서니힐스 단지의 분양 시점까지 계속해서 밀피타스 인근의 흑백 통합 주택을 찾기 위한 노력에 대해서 설명하는 자료들은 AFSC 샌프란시스코지부 문서 외에도 다음과 같은 자료들이 있다. Bernstein 1955년. Bloom 1955a년. Bloom 1955b년. Briggs 1982년, 5~9쪽, 12쪽. Callan 1960년, 80~85쪽. Grier and Grier 1962년, 7~11쪽. Hanson 1955년. Harris 1955a년. Harris 1955b년. Oliver 1955년. Oliver 1957년, 3~5쪽. Oliver and Callan 1955년. 《San Francisco News》 1955년. 《San Jose Evening News》 1955년. 《San Jose Mercury》 1955년. 《San Jose News》 1957년. Self 2003년, 114쪽. Stevenson 2013년, 2015년. UAW 1979년. USCCR 1961년, 136~37쪽.

6. 많은 자료가 흑백 통합 단지 건설을 막기 위해 최소 건축 필지 면적을 약 560제곱미터에서 약 740제곱미터로 늘린 포드자동차 공장 인근의 한 소도시에 대한 이야기를 반복한다. 그러나 나는 그 소도시의 이름을 확인할 수 없었다.

7. 당시 《밀피타스포스트》 편집장이었던 모트 러빈은 인터뷰에서 하수처리 시설 연결 비용을 인종 문제 때문에 올린 것이 아니라, 오히려 최초에 산출된 비용에 문제가 있었던 거라고 말한다. 이 말이 옳은지 그른지 알 수 있는 방법은 지금 없다. 하지만 그 비용 인상을 위한 회의가 변칙적인 과정을 통해 열렸고, 회의에 참가한 다른 이들이 내놓고 인종 문제를 거론했다는 사실은 전적으로는 아니더라도 어느 정도는 그 결정의 원인이 인종 문제였음을 보여 준다.

8. 당시 캘리포니아에는 공식적인 주택법이 없었지만, 브라운은 주 정부나 연방 정부의 규약들에 나오는 평등 보호 조항들이나 인종차별은 "미국과 우리 주의 공공정책에 반하며, 미국 헌법은 정부가 인종이나 피부색을 이유로 개인에 대해 차별하는 행위를 오랫동안 금지해 왔다"는 2년 전의 캘리포니아주 대법원 판결(예컨대, *James v. Marinship* 1944년, 739쪽)을 준용했을 수 있다. 그러나 브라운은 실제로 소송을 제기하지는 않았다.

9. 1950년, 협동조합에 대한 FHA의 대출 보증을 허용하는 조항이 국민주택법

에 추가되었다. 그리고 1959년에 당초 개별 가구 건설로 계획되었던 단지들을 협동조합 건설로 전환하는 것이 허용되었고, 그럴 경우 FHA의 보증에 의한 저금리 대출의 혜택을 받을 수 있게 되었다. UAW가 서니힐스 단지를 협동조합 건설로 전환한 것은 이 조항을 이용하기 위한 것이었다. 흑백 통합 단지를 개발할 때, 개별 가구가 지분을 소유하지 않고 협동조합이 공동소유로 할 경우 FHA가 기꺼이 대출 보증을 선다고 한 이유는 명확하지 않다. 국민주택법 제213항은 노동자 계층 가정을 위한 저비용 가구 건설을 장려하기 위해 만들어진 조문이었다. 아마도 FHA는 저렴한 노동자 계층 개발 단지의 흑백 통합 정책이 더 많은 교외 지역의 중산층 동네에서 인종 분리를 촉진하는 데 전혀 문제가 되지 않을 거라고 믿었기 때문에 그러한 통합을 기꺼이 용인했을지도 모른다. 그러나 나는 협동조합에 우호적이었던, 제213항에 의한 주택단지 개발 사업의 관리자들이 대다수가 부동산업계 출신 정부 인사인 FHA의 정규 프로그램 관리자들보다 인종 문제에 대해서 더 전향적인 사고를 가졌을 가능성이 크다고 생각한다. 초기 몇 년 동안 FHA가 흑인과 백인이 함께 하는 협동조합(윌리스 스테그너가 앞장서 도왔던 협동조합이나 일리노이주 이탈리아계 이민자 가정들이 세우려고 했던 롬바드의 경우에서처럼)에 대한 대출 보증을 거부했을 때, 협동조합들은 FHA 일반 관리자들에게 호소해야 했다. 하지만 1950년대와 1960년대 들어서는 그들이 대출 신청을 한 은행들을 담당하는 집단이 FHA 내에 있었다.

10. 《Milpitas Post》 1955년 또는 1956년.

11. Theobold 2004년. Smith 1967년, 600쪽. Reagan 1967년, 592쪽. 트레일모빌 공장은 버클리에서 밀피타스 인근 소도시 프리몬트로 이전했다. 그 공장이 아프리카계 미국인 노동자를 고용하지 않은 이유를 공장장의 설명에서 찾아내기 어려울지도 모른다. 미국인권위원회의 법률자문위원은 프리몬트의 한 가구 제조 업체(오클랜드에서 출퇴근하는 노동자들이 있었던)의 인사부장에게 장거리 통근 때문에 발생하는 결근 문제가 심각한지에 대해서 물었다. 그는 이렇게 대답했다. "제가 보기에는 공장 인근에 살고 있는 직원들이 오히려 지각과 결근이 훨씬 더 많지 않을까 생각합니다. 대부분 경우에 그래요. 길 건너에 사는 사람들이 언제나 출근이 늦어요."

12. Grier and Grier 1960년, 86~87쪽.《Chester Times》1955년.《Chester Times》1956년.《Evening Bulletin》1955년.

13. USCCR 1961년, 132~34쪽. *Progress v. Mitchell* 1960년, 712쪽. Lathers 1960년.《Time》1959년.《Time》1960년. 연방법원은 또한 그 부동산 개발 업체가 "완벽하게 순수"하지는 않다는 것을 알았다. 그 업체가 백인 주택을 80퍼센트, 흑인 주택을 20퍼센트로 할당하고, 나중에 집을 팔 때는 동일 인종에게 팔도록 계약서를 작성해서 단지의 인종 비율을 그대로 유지할 작정이었기 때문이다. 그런 계약은 법원에서 효력을 발휘할 수 없었을 것이다. 인종 통합 사회로 전환하는 과도적 수단으로서 인종 할당에 대한 이런 과민 반응은 이후 연방법원이 인종 문제에 접근하는 자세로 굳어졌다. 이전에 연방법원은 백인에게만 100퍼센트 분양하고 흑인에게는 전혀 할당하지 않은 주택단지의 인가 결정을 내릴 때는 전혀 주저하지 않았음에도, 이제 그 역사를 바로잡기 위한 실질적 방안을 내놓아야 할 때가 왔다는 생각은 전혀 하지 않았다. 이러한 결정은 현재 연방대법원장 존 로버츠가 주장하듯이, 인종차별을 종식시키는 방법은 그냥 인종차별을 끝내면 된다는, 오늘날 미국 법조계가 인종차별을 대하는 모습의 전조였다.

14. USCCR 1961년, 135~36쪽. *Creve Coeur v. Weinstein* 1959년, 404쪽.

15. Herbers 1970년. Ayres 1971년. Rosenthal 1971a년. Rosenthal 1971b년. Gordon 2008년, 147~50쪽. *Park View Heights v. Black Jack* 1972년. *U.S. v. Black Jack* 1974년, 1185쪽(n. 3), 1186쪽(인용 부호 생략, 강조 추가).

16. Mohl 2000년, 230~34쪽. "도시 재개발" 사업은 고속도로 건설뿐 아니라 병원, 대학, 중산층 주택, 사무실 건축에서도 비슷한 방식으로 작동했다. "도시 재개발은 흑인 청소를 의미한다"라는 문구는 그러한 흑인 배척에 항의하는 20세기 미국 민권 단체들의 시위에 자주 등장하는 구호였다.

17. Schwartz 1976년, 485쪽(n. 481).

18. *Garrett v. Hamtramck* 1974년, 1239쪽, 1246쪽(강조 추가). USCCR 1961년, 100쪽. *Garrett v. Hamtramck* 1975년, 1156~57쪽.

19. Mohl 2001년, 340~44쪽. Mohl 1987년, 14쪽.

20. Mohl 2000년, 239쪽.

21. McWilliams 1949년. 《California Eagle》 1943b년. Sides 2003년, 124쪽. 《California Eagle》 1954년. 이와 비슷한 용도 변경 작업이 몇 년 전 백인 세입자를 구하려는, 자금 압박을 받는 부동산 소유주들에 의해 추진되었다. 하지만 로스앤젤레스시장이 그것을 거부했다.

22. USCCR 1961년, 99~100쪽. Mohl 2000년, 231쪽. Schwartz 1976년, 483쪽. Mohl 2002년, 16~18쪽.

23. Busch 2013년, 981~83쪽. McGhee 2015년, 6쪽, 7쪽, 15쪽, 21~22쪽. Koch & Fowler 1928년, 57쪽. Busch 2015년.

24. Benjamin 2012b년. 캐런 벤저민은 2015년 11월 이메일 교신과 전화 통화를 통해 롤리와 애틀랜타에서 인종 분리를 위해 학교 배치 문제를 활용한 사례들에 대한 추가 세부 자료와 기록들을 제공했다. 그가 1919년 7월 9일자 애틀랜타 학교위원회 회의록 사본을 내게 보내 준 것에 특별히 감사드린다.

25. Benjamin 2012a년.

26. Benjamin 2013년. 캐런 벤저민은 발간을 앞둔 책 『끝나지 않은 흑인 분리: 신남부 시대의 학교와 흑백 주거 분리 패턴 *Segregation Built to Last: Schools and the Construction of Segregated Housing Patterns in the New South*』에서 이 문제를 더 자세하게 다룰 계획이다.

9장 국가 묵인 폭력

1. Beckles online. Moore 2000년, 116~18쪽. Barbour 1952년, 26쪽. Rollingwood Improvement Association Board 1952년. Wenkert 1967년, 44쪽. 《Toledo Blade》 1952년. 《Milwaukee Journal》 1952년.

2. Kushner 2009년, 83쪽, 88쪽, 91쪽, 116쪽, 136~37쪽, 140쪽, 147쪽, 154쪽, 157쪽, 163쪽, 167~70쪽, 175쪽, 181~82쪽. Yardley 2009년. Bobker and Becker 1957년. Weart 1957년.

3. 1969년, 마이어스 가족이 되돌아간 펜실베이니아주 요크는 백인과 아프리카계 미국인 주민들 사이에 폭력적 대립이 격렬했던 곳이었다. 그 결과, 길을 잘못 들어서 백인 동네를 통과해 차를 몰고 가던 한 아프리카계 미국인 여성과 경찰관 한 명이 죽었다. 그 흑인 여성의 죽음은 요크시장을 포함해서 용의자

들이 체포된 2000년까지 사인 규명을 위한 조사조차 이루어지지 않았다. 요크시장은 1969년 당시 경찰관이었는데, 그는 그 사건이 일어나던 날 그 여성을 살해한 시민들에게 탄약을 나눠 준 혐의로 기소되었다. 그는 시민들을 흥분시켜 폭력을 행사하게 할 목적으로 "백인의 힘"이라고 소리친 혐의에 대해서는 인정했다. 그러나 그 사건이 일어나고 30년 넘게 세월이 흐른 상황에서, 탄약을 나눠 주는 것을 보았다는 목격자들의 증언은 온통 백인으로 구성된 배심원단을 설득하지 못했다. 따라서 시장은 무죄 선고를 받았고 총을 쏴서 여성을 살해한 두 명의 시민만 유죄 선고를 받았다.

4. Rubinowitz and Perry 2002년, 350쪽. Spear 1967년, 22쪽.

5. Tuttle 1970년, 266~82쪽. Bell 2008년, 540쪽. Rubinowitz and Perry 2002년, 381쪽.

6. Hirsch 1983년, 1998년, 52~53쪽. Weaver(1948년, 96쪽)는 화염병 투척 사건이 총 46회 발생했다고 전한다.

7. 《Time》 1951년. Hirsch 1983년, 200쪽. Wilkerson 2010년, 373~75쪽. Loewen 2005년, 10~11쪽. Coates 2014년.

8. 하비 클라크를 비롯한 그의 동료들에 대한 고소는 나중에 취하되었다.

9. Hirsch 1995년, 537쪽 및 여기저기. Hirsch 1983년, 1998년, 97~99쪽. 도널드와 베티 하워드 부부는 트럼불파크홈스로 이주한 최초의 아프리카계 미국인 가구였다. 그들이 그렇게 할 수 있었던 것은 오로지 베티 하워드의 피부가 흰 탓에 그가 입주 신청서를 냈을 때 단지 관리인이 그가 "흑인일지도 모른다"는 사실을 인지하지 못했기 때문이다. 그러나 하워드 부부의 거주가 기정사실이 되고, 이웃 주민들이 뒤늦게 그들이 아프리카계 미국인임을 확인하자마자 폭력 사태가 시작되었다. 하워드 부부가 트럼불파크로 이사를 한 뒤, 시카고주택공사는 또 다른 몇몇 아프리카계 미국인 가정이 그 단지로 이주하는 것을 허용했다. 공사는 공식적으로 인종차별금지 정책을 표방했지만, 실제로는 흑인 분리 정책을 여전히 따랐다. 시카고주택공사 상임이사를 지내면서 우드는 관행적으로 이어온 흑백 주거 구역 분리 정책을 포기하도록 이사회를 종용하고 있었다. 시카고주택공사가 우드를 해임한 이유는 그가 공사의 공인된 인종차별 금지 정책을 준수하도록 이사회를 설득하는 작업이 헛된 노력이었

음을 무단으로 언론에 공개했기 때문인 것으로 알려졌다.

10. Royko 1971년, 123~37쪽.

11. Sugrue 1993년, 111~12쪽. Zineski and Kenyon 1968년, 6쪽.

12. Bauman 1987년, 161~62쪽.

13. Rubinowitz and Perry 2002년, 381쪽. Sides 2003년, 102~6쪽. Miller 1965b년, 5쪽. Miller 1965a년, 11쪽. Robertson 1952년. Wilkerson 2010년, 232쪽, 330쪽, 331쪽.

14. Bell 2008년, 543쪽, 546~47쪽. Smothers 1990년.

15. Braden 1958년. Fosl 1989년.

16. *Marshall v. Bramer* 1987년. 두 번째 방화 사건의 범인 둘 가운데 한 명은 당시 KKK단 집회가 열린 집의 주인인 또 다른 KKK단원의 처남이었는데, 그 범인들은 첫 번째 화염병 투척 사건으로 유죄판결을 받았지만, 두 번째 더 심각한 방화 사건에 대해서는 책임을 추궁당하지도 체포당하지도 않았다. 경찰서에서 그 범인들이 누구인지 마음만 먹었다면 충분히 밝혀낼 수 있었지만, 그 경찰서에 KKK단원인 경찰관이 20명이나 있었다는 것을 보면 왜 그런 결과가 나왔는지는 말하지 않아도 금방 알 수 있다.

10장 억눌린 소득

1. Wilkerson 2010년, 50~54쪽, 150~53쪽, 160~72쪽. Lemann 1991년, 17~23쪽, 48쪽.

2. Blackmon 2008년, 7쪽, 9쪽, 91쪽, 289쪽, 381쪽. McPherson 1996년.

3. Wilkerson 2010년, 161쪽, 556쪽.

4. Katznelson 2005년. Wolters 1969년, 143쪽. Dowden-White 2011년, 175쪽.

5. Houston and Davis 1934년, 291쪽. Fishel 1964~65년, 113쪽.

6. Fishel 1964~65년, 113~14쪽. Katznelson 2013년, 241~42쪽. Davis 1933년, 271쪽.

7. Fishel 1964~65년, 115쪽. Kifer 1961년, 3~61쪽. Foreman 1974년. Hills 2010년, 27~28쪽.

8. Wolters 1969년, 143쪽, 148~52쪽.

9. Archibald 1947년, 130~31쪽.

10. Wenkert 1967년, 16~17쪽. Brown 1973년. Johnson 1993년, 46~48쪽.

11. Stevenson 2007년, 2-00:08-13. Johnson, Long, and Jones 1944년, 67쪽. Goodwin 1994년, 228쪽. 1941년 미시건주 디어본에 있는 포드자동차 공장에서 노조 인정을 위한 파업을 하던 당시 엘리너 루스벨트에게 보낸 메모에, Mary McCleod Bethune(미국청소년관리국National Youth Adminstration의 흑인 문제 담당관이자 미국흑인여성협의회National Council of Negro Women 창립자)은 포드사가 "국내의 다른 어떤 자동차 제조 업체보다 흑인 기능직과 준기능직 노동자를 더 많이" 고용했기 때문에 (처음에 파업에 반대하고 농성 참여를 거부한) 아프리카계 미국인 노동자들에게 신망을 얻었다고 썼다.

12. Wollenberg 1990년, 74쪽. Johnson 1993년, 65쪽, 69쪽. Moore 2000년, 54쪽. Quivik 연도 미상, 162ff쪽. Goodwin 1994년, 247쪽.

13. Moore 2000년, 59~60쪽. Johnson 1993년, 71~73쪽. Quivik 연도 미상, 162~69쪽. Johnson, Long, and Jones 1944년, 71~72쪽. Marshall 1944년, 77쪽. Archibald 1947년, 83~84쪽. Record 1947년, 11쪽. Broussard 1993년, 157쪽. Rubin 1972년, 35쪽.

14. Quivik 연도 미상, 164쪽. Marshall 1944년, 77~78쪽. Northrup 1943년, 206~8쪽.

15. Portal Record 2011년, 8ff쪽. 연방정부 관계 기관들에 의해 합법화된 노동조합이 자행하던 인종차별은 대통령 행정명령 제10988호의 발동으로 금지되었다.

16. 《Independent Metal Workers》 1964년.

17. Burns 1970년, 123~24쪽. Goodwin 1994년, 246~53쪽. Broussard 1993년, 148~51쪽.

18. 그로부터 13년 뒤, 앤드루 웨이드가 칼과 앤 브레이든 부부에게서 산 집에 입주하려고 했을 때, 마크 에스리지는 여전히 루이빌의 신문사 발행인으로 있었다. 웨이드의 집에 폭력 사태가 발생하자, 《쿠리어저널》은 폭도들에게 웨이드 가족을 동네에서 내쫓기 위해 "적절한 법적 절차"를 진행할 것을 촉구하는 사설을 게재했는데, 이런 일들이 일어나기 6년 전에 연방대법원은 그런 법적 절

차가 유효하지 않다는 판결을 이미 내린 상태였다. 에스리지는 사설에서 "우리가 보기에, 잘못된 판단의 책임은 칼 브레이든 부부에게 있다. … 〔백인 이웃들은〕 흑인들이 백인 동네에 있는 집을 사는 것에 항의할 … 충분한 권리가 있다 … 〔그리고〕 그 매매의 결과로써 집값이 떨어질 것이라는 사실을 부인하는 것은 어불성설이다"라고 단언했다.

Burns 1970년, 264쪽. 《Afro American》 1942년. 에스리지는 앤드루 웨이드에 대한 폭력을 자제하도록 폭도들에게 촉구하는 등의 입장을 취했기 때문에, 인종 문제에서 진보적 입장에 있는 사람으로 전국적 명성이 있었다. 1981년 그가 죽었을 때, 《뉴욕타임스》는 그의 부고 기사에서 그를 "미국 언론계에서 가장 존경받는 인물 중 한 사람"이라고 칭송하면서 "에스리지 선생은 상황이 여의치 않고 심지어 신변의 안전을 보장받을 수 없던 오래 전부터, 인종차별과 억압을 비난하고, 풍요로운 나라 안에서 그가 목격한 빈곤의 모습을 규탄했다. 작고 둥근 얼굴에 분홍빛 뺨의 그는 편견과 지역주의의 고루함을 서정적인 남부 발음으로 공개적으로 성토했다"고 덧붙였다.

19. Moore 2000년, 54~55쪽. France 1962년, 68쪽.

20. Broussard 1993년, 151~52쪽. Broussard 2001년, 198쪽. Ungaretti 2012년, 126~27쪽. Angelou 1969년, 2015년, 258ff쪽. 마야 앤젤루가 1943년이나 1944년에 전차 회사에 취직했을 때가 열여섯 살쯤이었다는 이야기는 그의 자서전에서 나온 것으로 보인다. 그는 자기가 "샌프란시스코 전차 회사에 고용된 최초의 흑인"이었다고 주장했지만, 전차 운전사였던 오들리 콜을 비롯한 몇몇 아프리카계 미국인이 그보다 앞선 1942년에 그 회사에 고용되었다. 오들리는 마야가 최초의 아프리카계 미국인 전차 승무원이었다고 말한 것으로 이해했다.

21. Wollenberg 1981년, 269~71쪽. Moore 2000년, 61쪽. Wollenberg 1990년, 78~82쪽. France 1962년, 69~72쪽. Quivik 연도 미상, 164~66쪽. Johnson 1993년, 73쪽. *James v. Marinship* 1944년, 739쪽.

22. Johnson 1993년, 81쪽. Foner 1974년, 247쪽. Goodwin 1994년, 246~47쪽. Whelan 외 1997년(쪽 미상. re: St. Louis plant). O'Neil 2010년.

23. Katznelson 2005년, 136~37쪽. Herbold 1994~95년. Onkst 1998년. Turner

and Bound 2002년. Tygiel 1983년, 59ff쪽. Vernon 2008년. 프랑스 소설가 루이 기유의 역사소설 『오케이, 조OK, Joe』(앨리스 캐플런이 영역)는 해방된 프랑스에서 강간죄로 기소된 아프리카계 미국인 제대군인들이 처형당하는 경우는 많았지만, 같은 죄로 기소된 백인 제대군인들은 경범죄로 처벌받고 미국으로 송환되었다고 전한다. 그러한 극단적 차별대우가 제대군인 신분에도 똑같이 적용되는 경우, 백인에 비해 불명예제대를 많이 당한 아프리카계 미국인들은 제대군인원호법에 따른 직업훈련과 고용, 교육의 혜택을 받을 자격을 잃는 경우 또한 많았다. 제2차 세계대전이 끝날 무렵, 불명예제대를 당한 아프리카계 미국인 군인의 수는 백인 군인보다 거의 두 배 많았다. 1944년, 재키 로빈슨은 텍사스주 포트후드에 있는 부대에서 육군 중위로 복무하고 있을 때 체포되어 고등군법회의에서 재판을 받았다. 그의 죄명은 시내버스의 흑인 칸으로 이동하라는 버스 기사의 요구를 거부한 것이었다. 그로부터 3년 뒤 로빈슨은 메이저리그에서 뛰는 최초의 아프리카계 미국인 야구 선수가 되었는데, 그전부터 이미 육상 선수로 전국에 널리 알려져 있었다. 미 육군은 만일 그가 유죄 판결을 받는다면, 아프리카계 미국인 사회에 소요가 일어날지 몰라 두려워했다. 그래서 마침내 육군 당국은 그가 재판을 받는 동안 병사들을 실어 나르는 버스 안에서 일체의 인종차별 행위를 금지했다. 아마도 이 두 가지 이유 때문이었는지 모르지만, 그는 유죄 선고를 받지 않았다. 이때 만일 로빈슨이 불명예제대를 당했다면, 브루클린다저스 팀은 틀림없이 그를 선수로 채용하지 않았을 것이고, 20세기 시민권의 발전 과정은 어느 정도 지체되었을 것이다.

24. Myrdal 1944년, 417~18쪽. de Graaf and Taylor 2001년, 28쪽.

25. Sugrue 1993년, 107~8쪽. 비록 미시건주의 법은 강력하게 시행되었지만, 아프리카계 미국인들이 전후 고용과 주택 건설 호황을 충분히 누리기에 1955년은 너무 늦은 시기였다.

26. USCCR 1967년, 119쪽(n. 78), 55~57쪽. Hayes 1972년, 78쪽(표 4-2).

27. Swarns 2015년.

28. Bremer 외 1979년, 24~26쪽. 보고서는 실제로 그 가능성이 1000분의 1도 안 된다고 말한다. 조사자들이 사출한 근거를 지금 더 이상 찾아볼 수 없고, 인쇄상 오류 가능성도 배제할 수 없기 때문에, 나는 이 책에서 보다 보수적으

로 잡아 100분의 1도 안 된다고 수정해서 쓴다.

29. Lycons 1982년, 74쪽.

30. Oldman and Aaron 1965년, 42쪽(표 III). 웨스트록스베리는 록스베리 근처이기는 하지만 바로 인접한 곳은 아니다.

31. Karhl 2015년, 13쪽(그림 1).

32. Little 1973년, 2쪽(표 A), 12쪽(표 1.2).

33. Karhl 2015년. Capps 2015년.

34. Hughes 1940년, 27쪽. Clark and Perlman 1947년, 30쪽. Kimble 2007년, 422쪽. Woofter 1928년, 126~27쪽. FHA가 말하는 과밀의 의미는 방 하나를 한 명 이상이 함께 쓰고, 집 한 채를 한 가구 이상이 공유해 쓰는 것을 뜻했다.

35. Velie 1946년, 112쪽, 17쪽. Weaver 1948년, 119쪽.

36. Weaver 1948년, 36~37쪽, 60~61쪽.

37. Weaver 1948년, 104쪽, 119쪽. Brown 외(2003년, 22~25쪽)는 이런 과정을 통해 백인들이 주택으로 부를 축적한 반면에 아프리카계 미국인은 "부를 축적하지 못했다"고 말한다.

38. Dunn 2013년. Rosenhaus 1971년. Herbert 1971년. SAI 1972년. Nix 연도 미상.

11장 전망과 회고

1. Mondale 2015년. Schill and Friedman 1999년. Hannah-Jones 2013년. Tegeler 2013년. 이 책에서 말하는 FHA는 공정주택법Fair Housing Act이 아닌 연방주택관리국Federal Housing Administration의 약자다. 당시 상원에서 공정주택법을 통과시킬 책임을 맡은 원내총무는 미네소타 출신 상원의원 월터 먼데일이었다. 그는 이후 지미 카터 대통령 임기 중 부통령을 역임했고 1984년 민주당 대통령 후보로 선출되었다. 1968년, 남부 출신 민주당 의원들은 1966년에 한 번 성공했던 것처럼, 그 법안에 반대해서 의사 진행을 방해했다. 그 의사 진행 방해 토론을 종결("토론 종결 절차"를 발동)시키기 위해서는 67표가 필요했는데, 한 표가 모자랐다. 당시 부통령은 허버트 험프리였다. 린든 존슨 대통령 때의 일이었다. 최근에 먼데일은 당시 상원에서 어떻게 공정주택법안

을 통과시켰는지를 회상했다. "그래서 나는 험프리 부통령에게 가서 이렇게 말했어요. '내가 무엇을 할까요?' 그는 '대통령에게 전화를 거세요'라고 말했죠. 그래서 나는 대통령에게 전화를 걸어(보통 사람은 한 번도 하지 못할) 우리가 처한 곤란한 상황을 이야기했습니다. 그러자 그는 '음, 현재 상황에서 사람들이 피해를 입지 않고 정치적으로 문제없이 표를 던질 수 있는 지역이 어딘지 아십니까?'라고 물었어요. 나는 이렇게 답했죠. '네, 알래스카주의 상원의원이 그렇게 할 수 있을 겁니다. 그런데 그는 토론 종결 절차 진행에 반대합니다. 하지만 그 또한 앵커리지 도심에 주택단지가 건설되기를 바랍니다.' 그러자 대통령은 '고맙습니다'라고 하고는 전화를 끊었어요. 다음날 아침, 우리는 대책회의 중이었어요. '토론 종결을 성사시킬 수 있을까?'—대다수 사람은 성공하지 못할 거라고 생각했어요—투표 집계가 막 끝나려고 할 때, 알래스카주 상원의원이 뒷문으로 들어와서 찬성표를 던지는 것을 봤어요. 우리는 공정주택법안을 통과시켰어요. 네 번째 투표에서 토론 종결을 성사시킨 겁니다. 마지막 기회였는데 마침내 해냈어요! 그 법안은 그 뒤 하원으로 갔지요." 공정주택법의 강제력은 약했지만, 그렇다고 구속력이 전혀 없는 것은 아니었다. 중산층 아프리카계 미국인들은 이제 백인이 압도적으로 많은 교외 지역에 최소한이나마 거주하고 있다(레빗타운은 오늘날 주민의 1퍼센트가 아프리카계 미국인이다). 1968년 법에 의거, 주택 차별을 당한 개인들은 주택도시개발부(HUD)에 항의서를 제출할 수 있었지만 HUD가 할 수 있는 일은 소송 당사자들을 "달래는" 것밖에 없었다. 당국이 강제로 시정 조치를 할 힘이 없었기 때문이다. 피해자는 민사소송을 통해 기껏해야 최대 1000달러의 징벌적 손해배상금을 받을 수 있을 뿐이었다. 법무부는 조직적으로 차별 행위를 한 가해자들을 상대로 민사소송을 제기할 수 있었지만, 개인을 대리해서 할 수는 없었다. 공정주택법은 1988년에 개정되어 주 정부와 지자체의 공정주택 관계 기관들이 제기한, 타당하다고 추정되는 차별 사건들을 처리하기 위한 HUD 행정법 판사 제도를 두었지만, HUD의 시정 조치 활동은 인종보다는 가족 관계나 장애인과 관련된 차별 문제에 초점이 맞춰져 있었다. 실제 상황을 파악하기 위한 연구들(아프리카계 미국인과 백인이 각각 잠재적 구매자나 세입자로 가장하고 동일 주택을 알아보는 실험)에 따르면, 주택 문제에 있어서 여전히 인종차별이 존재하고 있음을 보여 준다.

2. 아프리카계 미국인들에게 1954년 이전에 헌법에 위배되는 질 낮은 이류 교육을 받은 것에 대해 보상해야 하는지 아닌지는 중요한 문제이지만, 이 책의 주제는 아니다.

3. Santow and Rothstein 2012년. Rothstein 2013년, 14쪽(표 7). Orfield 외 2016년, 4~5쪽(표 1). 흑인 동네와 백인 동네의 분리를 막지 못하고 공립학교에서 백인 학생 비율이 감소하면서 흑인 분리 현상은 점점 커지고 있다. 뉴욕주의 경우, 아프리카계 미국인 학생 가운데 66퍼센트가 백인 학생이 10퍼센트도 안 되는 학교에 다니고 있다. 일리노이주의 경우는 아프리카계 미국인 학생의 60퍼센트가 그런 상태이고, 미시시피주는 45퍼센트, 앨라배마주는 42퍼센트가 그렇다.

4. 인구조사 결과를 경제정책연구소 경제학자 밸러리 윌슨이 추가 분석하여 나온 자료다.

5. 비숙련 노동력의 노동조합 부재와 함께, (인플레이션을 감안한) 실질 최저임금의 하락 또한 그런 상황을 만드는 데 기여했다. 우리는 이러한 과거의 경제 상황을 조건이 좋은 공장 일자리가 조건이 나쁜 서비스직으로 대체되었다고 낭만적으로 묘사하는 경향이 있다. 그러나 사실은 자동으로 움직이는 조립 공정에서 자동차에 휠 캡을 씌우는 일이 패스트푸드 식당에서 햄버거를 나르거나 호텔에서 침대보를 가는 일보다 더 좋을 것은 하나도 없다. 차이는 주로 공장은 대개 노동조합이 있었고 서비스직은 없었다는 것이다. 서비스직은 노조가 있고 적절한 최저임금이 보장된다면 오히려 더 안정된 소득원이 될 수 있었다. 자동차 조립 공장은 언제라도 해외로 옮겨 갈 수 있지만, 호텔이나 패스트푸드 식당은 그럴 수 없기 때문이다.

6. Baxandall and Ewen 2000년, 131쪽, 164쪽. 주택 매매로 얻은 부는 판매 가격에서 구매 가격과 그동안 집수리에 들어간 비용을 뺀 금액이다. 집수리는 대개 전쟁이 끝나고 돌아온 재향군인과 하위 중산층 가구가 제2차 세계대전 이후에 구입한 집들에서 광범위하게 일어났는데, 그 비용은 그다지 크지 않지 않았다. 이 기간에 교외 주택가로 이주한 도시 남성들의 다수는 손재주가 있고 집을 보수할 줄 아는 기능공들이어서 자기 집을 스스로 고치거나 이웃에게

도움을 받을 수 있었다. 따라서 예상할 수 있는 하도급 비용보다 적은 돈으로 집을 고칠 수 있었다.

7. 오늘날 소득 분배와 관련해서 부모의 소득 수준은 자녀들에게도 동일하게 이전된다. 경제적 신분 이동이 완벽하게 유동적인 사회라면, 가장 가난한 아이들도 나중에 누구나 똑같이 부자가 될 수 있으며, 가장 부유한 아이들도 나중에 누구나 똑같이 가난해질 수 있다. 하지만 이 설명은 지나치게 단순화한 것이다. 완벽하게 동등한 기회가 보장되는 사회라고 할지라도 미국에 들어오는 이민자 대다수가 저소득층이라면, 본토에서 태어난 저소득층 아이들은 어른이 되었을 때 이민자 자녀들보다 더 높은 소득 집단에 있을 가능성이 더 많아진다. 반면에, 이민자 대다수가 고소득층이라면 그 가능성은 더 적어진다. 그리고 두 번째로, 만일 저소득층 부모가 고소득층 부모보다 아이를 더 많이 낳는다면, 저소득층 아이들은 어른이 되어서 더 높은 소득 집단에 속할 가능성이 클 것이다. 왜냐하면, 최근에 고임금 이민자보다 저임금 이민자 수가 더 많아졌고, 저소득층 부모가 고소득층 부모보다 아이를 더 많이 낳기 때문에, 이두 가지 조건이 완벽하지는 않지만 서로를 상쇄한다.

8. Lopoo and Deleire 2012년, 6쪽(그림 3). 이 추산은 최초의 소득 데이터가 수집되었을 때, 부모의 5년간 평균 소득을 그들 자녀가 부모와 거의 같은 나이가 되었을 때 평균 소득과 비교해서 나온 것이다.

9. Lopoo and Deleire 2012년, 20쪽(그림 15). 아프리카계 미국인이 백인보다 경제적 신분 이동 가능성이 낮은 것은 가난한 아프리카계 미국인 성인과 백인 성인을 5년 동안 비교할 때, 그 5년 기간의 전후로 모두 아프리카계 미국인이 백인보다 더 가난할 가능성이 더 크다는 사실로도 설명된다. 아프리카계 미국인의 빈곤한 삶은 백인의 빈곤한 삶보다 더 영구화 또는 장기화할 가능성이 크다.

10. Federal Reserve Board online. 경제정책연구소 밸러리 윌슨의 인구조사 및 세부 통계자료 분석.

11. Lopoo and Deleire 2012년, 15쪽(그림 11).

12. Lopoo and Deleire 2012년, 21쪽(그림 15).

13. Wilhelm 2001년, 141쪽(표 4.2).

14. Sharkey 2013년, 27쪽(그림 2.1) 38쪽(그림 2.6).

15. Sharkey 2013년, 39쪽.

16. Morsy and Rothstein 2015년. Rothstein 2004년.

17. 《Baltimore Sun》 1975년. Gutierrez 외 30쪽.

18. Dresser and Broadwater 2015년.

19. Leviner 2004년. Khadduri, Buron, and Climaco 2006년, 7쪽.

20. McClure, Schwartz, and Taghavi 2014년. Sard and Rice 2014년, 35쪽(그림 7). Sard and Rice 2016년, 26쪽(표 A-1). 세액공제와 섹션 8 바우처 제도는 물론 65세 이상 고령자들에 대한 주택 공급도 지원한다. 노인들을 위한 주택단지는 중산층 지역에서 보기 쉽다. 여기서는 가족 세대 단위 가구에 대해서만 언급하고 있다.

21. ICP 2008년.

22. *Texas Dept. of Housing v. Inclusive Communities Project* 2015년.

12장 해결책

1. Levine 외 2014년. Levine and Stark 2015년. American Psychological Association 2015년, 27쪽. Wells, Fox, and Cobo 2016년. 한 모의실험에서 일군의 금융 전문가들에게 연구를 위해 조작된 주식들에 대한 기본 정보들을 제공했다. 다양한 인종과 민족 집단으로 이루어진 그룹이 단일 인종과 민족 집단으로 이루어진 그룹보다 그 주식들의 실제 가치에 더 근접한 가치를 찾아냈다. 최근 차별 철폐 조치 소송에서 연방대법원에 제출된 소송 사건 적요서에서, 미국심리학회는 토의 집단 내에 "소수 집단이 있으면 학생들—특히 다수 집단에 속한—이 주어진 주제에 접근할 때 복합적인 측면들을 더 많이 고려한다"는 것을 보여 주는 조사 결과를 제시했다.

2. CDC 2016년. Edozine 2004년. 미 전역에서 천식에 걸린 아프리카계 미국인 아이들의 비율은 13.7퍼센트인데 반해, 백인 아이들의 비율은 7.6퍼센트다. 2004년 뉴욕시 보건국장은 전반적으로 천식 환자 비율이 줄어들고 있는 추세지만, "저소득층 동네에 살고 있는 5세 미만 아이들이 천식에 걸려 병원에 입원하는 비율은 고소득층 동네의 아이들보다 4배 높다"고 보고했다. 같은 해,

천식은 뉴욕시 학생 결석 원인 가운데 으뜸이었다.

3. Danzer 외 2012년, 288쪽, 492쪽, 506쪽.

4. Lapsansky-Werner 외 2016년, 304쪽, 431~32쪽, 449쪽. "사실상의 흑인 분리de facto segergation"라는 단어에 대한 강조 표기는 미국 교과서에서 쓰이는 표기 방식이다. 교과서 저자들이 그 개념을 얼마나 중요하게 여기는지 학생들이 잊지 않게 하려는 의도가 담겨 있다고 볼 수 있다.

5. Sewall(online)은 가장 많이 쓰이는 교과서들을 계속해서 추적하려고 한다. 나는 그가 나열한 교과서들을 전부는 아니지만 여러 권 읽었다.

6. 롬니의 열린공동체 계획과 그것의 운명에 대한 간략한 설명은 Santow and Rothstein 2012년 참조. 이 내용은 Romney 1969년. Lilley 1970년. Bonastia 2006년. Danielson 1976년. McDonald 1970년. Lamb 2005년. Lemann 1991년, 209쪽에서 요약한 것이다.

7. Sharkey 2014년, 925쪽(표 2). 2000년도 자료다. 샤키는 중산층 가구를 연소득이 최소 3만 달러인 가구로 보고, "극빈" 지역을 복리 후생 지원 수령, 빈곤, 실업, 여성 가장, 어린 자녀의 집중도가 전국 평균보다 2배 이상 표준편차를 보이는 곳으로 정의한다.

8. 이것은 완성된 해법으로서 제안하는 것이 아니다. 아프리카계 미국인 인구가 적은 대도시 지역은 이것과 다른 공정 배분율이 필요할 것이다. 예컨대, 흑인 인구가 10퍼센트인 대도시 지역에서는 아프리카계 미국인 인구가 5퍼센트 미만인 교외 지역을 흑인과 백인의 주거 지역을 분리한 것으로 정의해야 마땅할 것이다.

9. Racioppi and Akin 2015년. O'Dea 2015년. Krefetz 2000~1년. Herr 2002년. Smart Growth America 2016년. Massey 외 2013년. 2008년까지 뉴저지주의 소도시들(실제로 주민들이 부자인 소도시들)은 공정 배분 의무를 이행하는 다른 소도시들에 대가를 지불함으로써 이러한 요구 조건을 합법적으로 피할 수 있었다. 이러한 방식을 금지하는 법안이 2008년에 채택되었다. 2015년, 뉴저지주 대법원은 부유한 소도시들과 주지사가 고의로 이런 의무 이행을 지연시키는 행태에 맞서 공정 배분 개발 계획의 책임을 소도시의 권한에서 삭제하고 사법부의 권한으로 만들었다. 1969년에 채택된 메사추세츠

40B 프로그램은 해당 지역 중위 소득의 80퍼센트 이하 소득인 가구들이 "충분히 돈을 낼 수 있는", 다시 말해서 그들이 합리적 수준에서 임차료나 구매 비용을 낼 수 있는 주택이 기존 주택의 10퍼센트 미만인 관할 구역에서는 그 지역의 배타적 주택 지구 지정 조례가 효력을 잃는다. 부동산 개발업자들이 이런 법적 유연성을 이용하기 위해서는 저소득층과 중위 소득층 주택에 대한 연방정부 보조금이 지급된 뒤, 그들이 개발하는 단지 가구 수의 최소한 25퍼센트를 반드시 저소득층과 중위 소득층 가구에게 영구적으로 배정해야 한다. 그 법이 통과된 이후, 중위 소득의 80퍼센트 이하 소득층이 살 수 있는 주택 비율이 10퍼센트 미만인 관할 구역은 감소했다.

10. Schwartz 2010년.

11. Boger 1993년.

12. Berdahl-Baldwin 2015년. Donovan 2015년. Darrah and DeLuca 2014년. 볼티모어 프로그램 참여 기준은 여기서 설명된 것보다 약간 더 복잡하지만 근본적으로 다르지는 않다.

13. Berdahl-Baldwin 2015년. 볼티모어나 댈러스보다는 완화된 형태이긴 하지만 기존에 살던 곳보다 빈곤율이 더 낮은 곳으로 이주하는 저소득층 가구들을 지원하는 프로그램을 갖춘 도시들로는 버펄로, 시카고, 쿡카운티(일리노이주), 신시내티, 흑백 주거 분리가 심한 코네티컷의 도시들, 필라델피아, 리치먼드(버지니아주), 샌디에이고, 시애틀(킹카운티), 용커스 같은 곳이 있다.

14. Sard and Rice 2014년, 38쪽, 51쪽, 53~57쪽. Metzger 2014년, 556쪽. McClure, Schwartz, and Taghavi 2014년, 3쪽.

15. 인구조사와 HUD 행정 관리 자료에서 추출한 주택선택바우처Housing Choice Voucher 수령 자격과 사용 현황에 대한 분석은 예산및정책우선순위센터Center on Budget and Policy Priorities의 알리시아 머저러와 바버라 사드가 제공했다.

16. 섹션 8 바우처 우선순위는 현재 긴급 상황—예컨대, 가정 폭력 때문에 집을 나와야 하는 가구나 노숙 가구—에 배정되어 있다. 나는 지금 자발적으로 신분 상승의 기회가 높은 지역으로 이주하고자 하는 가구에 대한 우선권이 이런 긴급 상황에 처한 가구에 대한 우선권을 대체해야 한다고 주장하는 것이 아니

라, 자발적으로 옮기고자 하는 가구에도 그런 우선권을 줘야 한다는 것이다.

17. Sard and Rice 2014년, 38쪽, 51쪽, 54쪽. 거꾸로, 바우처 금액을 대도시 전체의 중간 정도의 임차료 수준에 맞추는 것은 저소득층 소수집단이 사는 동네에는 너무 높은 금액이다. 그런 동네의 집주인들은 대개 이러한 집세 이상의 금액을 차지하기 위해 시세보다 높게 집세를 올리는 경우가 빈번했다.

18. HUD 2016년.

19. Sard and Rice 2014년, 38쪽, 50~53쪽. 섹션 8 프로그램은 또한 쓸데없이 관료주의적이다. HUD는 바우처 수령자들이 입주할 임대 아파트에 대한 특별 보건 안전 검사를 요구한다. 이것은 선의로 만든 규칙이지만, 지자체들의 건물 준공 및 안전 검사와 HUD의 기준들 사이에 더욱 효율적인 협력 관계가 있으면 좋을 것이다.

20. Sard and Rice 2014년, 56~57쪽.

21. 정부 주택 프로그램의 개혁과 관련된 여러 조언들에 대한 요약은 Tegeler, Haberle, and Gayles 2013년 참조.

22. Kirp 1982년, 123쪽.

23. Rubin 1972년, 79쪽.

24. Rubin 1972년, 78쪽, 127~33쪽. Kirp 1982년, 121쪽, 123쪽, 128~29쪽, 138쪽.

25. Kirp 1982년, 130~43쪽.

26. Hamachi 1954년, 96쪽.

27. Kirp 1982년, 142~44쪽.

부록: 자주 묻는 질문

1. Wolgemuth 1959년, 166쪽. Unger 2015년.

2. Foreman 1974년. Guzda 1980년, 32쪽.

3. Roosevelt online. Goodwin 1994년, 370~71쪽.

4. White 1942년, 214쪽.

5. Ashmore 1989년, 307쪽. Mayer 1993년, 275~76쪽. 허친스는 20년 뒤 한 인터뷰에서 '셸리 대 크레머' 소송이 자신이 자리에서 물러나지 않기로 결정하

고 나서 "몇 달" 뒤에 판결이 났다고 회고했다. 하지만 허친스의 기억, 또는 그의 전기 작가인 밀턴 메이어의 메모 기록에는 오류가 있었다. 실제로 '셸리 대 크레머' 판결은 그가 그런 결정을 하고 나서 9년 뒤에 나왔고, 그 9년 동안 시카고 사우스사이드의 흑백 주거 구역 분리는 더욱 심각한 지경에 이르렀다. 허친스가 양심을 따르기보다는 자신을 믿기로 한 중요한 사회적 쟁점이 흑백 주거 구역 분리만은 아니었다. 그는 미국이 제2차 세계대전에 참전하는 것에 반대하는 평화주의자였지만, 원자폭탄을 개발하는 프로젝트를 감독해 달라는 군의 요청을 받아들였다. 메이어는 가차 없이 질문은 던지는 인터뷰 진행자였다. 그가 원자폭탄에 대해서 허친스와 질문과 답변을 주고받다가 대학이 있는 지역에서 흑백 주거 구역을 분리하는 문제에 대한 토론으로 이어지는 대목은 인종차별이 "당시의 일반적 기준"이었기에 어쩔 수 없었다고 설명하기 전에 정말 그랬는지 반성해 볼 가치가 있는 부분이다.

메이어: 당신은 전쟁을 유발하는 수많은 것들에 대해서 반대했는데, 막상 전쟁이 터지고 참전 나팔이 울려 퍼지자, 최전선에 허친스가 있더군요. … 좀 신경이 쓰일 것 같은데요.

허친스: 맞아요.

메이어: 앞으로도 그런 상황이 발생하면, 당신은 다시 똑같이 그렇게 행동할 겁니까?

허친스: 아닙니다.

메이어: 왜 아니죠?

허친스: 지금 나는 그때보다 현명하기 때문입니다. … 당신은 아직 그걸 모르는 군요. 지금 와서 보면, 당시에 내가 지금처럼 현명했다면, 그때 하거나 하지 않았을 일들이 수없이 많아요. 시카고의 흑백 거주 구역 분리에 내가 기여한 일도 그런 것들 가운데 하나일 겁니다.

6. Kennedy 2013년, 18쪽, Boddie 2015년. 2016년 6월, 연방대법원은 인종차별 철폐를 위한 인종 할당제에 반기를 들고 소송을 제기한 애비게일 피셔의 고소를 기각했다. 하지만 인종차별 철폐 조처에 반대하는 백인 사회의 비판은 앞으로도 멈추지 않을 것이 틀림없다.

7. Katznelson 2013년, 159~60쪽. Goodein 1994년, 163쪽. 루스벨트는 NAACP

지도자 월터 화이트에게 이렇게 말했다. "만일 내가 폭력적인 사적 제재를 금지하는 법안에 지지 입장을 표명한다면, 그들[남부 지방의 의원들]은 미국의 붕괴를 막기 위해 내가 의회에 요구하는 모든 법안에 대해서 사사건건 반대를 할 겁니다. 나는 그런 위험을 감수할 수 없습니다."

8. Larson 2011년, 30~31쪽, 38쪽, 39쪽, 130쪽, 235쪽. Goodwin 1994년, 100쪽, 173쪽, 397쪽. Olson 2013년, 381~82쪽. 뉴딜 정책의 지도자들은 아프리카계 미국인들에 대해서만 편협한 것이 아니었다. 그들 가운데 다수는 반유대주의자이기도 했다. 1930년대, 루스벨트 정부의 국무부와 육군성 관료 다수는 히틀러가 독일에서 매우 극단적인 수단을 동원해서 유대인들을 박해한다고 생각하기는 했지만, 개인적으로는 히틀러의 조처에 공감하는 입장이었다. 그들은 유대인 난민을 미국으로 받아들이거나 히틀러의 죽음의 수용소 운영을 군사적으로 저지할 의향이 거의 없었다. 루스벨트 행정부의 영사 업무를 총괄하는 국무부차관 윌리엄 J. 카는 유대인을 "유대인 놈들"이라고 불렀다. 그는 디트로이트를 방문한 뒤, 도시가 "칙칙하고 냄새나고 더러운 유대인"들로 가득 차 있다고 불평했다. 미국 국무부는 가능하다면 유대인들이 독일을 도망쳐 미국으로 들어오는 것을 어렵게 하기 위해서, 이민자들이 신분에 하자가 없음을 입증하려면 고국에서 발행한 경찰 진술서를 제출해야 하는 법을 엄격하게 시행했다. 이는 나치 독일로부터 미국으로 망명하려는 유대인들이 절대 따를 수 없는 요구 사항이었다. 국무부 비자 업무 담당 부서장 브레킨리지 롱의 일기에는 "유대인, 가톨릭신자, 뉴요커, 진보주의자 같은, 사실상 특별히 인정할 만한 배경이 없는 모든 이들에 대한 독설로 가득"했다. 당시 독일 주재 미국 대사였던 윌리엄 F. 도드는 이렇게 말했다. "여기[독일]에서 유대인들에게 가해지고 있는 무자비한 박해에 동의하지" 않고, "그들[독일인들]에게 매우 심각한 문제가 있기는" 하지만 그럼에도 불구하고 "유대인들은 인구 수나 그들에게 주어진 재능에 비해서 독일의 요직들을 너무 많이 차지하고 있다고 매우 솔직하게 이야기했어요." 도드는 독일 외무상 콘스탄틴 폰 노이라트와의 회담에서 그에게 "우리는 미국에서 유대인들이 특정 지식과 사업 분야를 너무 장악하고 있는 까닭에 간혹 어려울 때가 있었습니다"라고 하며 입장을 확인해 주었다. 도드는 이어서 노이라트에게 국무부 동료들 가운데 일부는 "그

440

런 점에서 독일의 어려움을 인정하지만, 문제를 푸는 방법에 있어서 그토록 극도로 무자비한 처사에는 결코 동의하지 않는다"고 확실하게 말했다.

9. Weaver 1948년, 217쪽. Kushner 1979년, 599쪽(n. 118).

10. 아프리카계 미국인들과 비교해서 백인들의 경우는 38퍼센트, 44퍼센트, 93퍼센트다. 학력과 관련된 데이터는 미국 교육부, 국립교육통계센터의 자료다. 고졸자 비율은 고등학교를 다니다 중퇴한 뒤, 검정고시를 봐서 합격한 학생들도 포함한다. 여기에는 감옥에 있는 동안 검정고시 공부를 해서 합격한 사람들도 포함될 수 있다. 노동시장에서는 평균적으로 고졸 검정고시 합격자의 성과가 정규 고졸자의 성과만 못하다는 것을 입증하는 사례가 일부 있다. 그러나 만일 중퇴자가 동일 연령대의 학력 분포 중 가장 밑바닥에서 압도적으로 많이 나온다면, 검정고시 합격자들의 성과가 학교에 남아서 정규 졸업장을 받은 학생들에 비해 더 나을 수도 있다. 감옥에서 검정고시를 본 사람들이든, 구금되지 않은 상태에서 시험을 본 사람들이든 모두 검정고시를 공부하는 것은 그들이 학습 의욕과 책임감에 강렬하게 불타고 있음을 보여 주는 증거다.

11. Lyons and Pettit 2011년, 258쪽. Alexander 2010년, 6~7쪽, 97쪽. Braman(2004년, 33쪽)은 워싱턴 D.C. 교정국의 데이터를 이용해서 그 도시의 아프리카계 미국인 남성 4명 중 1명이 생애 중 한 기간을 감옥에 있을 가능성이 있다고 예측한다.

12. Morsy and Rothstein(2016년).

13. Morsy and Rothstein(2016년, 19~22쪽)은 납중독과 그 영향에 있어서 인종 간 편차에 대해 현재까지 알려진 내용을 요약하고 있다.

14. Hamilton 외 2015년, 43쪽(표 16).

15. Wang and Parker 2014년, 6쪽, 33쪽, 34쪽.

16. Wang 2012년, 9쪽. Merton 1941년, 232쪽. 2010년 아프리카계 미국인의 결혼 관련 데이터는 아프리카계 미국인이 아닌 인종, 즉 백인을 비롯해서 아시아계, 태평양제도계, 라틴아메리카계 미국인 배우자 같은 타 인종과의 결혼 데이터를 포함하고 있다. 아시아계나 아메리카원주민 같은 타 인종과의 결혼은 소수였고, 대부분의 배우자는 백인이었다. 1941년, Robert K. Merton은 "우리가 조사한 표본에 따르면, 그런 쌍[흑인 남성-백인 여성]은 흑인 여성과

백인 남성의 조합에 비해 3배에서 10배까지 많다"고 발표했다.

17. Wang 2012년, 8쪽, 9쪽.

18. Waters and Pineau 2015년, 6~7쪽. 국립과학아카데미의 한 연구 집단은 그 문제를 검토한 뒤 이렇게 결론지었다. "[미국 사회에 동화된 라틴아메리카계 미국인들이 자신을 라틴아메리카계로 인식할 가능성이 적다는] 민족성 약화의 가설은 실제로 이민자 3세의 교육 수준이 상승했음을 암시하지만, 그것이 맞는지 아닌지 판단하기는 어렵다."

19. Miller 1946년, 138쪽.

20. Rothstein 1998년. Bowdler 2008년.

21. Coates 2014년. Coates 2016a년. Coates 2016b년. Conyers 2015년. Coates는 2015년 존 코니어스 하원의원이 아프리카계 미국인들에 대한 배상 문제를 협의하는 위원회 구성을 위해 의회에 제출한 법안에 대한 의견을 제시하고 있다. 그 법안은 위원회의 설립 목적을 설명하면서 "구제책"과 "배상"이라는 용어를 둘 다 쓰고 있는데, 아프리카계 미국인들이 겪은 "근본적인 불평등을 인정"하고 "적절한 구제책과 관련해서 의회에 건의"할 것을 위원회에 요청한다.

참고 문헌

　　온라인에서 자료의 가용성은 계속해서 바뀌고 특정 문서들의 소재 장소도 종종 변경될 수 있다. 이런 이유로 현재 온라인에서 찾아볼 수 있는 인용 자료들도 많지만, 나는 그 자료들의 웹 주소를 기재하지 않았다. 오히려 나는 독자들이 큰 어려움 없이 문서들을 검색하는 데 인용문들이 충분한 정보를 제공한다고 생각했다. 독자들이 쉽게 접근할 수 있는 인구조사나 노동통계국, 학군 자료에 대한 출처 자료는 인용하지 않았다. 다만 온라인에서만 찾아볼 수 있고, 판단컨대 해당 자료를 찾기 어렵다고 생각되는 몇몇 경우에는 웹 주소를 기재했지만, 그것도 이 책이 인쇄되기 직전까지만 유효하다고 할 수 있다.

　　이 책에서 주로 다루는 문제는 법률상의 흑백 주거 구역 분리의 많은 측면이 널리 알려진 것처럼 보이지만, 사실 그 문제를 다루는 것이 너무 힘에 부치기 때문에 우리가 이러한 역사의 기억을 억눌러 왔다는 것이었다. 그래서 여기에 실린 증거들을 통해 독자들에게 그 역사를 제대로 알리는 것이 이 책의 목적이었다. 인용된 자료들이 가리키는 것처럼, 이 책에 실린 조사 자료 가운데는 원본이 일부 있지만, 내가 가지고 있는 자료는 대체로 지금은 일반적으로 구하기 힘든 원본을 요약 정리한 문헌들뿐이다.

내가 법률상 흑백 주거 구역 분리에 대한 개요를 이해할 수 있도록 정보를 제공하고, 그 문제의 다양한 측면들을 종합해서 조사하고 논의할 틀을 만드는 데 도움을 준 옛 연구 저작물이 두 권 있었다. 그것들의 중요도에 비해 인용이 적은 것은 사실이지만, 내가 이 책에서 논의하는 문제의 틀을 발전시키는 데 그 저작물들의 도움이 매우 컸다는 사실을 독자들이 알아 주길 바란다. 내가 더 깊이 연구할 수 있도록 세부 자료들로 이끌었던 것이 바로 그 저작물들이다.

가장 큰 영향을 준 두 권은 로버트 위버의 『흑인 게토 지역』(1948년)과 제임스 A. 쿠슈너의 「미국에서의 인종차별Apartheid in America」(1980년)이라는 책 분량의 긴 법학 저널 논문이었다. 나는 이 자료들을 연구 초기에 읽었는데, 그것들이 후속 연구와 논의의 틀을 잡는 데 끼친 영향은 아무리 강조해도 지나치지 않다. 케네스 잭슨의 『바랭이풀 변경 지역Crabgrass Frontier』(1985년)은 백인 전용 교외 주택가가 조성되는 과정에서 FHA의 역할에 대한 주의를 환기해 주었다. 이 책은 흑인과 백인의 주거 지역이 분리되는 과정에 개인의 주택담보대출 보험 제도뿐 아니라 대규모 단지 개발을 위한 재원 조달 문제도 큰 영향을 끼쳤음을 깨닫게 했다. 이 분야와 관련된 학술 연구의 대부분은 잭슨의 이 연구와 더글러스 매시 및 낸시 덴턴의 『미국의 인종차별American Apartheid』(1993년)의 영향을 받지 않은 것이 거의 없을 정도다. 개별 도시에서 일어난 흑인 분리의 역사와 관련해서 최근에 발표된 두 권의 책 또한 내가 이 책의 개요를 정하는 데 큰 도움을 주었다. 그중 한 권은 1983년 초판, 1998년에 개정판이 나온 아널드 R. 허슈의 『제2의 게토 만들기: 시카고의 인종과 주택, 1940-1960*Making the Second Ghetto: Race and Housing in Chicago, 1940-1960*』이고, 나머지 한 권은 토머스 J. 서그루의 『도시 위기의 기원: 전후 디트로이트의 인종과 불평등*The Origins of the Urban Crisis: Race and Inequality in Postwar Detroit*』(1996년)이다.

여기 인용된 여섯 권에 대한 내 고마움은 아무리 강조해도 부족함이 없을 것이다. 이 책의 주제들 속으로 더욱 깊이 천착하고 싶은 독자들은 여기 참고 문헌에 나열된 항목들을 더욱 세밀하게 파고들기 전에 이 여섯 권의 자료들과 먼저 친숙해지기를 진정 권한다.

또한 미셸 알렉산더의 『새로운 흑인 차별 정책: 인종차별이 없는 시대의 대량 투옥*The New Jim Crow: Mass Carceration in the Age of Colorblindness*』도 강력 추천한다. 흑인과 백인의 주거 분리는 오늘날 미국의 다양한 인종 문제를 강력하게 뒷받침하고 있으며, 종종 전혀 정당한 이유 없이 흑인 청년들을 대량으로 투옥하는 현실은 매우 심각하다. 미 전역에 걸쳐 어디서든 흑인과 백인이 서로 어울려 사는 것은 현실적으로 장기적인 프로젝트이지만, 흑인 동네에 살고 있는 청년들을 표적으로 삼고 있는 현행 형사법 체계는 만일 의지만 있다면 지금 당장이라도 해결할 수 있는 문제로 긴급한 조치가 필요한 상황이다. 그 첫 단계는 『새로운 흑인 차별 정책』에 대한 연구 분석이라 할 수 있다.

인터뷰

스티븐슨과 메러데이 가족 구성원들의 개인사에 대한 나의 설명들은 대면이나 전화, 이메일을 통한 인터뷰를 근거로 한 것이다. 팸 해리스(로버트 메러데이 주니어의 조카딸), 셜리 홀시(리로이 메러데이의 딸이자 빈스 메러데이의 자매), 로버트 메러데이 주니어(로버트 메러데이의 아들), 프랭크 스티븐슨과 그의 아내 바버라, 그리고 테리 스티븐슨(프랭크 스티븐슨의 딸)이 내가 인터뷰한 사람들이다.

법정 소송 사건

Arlington Heights v. Metropolitan Housing Corp. 1977. U.S. Supreme Court, 429 U.S. 252.

Banks v. Housing Authority of City and County of San Francisco. 1953. District Court of Appeal, First District, Division 1, California. 120 Cal. App. 2d 1.

Barrows v. Jackson. 1953. U.S. Supreme Court, 346 U.S. 249.

Birmingham v. Monk. 1950. U.S. Court of Appeals, Fifth Circuit, 185 F.2d 859.

Bob Jones University v. United States. 1983. U.S. Supreme Court, 461 U.S. 574.

Bowen v. City of Atlanta. 1924. Supreme Court of Georgia, 159 Ga. 145.

Bradley v. Milliken. 1971. U.S. District Court, Eastern District of Michigan, Southern Division, 338 F. Supp. 582.

Brown v. Board of Education. 1954. U.S. Supreme Court, 347 U.S. 483.

Buchanan v. Warley. 1917. U.S. Supreme Court, 245 U.S. 60.

Civil Rights Cases. 1883. U.S. Supreme Court, 109 U.S. 3.

Claremont Improvement Club v. Buckingham. 1948. District Court of Appeal, First District, Division 2, California. 89 Cal. App. 2d 32.

Cleveland v. Ameriquest. 2009. U.S. District Court, Northern District Of Ohio, Eastern Division, 1:08 cv 139.

Correll v. Earley. 1951. Supreme Court of Oklahoma, 205 Okla. 366.

Corrigan v. Buckley. 1926. U.S. Supreme Court, 271 U.S. 323.

Creve Coeur v. Weinstein. 1959. St. Louis Court of Appeals, Missouri, 329 S.W.2d 399.

Dailey v. Lawton. 1970. U.S. Court of Appeals, Tenth Circuit, 425 F.2d 1037.

Davis v. Elmira Savings Bank. 1896. U.S. Supreme Court, 161 U.S. 275.

Dorsey v. Stuyvesant Town Corporation. 1949. Court of Appeals of New York, 299 N.Y. 512, July 19.

Dowdell v. Apopka. 1983. U.S. Court of Appeals, Eleventh Circuit, 698 F.2d 1181, February 28.

Euclid v. Ambler. 1926. U.S. Supreme Court, 272 U.S. 365.

Franklin National Bank v. New York. 1954. U.S. Supreme Court, 347 U.S. 373.

Freeman v. Pitts. 1992. U.S. Supreme Court, 503 U.S. 467.

Garrett v. Hamtramck. 1974. U.S. Court of Appeals, Sixth Circuit, 503 F.2d 1236.

Garrett v. Hamtramck. 1975. U.S. District Court, Eastern District of Michigan, 394 F. Supp. 1151.

Harmon v. Tyler. 1927. U.S. Supreme Court, 273 U.S. 68.

Hills v. Gautreaux. 1976. U.S. Supreme Court, 425 U.S. 284.

Hurd v. Hodge. 1948. U.S. Supreme Court, 334 U.S. 24.

Independent Metal Workers, Locals 1 & 2 (Hughes Tool Co.). 1964. National Labor Relations Board, 147 N.L.R.B. 1573.

James v. Marinship. 1944. Supreme Court of California, 25 Cal.2d 721.

James v. Valtierra. 1971. U.S. Supreme Court, 402 U.S. 137.

Jones v. Mayer. 1968. U.S. Supreme Court, 392 U.S. 409.

Kennedy v. Housing Authority of Savannah. 1960. Superior Court of Chatham County, Georgia, Case No. 2004 [Race Relations Law Reporter 5 (1960): 804−7].

Levitt v. Division Against Discrimination. 1960. Supreme Court of New Jersey, 31 N.J. 514.

Lyons v. Wallen. 1942. Oklahoma Supreme Court, 191 Okla. 567.

Marshall v. Bramer. 1987. U.S. Court of Appeals, Sixth Circuit, 828 F.2d 355.

Mayers v. Ridley. 1972. U.S. Court of Appeals, District of Columbia Circuit. 465 F.2d 630.

Milliken v. Bradley. 1974. U.S. Supreme Court, 418 U.S. 717.

Parents Involved in Community Schools v. Seattle School District No. 1, et al. 2007. U.S. Supreme Court, 551 U.S. 701.

Park View Heights v. Black Jack. 1972. U.S. Court of Appeals, Eighth Circuit, 407 F.

2d 1208.

Progress Development Corp. v. Mitchell, 1960. U.S. District Court, Northern District of Illinois, 182 F.Supp. 681.

Richmond v. Deans. 1930. U.S. Supreme Court, 281 U.S. 704.

Shelley v. Kraemer. 1948. U.S. Supreme Court, 334 U.S. 1.

Texas Dept. of Housing v. Inclusive Communities Project. 2015. U.S. Supreme Court, 576 U.S. _.

U.S. v. Black Jack. 1974. U.S. Court of Appeals, Eighth Circuit, 508 F. 2d 1179.

Weiss v. Leaon. 1949. Supreme Court of Missouri, Division No. 1, 359 Mo. 1054.

기사, 책, 논문, 보고서, 보관 자료

Abrams, Charles. 1951. "The New 'Gresham's Law of Neighborhoods'—Fact or Fiction." *Appraisal Journal* 19 (3), July: 324 – 37.

Abrams, Charles. 1955. "Housing, Segregation, and the Horne Case." *Reporter* 13, October 6: 30 – 33.

Advisory Committee on Zoning. 1926. *A Zoning Primer*, rev. ed. Advisory Committee on Zoning, U.S. Department of Commerce. Washington, D.C.: U.S. Government Printing Office.

Afro American. 1942. "Ethridge Should Resign from President's FEPC." Baltimore: Vol. 50 (July 11): 4.

Alancraig, Helen Smith, 1953. *Codornices Village: A Study of Non-Segregated Public Housing in the San Francisco Bay Area*. M.A. thesis, University of California.

Alexander, Michelle. 2010. *The New Jim Crow: Mass Incarceration in the Age of Color Blindness*. New York: New Press.

Alsberg, Elsa. 1960. "Statements of Miss Elsa Alsberg, Executive Director, Palo Alto Fair Play Council, and Lee B. Spivak, Real Estate Salesman." In USCCR 1960, 636 – 57.

American City Planning Institute. 1918. *Proceedings of the Tenth National Conference on City Planning*. St. Louis, May 27 – 29.

American Psychological Assocation. 2015. "Brief of *Amicus Curiae* the American Psychological Association in Support of Respondents, *Fisher v. University of Texas*," November 2.

Angelou, Maya. 1969, 2015. *I Know Why the Caged Bird Sings*. New York: Random House.

Archibald, Katherine. 1947. *Wartime Shipyard*. Berkeley: University of California Press.

Architectural Forum. 1945. "Bohannon Building Team." Vol. 82, June: 172.

Architectural Forum. 1947. "The Industrialized House: The Greatest House-Building Show on Earth." Vol. 86 (3), March: 105 – 13.

Ashmore, Harry S. 1989. *Unseasonable Truths: The Life of Robert Maynard Hutchins*. Boston: Little, Brown.

Atlanta. 1922. *The Atlanta Zone Plan*. City of Atlanta, City Planning Commission.

Atlas, John, and Peter Dreier. 1994. "Public Housing: What Went Wrong?" *Shelterforce* 74, October – November.

Avery, Robert B., Glenn B. Canner, and Robert E. Cook. 2005. "New Information Reported under HUDA and Its Application in Fair Lending Enforcement." *Federal Reserve Bulletin,* Summer: 344 – 94.

Ayres, R. Drummond, Jr. 1971. "Bulldozers Turn Up Soil and Ill Will in a Suburb of St. Louis." *New York Times,* January 18.

Bagli, Charles V. 2010. "A New Light on a Fight to Integrate Stuyvesant Town." *New York Times*, November 21.

Baltimore (Mayor and City Council of). 2011. "Second Amended Complaint for Declaratory and Injunctive Relief and Damages." In *Baltimore v. Wells Fargo,* Civil Case No. JFM-08-62, filed in U.S. District Court for the District of Maryland, April 7.

Baltimore Sun. 1975. "Transit Fears in Anne Arundel" (Editorial). April 22.

Barbour, W. Miller. 1952. *An Exploratory Study of Socio-Economic Problems Affecting the Negro-White Relationship in Richmond, California.* National Urban League and United Community Defense Services, November – December.

Barr, Michael S. 2009. "Community Reinvestment Emerging from the Housing Crisis." In "Revisiting the CRA: Perspectives on the Future of the Community Reinvestment Act," *Community Development Investment Review* 4 (1), February.

Bartelt, David. 1993. "Housing the Underclass." In Michael B. Katz, ed., *The Underclass Debate: Views from History*. Princeton: Princeton University Press.

Bartholomew, Harold. 1932. "Planning for Residential Districts. Chapter II. Report of Committee on Subdivision Layout." In John M. Gries and James Ford, eds., *Planning for Residential Districts: The President's Conference on Home Building and Home Ownership*. Washington, D.C.: National Capital Press.

Bauman, John F. 1987. *Public Housing, Race, and Renewal*. Philadelphia: Temple University Press.

Baxandall, Rosalyn, and Elizabeth Ewen. 2000. *Picture Windows: How the Suburbs Happened*. New York: Basic Books.

Beckles, Jovanka. Online. "The Gary Family of Richmond: Fighting for Equality and Standing for Their Rights." Richmond Black History.org.

Bell, Jeannine. 2008. "The Fair Housing Act and Extralegal Terror." *Indiana Law Review* 41 (3): 537–53.

Ben Joseph, Eran. Online. "Workers' Paradise: The Forgotten Communities of World War I. A Research Project by Prof. Eran Ben-Joseph."

Benjamin, Karen. 2012a. "City Planning, School Site Selection, and the Rise of Residential Segregation in the Urban South, 1890–1930." Paper presented at the annual meeting of the American Historical Association, Chicago, January.

———. 2012b. "Suburbanizing Jim Crow: The Impact of School Policy on Residential Segregation in Raleigh." *Journal of Urban History* 38 (2): 225–46.

———. 2013. "Segregation Built to Last: School Construction and the Formation of Segregated Housing Patterns in Interwar Houston." Paper presented at the conference "The Past and Present of Race and Place in Houston, Texas," Rice University, February.

Benson, Jackson J. 1996. *Wallace Stegner: His Life and Work*. New York: Viking.

Berdahl-Baldwin, Audrey. 2015. *Housing Mobility Programs in the U.S. 2015*. Prepared for the Sixth National Conference on Housing Mobility, Chicago, June. Poverty and Race Research Action Council.

Berger, Joseph. 1998. "Judge Orders State to Help Yonkers Pay for Integration." *New York Times*, February 6.

Bernstein, Robert. 1955. "Supervisor Levin Relates Behind-Scenes Maneuvers." *Daily Palo Alto Times*, May 17.

Better Homes in America. 1926. *Guidebook for Better Homes Campaigns in Cities and Towns*. Publication no. 12.

Blackmon, Douglas A. 2008. *Slavery by Another Name*. New York: Doubleday.

Bloom, Irving N. 1955a. "Milpitas Housing Project. Memorandum of Meeting of April 15, 1955." and "Milpitas Housing Project. Memoranda of Meetings on April 18, 1955." Wayne State University, Walter Reuther Archives, UAW Fair Practices and Anti-Discrimination Department Collection, Folder 65-18 "Sunnyhills; memorandum, meeting reports, 1955," April 19.

———. 1955b. "Milpitas Housing Project. Memoranda of Meetings of April 19, 1955" and "Milpitas Housing Project. Memorandum of Special Meeting of the Board of Sanitation District No. 8." Wayne State University, Walter Reuther Archives, UAW Fair Practices and Anti-Discrimination Department Collection, Folder 65-18 "Sunnyhills; memorandum, meeting reports, 1955," April 21.

Bloom, Nicholas Dagen. 2008. *Public Housing that Worked: New York in the Twentieth Century*. Philadelphia: University of Pennsylvania Press.

Bobker, Lee, and Lester Becker. 1957. *Crisis in Levittown, PA*. Dynamic Films.

Bocian, Debbie Gruenstein, and Richard Zhai. 2005. *Borrowers in Higher Minority Areas More Likely to Receive Prepayment Penalties on Subprime Loans*. Center for Responsible Lending, January.

Boddie, Elise C. 2015. "Why Supreme Court Justices Should Celebrate College Diversity, Not Reject It." *New York Times*, December 8.

Boger, John Charles. 1993. "Toward Ending Residential Segregation: A Fair Share Proposal for the Next Reconstruction." *North Carolina Law Review* 71 (5), June: 1573–618.

Bonastia, Christopher. 2006. *Knocking on the Door: The Federal Government's Attempt to Desegregate the Suburbs*. Princeton: Princeton University Press.

Bowdler, Janis. 2008. "Creating a Fair Housing System Available to Hispanic Families." National Council of La Raza, September 22.

Bowly, Devereux, Jr. 1978. *The Poorhouse: Subsidized Housing in Chicago*, 2nd ed. Carbondale and Edwardsville: Southern Illinois University Press.

Braden, Anne. 1958. *The Wall Between*. New York: Monthly Review Press.

Bradford, Calvin. 2002. *Risk or Race? Racial Disparities and the Subprime Refinance Market*. Center for Community Change, May.

Braman, Donald. 2004. *Doing Time on the Outside: Incarceration and Family Life in*

Urban America. Ann Arbor: University of Michigan Press.

Bremer, Fred, et al. 1979. *Relative Tax Burdens in Black and White Neighborhoods of Cook County.* School of Urban Sciences, University of Illinois at Chicago Circle, April 24.

Briggs, Wayne E. 1982. *Sunnyhills Methodist Church: A History. 1957–1982.* Sunnyhills Methodist Church, Milpitas.

Brilliant, Mark. 2010. *The Color of America Has Changed.* New York: Oxford University Press.

Brooks, Rick, and Ruth Simon. 2007. "Subprime Debacle Traps Even Very Credit-Worthy; As Housing Boomed, Industry Pushed Loans to a Broader Market." *Wall Street Journal,* December 3.

Broussard, Albert S. 1993. *Black San Francisco: The Struggle for Racial Equality in the West, 1900–1954.* Lawrence: University Press of Kansas.

Broussard, Albert S. 2001. "In Search of the Promised Land: African American Migration to San Francisco, 1900 – 1945." In Lawrence B. de Graaf, Kevin Mulroy, and Quintard Taylor, eds., *Seeking El Dorado: African Americans in California,* 181 – 209. Seattle: University of Washington Press.

Brown, Hubert Owen. 1973. The *Impact of War Worker Migration on the Public School System of Richmond, California, From 1940 to 1945.* Ph.D. dissertation, Stanford University.

Brown, Michael K., et al. 2003. *Whitewashing Race: The Myth of a Color-Blind Society.* Berkeley: University of California Press.

Buckley, Cara. 2010. "Tenants and Landlords Criticize Paterson's Rent Regulation Proposal." *New York Times,* May 26.

Burns, James MacGregor. 1970. *Roosevelt: The Soldier of Freedom, 1940–1945.* New York: Harcourt Brace Jovanovich.

Busch, Andrew. 2013. "Building 'A City of Upper-Middle-Class Citizens': Labor Markets, Segregation, and Growth in Austin, Texas, 1950 – 1973." *Journal of Urban History* 39 (5), September: 975 – 96.

———. 2015. "Crossing Over: Sustainability, New Urbanism, and Gentrification in Austin, Texas." *Southern Spaces,* August 19.

California Eagle. 1943a. "Communiques from the Housing Front: Venice Race-Hate Meet Reported On." Vol. 64 (32), November 18: 1, 2.

_____. 1943b. "Sugar Hill Residents Battle to Keep Homes." Vol. 63 (50), March 24: 1.

_____. 1954. "Sugar Hill's Fate to Be Decided at Freeway Hearing." Vol. 73 (48), February 18: 1, 10.

Callan, Arnold. 1960. "Statement of Arnold Callan, Subregional Director, Region 6, United Auto Workers." In USCCR 1960: 799–802.

Cannato, Vincent J. 2010. "A Home of One's Own." *National Affairs* 3, Spring.

Capps, Kriston. 2015. "How the 'Black Tax' Destroyed African-American Homeownership in Chicago." *CityLab*, June 11.

Caro, Robert. 1975. *The Power Broker: Robert Moses and the Fall of New York.* New York: Vintage Books.

CDC. 2016. "National Current Asthma Prevalence (2014)." Centers for Disease Control and Prevention.

Chester Times. 1955. "Home Plan Submitted." March 16, p. 28. Online at Newspaper Archives of Delaware County Library.

Chester Times. 1956. "Court Rule Asked on Harvard Av. in Swarthmore Development Tiff." March 25, p. 1. Online at Newspaper Archives of Delaware County Library.

Choldin, Harvey M. 2005. "The Chicago Housing Authority." *Electronic Encyclopedia of Chicago.* Chicago Historical Society.

Chicago Defender. 1932. "Roosevelt Exposed as Rapid Jim Crower by Navy Order." October 15, p. 1.

Chused, Richard H. 2001. "Euclid's Historical Imagery." *Case Western Reserve Law Review* 51 (4), Summer: 597–616.

Clark, Charles D. 1938. "Federal Housing Administration Standards for Land Subdivision." *Journal of the American Institute of Planners* 4 (5): 109–12.

Clark, Tom C., and Philip B. Perlman. 1947. "Brief for the United States as Amicus Curiae." *Shelley v. Kraemer*, 334 U.S. 1, December.

Cleveland Historical. Online. *Outhwaite Homes.* Center for Public History and Digital Humanities, Cleveland State University.

Clinton, William J., President. 1994. *Executive Order. Federal Actions to Address Environmental Justice in Minority Populations and Low-Income Populations.* February 11.

Coates, Ta-Nehisi. 2014. "The Case for Reparations." *Atlantic,* May 21.

_____. 2016a. "The Case for Considering Reparations." *Atlantic,* January 27.

_____. 2016b. "Ta-Nehisi Coates is Voting for Bernie Sanders Despite the Senator's Opposition to Reparations." *Democracy Now,* February 10.

Colby, Tanner. 2012. *Some of My Best Friends Are Black.* Viking.

Coleman, William T., Jr. 1982. Brief of amicus curiae in *Bob Jones University v. United States,* U.S. Supreme Court, 461 U.S. 574, August 25.

Collin, Robert W., and Robin Morris Collin. 1997. "Urban Environmentalism and Race." In June Manning Thomas and Marsha Ritzdorf, eds., *Urban Planning and the African American Community: In the Shadows,* 220 – 36. Thousand Oaks, Calif.: Sage.

Connerly, Charles E., and Bobby Wilson. 1997. "The Roots and Origins of African American Planning in Birmingham, Alabama." In June Manning Thomas and Marsha Ritzdorf, eds., *Urban Planning and the African American Community: In the Shadows,* 201 – 19. Thousand Oaks, Calif.: Sage.

Conyers, John. 2015. "H.R.40—Commission to Study Reparation Proposals for African-Americans Act." 114th Congress, 1st session (2015 – 16).

Cote Brilliante Presbyterian Church. Online. *Our History.*

Cotter, William G. 1951. "Dear Friend." Committee to End Discrimination in Levittown. Levittown Public Library archives.

Crisis. 1917. "Segregation." Vol. 15 (2), December: 69 – 73.

CUR 2011. *NYC Population Change: New York City Demographic Shifts, 2000 to 2010.* Center for Urban Research.

Daily Palo Alto Times. 1955. "Work Under Way at Milpitas on Pioneer Inter-Racial Subdivision." April 7.

Daniel & Beshara. Online. *Walker v. HUD.* http://www.danielbesharalawfirm.com/Pages/WalkervHUD.aspx.

Danielson, Michael N. 1976. *The Politics of Exclusion.* New York: Columbia University Press.

Danzer, Gerald A., et al. 2012. *The Americans: Reconstruction to the 21st Century.* Holt McDougal, Houghton Mifflin Harcourt.

Darrah, Jennifer, and Stefanie DeLuca. 2014. "'Living Here has Changed My Whole Perspective': How Escaping Inner-City Poverty Shapes Neighborhood

and Housing Choice." *Journal of Policy Analysis and Management* 33 (2),
Spring: 350-84.

Davies, Richard O. 1966. *Housing Reform During the Truman Administration.*
Columbia: University of Missouri Press.

Davis, John P. 1933. "What Price National Recovery?" *Crisis* 40 (12),
December: 271-72.

de Graaf, Lawrence B., and Quintard Taylor. 2001. "Introduction: African
Americans in California History, California in African American History."
In Lawrence B. de Graaf, Kevin Mulroy, and Quintard Taylor, eds., *Seeking
El Dorado: African Americans in California,* 3-69. Seattle: University of
Washington Press.

Dean, John P. 1947. "Only Caucasian: A Study of Race Covenants." *Journal of
Land and Public Utility Economics* 23 (4), November: 428-32.

Devincenzi, Robert J., Thomas Gilsenan, and Morton Levine. 2004. *Milpitas: Five
Dynamic Decades.* Milpitas, Calif.: City of Milpitas.

Dew, Charles B. 2000. "Tightening the Noose." *New York Times,* May 21.

Donohue, Mary M. 2014-15. "Housing Factory Workers During Wartime."
Connecticut Explored, Winter.

Donovan, Doug. 2015. "Housing Policies Still Pin Poor in Baltimore, But Some
Escape to Suburbs." *Baltimore Sun,* December 13.

Donovan, Shaun. 2011. "Prepared Remarks of Secretary Shaun Donovan during
the Countrywide Settlement Press Conference." December 21.

Dowden-White, Priscilla A. 2011. *Groping Toward Democracy: African American
Social Welfare Reform in St. Louis, 1910–1949.* Columbia: University of
Missouri Press.

Drake, St. Clair, and Horace R. Cayton. 1945 (revised and enlarged, 1962).
Black Metropolis: A Study of Negro Life in a Northern City. New York: Harper
and Row.

Dresser, Michael, and Luke Broadwater. 2015. "Hogan Says No to Red Line, Yes
to Purple." *Baltimore Sun,* June 25.

Dunn, Tom. 2013. "Mahwah and Mt. Laurel." Powerpoint presentation, Mahwah
Museum, January 12.

Dunn-Haley, Karen. 1995. *The House that Uncle Sam Built: The Political Culture of*

Federal Housing Policy, 1919–1932. Ph.D. dissertation, Stanford University.

ECH. 2011. "Central (Neighborhood)." *Encyclopedia of Cleveland History.*

Ecker, Frederick H. 1932. "Report of Committees on Home Finance and Taxation. Chapter I. Financing Home Ownership." In John M. Gries and James Ford, eds,. *Planning for Residential Districts: The President's Conference on Home Building and Home Ownership.* Washington, D.C.: National Capital Press.

Edozien, Frankie. 2004. "Kids Breathing Easier As Asthma Plummets." *New York Post*, January 14.

Evening Bulletin. 1955. "Swarthmore Gets Plans for Interracial Development." Philadelphia, April 12: 16.

Federal Reserve Board. Online. "Survey of Consumer Finances 2013."

FHA. 1935 (June 1); 1936 (April 1); 1938 (with revisions to February); 1947 (January 1); 1952 (January). *Underwriting Manual: Underwriting Analysis Under Title II, Section 203 of the National Housing Act.* Federal Housing Administration. Washington, D.C.: U.S. Government Printing Office.

Fishel, Leslie H., Jr. 1964–65. "The Negro in the New Deal Era." *Wisconsin Magazine of History* 48 (2), Winter: 111–26.

Flint, Barbara J. 1977. *Zoning and Residential Segregation: A Social and Physical History, 1910–1940.* Ph.D. dissertation, University of Chicago.

Foner, Philip S. 1974. *Organized Labor and the Black Worker, 1619–1973.* New York: Praeger.

Ford, James. 1931. "Factors of Bad Housing that Contribute to Ill Health." In Blanche Halbert, ed., *The Better Homes Manual,* 614–19. Chicago: University of Chicago Press.

Fordham Law Review. 1957. "Constitutional Aspects of Legislation Prohibiting Discrimination in Housing." Vol. 26 (4): 675–83.

Foreman, Clark. 1974. "Interview with Clark Foreman," November 16. *Oral Histories of the American South*, Interview B-0003. Southern Oral History Program Collection (#4007). University Library, University of North Carolina at Chapel Hill.

Fosl, Catherine. 1989. "Interview with Andrew Wade, November 8, 1989." *Anne Braden Oral History Project,* Louie B. Nunn Center for Oral History,

University of Kentucky Libraries.

France, Edward Everett. 1962. *Some Aspects of the Migration of the Negro to the San Francisco Bay Area since 1940*. Ph.D. dissertation, University of California.

Freund, David M. P. 2007. *Colored Property: State Policy and White Racial Politics in Suburban America*. Chicago: University of Chicago Press.

Freund, Ernst. 1929. "Some Inadequately Discussed Problems of the Law of City Planning and Zoning." In *Planning Problems of Town, City and Region: Papers and Discussions at the Twenty-First National Conference on City Planning, held at Buffalo and Niagara Falls, New York, May 20 to 23, 1929*, 79–101. Philadelphia: William F. Fell.

Friend, Hallis, and Nancy Lund. 1974. *Ladera Lore*. Ladera, Calif.

Funigiello, Philip J. 1978. *The Challenge to Urban Liberalism: Federal-City Relations During World War II*. Knoxville: University of Tennessee Press.

German, Art. 1955. "Belle Haven Practices Eyed by State Official."P alo Alto Times, August 5. Reproduced in USCCR 1960, 645.

Goodwin, Doris Kearns. 1994. *No Ordinary Time: Franklin and Eleanor Roosevelt: The Home Front in World War II*. New York: Simon and Schuster.

Gordon, Colin. 2008. *Mapping Decline. St. Louis and the Fate of the American City*. Philadelphia: University of Pennsylvania Press.

Gotham, Kevin Fox. 2000. "Urban Space, Restrictive Covenants and the Origins of Racial Residential Segregation in a US City, 1900–1950." *International Journal of Urban and Regional Research* 24 (3), September: 616–33.

Grant, Joanne. 1992. "How Milpitas Became Integration 'Showplace.'" *San Jose Mercury News*, May 25: 1B, 5B.

Graves, Donna. 2004. *Mapping Richmond's World War II Home Front*. A Historical Report Prepared For National Park Service Rosie the Riveter/World War II Home Front National Historical Park, July.

Greenberg, Jack. 1959. Race Relations and American Law. New York: Columbia University Press.

Greenhouse, Linda. 1969. "Parkchester: Trouble in Paradise." *New York Magazine* 2 (7), February 17: 36–43.

Grier, Eunice, and George Grier. 1960. *Privately Developed Interracial Housing: An Analysis of Experience*. Berkeley: University of California Press.

_____. 1962. *Case Studies in Racially Mixed Housing. Sunnyhills, Milpitas, California.* Prepared for Princeton Conference on Equal Opportunity in Housing. Washington, D.C.: Washington Center for Metropolitan Studies.

Gries, John M., and James S. Taylor. 1931. "Property Considerations in Selecting the Home Site." In Blanche Halbert, ed., *The Better Homes Manual*, 87–95. Chicago: University of Chicago Press.

Gutierrez, Roberto, et al. 1990. *Baltimore Metro: An Initiative and Outcome in Rapid Public Transportation.* December 3. Johns Hopkins University.

Guzda, Henry P. 1980. "Frances Perkins' Interest in a New Deal for Blacks." *Monthly Labor Review* 103: 31–35.

Hamachi, Roy. 1954. *Postwar Housing in Richmond, California: A Case Study of Local Housing Developments in the Postwar Period.* Master's thesis, University of California, Berkeley.

Hamilton, Brady E., et al. 2015. "Births: Final Data for 2014." *National Vital Statistics Reports* 64 (12), December 23. National Center for Health Statistics.

Hancock, John. 1988. "The New Deal and American Planning: the 1930s." In Daniel Schaffer, ed., *Two Centuries of American Planning*, 197–230. Baltimore: Johns Hopkins University Press.

Hannah-Jones, Nikole. 2013. "Housing Crisis: Widespread Discrimination; Little Taste for Enforcement." *ProPublica*, June 11.

Hanson, Sam. 1955. "Off the Beat. Inter-Racial Issue Rears Its Ugly Head in Milpitas Housing." *Los Gatos Daily Times*, May 19.

Harris, Michael. 1955a. "Negro-White Project: A Bold Housing Plan for Milpitas." *San Francisco Chronicle*, January 26.

_____. 1955b. "Sewer Fees Boosted At Inter-Racial Tract." *San Francisco Chronicle*, May 14.

Hayes, Edward C. 1972. *Power Structure and Urban Policy. Who Rules in Oakland?* New York: McGraw-Hill.

Hayward, Clarissa Rile. 2013. *How Americans Make Race.* New York: Cambridge University Press.

Hayward Area Historical Society. Online. "History of San Lorenzo."

Heathcott, Joseph. 2011. "'In the Nature of a Clinic': The Design of Early Public Housing in St. Louis." *Journal of the Society of Architectural Historians* 70 (1),

March: 82 – 103.

Hennessey, Melinda Meek. 1985. "Racist Violence During Reconstruction: The 1876 Riots in Charleston and Cainhoy." *South Carolina Historical Magazine* 86 (2), April: 100 – 12.

Herbers, John. 1969. "Romney Making His Greatest Impact Outside Government by Challenging U.S. Institutions." *New York Times*, May 15.

_____. 1970. "Housing: Challenge to 'White Power' in the Suburbs." *New York Times*, November 15.

Herbert, Robert M. 1971. "Mahwah Accused of Zoning Bias." *Star Ledger* (Newark), January 29.

Herbold, Hilary. 1994 – 95. "Never a Level Playing Field: Blacks and the GI Bill." *Journal of Blacks in Higher Education* 6, Winter: 104 – 8.

Herr, Philip B. 2002. "Zoning for Affordability in Massachusetts: An Overview." *NHC Affordable Housing Policy Review* 2 (1), January: 3 – 6.

Hill, Walter B., Jr. 2005. "Finding Place for the Negro: Robert C. Weaver and the Groundwork for the Civil Rights Movement." *Prologue: Journal of the National Archives* 37 (1).

Hills, Patricia. 2010. Painting Harlem Modern: The Art of Jacob Lawrence. Berkeley: University of California Press.

Hinton, Harold B. 1949. "No Change Viewed in Work of F.H.A." *New York Times*, December 4.

Hirsch, Arnold R. 1983, 1998. *Making the Second Ghetto: Race and Housing in Chicago, 1940–1960*. University of Chicago Press.

_____. 1995. "Massive Resistance in the Urban North: Trumbull Park, Chicago, 1953 – 1966." *Journal of American History* 82 (2), September: 522 – 50.

_____. 2000a. "Choosing Segregation. Federal Housing Policy Between Shelley and Brown." In John F. Bauman, Roger Biles, and Kristin M. Szylvian, eds., *From Tenements to the Taylor Homes: In Search of an Urban Housing Policy in Twentieth Century America*, 206 – 225. University Park: Pennsylvania State University Press.

_____. 2000b. "Searching for a 'Sound Negro Policy': A Racial Agenda for the Housing Acts of 1949 and 1954." *Housing Policy Debate* 11 (2): 393 – 441.

_____. 2005. *"The Last and Most Difficult Barrier": Segregation and Federal Housing*

Policy in the Eisenhower Administration, 1953–1960. Poverty and Race Research Action Council, March 22.

Hogan, James. 1996. *Scattered-Site Housing: Characteristics and Consequences.* Prepared for the U.S. Department of Housing and Urban Development, Office of Policy Development and Research, September.

Holliman, Irene V. 2008. "Techwood Homes." *New Georgia Encyclopedia* (edited by NGE staff in 2013).

Houlihan, Joseph. 2010. "Integrating the Suburbs: A Park Forest Case Study." *Cities in the 21st Century* 2 (1), Article 4. Online at Macalester College Digital Commons.

Hoover, Herbert. 1931. "Address to the White House Conference on Home Building and Home Ownership." December 2. Online at the American Presidency Project.

Hoover, Herbert. 1932. "Foreword." In John M. Gries and James Ford, eds., *Planning for Residential Districts: The President's Conference on Home Building and Home Ownership.* Washington, D.C.: National Capital Press.

Hope, Andrew. 2011. *Tract Housing in California, 1945–1973: A Context for National Register Evaluation.* Sacramento: California Department of Transportation.

Houston, Charles H., and John P. Davis. 1934. "TVA: Lily-White Reconstruction." *Crisis* 41 (10), October: 290–91, 311.

Hoyt, Homer. 1939. *The Structure and Growth of Residential Neighborhoods in American Cities.* Washington, D.C.: Federal Housing Administration. Washington, D.C. USGPO.

HUD (United States Department of Housing and Urban Development). 2016. "HUD Announces New Approach to Expand Choice and Opportunity for Section 8 Voucher Holders in Certain Housing Markets." Press Release, HUD No. 16-173, November 15.

Hughes, Langston. 1940. *The Big Sea.* New York: Hill and Wang.

Hutchison, Janet. 1997. "Building for Babbitt: The State and the Suburban Home Ideal." *Journal of Policy History* 9 (2): 184–210.

ICP. 2008. *Inclusive Communities Project v. Texas Department of Housing and Community Affairs*, Civil Action No. 308 CV-546-D, filed in U.S. District

Court, Northern District of Texas, Dallas Division, March 28, complaint.

Immergluck, Dan, and Geoff Smith. 2006. "The External Costs of Foreclosure: The Impact of Single-Family Mortgage Foreclosures on Property Values." *Housing Policy Debate* 17: 57–79.

Jackson, Kenneth T. 1985. *Crabgrass Frontier*. New York: Oxford University Press.

Johnson, Charles S. 1932. "Negro Housing: Report of the Committee on Negro Housing." In John M. Gries and James Ford, eds., *The President's Conference on Home Building and Home Ownership*. Washington, D.C.: National Capital Press.

Johnson, Charles S., Herman H. Long, and Grace Jones. 1944. *The Negro War Worker in San Francisco: A Local Self-Survey*. Race Relations Program of the American Missionary Association.

Johnson, Elaine D. 1960. "Survey of Peninsula Realtors to Determine Devices Used to Enforce Racial Segregation and Realtors' Attitudes toward Negroes." Exhibit 2 to "Prepared Statement of Mrs. Tarea Hall Pittman," Acting Regional Secretary, West Coast Region, National Association for the Advancement of Colored People. In USCCR 1960, 722–36.

Johnson, Marilyn S. 1993. *The Second Gold Rush: Oakland and the East Bay in World War II*. Berkeley: University of California Press.

Julian, Elizabeth K., and Michael M. Daniel. 1989. "Separate and Unequal: The Root and Branch of Public Housing Segregation." *Clearinghouse Review* 23: 666–76.

Kahrl, Andrew W. 2015. "Capitalizing on the Urban Fiscal Crisis: Predatory Tax Buyers in 1970s Chicago." *Journal of Urban History*, May.

Kantrowitz, Stephen. 2000. *Ben Tillman and the Reconstruction of White Supremacy*. Chapel Hill: University of North Carolina Press.

Katznelson, Ira. 2005. *When Affirmative Action Was White*. New York: W. W. Norton.

_____. 2013. *Fear Itself*. New York: W. W. Norton.

Kennedy, Randall. 2013. *For Discrimination: Race, Affirmative Action, and the Law*. New York: Pantheon.

Khadduri, Jill, Larry Buron, and Carissa Climaco. 2006. *Are States Using the Low Income Housing Tax Credit to Enable Families with Children to Live in Low*

Poverty and Racially Integrated Neighborhoods? Poverty & Race Research Action Council, July 26.

Kifer, Allen Francis. 1961. *The Negro Under the New Deal, 1933–1941.* Ph.D. dissertation, University of Wisconsin.

Kimble, John. 2007. "Insuring Inequality: The Role of the Federal Housing Administration in the Urban Ghettoization of African Americans." *Law and Social Inquiry* 32 (2), Spring: 399 – 434.

King, Desmond. 1995. *Separate and Unequal: Black Americans and the U.S. Federal Government.* Oxford: Clarendon Press.

Kingkade, Tyler. 2015. "Clemson Officially Denounces 'Pitchfork Ben,' A Racist Founder of the School." *Huffington Post,* July 20.

Kirp, David L. 1982. *Just Schools: The Idea of Racial Equality in American Education.* Berkeley: University of California Press.

Koch & Fowler, Consulting Engineers. 1928. *A City Plan for Austin, Texas.* Reprinted by Austin, Texas, Department of Planning, February 1957.

Krefetz, Sharon P. 2000 – 1. "The Impact and Evolution of the Massachusetts Comprehensive Permit and Zoning Appeals Act: Thirty Years of Experience with a State Legislative Effort to Overcome Exclusionary Zoning." *Western New England Law Review* 22.

Kushner, David. 2009. *Levittown: Two Families, One Tycoon, and the Fight for Civil Rights in America's Legendary Suburb.* New York: Walker & Co.

Kushner, James A. 1979. "Apartheid in America: An Historical and Legal Analysis of Contemporary Racial Segregation in the United States." *Howard Law Journal* 22: 547 – 685.

Lamb, Charles M. 2005. *Housing Segregation in Suburban America Since 1960: Presidential and Judicial Politics.* New York: Cambridge University Press.

Lambert, Bruce. 1997. "At 50, Levittown Contends With Its Legacy of Bias." *New York Times,* December 28.

Lang, William L. 1979. "The Nearly Forgotten Blacks on Last Chance Gulch, 1900 – 1912." *Pacific Northwest Quarterly* 70 (2), April: 50 – 57.

Lapsansky–Werner, Emma J. et al. 2016. *United States History: Reconstruction to the Present.* Pearson Education.

Larrabee, Eric. 1948. "The Six Thousand Houses that Levitt Built." *Harper's* 197,

September: 79 - 88.

Larson, Erik. 2011. *In the Garden of Beasts.* New York: Crown.

Lathers, Ellis. 1960. "From Segregation to Community." *Crisis,* October: 513 - 19.

Laurenti, Luigi M. 1952. "Effect of Nonwhite Purchases on Market Prices of Residences." *Appraisal Journal* 20 (3): 314 - 29.

Laurenti, Luigi. 1960. *Property Values and Race; Studies in Seven Cities. Special Research Report to the Commission on Race and Housing.* Berkeley: University of California Press.

Leler, Harold C., and Hazel Leler. 1960. "Statement." In USCCR 1960, 654.

Lemann, Nicholas. 1991. *The Promised Land: The Great Black Migration and How It Changed America.* New York: Alfred A. Knopf.

Leppert, Adele. 1959. Untitled statement, December 29. In USCCR 1960, 657.

Levine, Sheen S., et al. 2014. "Ethnic Diversity Deflates Price Bubbles." *Proceedings of the National Academy of Sciences of the United States* 111 (52), December 30: 18524 - 29.

Levine, Sheen S., and David Stark. 2015. "Diversity Makes You Brighter." *New York Times,* December 9.

Leviner, Sagit. 2004. "Affordable Housing and the Role of the Low Income Housing Tax Credit Program: A Contemporary Assessment." *Tax Lawyer* 57, Summer: 869 - 904.

Lilley, William, III. 1970. "Housing Report. Romney Faces Political Perils with Plan to Integrate Suburbs." *National Journal* 2, October 17: 2251 - 63.

Link, Terry. 1971. "The White Noose: How Racist Federal Policies Put a Stranglehold on the City." *San Francisco,* November: 26 - 29, 53 - 56.

Little (Arthur D. Little, Inc.). 1973. *A Study of Property Taxes and Urban Blight.* Prepared for the U.S. Department of Housing and Urban Development, January. Washington, D.C.: U.S. Government Printing Office.

Loewen, James. 2005. *Sundown Towns.* New York: Simon and Schuster.

Logan, John R., and Brian Stults. 2011. *The Persistence of Segregation in the Metropolis: New Findings from the 2010 Census.* Census brief prepared for Project US2010, Brown University, March 24.

Logan, John R., et al. 2015. "Creating the Black Ghetto: Black Residential

Patterns Before and During the Great Migration." *Annals of the American Academy of Political and Social Science* 660, July: 18 – 35.

Long, Herman H., and Charles S. Johnson. 1947. *People vs. Property: Race Restrictive Covenants in Housing*. Nashville, Tenn.: Fisk University Press.

Lopoo, Leonard, and Thomas DeLeire. 2012. *Pursuing the American Dream: Economic Mobility Across Generations.*Washington, D.C.: Pew Charitable Trusts, Economic Mobility Project, July.

Los Angeles Sentinel. 1947a. "Five Negroes Killed in City's Worst Blast." February 27: 1 – 5.

_____. 1947b. "Explosion Spotlights Ghetto Housing, Evils of Zoning Methods." February 27: 1 – 2.

_____. 1947c. "Survey." *Los Angeles Sentinel,* March 6: 2.

Lyons, Christopher J., and Becky Pettit. 2011. "Compounded Disadvantage: Race, Incarceration, and Wage Growth." *Social Problems* 58 (2), May: 257 – 80.

Lyons, Arthur. 1982. "The Urban Property Tax and Minorities." In Illinois Advisory Committee to the U.S. Commission on Civil Rights, *Housing: Chicago Style—A Consultation*. October, 73 – 78.

Mandelker, Daniel R. 1977. "Racial Discrimination and Exclusionary Zoning: A Perspective on Arlington Heights. " *Texas Law Review* 55: 1217 – 53.

Marshall, Thurgood. 1944. "Negro Status in the Boilermakers Union." *Crisis* 51 (3), March: 77 – 78.

_____. 1949. "Memorandum to the President of the United States Concerning Racial Discrimination by the Federal Housing Administration." February 1, p. 18. Proquest History Vault, NAACP Papers. Group II, Series A, General Office File, 1940 – 1955: Housing; Folder: 001521–009–0592 (Racial discrimination and FHA loan policies), Library of Congress(NAACP).

Massey, Douglas S., and Nancy A. Denton. 1993. *American Apartheid: Segregation and the Making of the Underclass.* Cambridge, Mass.: Harvard University Press.

Massey, Douglas S., et al. 2013. *Climbing Mount Laurel: The Struggle for Affordable Housing and Social Mobility in an American Suburb*. Princeton: Princeton University Press.

Mazzara, Alicia, and Barbara Sard. 2016. Analysis of Data from "Picture of

Subsidized Households," Center on Budget and Policy Priorities and Office of Policy Development and Research, U.S. Department of Housing and Urban Development.

McClure, Kirk, Alex F. Schwartz, and Lydia B. Taghavi. 2014. "Housing Choice Voucher Location Patterns a Decade Later." *Housing Policy Debate* 25 (2): 215–33.

McDonald, Hugh. 1970. "'Integrate or Lose Funds.' Warren was Given Romney Ultimatum." *Detroit News*, July 24.

McEntire, Davis. 1960. *Residence and Race: Final and Comprehensive Report to the Commission on Race and Housing.* Berkeley: University of California Press.

McGhee, Fred L. 2015. "Rosewood Courts Historic District." National Register of Historic Places Registration Form, U.S. Department of the Interior, National Park Service, April 1.

McGovney, D. O. 1945. "Agreements, Covenants, or Conditions in Deeds Is Unconstitutional." California Law Review 33 (1), March: 5–39.

McPherson, James Alan. 1972. "'In My Father's House There Are Many Mansions—And I'm Going to Get Me Some of Them Too': The Story of the Contract Buyers League." *Atlantic Monthly*, April: 52–82.

McPherson, James M. 1996. "Parchman's Plantation." *New York Times*, April 28.

McWilliams, Carey. 1949. "The Evolution of Sugar Hill." *Script,* March: 24–35.

Memphis and Shelby County. 2011. "First Amended Complaint for Declaratory and Injunctive Relief and Damages" in *Memphis v. Wells Fargo*, Case 2:09-cv-02857-STA-dkv, filed in U.S. District Court for the Western District of Tennessee, Western Division. April 7.

Merton, Robert K. 1941. "Intermarriage and the Social Structure: Fact and Theory." *Psychiatry* 4, August: 361–74. Reprinted in Robert King Merton, ed. 1976. *Sociological Ambivalence and Other Essays.* New York: Free Press, 217–250.

Metzger, Molly W. 2014. "The Reconstruction of Poverty: Patterns of Housing Voucher Use, 2000 to 2008." *Housing Policy Debate* 24 (3): 544–67.

Miller, Loren. 1946. "Covenants in the Bear Flag State." *Crisis* 53 (5), May: 138–40, 155.

_____. 1964. "Government's Responsibility for Residential Segregation." In John

H. Denton, ed., *Race and Property*, 58 – 76. Berkeley, Calif.: Diablo Press.

_____. 1965a. "Testimony." *Transcripts, Depositions, Consultants Reports, and Selected Documents of the Governor's Commission on the Los Angeles Riots*, Vol. 10. October 7.

_____. 1965b. "Relationship of Racial Residential Segregation to Los Angeles Riots." *Transcripts, Depositions, Consultants Reports, and Selected Documents of the Governor's Commission on the Los Angeles Riots*, Vol. 10, October 7.

Milpitas Post (probably, but unidentified). 1955 or 1956. "Loan Group Hits Public Housing Idea."

Milwaukee Journal. 1952. "Negro Sticks to New Home." March 6.

Mohl, Raymond A. 1987. "Trouble in Paradise: Race and Housing in Miami During the New Deal Era." *Prologue: Journal of the National Archives* 19, Spring.

_____. 2000. "Planned Destruction. The Interstates and Central City Housing." In John F. Bauman, Roger Biles, and Kristin M. Szylvian, eds., *From Tenements to the Taylor Homes: In Search of an Urban Housing Policy in Twentieth Century America*, 226 – 45. University Park: Pennsylvania State University Press.

_____. 2001. "Whitening Miami: Race, Housing, and Government Policy in Twentieth-Century Dade County." *Florida Historical Quarterly* 79 (3), Winter: 319 – 45.

_____. 2002. *The Interstates and the Cities: Highways, Housing, and the Freeway Revolt: Urban Expressways and the Central Cities in Postwar America.* Washington, D.C.: Poverty & Race Research Action Council.

Monchow, Helen C. 1928. *The Use of Deed Restrictions in Subdivision Development.* Chicago: Institute for Research in Land Economics and Public Utilities.

Mondale, Walter F. 2015. "Former Vice President Walter Mondale on Housing Policy." C-Span.org, September 1.

Moore, Elizabeth. 1963. "I Sold a House to a Negro." *Ebony* 18 (12): 92 – 100.

Moore, Shirley Ann Wilson. 2000. *To Place Our Deeds: The African American Community in Richmond, California 1910–1963.* Berkeley: University of California Press.

Morsy, Leila, and Richard Rothstein. 2015. *Five Social Disadvantages that Depress*

Student Performance. Washington, D.C.: Economic Policy Institute.

_____. 2016. *Mass Incarceration and Children's Outcomes.* Washington, D.C.: Economic Policy Institute.

Munzel, Steve. 2015. E-mail correspondence between archives director, Milpitas Historical Society and author's research assistant Jenna Nichols, September 4.

Myrdal, Gunnar. 1944. *An American Dilemma: The Negro Problem and Modern Democracy.* New York: Harper & Brothers.

National Coalition for the Homeless, et al. 2009. *Foreclosure to Homelessness 2009.* Washington, D.C.: National Coalition for the Homeless.

Nguyen, James. 2011. "Yield-Spread Premiums Prohibited Under New Loan Origination Compensation and Steering Rules." *Berkeley Business Law Journal Network,* March 7.

Nichols, Jesse Clyde. 1923. "When You Buy a Home Site You Make an Investment: Try to Make It a Safe One." *Good Housekeeping* 76 (2), February: 38-39, 172-76.

Nix, Mindy. Undated. "UAW Newsletter Article." In the Paul Davidson Papers, Collection Number 4250, Division of Rare and Manuscript Collections, Cornell University Library, "The Mahwah Project, Box 6, Folder 18."

Nixon, Richard. 1973. "Special Message to the Congress Proposing Legislation and Outlining Administration Actions to Deal with Federal Housing Policy." American Presidency Project, September 19.

Northrup, Herbert R. 1943. "Organized Labor and Negro Workers." *Journal of Political Economy* 51 (3), June: 206-21.

NPS. Online. Rosie the Riveter *WWII Home Front: History and Culture.* National Park Service, U.S. Department of the Interior.

NYCHA. 1970. "Minutes of Meeting with Woodside Tenant Council, November 23." New York City Housing Authority, Research and Reports Division, September 1, 1954. In NYCHA Archives (LaGuardia Community College), Box # 0067A2 Folder # 15; Folder Title: WOODSIDE HOUSES—MSGRS + SUPERINTENDENTS MEETINGS; PROJECT SURVEY RPTS; INCIDENTS RPTS. Date (Range): 1959-1975.

NYT. 1910. "Baltimore Tries Drastic Plan of Race Segregation." *New York Times,* December 25.

_____. 1914. "President Resents Negro's Criticism." *New York Times*, November 13.

_____. 1922. "F.D. Roosevelt to be Building Arbiter." *New York Times*, May 15.

_____. 1936. "New Standard in Harlem Housing Is Set by Clinic and Amphitheatre." *New York Times*, June 14.

_____. 1938. "120-Acre Housing Will Rise in Bronx as Private Project." *New York Times*, April 8.

_____. 1947a. "1st Buildings Open in Housing Groups." *New York Times*, May 30.

_____. 1947b. "20,000 Seek Homes. First 10 Chosen." *New York Times*, July 29.

_____. 1947c. "Race Housing Plea Quashed by Court." *New York Times*, July 29.

_____. 1950a. "Stuyvesant Town to Admit Negroes after a Controversy of Seven Years." *New York Times*, August 25.

_____. 1950b. "4 Say Levittown Refuses Leases After Children Play With Negroes." *New York Times*, December 5.

_____. 1951. "Bias Appeal Dismissed." *New York Times*, October 30.

_____. 2016. "The Racist Roots of a Way to Sell Homes" (editorial). *New York Times*, April 29.

O'Dea, Colleen. 2015. "COAH Is History: State's Top Court Declares Troubled Agency 'Moribund'." *New Jersey Spotlight*, March 11.

O'Neil, Tim. 2010. "A Look Back—St. Louis Factory Loaded America's Weapons During World War II." *St. Louis Post-Dispatch*, June 27.

Ogden, Karen. 2007. "Uncovering Black History in Montana." *Great Falls Tribune*, February 5.

Oldman, Oliver, and Henry Aaron. 1965. "Assessment-Sale Ratios under the Boston Property Tax." *National Tax Journal* 18 (1), March: 36–49.

Oliver, William H. 1955. "Letter to Irving Bloom, enclosing draft of letter to Wilbur F. Warner," July 19. Wayne State University, Walter Reuther Archives, UAW Fair Practices and Anti-Discrimination Department Collection, Folder 65-18.

_____. 1957. "Status of UAW Sponsored Housing Development—Sunnyhills." February 6. Wayne State University, Walter Reuther Archives, UAW Fair

Practices and Anti-Discrimination Department Collection, Folder 65-10.

Oliver, William H., and Arnold Callan. 1955. "Letter to Eugene B. Jacobs, Deputy Attorney General." July 25. Wayne State University, Walter Reuther Archives, UAW Fair Practices and Anti-Discrimination Department Collection, Folder 65-29.

Olson, Lynne. 2013. *Those Angry Days*. New York: Random House.

Onkst, David H. 1998. "'First a Negro… Incidentally a Veteran': Black World War Two Veterans and the G.I. Bill of Rights in the Deep South, 1944-1948." *Journal of Social History* 31 (3), Spring: 517-43.

Orfield, Gary. 1985. "Ghettoization and Its Alternatives." In Paul E. Peterson, ed., *The New Urban Reality*, 161-93. Washington, D.C.: Brookings Institution.

Palm Beach. Online. "African American Communities." Historical Society of Palm Beach County.

Pates, Gordon. 1948. "West Coast Restricted." *San Francisco Chronicle,* January 4:2.

Pelo, Rose O. 1922. "Industry's New Doctors." *New York Times,* June 4.

PG&E. 1954. "Ford Factory Covers 44 Acres." *P.G. and E. Progress* 31 (6), May. Pacific Gas and Electric Company. In uncatalogued files of the San Francisco Office of the American Friends Service Committee.

Pietila, Antero. 2010. *Not in My Neighborhood: How Bigotry Shaped a Great American City*. Chicago: Ivan R. Dee.

Plotkin, Wendy. 1999. *Deeds of Mistrust: Race, Housing, and Restrictive Covenants in Chicago, 1900–1953*. Ph.D. dissertation, University of Illinois at Chicago.

Polikoff, Alexander. 2006. *Waiting for Gautreaux*. Evanston, Ill.: Northwestern University Press.

Postal Record. 2011. "Same Work, Different Unions". *Postal Record*, National Association of Letter Carriers, June: 8-13.

Powell, Michael. 2010. "Blacks in Memphis Lose Decades of Economic Gains." *New York Times*, May 31.

Power, Garrett. 1983. "Apartheid Baltimore Style: The Residential Segregation Ordinances of 1910-1913." *Maryland Law Review* 42 (1): 289-328.

_____. 2004. "Meade v. Dennistone: The NAACP's Test Case to '. . . Sue Jim

Crow Out of Maryland with the Fourteenth Amendment.'" *Maryland Law Review* 63 (4): 773–810.

PRRAC. 2005. "An Analysis of the *Thompson v. HUD* Decision." Washington, D.C.: Poverty & Race Research Action Council, February.

PWA. 1939. *America Builds*. Public Works Administration, Division of Information.

Quinn, Frank. 1960. "Statement of Frank Quinn, Executive Director, Council for Civic Unity." In USCCR 1960, 545–622.

Quivik, Frederic L. Undated. *Rosie the Riveter National Historical Park, Richmond Shipyard No. 3*. National Park Service, Historic American Engineering Record (HAER) no. CA-326-M.

Rabin, Yale. 1987. "The Roots of Segregation in the Eighties: The Role of Local Government Actions." In Gary A. Tobin, ed., *Divided Neighborhoods: Changing Patterns of Racial Segregation*, 208–26. Thousand Oaks, Calif.: Sage.

_____. 1989. "Expulsive Zoning: The Inequitable Legacy of Euclid." In Charles Haar and Jerold Kayden, eds., *Zoning and the American Dream: Promises Still to Keep*, 101–21. Chicago: Planners Press.

Racioppi, Dustin, and Stephanie Akin. 2015. "N.J. Supreme Court: Judges Taking Over Enforcement of Affordable Housing." Northjersey.com, March 10.

Radford, Gail. 1996. *Modern Housing for America: Policy Struggles in the New Deal Era*. Chicago: University of Chicago Press.

Randle, William. 1989. "Professors, Reformers, Bureaucrats, and Cronies: The Players inE uclid v. Ambler." In Charles Haar and Jerold Kayden, eds., *Zoning and the American Dream: Promises Still to Keep*. Chicago: Planners Press.

Reagan, John. 1967. "Testimony of John Reagan, Personnel Manager of the Kroehler Furniture Manufacturing Company, Fremont." In USCCR 1967, 589–598.

Record, Cy W. 1947. "Characteristics of Some Unemployed Negro Shipyard Workers in Richmond, California" (mimeo), September. Archived at Intergovernmental Studies Library, University of California, Berkeley.

Robertson, Stanley G. 1952. "Police Reveal 'Leads' in Bombings. Local, State, Natl. Agencies Delve Into West Adams Blasts." *Los Angeles Sentinel,* March

20: A1.

Rollingwood Improvement Association Board. 1952. "Fellow Residents of Rollingwood." March 4. In Papers of the California Federation for Civic Unity, Bancroft Library, University of California, Berkeley, BANC-MSS 274, Carton 1, Records 1945 – 1956.

Romney, George W. 1969. "Nomination of George W. Romney. Hearing before the Committee on Banking and Currency, U.S. Senate, Ninety-First Congress, First Session, on the Nomination of George W. Romney to be Secretary of the Department of Housing and Urban Affairs," January 16. Washington, D.C.: U.S. Government Printing Office.

Roosevelt, Anna Eleanor Roosevelt. Online. *First Lady Biography: Eleanor Roosevelt.* National First Ladies' Library.

Rosenhaus, Sharon. 1971. "UAW Starts Suburban Zoning Fight." *Washington Post,* January 29: A2.

Rosenthal, Jack. 1971a. "President Reaffirms Opposition to Forced Suburban Integration." *New York Times*, February 18.

_____. 1971b. "U.S. Sues Suburb on Housing Bias." New York Times, June 15.

Rothstein, Richard. 1998. "Bilingual Education: The Controversy." *Phi Delta Kappan* 79 (9), May: 672, 674 – 78.

_____. 2004. *Class and Schools: Using Social, Economic, and Educational Reform to Close the Black-White Achievement Gap*. New York: Teachers College Press.

_____. 2013. *For Public Schools, Segregation Then, Segregation Since: Education and the Unfinished March*. Washington, D.C.: Economic Policy Institute.

Rotman, Michael. Online. "Lakeview Terrace." Center for Public History and Digital Humanities, Cleveland State University.

Royko, Mike. 1971. *Boss. Richard J. Daley of Chicago*. New York: Signet.

Rubin, Lillian B. 1972. *Busing and Backlash; White Against White in a California School District*. Berkeley: University of California Press.

Rubinowitz, Leonard S., and Imani Perry. 2002. "Crimes Without Punishment: White Neighbors' Resistance to Black Entry." *Journal of Criminal Law and Criminology* 92 (2): 335 – 428.

SAI. 1972. "Fully Integrated New Community Planned for Mahwah."S uburban Action News. Suburban Action Institute, April 24. In the Paul Davidson

Papers, Collection Number 4250, Division of Rare and Manuscript Collections, Cornell University Library, "Mt. Laurel, Box 6, Folder 32."

San Francisco News. 1955. "UAW to Start Homes Tract Near Milpitas." August 20.

San Jose Evening News. 1955. "UAW Official Claims Tract Political Roadblock Target." May 4: 4.

San Jose Mercury. 1955. "UAW Tract Sewer Fee Protested." May 17.

San Jose News. 1957. "UAW Inter-Racial Tract to Add Another 522 Homes." September 27.

San Lorenzo Village. Mid-1950s. *10 Reasons Why Your Home in San Lorenzo Is a Safe Investment.* California Federation for Civic Unity Records, 1945 – 1956, Bancroft Library, University of California (Berkeley), BANC MSS C-A 274, Carton 1: File 13.

Santow, Mark, and Richard Rothstein. 2012. *A Different Kind of Choice: Educational Inequality and the Continuing Significance of Racial Segregation.* Washington, D.C.: Economic Policy Institute.

Sard, Barbara, and Douglas Rice. 2014. *Creating Opportunity for Children: How Housing Location Can Make a Difference.* Washington, D.C.: Center on Budget and Policy Priorities, October 15.

———. 2016. *Realizing the Housing Voucher Program's Potential to Enable Families to Move to Better Neighborhoods.* Washington, D.C.: Center on Budget and Policy Priorities, January 12.

Sard, Barbara, and Will Fischer. 2008. *Preserving Safe, High Quality Public Housing Should Be a Priority of Federal Housing Policy.* Washington, D.C.: Center on Budget and Policy Priorities, October 8. Including unpublished technical appendix provided by the authors.

Satter, Beryl. 2004. "'Our Greatest Moments of Glory Have Been Fighting the Institutions We Love the Most': The Rise and Fall of Chicago's Interreligious Council on Urban Affairs, 1958 – 1969." *U.S. Catholic Historian* 22 (2), Spring: 33 – 44.

———. 2009a. *Family Properties. How the Struggle over Race and Real Estate Transformed Chicago and Urban America.* New York: Henry Holt.

———. 2009b. "Race and Real Estate." *Poverty and Race* 18 (4), July – August:

1-2, 8-11.

Schill, Michael H., and Samantha Friedman. 1999. "The Fair Housing Amendments Act of 1988: The First Decade." *Cityscape: A Journal of Policy Development and Research* 4 (3): 57-78. U.S. Department of Housing and Urban Development, Office of Policy Development and Research.

Schwartz, Gary T. 1976. "Urban Freeways and the Interstate System." *Southern California Law Review* 49 (3), March: 406-513.

Schwartz, Heather. 2010. *Housing Policy Is School Policy: Economically Integrative Housing Promotes Academic Success in Montgomery County, Maryland.* New York: Century Foundation.

Self, Robert O. 2003. *American Babylon: Race and the Struggle for Postwar Oakland.* Princeton: Princeton University Press.

Seligman, Amanda I. 2005. *Block by Block: Neighborhoods and Public Policy on Chicago's West Side.* Chicago: University of Chicago Press.

Sewall, Gilbert T. Online. *Widely Adopted History Textbooks.* American Textbook Council.

Sexauer, Cornelia F. 2003. *Catholic Capitalism: Charles Vatterott, Civil Rights, and Suburbanization in St. Louis and the Nation, 1919-1971.* Ph.D. dissertation, University of Cincinnati.

Sharkey, Patrick. 2013. *Stuck in Place: Urban Neighborhoods and the End of Progress Toward Racial Equality.* Chicago: University of Chicago Press.

———. 2014. "Spatial Segmentation and the Black Middle Class." *American Journal of Sociology* 119 (4), January: 903-54.

Sides, Josh. 2003. *L.A. City Limits: African American Los Angeles from the Great Depression to the Present.* Berkeley: University of California Press.

Silva, Catherine. 2009. *Racial Restrictive Covenants: Enforcing Neighborhood Segregation in Seattle.* Seattle Civil Rights and Labor History Project, University of Washington.

Simons, Grace E. 1947. "Judge Stanley Mosk Rules Race Covenants Illegal, 'Un-American': Upholds Negroes' Rights." *Los Angeles Sentinel,* October 30.

Silver, Christopher. 1997. "The Racial Origins of Zoning in American Cities." In June Manning Thomas and Marsha Ritzdorf, eds., *Urban Planning and the African American Community: In the Shadows,* 23-42.Thousand Oaks, Calif.:

Sage.

Simkins, Francis Butler. 1944. *Pitchfork Ben Tillman: South Carolinian.* Baton Rouge: Louisiana State University Press.

Smart Growth America. 2016. "Adopt Fair–Share Requirements for Affordable Housing." Smart Growth America.

Smith, Leo F. 1967. "Testimony of Leo F. Smith, Personnel Manager of the Fremont Plant, Trailmobile." In USCCR 1967, 598 – 605.

Smith, Mark M. 1994. "'All Is Not Quiet in Our Hellish County': Facts, Fiction, Politics, and Race: The Ellenton Riot of 1876." *South Carolina Historical Magazine* 95 (2), April: 142 – 55.

Smothers, Ronald. 1990. "Hate Crimes Found Aimed at Blacks in White Areas." *New York Times,* April 28.

Spear, Allan H. 1967. *Black Chicago: The Making of a Negro Ghetto, 1890–1920.* Chicago: University of Chicago Press.

Spratt, John M., Jr. 1970. "Federal Tax Exemption for Private Segregated Schools: The Crumbling Foundation." *William and Mary Law Review* 12 (1), Fall.

Squires, Gregory D., Derek S. Hyra, and Robert N. Renner. 2009. *Segregation and the Subprime Lending Crisis.* Briefing Paper no. 244. Washington, D.C.: Economic Policy Institute, November 4.

Stainton, John, and Charleen Regan. 2001. *Protecting the Commonwealth's Investment: A Report Prepared for the Boston and Cambridge Housing Authorities.* Boston: Citizens Housing and Planning Association.

Stegner, Wallace. 1947. "Four Hundred Families Plan a House." *'47: The Magazine of the Year* 1 (2), April: 63 – 67.

Stevenson, Alexandra, and Matthew Goldstein. 2016. "Wall Street Veterans Bet on Low–Income Home Buyers." *New York Times,* April 17.

Stevenson, Frank. 2007. Oral Interview, April 29, 2003. Conducted by Esther Ehrlich for the Rosie the Riveter World War II American Homefront Oral History Project. Regional Oral History Office, Bancroft Library, University of California, Berkeley.

Streator, George. 1949. "Housing Bias Curb Called Minor Gain." *New York Times,* April 27.

Stiles, Elaine B. 2015. "Every Lot a Garden Spot: 'Big Dave' Bohannon and the Making of San Lorenzo Village." San Lorenzo Heritage Society.

Sugrue, Thomas J. 1993. "The Structures of Urban Poverty: The Reorganization of Space and Work in Three Periods of American History." In Michael B. Katz, ed., *The Underclass Debate: Views from History.* Princeton: Princeton University Press.

_____. 1995. "Crabgrass-Roots Politics: Race, Rights, and the Reaction Against Liberalism in the Urban North, 1940 – 1964." *Journal of American History* 82 (2), September: 551 – 78.

_____. 1996, 2005. *The Origins of the Urban Crisis: Race and Inequality in Postwar Detroit.* Princeton: Princeton University Press.

Swarns, Rachel L. 2015. "Minority Sheet Metal Workers in New York Get Back Pay After Decades of Bias." *New York Times,* December 21.

Taylor, Quintard. 1994. *The Forging of a Black Community: Seattle's Central District from 1870 Through the Civil Rights Era.* Seattle: University of Washington Press.

Tegeler, Philip. 2013. "New Report Demonstrates Persistence of Housing Discrimination But Understates the True Extent of It." *Huffington Post,* June 17.

Tegeler, Philip, Megan Haberle, and Ebony Gayles. 2013. *Affirmatively Furthering Fair Housing at HUD: A First Term Report Card.* May. Poverty and Race Research Action Council.

Thompson, David. 2014. "As a UCLA Student George Brown Jr. Shared his Room with History." *Cooperative Housing Bulletin,* Winter: 1, 4 – 5.

Thornbrough, Emma Lou. 1961. "Segregation in Indiana during the Klan Era of the 1920's." *Mississippi Valley Historical Review* 47 (4), March: 594 – 618.

Time. 1951. "ILLINOIS: Ugly Nights in Cicero." *Time,* July 23.

_____. 1959. "Suburbia: High Cost of Democracy." *Time,* December 7.

_____. 1960. "Races: Caws in the Wind." *Time,* January 4.

Toledo Blade. 1952. "Negro Family Defies Jeers of White Crowd." March 6.

Treib, Marc, and Dorothee Imbert. 1997. *Garrett Eckbo: Modern Landscapes for Living.* Berkeley: University of California Press.

Turner, Sarah, and John Bound. 2002. "Closing the Gap or Widening the

Divide: The Effects of the G.I. Bill and World War II on the Educational Outcomes of Black Americans." Working Paper no. 9044, Cambridge, Mass.: National Bureau of Economic Research, July.

Tygiel, Jules. 1983. *Baseball's Great Experiment: Jackie Robinson and His Legacy.* New York: Oxford University Press.

UAW. 1979. "Biographical Sketch of William H. Oliver." *News from the UAW.* Public Relations and Publications Department, United Auto Workers, February 26. Wayne State University, Walter Reuther Archives, Biographical Files.

Ungaretti, Lorri. 2012. *Stories in the Sand: San Francisco's Sunset District, 1847–1964.* San Francisco: Balangero Books.

Unger, Nancy C. 2015. "Even Judging Woodrow Wilson by the Standards of His Own Time, He Was Deplorably Racist." *History News Network,* December 13.

UPI. 1971. "Court Upholds Public Housing Referendum." *Lodi News Sentinel* (California), April 27: 2.

USCCR (U.S. Commission on Civil Rights). 1960. *Hearings Before the United States Commission on Civil Rights. Hearings Held in Los Angeles, California, January 25, 1960, January 26, 1960, San Francisco, California, January 27, 1960, January 28, 1960.* Washington: U.S. Government Printing Office.

_____. 1961. Book 4. *Housing. 1961 Commission on Civil Rights Report.* Washington, D.C.: U.S. Government Printing Office.

_____. 1967. *A Time to Listen... A Time to Act. Voices from the Ghettos of the Nation's Cities. A Report of the United States Commission on Civil Rights.* Washington: U.S. Government Printing Office, O – 227 – 91.

_____. 1973. *Understanding Fair Housing.* Clearinghouse Publication 42, February. Washington, D.C.: U.S. Government Printing Office.

USHA. 1939. Bulletin No. 18, *Manual on Policy and Procedure,* U.S. Housing Authority, February 13, Vale, Lawrence J. 2002. Reclaiming Public Housing. Cambridge, Mass.: Harvard University Press.

_____. 2007. "The Ideological Origins of Affordable Homeownership Efforts." In William M. Rohe and Harry L. Watson, eds., *Chasing the American Dream: New Perspectives on Affordable Homeownership,* 13 – 40. Ithaca, N.Y.: Cornell University Press.

Velie, Lester. 1946. "Housing: The Chicago Racket." *Collier's, October* 26: 16 – 17, 110 – 13.

Vernon, John. 2008. "Jim Crow, Meet Lieutenant Robinson. A 1944 Court-Martial." *Prologue: Magazine of the National Archives* 40 (1), Spring.

VerPlanck, Christopher. 2008. "We're Sitting Pretty in Daly City: A Critical Analysis of Suburban Planning in Henry Doelger's Westlake Subdivision, Daly City, California." Draft of paper for presentation at annual conference of Society of Architectural Historians, Cincinnati, Ohio, March 20.

"Vitchek, Norris." 1962. "Confessions of a Block-Buster." *Saturday Evening Post,* July: 15 – 19.

von Hoffman, Alexander. 2000. "A Study in Contradictions: The Origins and Legacy of the Housing Act of 1949." *Housing Policy Debate* 11 (2): 299 – 326.

Wang, Wendy. 2012. *The Rise of Intermarriage: Rates, Characteristics, Vary by Race and Gender.* Washington, D.C.: Pew Research Center, Pew Social and Demographic Trends, February 16.

Wang, Wendy, and Kim Parker. 2014. *Record Share of Americans Have Never Married: As Values, Economics and Gender Patterns Change.* Washington, D.C.: Pew Research Center, Pew Social & Demographic Trends, September 24.

Warren, Elizabeth. 2007. "Unsafe at Any Rate." *Democracy* 5, Summer.

Waters, Mary C., and Marisa Gerstein Pineau, eds. 2015. *The Integration of Immigrants into American Society. Panel on the Integration of Immigrants into American Society,* Washington, D.C.: National Academies Press.

WBR. 1948. "Real Estate in Forty-Eight: The Negro Population. Its Effect on Real Estate." *Washington Business Review.*

Weart, William G. 1957. "Police Guard Site of Race Violence." *New York Times,* August 15.

Weaver, Robert C. 1948. *The Negro Ghetto.* New York: Russell & Russell.

Wehle, Louis B. 1915. "Isolating the Negro." *New Republic* 5, November 27: 88 – 90.

Weiss, Marc A. 1987. *The Rise of the Community Builders: The American Real Estate Industry and Urban Land Planning.* New York: Columbia University Press.

_____. 1989. "Richard T. Ely and the Contribution of Economic Research to National Housing Policy, 1920 – 1940." *Urban Studies* 26: 115 – 26.

Weiss, Nancy J. 1969. "The Negro and the New Freedom: Fighting Wilsonian Segregation." *Political Science Quarterly* 84 (1), March: 61–79.

Wells, Amy Stuart, Lauren Fox, and Diana Cordova-Cobo. 2016. *How Racially Diverse Schools and Classrooms Can Benefit All Students*. New York: Century Foundation, February 9.

Wenkert, Robert. 1967. *An Historical Digest of Negro-White Relations in Richmond, California*. Berkeley: University of California, Survey Research Center, September.

Whelan, Deborah C., et al. 1997. *Historic Context for Department of Defense World War II Permanent Construction*. R. Christopher Goodwin and Associates, Inc., for the U.S. Army Corps of Engineers, June.

White, Alvin E. 1942. "Four Freedoms (Jim Crow)." *Nation*, February 21: 213–14.

White, Martin. 1956. "Housing Opportunities—Summary and Report of Program." May 31. American Friends Service Committee files, San Francisco.

Whitten, Robert H. 1922. "Social Aspects of Zoning." *Survey* 48 (10), June 15.

Wilhelm, Mark O. 2001. "The Role of Intergenerational Transfers in Spreading Asset Ownership." In Thomas M. Shapiro and Edward N. Wolff, eds., *Assets for the Poor: The Benefits of Spreading Asset Ownership*, 132–61. New York: Russell Sage Foundation.

Wilkerson, Isabel. 2010. *The Warmth of Other Suns: The Epic Story of America's Great Migration*. New York: Random House.

Will, Herman. 1949. "Affidavit, January 6." Attached to Marshall 1949.

Williams, Franklin H. 1959. Letter to Julian H. Zimmerman, Acting Commissioner, Federal Housing Administration, Re: FHA Proceedings Against Gerald S. Cohn, May 6. Proquest History Vault, NAACP Papers. Group III, Series A, Administrative File: General Office File—Housing, Papers of the NAACP, Part 05: Campaign against Residential Segregation, 1914–1955, Supplement: Residential Segregation, General Office Files, 1956–1965; Jan 01, 1958 – Dec 31, 1963: Folder: 000004-003-0786, Library of Congress.

Williams, Franklin N. 1960a. "Keepers of the Wall." *Frontier: The Voice of the New West*, April: 9–11.

Williams, Franklin. 1960b. "Statement of Franklin H. Williams, Assistant Attorney General, California Department of Justice." In USCCR 1960, 479 – 485.

Williams, Michael Paul. 2015. "Williams: Richmond's Segregation is by Design." *Richmond Times-Dispatch*, April 20.

Williams, Norman, Jr. 1950. "Racial Zoning Again." American City 65 (11), November: 137.

Williamson, June. 2005. "Retrofitting 'Levittown'." *Places Journal* 17 (2).

Wirt, Frederick M. 1974. *Power in the City: Decision Making in San Francisco.* Berkeley: University of California Press.

Wolgemuth, Kathleen L. 1959. "Woodrow Wilson and Federal Segregation." *Journal of Negro History* 44 (2), April: 158 – 73.

Wollenberg, Charles. 1981. "James vs. Marinship: Trouble on the New Black Frontier." *California History* 60 (3), Fall: 262 – 79.

_____. 1990. *Marinship at War.* Berkeley, Calif.: Western Heritage Press.

Wolters, Raymond. 1969. "Closed Shop and White Shop: The Negro Response to Collective Bargaining, 1933 – 1935." In Milton Cantor, ed., *Black Labor in America,* 137 – 52. Westport, Conn.: Negro Universities Press.

Wood, Lewis. 1949. "Truman Puts Ban on All Housing Aid Where Bias Exists." *New York Times,* December 3.

Woodington, Donald DeVine. 1954. *Federal Public War Housing in Relation to Certain Needs and the Financial Ability of the Richmond School District.* Ph.D. dissertation, University of California.

Woofter, Thomas Jackson, 1928. *Negro Problems in Cities: A Study.* Garden City, N.Y.: Doubleday, Doran & Co.

Wright, John Aaron. 2002. *Discovering African American St. Louis: A Guide to Historic Sites.* St. Louis: Missouri History Museum.

Yardley, Jonathan. 2009. "Jonathan Yardley on 'Levittown': What Happened when a Black Family Tried to Live the Suburban American Dream." Washington Post, February 15.

Zineski, Tony, and Michael Kenyon. 1968. "Where the Racism Really Is—In the Suburbs." *Detroit Scope Magazine,* August 31: 6 – 10.

사진 출처

사진 1 Richmond, California, 1948. Courtesy of the Richmond Museum of History, Richmond, California.

사진 2 St. Louis, 1916. Missouri History Museum, St. Louis.

사진 3 Charlotta Bass / California Eagle Photograph Collection, Southern California Library (Los Angeles, California).

사진 4 Levittown, Pennsylvania, 1954. Special Collections Research Center, Temple University Libraries, Philadelphia.

사진 5 위: Wisconsin Historical Society, WHI-55227, 아래: Wisconsin Historical Society, WHI-55226.

사진 6 St. Louis Post-Dispatch.

사진 7 Jefferson National Expansion Memorial Archives.

사진 8 U.S. Department of Housing and Urban Development Office of Policy Development and Research.

사진 9 National Archives.

찾아보기

482

기타

부동산, 설계된 절망
국가는 어떻게 승자가 정해진 게임을 만들었는가?

1판 1쇄 인쇄 2022년 2월 22일
1판 1쇄 발행 2022년 3월 4일

지은이 리처드 로스스타인 | 옮긴이 김병순 | 해제 조귀동
책임편집 김지은 | 편집부 김지하 | 표지 디자인 박대성

펴낸이 임병삼 | 펴낸곳 갈라파고스
등록 2002년 10월 29일 제2003-000147호
주소 03938 서울시 마포구 월드컵로 196 대명비첸시티오피스텔 801호
전화 02-3142-3797 | 전송 02-3142-2408
전자우편 books.galapagos@gmail.com
ISBN 979-11-870-3883-2 (03300)

갈라파고스
자연과 인간, 인간과 인간의 공존을 희망하며, 함께 읽으면 좋은 책들을 만듭니다.